최신 출제유형 100% 반영!

발빠르게 자격증을 취득한다

한국생산성본부(KPC) 시행

ITQ 엑셀

2021

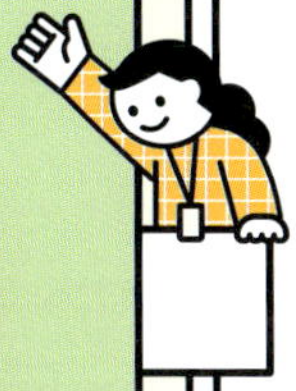

3회분 따라하기 동영상 수록
모의고사&기출문제 해설 PDF 제공

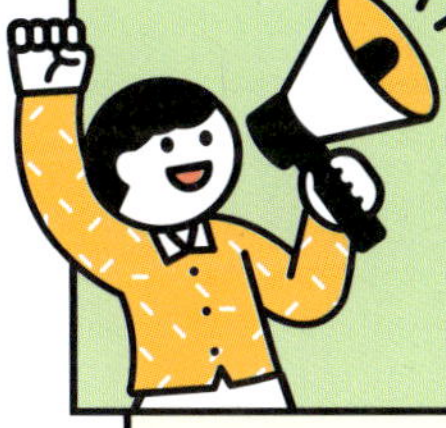

수험서개발팀 지음

마린북스

이 책의 구성

문제 미리보기

ITQ 엑셀 시험의 출제 유형 및 배점 등을 살펴보아요!

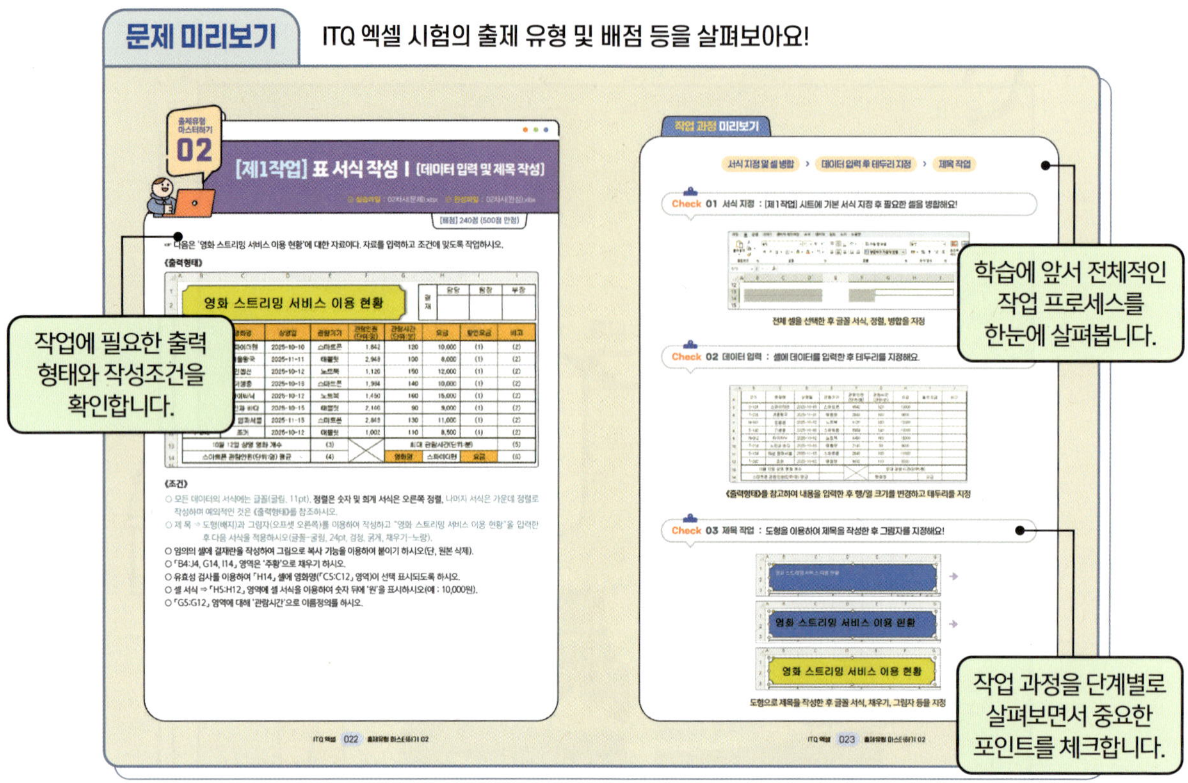

출제 유형 따라하기

간결한 따라하기 내용과 이미지를 통해 핵심 내용을 파악할 수 있어요!

출제 유형 정리

다양한 유형의 연습문제를 통해 배운 내용을 복습할 수 있어요!

출제 유형 정리

1 다음은 'AI 서비스 자사 이용 현황'에 대한 자료이다. 자료를 입력하고 조건에 맞도록 작업하시오.

실습파일 : 유형02-1(문제) 완성파일 : 유형02-1(완성)

《출력형태》

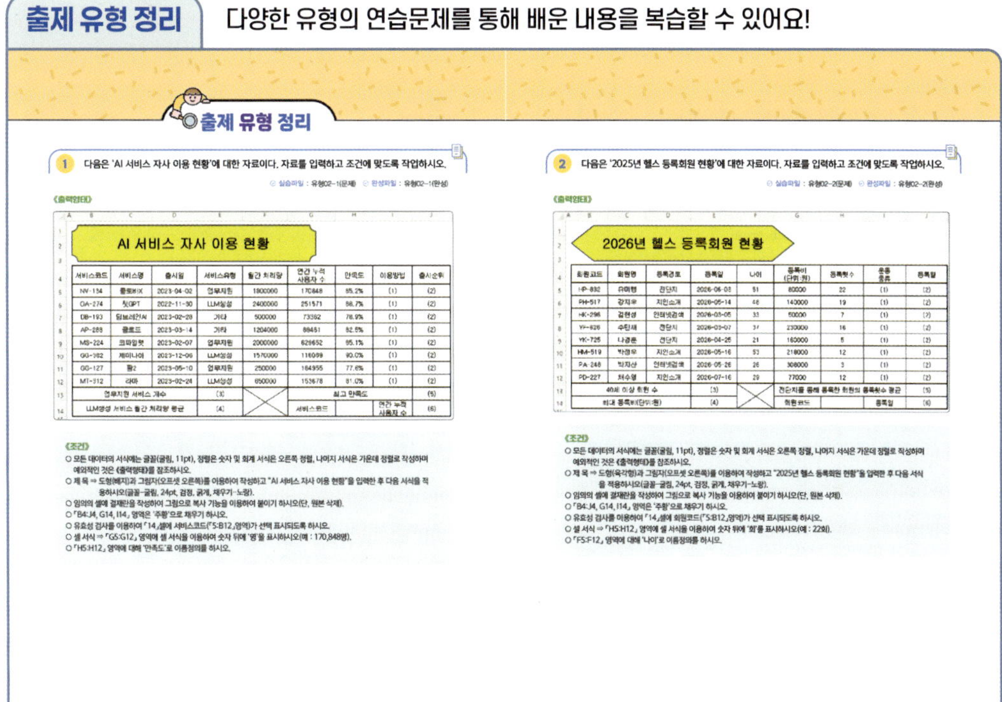

2 다음은 '2025년 헬스 등록회원 현황'에 대한 자료이다. 자료를 입력하고 조건에 맞도록 작업하시오.

실습파일 : 유형02-2(문제) 완성파일 : 유형02-2(완성)

《출력형태》

출제 패턴 반복 연습

고득점 합격에 필요한 핵심 작업을 반복 연습할 수 있는 코너예요!

출제 패턴 반복 연습

A 조건에 맞추어 각 시트에 서식 및 테두리를 지정해 보세요.

실습파일 : 패턴02-1(문제).xlsx 완성파일 : 패턴02-1(완성).xlsx

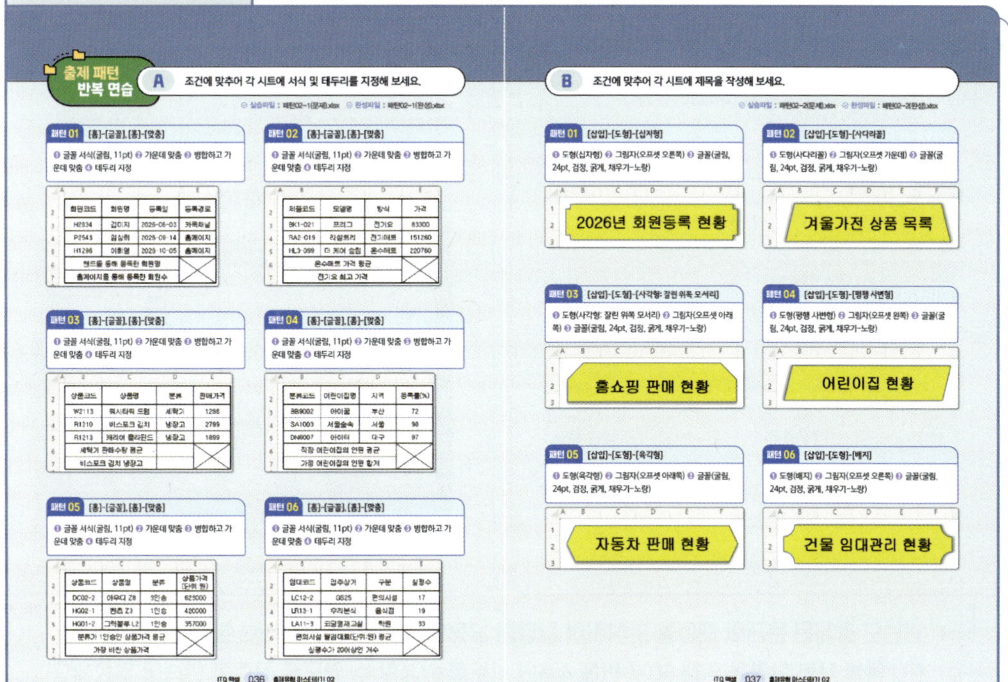

B 조건에 맞추어 각 시트에 제목을 작성해 보세요.

실습파일 : 패턴02-2(문제).xlsx 완성파일 : 패턴02-2(완성).xlsx

이 책의 구성

실전모의고사

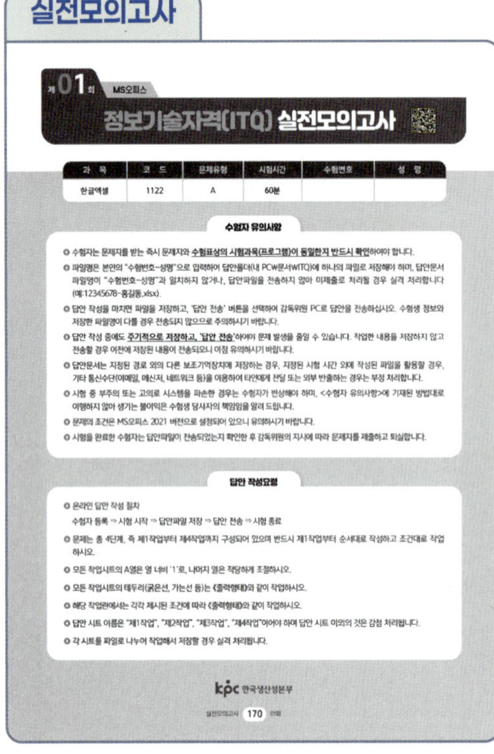

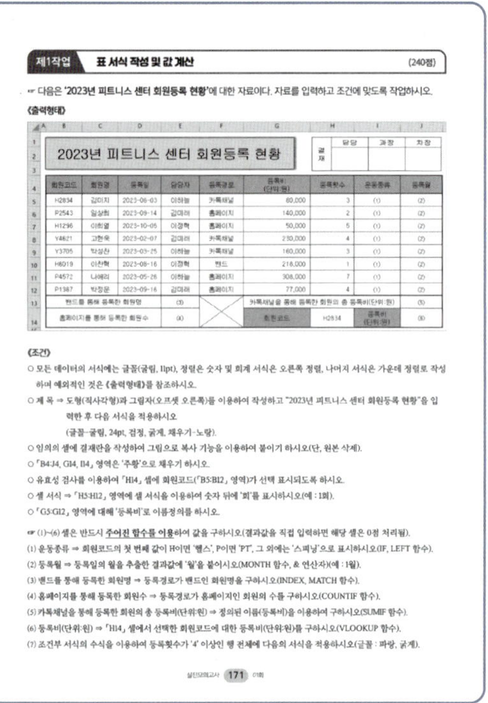

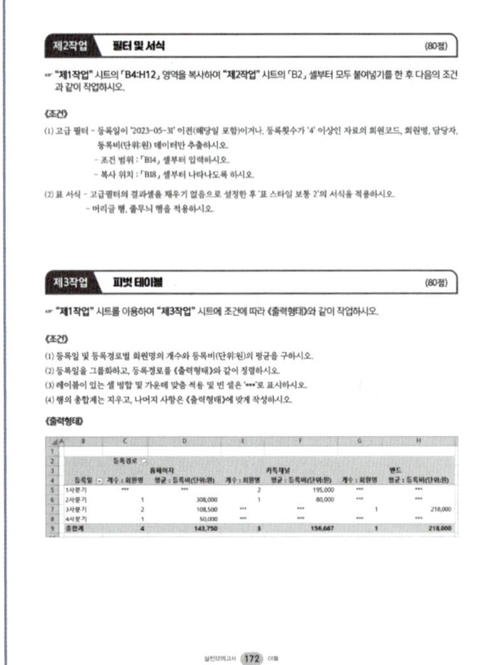

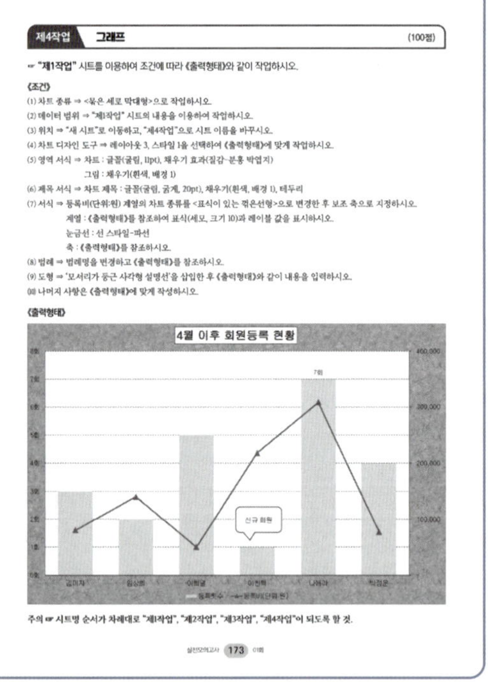

과년도 출제된 문제의 패턴을 분석하여 다양한 유형의 실전모의고사 15회 분량을 제공합니다.
ITQ 엑셀 시험 합격을 위해 60분 안에 4개의 시트를 완성할 수 있도록 꾸준한 연습이 필요해요!

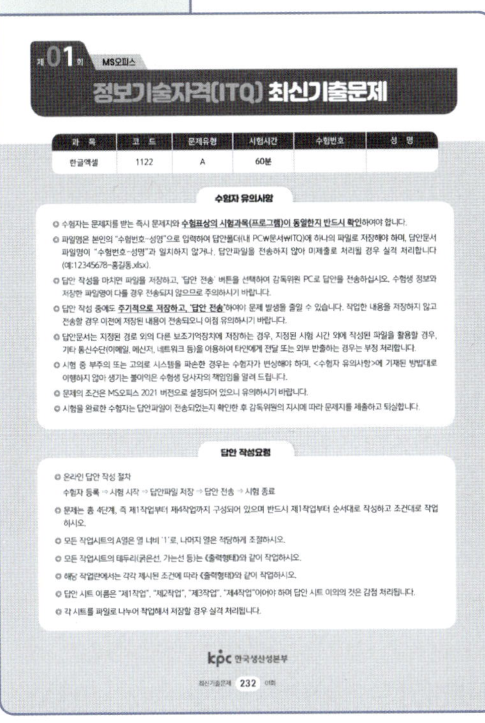

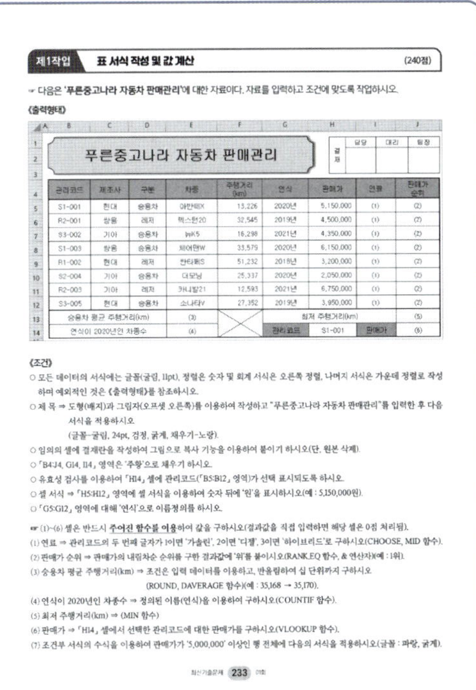

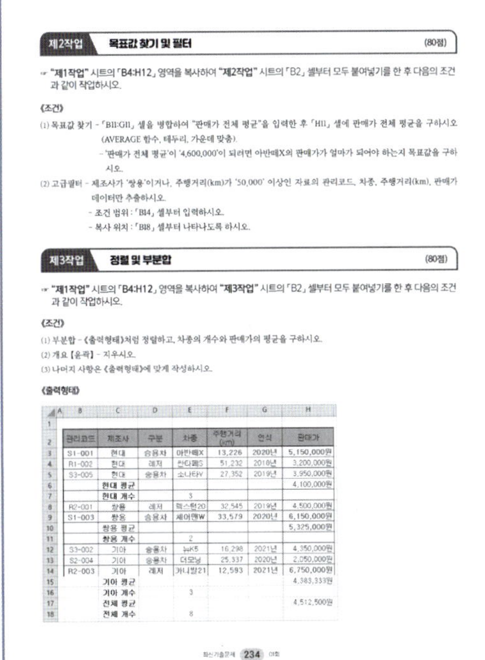

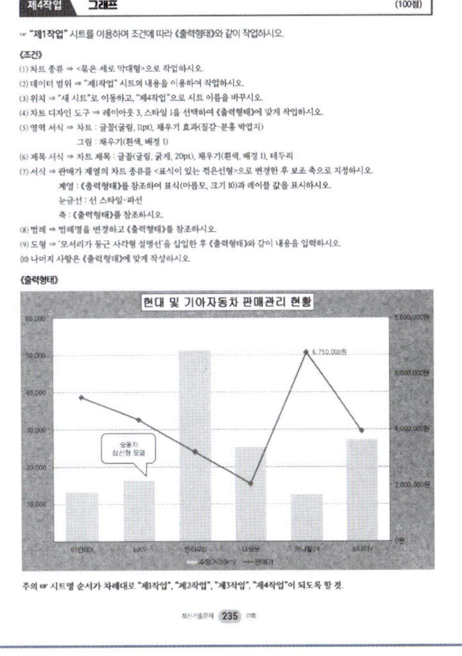

최근에 출제된 기출문제 15회 분량을 수록하였습니다. 제한 시간 60분 안에 빠르고 정확하게 답안을 작성해 보세요!

이 책의 목차

시험 과목 안내

자격종목(과목) S/W		프로그램 및 버전		등급	시험방식	시험시간
		공식버전				
ITQ 정보기술자격	아래한글	한컴오피스	2020/2022	A등급 B등급 C등급	PBT	60분
	한셀		2022			
	한쇼					
	한글엑셀	MS오피스	2021			
	한글파워포인트					
	인터넷	내장브라우저 IE8:0 이상				

시험 출제 기준

문항	배점	출제기준

❶ 표작성	100점	▹ **출력형태의 표를 작성하고 조건에 따른 서식변환 및 함수 사용 능력 평가**
		   – 데이터 입력 및 셀 편집
		   – 도형을 이용한 제목작성 및 편집
		   – 카메라, 이름정의, 유효성검사 등

	140점	– 함수를 이용한 수식작성 – 조건부 서식

❷ 필터, 목표값
찾기, 자동서식
	80점	▹ **[유형1] 필터 및 서식 : 기본 데이터를 이용한 데이터 필터 능력과 서식작성능력 평가**
		   – 고급 필터 : 정확한 조건과 추출 위치 지정
		   – 자동서식(표 스타일) : 서식 적용

		▹ **[유형2] 목표값 찾기 및 필터 : 원하는 결과값을 구하기 위해 변경되는 값을 구하는 능력과 데이터 필터 능력 평가**
		   – 목표값 찾기 : 정확한 목표값 산출
		   – 고급필터 : 정확한 조건과 추출 위치 지정

❸ 부분합, 피벗테이블	80점	▹ **[유형1] 정렬 및 부분합 : 기본 데이터를 이용하여 특정 필드에 대한 합계, 평균등을 구하는 능력을 평가** – 항목의 종류별 정렬/부분합 조건과 추출결과
		▹ **[유형2] 피벗테이블 : 데이터 자료 중에서 필요한 필드를 추출하여 보기 쉬운 결과물을 만드는 능력을 평가** – 그룹 및 정렬/피벗 테이블 옵션 지정

❹ 차트	100점	▹ **기본 데이터를 이용하여 보기 쉽게 차트로 표현하는 능력을 평가**
		   – 차트 종류
		   – 차트 위치 및 서식
		   – 차트 옵션 변경

ITQ 엑셀 시험지 미리보기

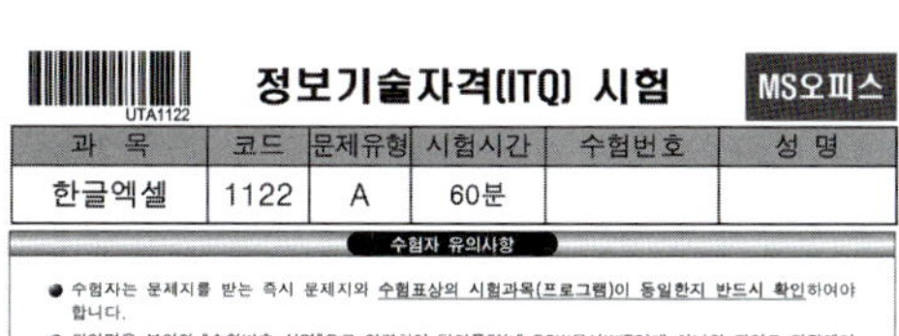

정보기술자격(ITQ) 시험 　　MS오피스

과 목	코드	문제유형	시험시간	수험번호	성 명
한글엑셀	1122	A	60분		

수험자 유의사항

● 수험자는 문제지를 받는 즉시 문제지와 수험표상의 시험과목(프로그램)이 동일한지 반드시 확인하여야 합니다.

● 파일명은 본인의 "수험번호-성명"으로 입력하여 답안폴더(내 PC\문서\ITQ)에 하나의 파일로 저장해야 하며, 답안파일을 전송하지 않아 미제출로 처리될 경우 실격 처리합니다(예:12345678-홍길동.xlsx).

● 답안 작성을 마치면 파일을 저장하고, '답안 전송' 버튼을 선택하여 감독위원 PC로 답안을 전송하십시오. 수험생 정보와 저장한 파일명이 다를 경우 전송되지 않으므로 주의하시기 바랍니다.

● 답안 작성 중에도 주기적으로 저장하고, '답안 전송'하여야 문제 발생을 줄일 수 있습니다. 작업한 내용을 저장하지 않고 전송할 경우 이전에 저장된 내용이 전송되오니 이점 유의하시기 바랍니다.

● 답안문서는 지정된 경로 외의 다른 보조기억장치에 저장하는 경우, 지정된 시험 시간 외에 작성된 파일을 활용할 경우, 기타 통신수단(이메일, 메신저, 네트워크 등)을 이용하여 타인에게 전달 또는 외부 반출하는 경우는 부정 처리합니다.

● 시험 중 부주의 또는 고의로 시스템을 파손한 경우는 수험자가 변상해야 하며, <수험자 유의사항>에 기재된 방법대로 이행하지 않아 생기는 불이익은 수험생 당사자의 책임임을 알려 드립니다.

● 문제의 조건은 MS오피스 2021 버전으로 설정되어 있으니 유의하시기 바랍니다.

● 시험을 완료한 수험자는 답안파일이 전송되었는지 확인한 후 감독위원의 지시에 따라 문제지를 제출하고 퇴실합니다.

답안 작성요령

● 온라인 답안 작성 절차
　수험자 등록 ⇒ 시험 시작 ⇒ 답안파일 저장 ⇒ 답안 전송 ⇒ 시험 종료

● 문제는 총 4단계, 즉 제1작업부터 제4작업까지 구성되어 있으며 반드시 제1작업부터 순서대로 작성하고 조건대로 작업하시오.

● 모든 작업시트의 A열은 열 너비 '1'로, 나머지 열은 적당하게 조절하시오.

● 모든 작업시트의 테두리(굵은선, 가는선 등)는 ≪출력형태≫와 같이 작업하시오.

● 해당 작업란에서는 각각 제시된 조건에 따라 ≪출력형태≫와 같이 작업하시오.

● 답안 시트 이름은 "제1작업", "제2작업", "제3작업", "제4작업"이어야 하며 답안 시트 이외의 것은 감점 처리됩니다.

● 각 시트를 파일로 나누어 작업해서 저장할 경우 실격 처리됩니다.

kpc 한국생산성본부

[제1작업] 표 서식 작성 및 값 계산 (240점)

☞ 다음은 '영화 스트리밍 서비스 이용 현황'에 대한 자료이다. 자료를 입력하고 조건에 맞도록 작업하시오.

≪출력형태≫

영화 스트리밍 서비스 이용 현황

확인		담당	팀장	부장

코드	영화명	상영일	관람기기	관람인원 (단위:명)	관람시간 (단위:분)	요금	할인요금	비고
S-121	스파이더맨	2025-10-10	스마트폰	1,842	120	10,000	(1)	(2)
T-231	겨울왕국	2025-11-11	태블릿	2,948	100	8,000	(1)	(2)
N-341	인셉션	2025-10-12	노트북	1,120	150	12,000	(1)	(2)
S-142	기생충	2025-10-16	스마트폰	1,984	140	10,000	(1)	(2)
N-312	타이타닉	2025-10-12	노트북	1,450	160	15,000	(1)	(2)
T-214	노인과 바다	2025-10-15	태블릿	2,140	90	9,000	(1)	(2)
S-134	미션 임파서블	2025-11-15	스마트폰	2,848	130	11,000	(1)	(2)
T-242	조커	2025-10-12	태블릿	1,002	110	8,500	(1)	(2)
10월 12일 상영 영화 개수			(3)		최대 관람시간(단위:분)			(5)
스마트폰 관람인원(단위:명) 평균			(4)		영화명	스파이더맨	요금	(6)

≪조건≫

○ 모든 데이터의 서식에는 글꼴(굴림, 11pt), 정렬은 숫자 및 회계 서식은 오른쪽 정렬, 나머지 서식은 가운데 정렬로 작성하며 예외적인 것은 ≪출력형태≫를 참조하시오.

○ 제　목 ⇒ 도형(배지)과 그림자(오프셋 오른쪽)를 이용하여 작성하고 "영화 스트리밍 서비스 이용 현황"을 입력한 후 다음 서식을 적용하시오. (글꼴-굴림, 24pt, 검정, 굵게, 채우기-노랑).

○ 임의의 셀에 결재란을 작성하여 그림으로 복사 기능을 이용하여 붙이기 하시오(단, 원본 삭제).

○ 「B4:J4, G14, I14」 영역은 '주황'으로 채우기 하시오.

○ 유효성 검사를 이용하여 「H14」셀에 영화명(C5:C12)이 선택 표시되도록 하시오.

○ 셀 서식 ⇒ 「H5:H12」영역에 셀 서식을 이용하여 숫자 뒤에 '원'을 표시하시오(예 : 10,000원).

○ 「G5:G12」영역에 대해 '관람시간'으로 이름정의를 하시오.

☞ (1)~(6) 셀은 반드시 주어진 함수를 이용하여 값을 구하시오(결과값을 직접 입력하면 해당 셀은 0점 처리됨).

(1) 할인요금 ⇒ 「요금 - 할인금액」으로 구하시오. 단, 할인금액은 코드의 맨 뒤 글자가 1이면 '300', 2이면 '500', 3이면 '800'으로 계산하시오(CHOOSE, MID 함수).

(2) 비고 ⇒ 관람인원(단위:명)이 2,000 이상이면 '상영연장', 그 외에는 '상영종료'로 구하시오(IF 함수).

(3) 10월 12일 상영 영화 개수 ⇒ (COUNTIF 함수).

(4) 스마트폰 관람인원(단위:명) 평균 ⇒ 스마트폰으로 관람한 관람인원(단위:명) 평균을 구하시오(DAVERAGE 함수).

(5) 최대 관람시간 (단위:분) ⇒ 정의된 이름(관람시간)을 이용하여 구하시오(MAX 함수).

(6) 요금 ⇒ 「H14」셀에서 선택한 영화명에 대한 요금을 구하시오(VLOOKUP 함수).

(7) 조건부 서식의 수식을 이용하여 관람인원(단위:명)이 '2,000' 이상인 행 전체에 다음의 서식을 적용하시오.(글꼴 : 파랑, 굵게).

[제2작업] 필터 및 서식 (80점)

☞ "제1작업" 시트의 「B4:H12」영역을 복사하여 "제2작업" 시트의 「B2」셀부터 모두 붙여넣기를 한 후 다음의 조건과 같이 작업하시오.

≪조건≫

(1) 고급 필터 - 관람기기가 '스마트폰'이거나, 관람인원(단위:명)이 '2,500' 이상인 자료의 영화명, 상영일, 관람시간(단위:분), 요금 데이터만 추출하시오.
　- 조건 범위 : 「B14」셀부터 입력하시오.
　- 복사 위치 : 「B18」셀부터 나타나도록 하시오.

(2) 표 서식 - 고급필터의 결과셀을 채우기 없음으로 설정한 후 '파랑, 표 스타일 보통 6'의 서식을 적용하시오.
　- 머리글 행, 줄무늬 행을 적용하시오.

[제3작업] 피벗테이블 (80점)

☞ "제1작업" 시트를 이용하여 "제3작업" 시트에 조건에 따라 ≪출력형태≫와 같이 작업하시오.

≪조건≫

(1) 요금 및 관람기기별 영화명의 개수와 관람인원(단위:명)의 평균을 구하시오.

(2) 요금을 그룹화하고, 관람기기를 ≪출력형태≫와 같이 생략하시오.

(3) 레이블이 있는 셀 병합 및 가운데 맞춤 적용 및 빈 셀은 '***'로 표시하시오.

(4) 행의 총합계는 지우고, 나머지 사항은 ≪출력형태≫에 맞게 작성하시오.

≪출력형태≫

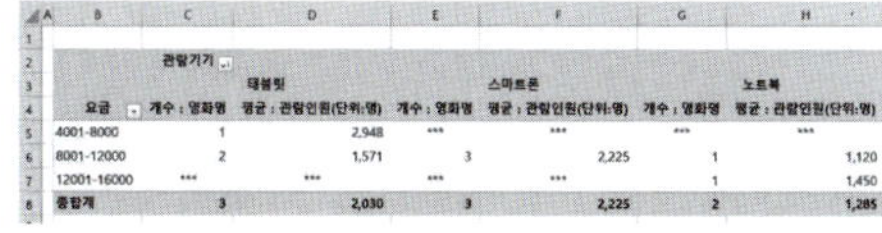

	관람기기								
	태블릿			스마트폰			노트북		
요금	개수 : 영화명	평균 : 관람인원(단위:명)	개수 : 영화명	평균 : 관람인원(단위:명)	개수 : 영화명	평균 : 관람인원(단위:명)			
4001-8000		2,948	***	***	***	***			
8001-12000	2	1,571	3	2,225	***	***	1	1,120	
12001-16000	***	***	***	***	***	***	1	1,450	
총합계	3	2,030	3	2,225	2	1,285			

[제4작업] 그래프 (100점)

☞ "제1작업" 시트를 이용하여 조건에 따라 ≪출력형태≫와 같이 작업하시오.

≪조건≫

(1) 차트 종류 ⇒ <묶은 세로 막대형>으로 작업하시오.

(2) 데이터 범위 ⇒ "제1작업" 시트의 내용을 이용하여 작업하시오.

(3) 위치 ⇒ "새 시트"로 이동하고, "제4작업"으로 시트 이름을 바꾸시오.

(4) 차트 디자인 도구 ⇒ 레이아웃 3, 스타일 1을 선택하여 ≪출력형태≫에 맞게 작업하시오.

(5) 영역 서식 ⇒ 차트 : 글꼴(굴림, 11pt), 채우기 효과(질감-파랑 박엽지)
　　　　그림 : 채우기(흰색, 배경1)

(6) 제목 서식 ⇒ 차트 제목 : 글꼴(굴림, 굵게, 20pt), 채우기(흰색, 배경1), 테두리

(7) 서식 ⇒ 요금 계열의 차트 종류를 <표식이 있는 꺾은선형>으로 변경한 후 보조 축으로 지정하시오.
　　계열 : ≪출력형태≫를 참조하여 표식(네모, 크기 10)과 레이블 값을 표시하시오.
　　눈금선 : 선 스타일-파선
　　축 : ≪출력형태≫를 참조하시오.

(8) 범례 ⇒ 범례명을 변경하고 ≪출력형태≫를 참조하시오.

(9) 도형 ⇒ '말풍선: 모서리가 둥근 사각형 설명선'을 삽입한 후 ≪출력형태≫와 같이 내용을 입력하시오.

(10) 나머지 사항은 ≪출력형태≫에 맞게 작성하시오.

≪출력형태≫

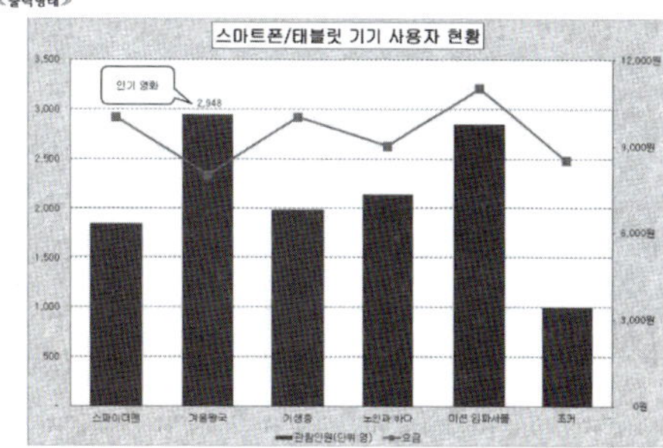

주의 ☞ 시트명 순서가 차례대로 "제1작업", "제2작업", "제3작업", "제4작업"이 되도록 할 것.

시험 진행 과정 미리보기

1
license.kpc.or.kr
회원가입
2
시험 접수
#수험표
#신분증
#필기도구
←1고사실
2고사실→
FIGHTING
4
시험 당일,
고사장 도착
3
꾸준한 연습
5
수검 진행
6
약 1달 후 합격자 발표
7
자격증 발급

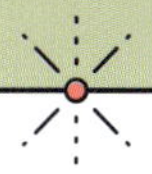

STEP 01 · 채점프로그램 다운로드

1. 마린북스 홈페이지(www.mrbooks.kr)의 [자료실]에서 채점프로그램을 다운로드합니다.
2. 압축 파일을 풀고 프로그램을 설치합니다.

STEP 02 · 실전모의고사 또는 최신기출문제 작성

1. PART 01에서 연습한 내용을 바탕으로 답안 파일을 작성해 보세요. 제한된 시간은 60분입니다.
2. 작성이 완료된 답안 파일은 바탕화면 또는 찾기 쉬운 폴더에 저장합니다.
3. 답안 채점을 위해 엑셀 프로그램을 종료합니다.

STEP 03 · 채점프로그램 활용

1. 채점프로그램을 실행한 다음 교재 표지와 시험 회차를 선택합니다.
2. <파일열기> 단추를 선택해 작성된 답안 파일을 불러온 다음 <채점시작하기>를 클릭합니다.
3. 채점이 완료되면 결과를 확인합니다. [상세채점분석]을 클릭하면 자세한 채점 결과를 확인할 수 있습니다.

PART
1
출제유형
마스터하기
ITQ 엑셀 시험의 최신 출제 유형을 통해
발빠르게 자격증을 취득해 보세요!
B
A
C

답안 파일 준비하기

⊘ **실습파일** : 직접 입력   ⊘ **완성파일** : 12345678-이가현.xlsx

[배점] 240점 (500점 만점)

《출력형태》

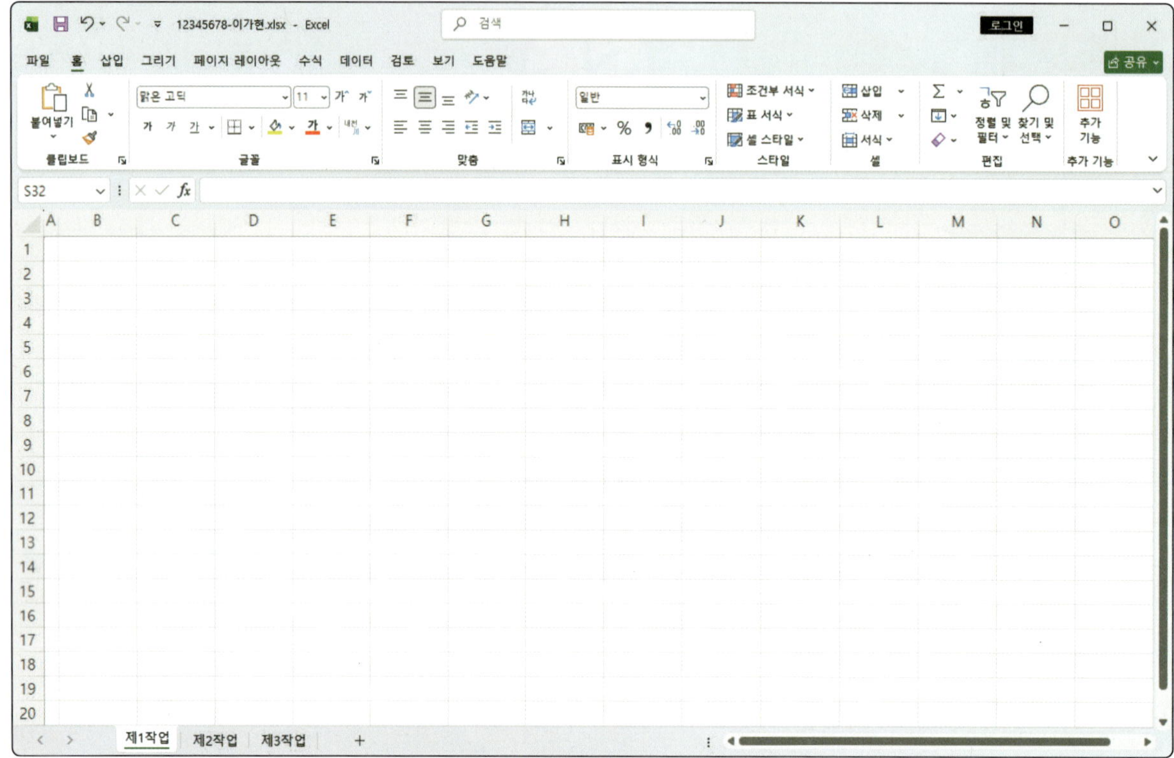

《답안 작성 요령》

· 문제는 총 4단계, 즉 제1작업부터 제4작업까지 구성되어 있으며 반드시 제1작업부터 순서대로 작성하고 조건대로 작업하시오.

· 모든 작업시트의 A열은 열 너비 '1'로, 나머지 열은 적당하게 조절하시오.

· 모든 작업시트의 테두리(굵은선, 가는선 등)는 《출력형태》와 같이 작업하시오.

· 해당 작업란에서는 각각 제시된 조건에 따라 《출력형태》와 같이 작업하시오.

· 답안 시트 이름은 "제1작업", "제2작업", "제3작업", "제4작업"이어야 하며 답안 시트 이외의 것은 감점 처리됩니다.

· 각 시트를 파일로 나누어 작업해서 저장할 경우 실격 처리됩니다.

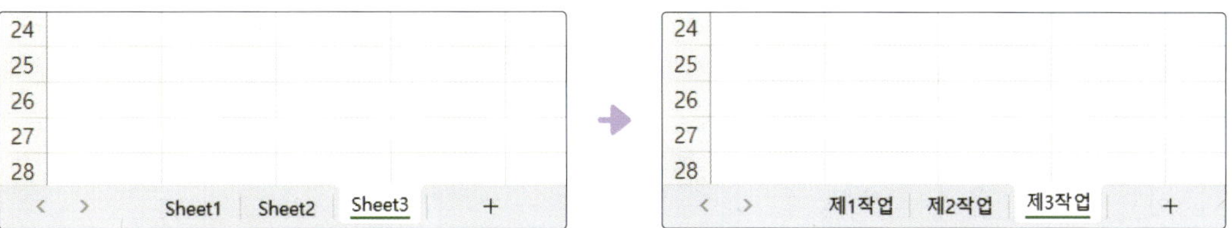

Check 01 시트 추가 및 이름 변경 ： 시트 2개를 추가한 후 이름을 변경해요!

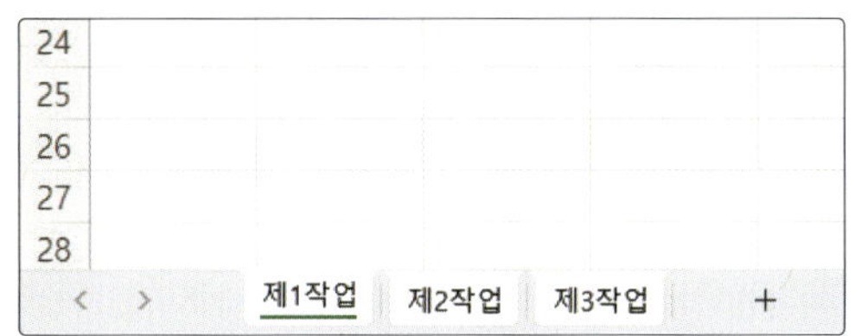

시트 2개를 추가   시트 이름 변경

Check 02 시트 그룹화 및 열 너비 지정 ： 시트를 그룹화한 후 A열 너비를 1로 지정해요!

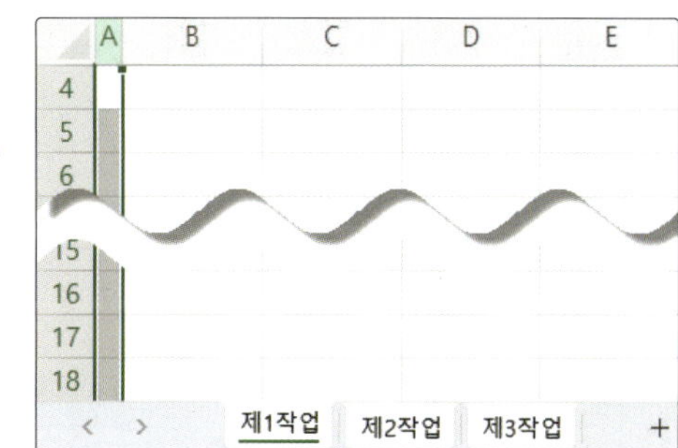

시트 그룹화   A열 너비를 1로 지정

Check 03 답안 파일 저장 ： 시트 그룹 해제 후 답안 파일을 저장해요!

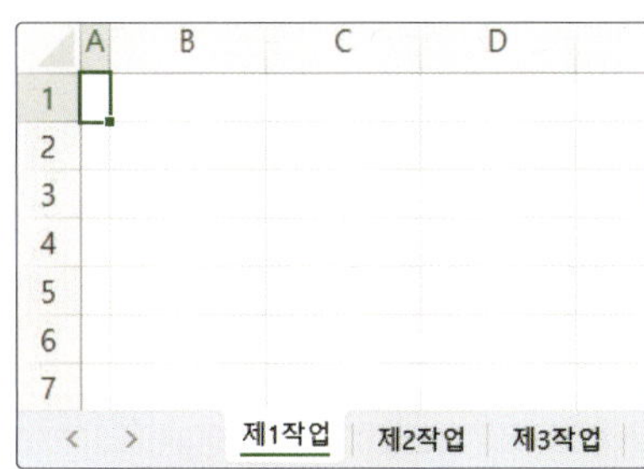

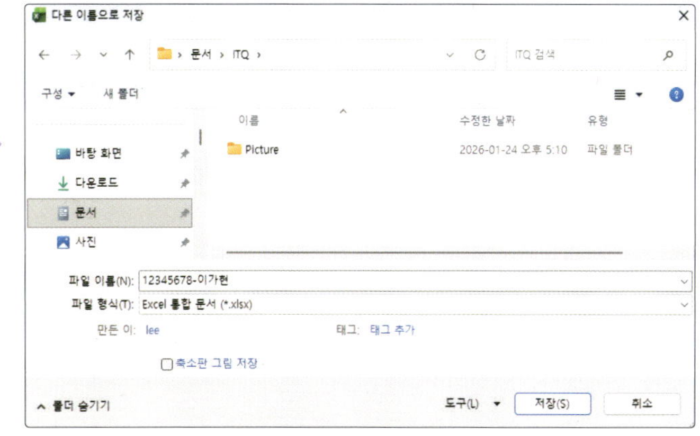

시트 그룹 해제

지정된 경로에 답안 파일 저장

시트 추가 후 이름 변경하기

답안 시트 이름은 "제1작업", "제2작업", "제3작업", "제4작업"이어야 하며 답안 시트 이외의 것은 감점 처리됩니다.

1 엑셀 2021 프로그램을 실행한 후 [새 통합 문서]를 선택합니다.

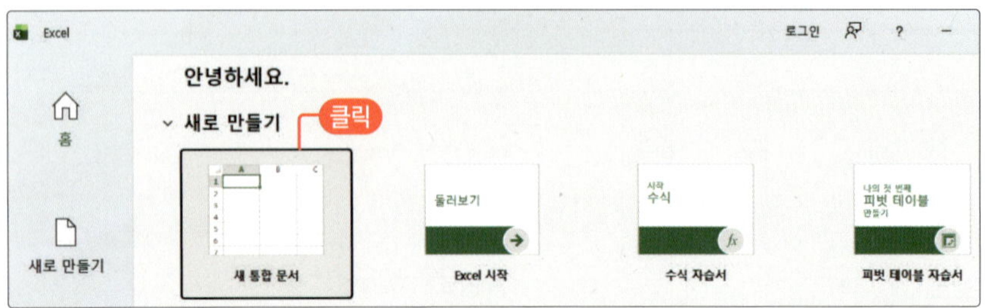

2 시트 2개를 추가하기 위해 시트 탭에서 **새 시트**(+)를 두 번 클릭합니다.

3 시트가 추가되면 [Sheet1]을 더블클릭하여 **제1작업**으로 시트 이름을 변경합니다.

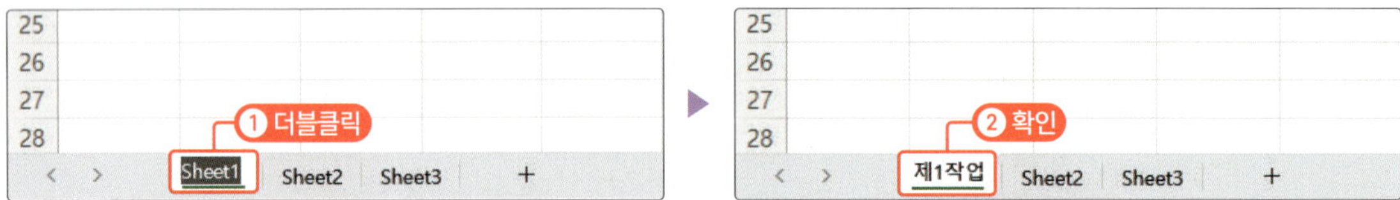

4 같은 방법으로 나머지 시트 2개의 이름을 **제2작업**과 **제3작업**으로 변경합니다.

★ [제4작업] 시트는 마지막 작업인 차트(그래프)를 작성할 때 시트를 추가하고 이름을 변경해요.

Level UP 시트 관리하기

시트 위에서 우클릭하여 바로 가기 메뉴가 나오면 '삽입, 삭제, 이름 바꾸기' 등 여러 가지 작업을 할 수 있습니다.

시트 그룹화 후 열 너비 조절하기

모든 작업 시트의 A열은 열너비 '1'로, 나머지 열은 적당하게 조절하시오.

1 [제1작업] 시트를 클릭한 후 [Shift]를 누른 채 [제3작업] 시트를 선택하여 그룹으로 지정합니다.

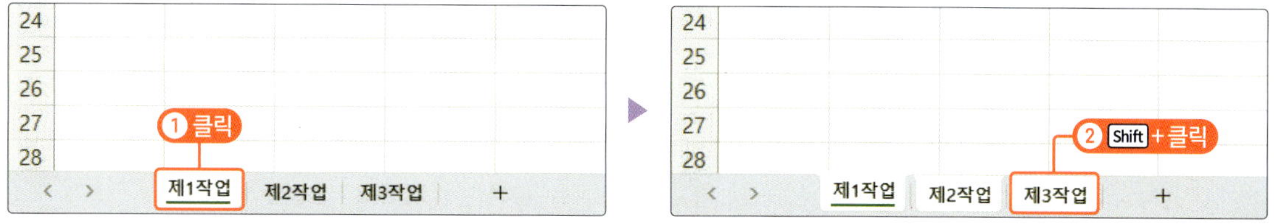

2 [A]열의 열 머리글 위에서 우클릭하여 [열 너비]를 선택한 후 열 너비를 1로 변경합니다.

★ 3개의 시트가 그룹으로 지정되어 있기 때문에 모든 시트의 [A]열 너비가 동시에 1로 변경돼요.

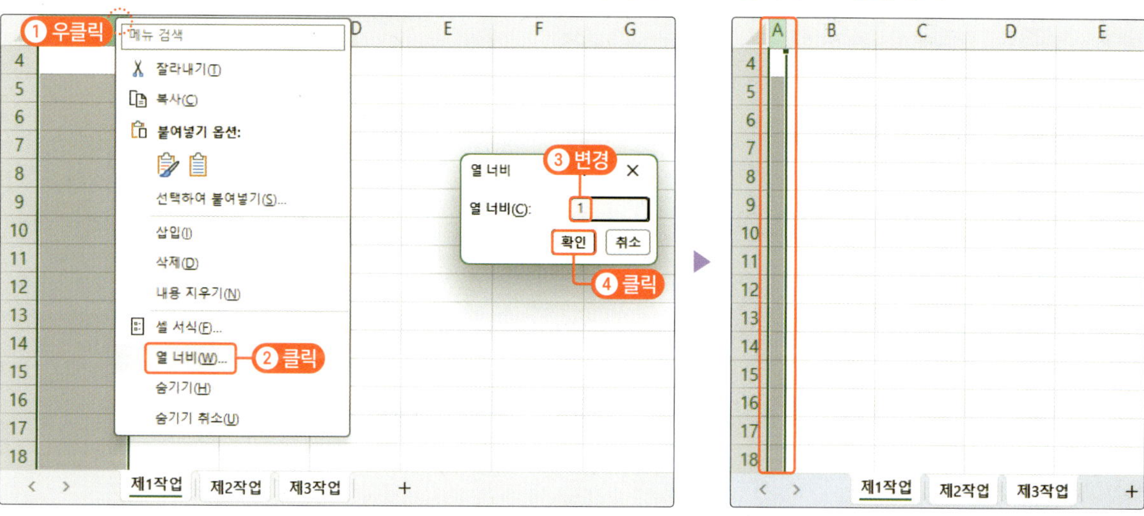

3 [제2작업] 시트를 클릭하여 그룹을 해제한 후 각각의 시트를 선택해 [A]열의 너비가 1로 변경된 것을 확인합니다.

★ 모든 확인이 끝나면 [제1작업] 시트를 클릭해요.

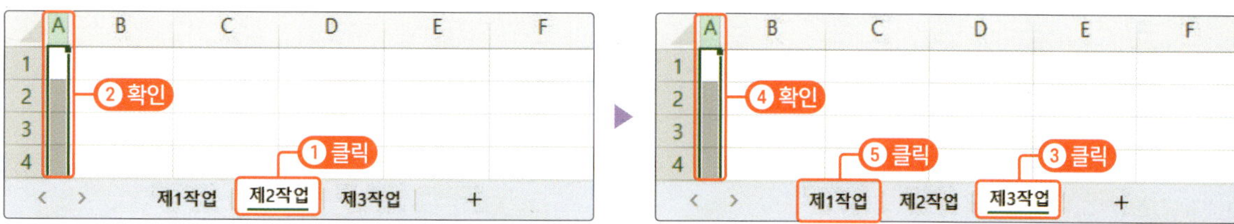

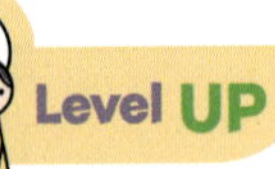

바로 가기 메뉴로 시트 그룹 및 그룹 해제하기

시트 위에서 우클릭하여 [모든 시트 선택]으로 그룹을 지정하고, [시트 그룹 해제]로 그룹을 해제할 수 있습니다.

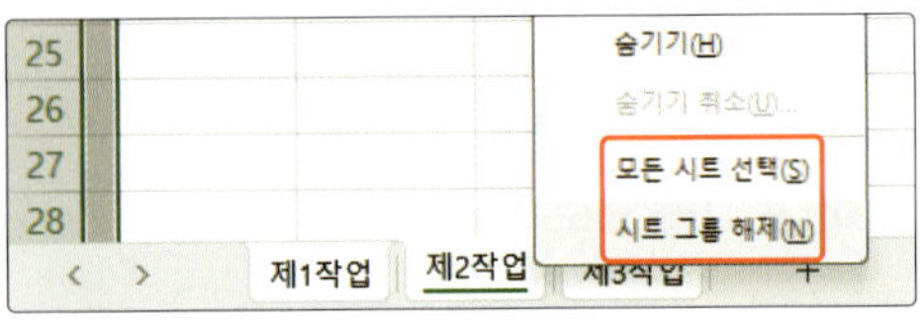

4 기본 작업이 끝나면 [파일] 탭-[다른 이름으로 저장]-[찾아보기]를 클릭하여 답안 파일을 저장합니다.

★ 답안 파일을 맨 처음 저장할 때는 [다른 이름으로 저장]을 이후에는 [저장]을 이용해요.

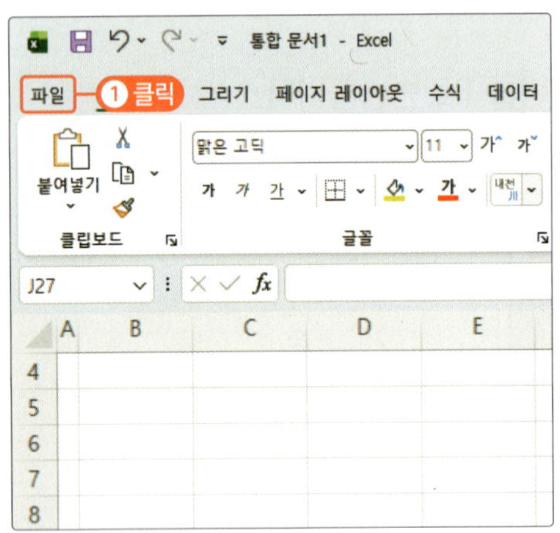
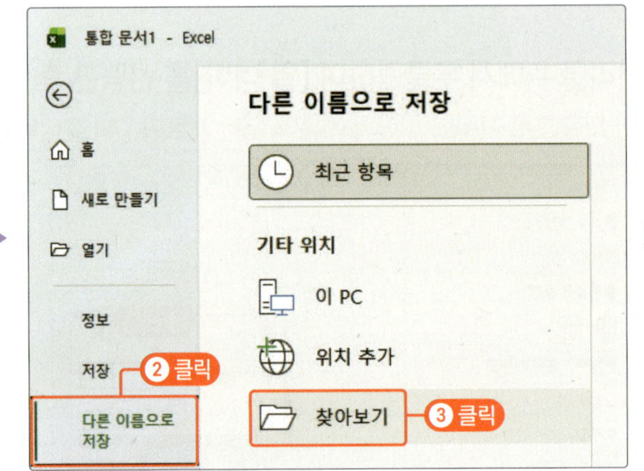

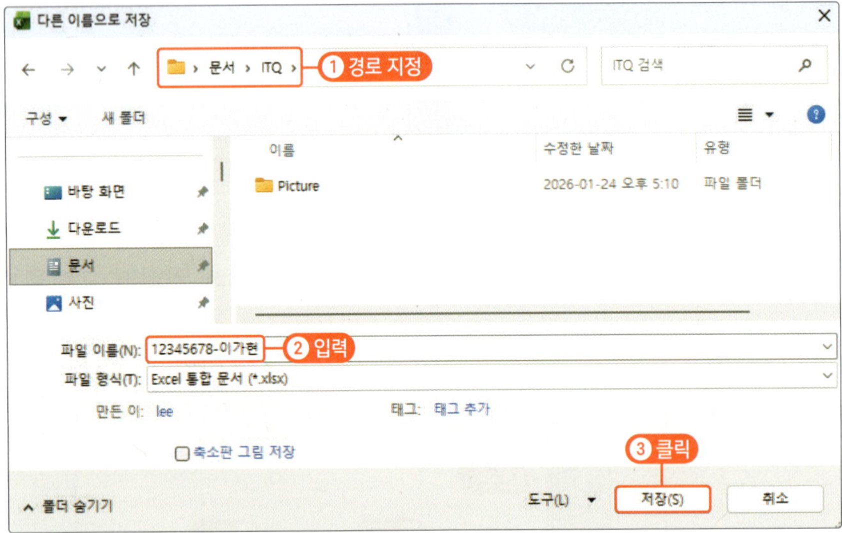

ITQ 꿀팁

답안 파일 저장 시 '저장 경로'와 '파일명'을 정확하게 입력하세요.
· 저장 경로 : [내 PC]-[문서]-[ITQ] 폴더
· 파일 이름 : 수험번호-성명

1 ITQ 엑셀 답안 작성에 필요한 기본 작업을 설정한 후 '수험번호–성명' 형식으로 저장합니다.

⊘ **실습파일** : 없음　⊘ **완성파일** : 12345678–윤다온.xlsx

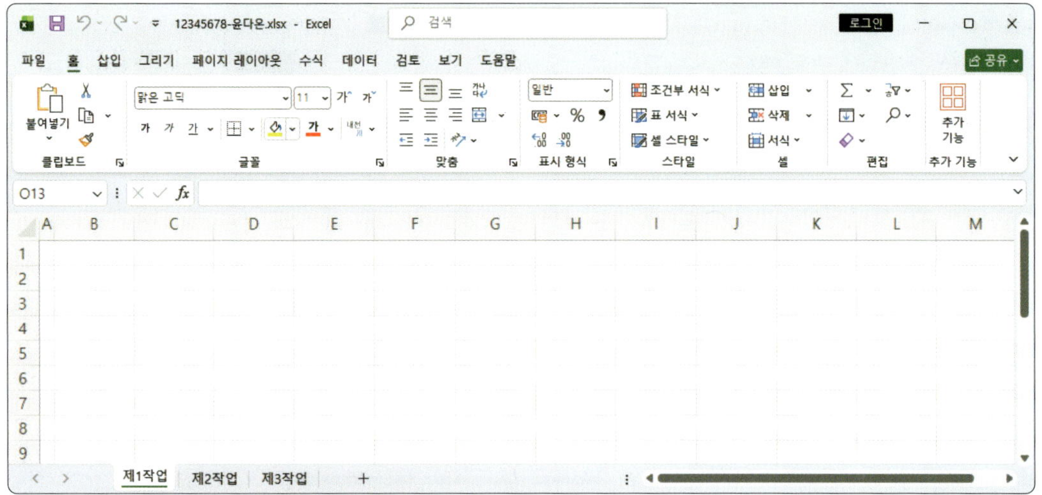

《**답안 작성 요령**》
· 모든 작업시트의 A열은 열 너비 '1'로, 나머지 열은 적당하게 조절하시오.
· 답안 시트 이름은 "제1작업", "제2작업", "제3작업", "제4작업"이어야 하며 답안 시트 이외의 것은 감점 처리됩니다.

2 ITQ 엑셀 답안 작성에 필요한 기본 작업을 설정한 후 '수험번호–성명' 형식으로 저장합니다.

⊘ **실습파일** : 없음　⊘ **완성파일** : 12345678–한가람.xlsx

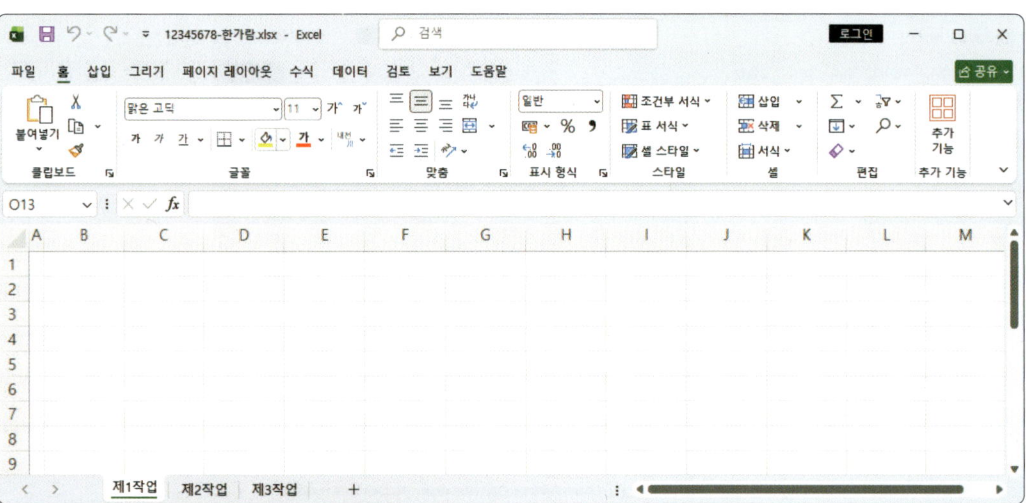

《**답안 작성 요령**》
· 모든 작업시트의 A열은 열 너비 '1'로, 나머지 열은 적당하게 조절하시오.
· 답안 시트 이름은 "제1작업", "제2작업", "제3작업", "제4작업"이어야 하며 답안 시트 이외의 것은 감점 처리됩니다.

3 ITQ 엑셀 답안 작성에 필요한 기본 작업을 설정한 후 '수험번호−성명' 형식으로 저장합니다.

⊘ **실습파일** : 없음　⊘ **완성파일** : 12345678−신별하.xlsx

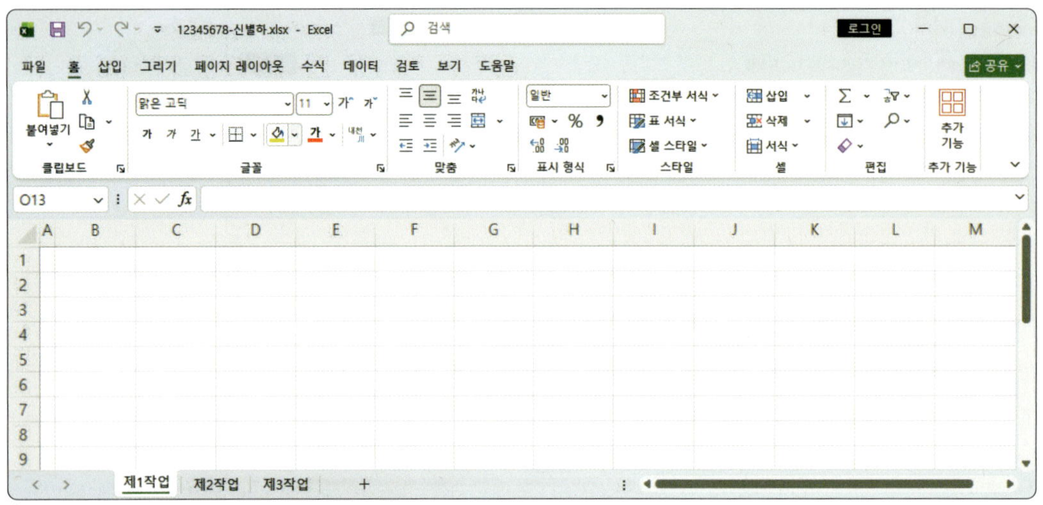

《**답안 작성 요령**》
· 모든 작업시트의 A열은 열 너비 '1'로, 나머지 열은 적당하게 조절하시오.
· 답안 시트 이름은 "제1작업", "제2작업", "제3작업", "제4작업"이어야 하며 답안 시트 이외의 것은 감점 처리됩니다.

4 ITQ 엑셀 답안 작성에 필요한 기본 작업을 설정한 후 '수험번호−성명' 형식으로 저장합니다.

⊘ **실습파일** : 없음　⊘ **완성파일** : 12345678−최슬아.xlsx

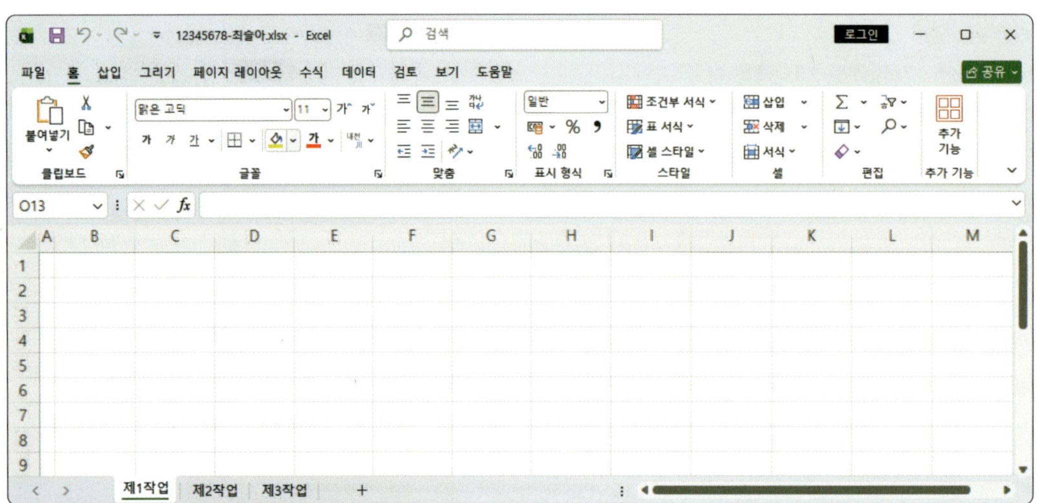

《**답안 작성 요령**》
· 모든 작업시트의 A열은 열 너비 '1'로, 나머지 열은 적당하게 조절하시오.
· 답안 시트 이름은 "제1작업", "제2작업", "제3작업", "제4작업"이어야 하며 답안 시트 이외의 것은 감점 처리됩니다.

5 ITQ 엑셀 답안 작성에 필요한 기본 작업을 설정한 후 '수험번호-성명' 형식으로 저장합니다.

⊘ **실습파일** : 없음   ⊘ **완성파일** : 12345678-권마루.xlsx

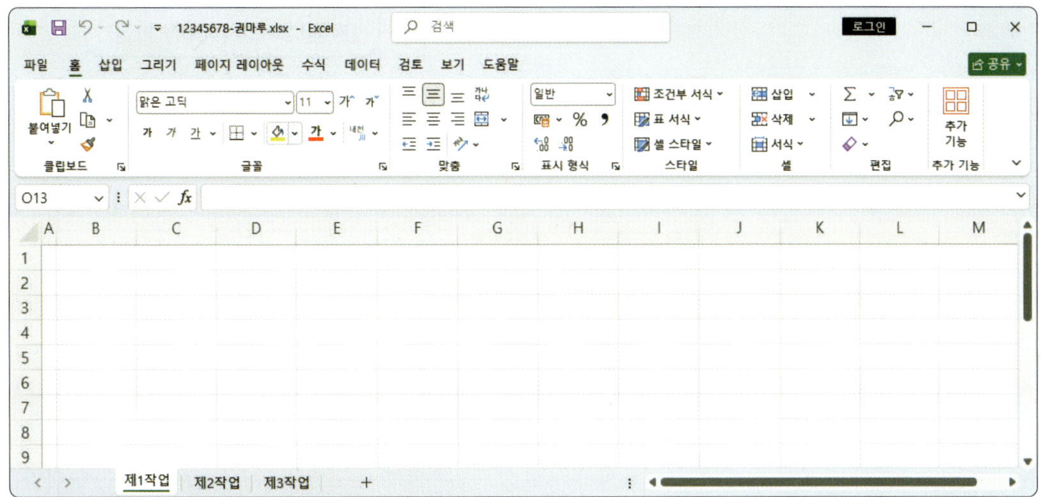

《답안 작성 요령》
· 모든 작업시트의 A열은 열 너비 '1'로, 나머지 열은 적당하게 조절하시오.
· 답안 시트 이름은 "제1작업", "제2작업", "제3작업", "제4작업"이어야 하며 답안 시트 이외의 것은 감점 처리됩니다.

6 ITQ 엑셀 답안 작성에 필요한 기본 작업을 설정한 후 '수험번호-성명' 형식으로 저장합니다.

⊘ **실습파일** : 없음   ⊘ **완성파일** : 12345678-최강우.xlsx

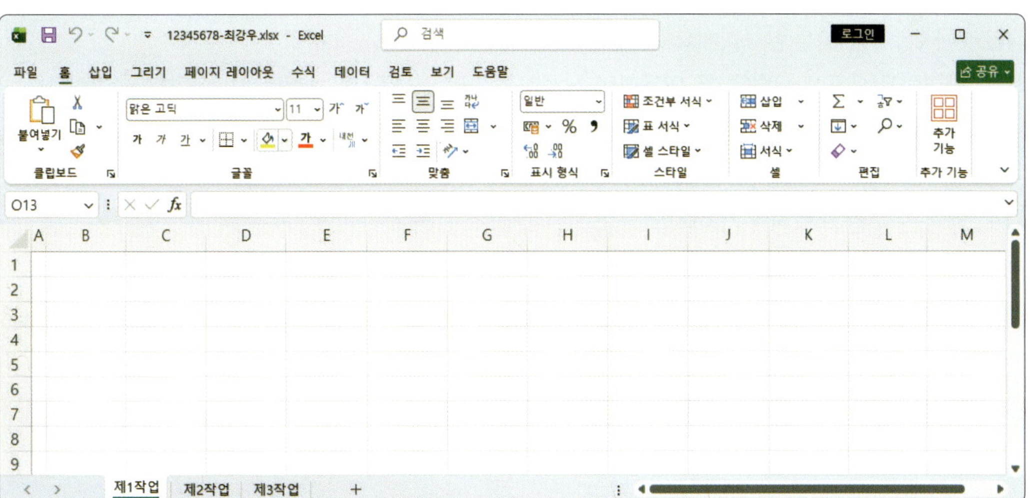

《답안 작성 요령》
· 모든 작업시트의 A열은 열 너비 '1'로, 나머지 열은 적당하게 조절하시오.
· 답안 시트 이름은 "제1작업", "제2작업", "제3작업", "제4작업"이어야 하며 답안 시트 이외의 것은 감점 처리됩니다.

[제1작업] 표 서식 작성 I (데이터 입력 및 제목 작성)

⊘ 실습파일 : 02차시(문제).xlsx   ⊘ 완성파일 : 02차시(완성).xlsx

[배점] 240점 (500점 만점)

☞ 다음은 '영화 스트리밍 서비스 이용 현황'에 대한 자료이다. 자료를 입력하고 조건에 맞도록 작업하시오.

《출력형태》

코드	영화명	상영일	관람기기	관람인원 (단위:명)	관람시간 (단위:분)	요금	할인요금	비고
							담당	팀장	부장

영화 스트리밍 서비스 이용 현황

코드	영화명	상영일	관람기기	관람인원 (단위:명)	관람시간 (단위:분)	요금	할인요금	비고
S-121	스파이더맨	2025-10-10	스마트폰	1,842	120	10,000	(1)	(2)
T-231	겨울왕국	2025-11-11	태블릿	2,948	100	8,000	(1)	(2)
N-341	인셉션	2025-10-12	노트북	1,120	150	12,000	(1)	(2)
S-142	기생충	2025-10-16	스마트폰	1,984	140	10,000	(1)	(2)
N-312	타이타닉	2025-10-12	노트북	1,450	160	15,000	(1)	(2)
T-214	노인과 바다	2025-10-15	태블릿	2,140	90	9,000	(1)	(2)
S-134	미션 임파서블	2025-11-15	스마트폰	2,848	130	11,000	(1)	(2)
T-242	조커	2025-10-12	태블릿	1,002	110	8,500	(1)	(2)
10월 12일 상영 영화 개수			(3)		최대 관람시간(단위:분)			(5)
스마트폰 관람인원(단위:명) 평균			(4)		영화명	스파이더맨	요금	(6)

《조건》

○ 모든 데이터의 서식에는 글꼴(굴림, 11pt), 정렬은 숫자 및 회계 서식은 오른쪽 정렬, 나머지 서식은 가운데 정렬로 작성하며 예외적인 것은 《출력형태》를 참조하시오.

○ 제 목 ⇒ 도형(배지)과 그림자(오프셋 오른쪽)를 이용하여 작성하고 "영화 스트리밍 서비스 이용 현황"을 입력한 후 다음 서식을 적용하시오(글꼴-굴림, 24pt, 검정, 굵게, 채우기-노랑).

○ 임의의 셀에 결재란을 작성하여 그림으로 복사 기능을 이용하여 붙이기 하시오(단, 원본 삭제).

○ 「B4:J4, G14, I14」 영역은 '주황'으로 채우기 하시오.

○ 유효성 검사를 이용하여 「H14」 셀에 영화명(「C5:C12」 영역)이 선택 표시되도록 하시오.

○ 셀 서식 ⇒ 「H5:H12」 영역에 셀 서식을 이용하여 숫자 뒤에 '원'을 표시하시오(예 : 10,000원).

○ 「G5:G12」 영역에 대해 '관람시간'으로 이름정의를 하시오.

기본 서식 지정 및 셀 병합 › 데이터 입력 후 테두리 지정 › 제목 작업

Check 01 기본 서식 지정 및 셀 병합 : [제1작업] 시트에 기본 서식을 지정한 후 셀을 병합해요!

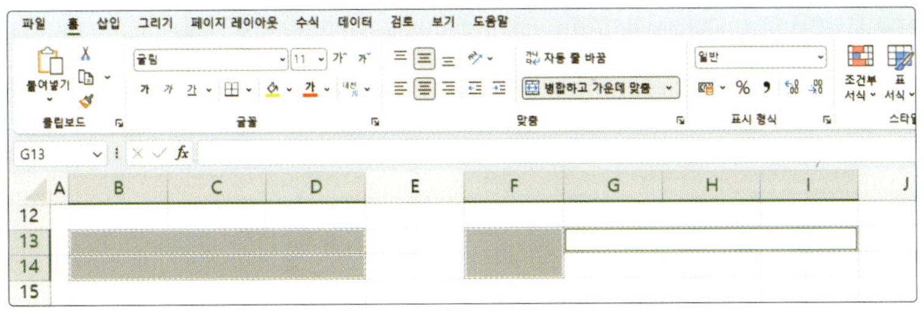

[제1작업] 시트에 글꼴 서식, 정렬, 셀 병합을 지정

Check 02 데이터 입력 및 테두리 지정 : 셀에 데이터를 입력한 후 테두리를 지정해요.

코드	영화명	상영일	관람기기	관람인원 (단위:명)	관람시간 (단위:분)	요금	할인요금	비고
S-121	스파이더맨	2025-10-10	스마트폰	1842	120	10000		
T-231	겨울왕국	2025-11-11	태블릿	2948	100	8000		
N-341	인셉션	2025-10-12	노트북	1120	150	12000		
S-142	기생충	2025-10-16	스마트폰	1984	140	10000		
N-312	타이타닉	2025-10-12	노트북	1450	160	15000		
T-214	노인과 바다	2025-10-15	태블릿	2140	90	9000		
S-134	미션 임파서블	2025-11-15	스마트폰	2848	130	11000		
T-242	조커	2025-10-12	태블릿	1002	110	8500		
10월 12일 상영 영화 개수					최대 관람시간(단위:분)			
스마트폰 관람인원(단위:명) 평균					영화명		요금	

데이터 입력 & 열 너비 및 행 높이 조절 & 테두리 지정

Check 03 제목 작업 : 도형을 이용하여 제목을 작성한 후 글꼴 서식 및 그림자를 지정해요!

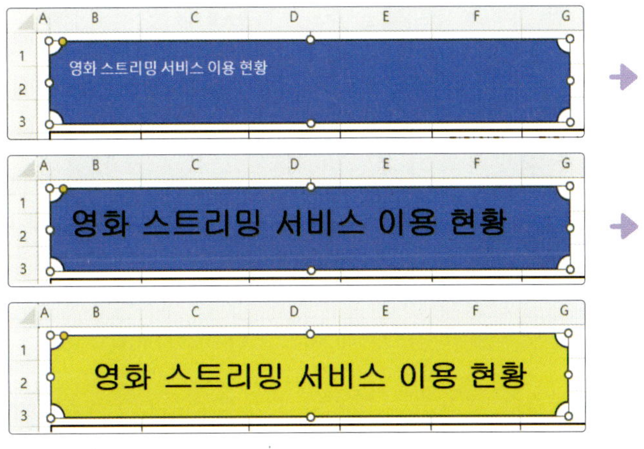

도형 삽입 & 제목 입력 및 서식 지정 & 그림자 지정

기본 서식 지정 및 데이터 입력하기

○ 모든 데이터의 서식에는 글꼴(굴림, 11pt), 정렬은 숫자 및 회계 서식은 오른쪽 정렬, 나머지 서식은 가운데 정렬로 작성하며 예외적인 것은 《출력형태》를 참조하시오.

☞ 다음은 '영화 스트리밍 서비스 이용 현황'에 대한 자료이다. 자료를 입력하고 조건에 맞도록 작업하시오.

1 02차시(문제).xlsx 파일을 불러와 [제1작업] 시트를 클릭합니다. ◢를 클릭한 후 [홈] 탭에서 **글꼴 서식(굴림, 11)** 및 **정렬(가운데 맞춤)**을 지정합니다.

★ Ctrl + A 를 눌러 모든 셀을 선택할 수도 있어요.

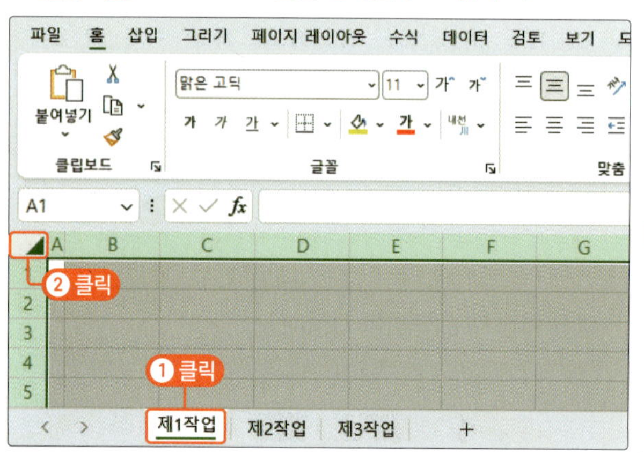

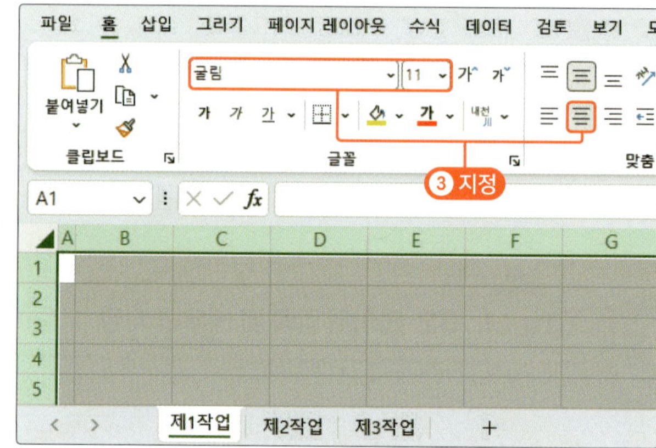

2 [B13:D13]을 드래그한 후 Ctrl 을 누른 채 [B14:D14], [F13:F14], [G13:I13]을 추가로 드래그합니다. 이어서, [홈] 탭에서 **[병합하고 가운데 맞춤]**을 클릭합니다.

★ Ctrl 을 누른 채 셀을 드래그하면 떨어져 있는 셀들을 연속으로 선택할 수 있어요.

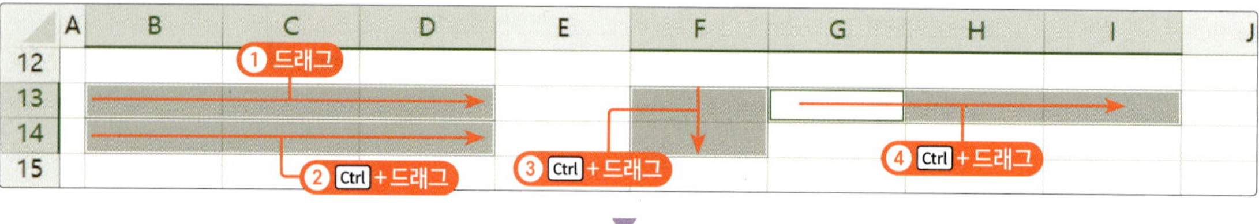

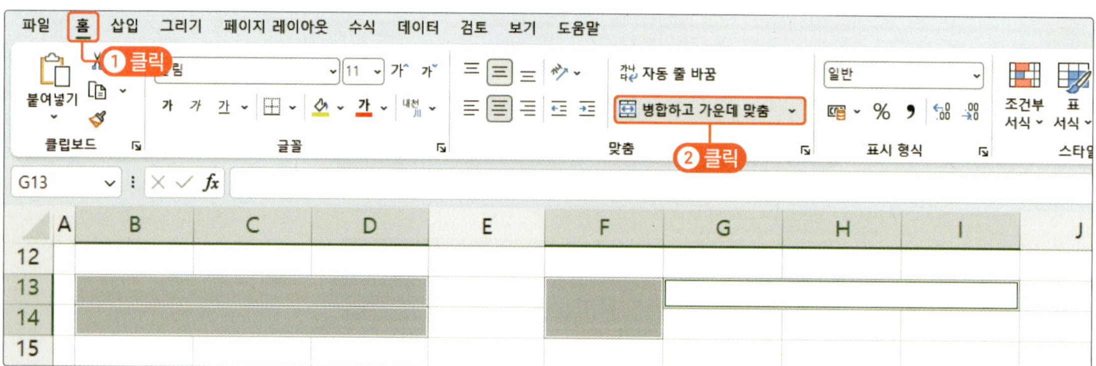

ITQ 꿀팁

[B13:D13], [B14:D14], [F13:F14], [G13:I13] 영역의 셀 병합은 고정적으로 출제되고 있어요.

3 문제지의 《출력형태》를 참고하여 각각의 셀에 데이터를 입력합니다.

★ 숫자를 입력할 때는 천 단위 구분기호(,)는 입력하지 않고 숫자만 입력해요.
★ [C10] 셀 내용 : 노인과 바다, [C11] 셀 내용 : 미션 임파서블

	A	B	C	D	E	F	G	H	I	J
1										
2										
3										
4		코드	영화명	상영일	관람기기	관람인원 (단위:명)	관람시간 (단위:분)	요금	할인요금	비고
5		S-121	스파이더맨	2025-10-10	스마트폰	1842	120	10000		
6		T-231	겨울왕국	2025-11-11	태블릿	2948	100	8000		
7		N-341	인셉션	2025-10-12	노트북	1120	150	12000		
8		S-142	기생충	2025-10-16	스마트폰	1984	140	10000		
9		N-312	타이타닉	2025-10-12	노트북	1450	160	15000		
10		T-214	노인과 바다	2025-10-15	태블릿	2140	90	9000		
11		S-134	미션 임파서블	2025-11-15	스마트폰	2848	130	11000		
12		T-242	조커	2025-10-12	태블릿	1002	110	8500		
13		10월 12일 상영 영화 개수					최대 관람시간(단위:분)			
14		스마트폰 관람인원(단위:명) 평균					영화명		요금	
15										

> **ITQ 꿀팁**
>
> · ITQ 엑셀 시험은 작업에 필요한 데이터를 제공하지 않기 때문에 문제지의 《출력형태》를 보면서 직접 입력해야 해요.
> · 날짜 또는 숫자를 입력할 때 셀의 너비가 좁으면 값이 ####으로 표시되며, 해당 열의 너비를 조절하면 정상적으로 표시돼요.

Level UP　데이터 입력 방법

❶ 날짜 입력 : 숫자 사이에 하이픈(-)을 입력합니다.(예 : 2026-12-25)

❷ 백분율 입력 : 숫자 뒤에 퍼센트(%)를 입력합니다.(예 : 58%)

❸ 소숫점 입력 : 숫자 사이에 마침표(.)를 입력합니다.(예 : 0.1/0.01/0.15%)

❹ 두 줄 데이터 입력 : 윗줄 내용 입력 후 Alt + Enter 를 눌러 다음 줄에 내용을 입력합니다.

❺ 셀 이동 : 데이터 입력 후 방향키(↑, ↓, ←, →) 또는 Tab 을 누릅니다.

❻ 데이터 수정 : 셀을 더블클릭하거나 F2 를 눌러 수정합니다.

❼ 소수 자릿수 지정

· 숫자를 입력한 후 Ctrl + 1 을 누릅니다.
· [표시 형식]탭-[범주]에서 '숫자', '회계', '백분율'을 선택하여 필요한 자릿수만큼 수소 자릿수(예:1.0/1.00/10.0%/10.00%)를 지정합니다.

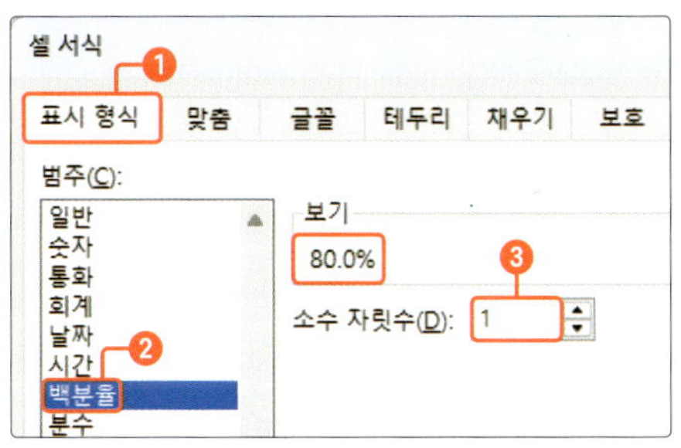

▲ 백분율 소수 첫째자리

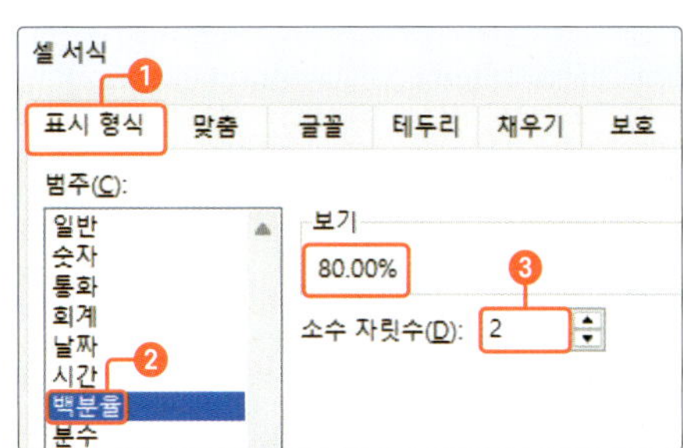

▲ 백분율 소수 둘째자리

열 너비 및 행 높이 조절하기

모든 작업 시트의 A열은 열 너비 '1'로, 나머지 열은 적당하게 조절하시오.

1 [C]와 [D] 열 머리글 사이에 마우스 포인터(＋)를 위치시킨 후 더블클릭합니다.

★ 열 머리글의 경계선을 더블클릭하면 가장 긴 글자에 맞추어 자동으로 열 너비가 조절돼요.

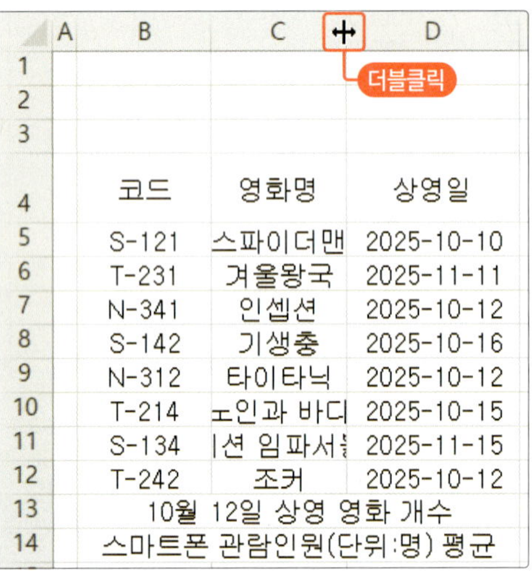
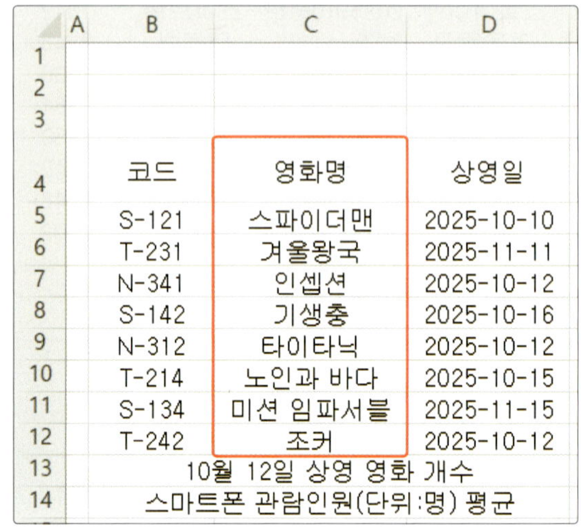

 **Level UP** **열 너비 조절하기**

경계선을 더블클릭하여 열의 너비를 조절한 이후에도 《출력형태》에 비해 간격이 좁다면 열 머리글 사이에 마우스 포인터 (＋)를 위치시킨 후 드래그하여 열의 너비를 조절합니다.

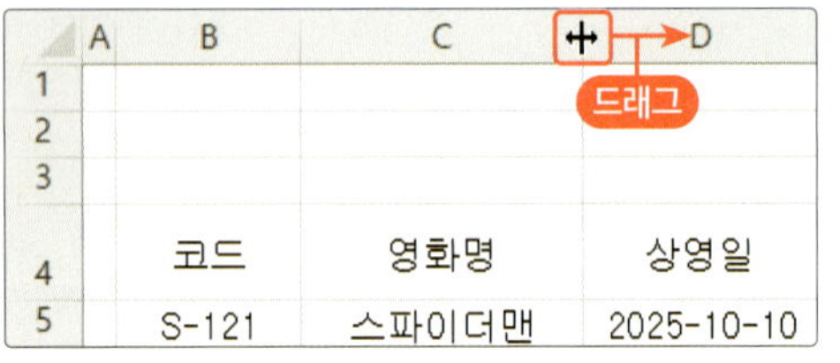
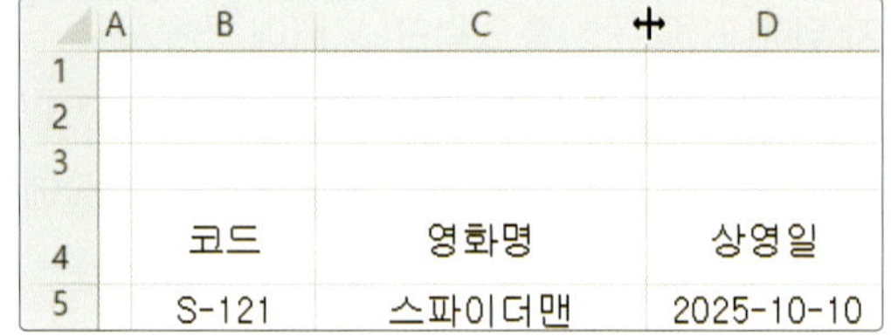

2 같은 방법으로 문제지의 《출력형태》를 참고하여 열 너비를 조절합니다.

A	B	C	D	E	F 관람인원 (단위:명)	G 관람시간 (단위:분)	H 요금	I 할인요금	J 비고
	코드	영화명	상영일	관람기기					
	S-121	스파이더맨	2025-10-10	스마트폰	1842	120	10000		
	T-231	겨울왕국	2025-11-11	태블릿	2948	100	8000		
	N-341	인셉션	2025-10-12	노트북	1120	150	12000		
	S-142	기생충	2025-10-16	스마트폰	1984	140	10000		
	N-312	타이타닉	2025-10-12	노트북	1450	160	15000		
	T-214	노인과 바다	2025-10-15	태블릿	2140	90	9000		
	S-134	미션 임파서블	2025-11-15	스마트폰	2848	130	11000		
	T-242	조커	2025-10-12	태블릿	1002	110	8500		
	10월 12일 상영 영화 개수					최대 관람시간(단위:분)			
	스마트폰 관람인원(단위:명) 평균				영화명			요금	

3 제목이 들어갈 [1:3] 행의 머리글을 드래그하여 우클릭합니다. **[행 높이]**를 클릭한 후 행 높이를 25로 변경합니다.

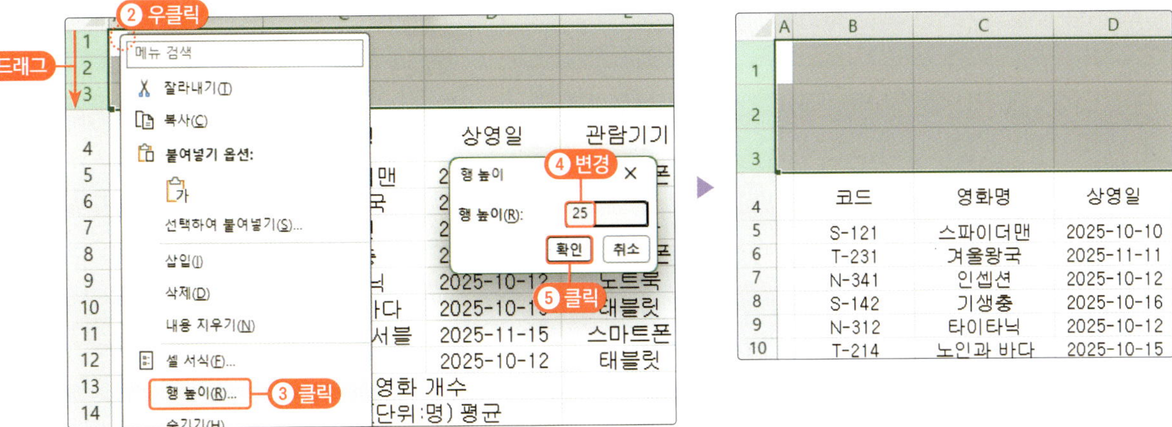

4 본문 제목과 내용이 입력될 [4:14] 행의 높이도 같은 방법으로 변경합니다.

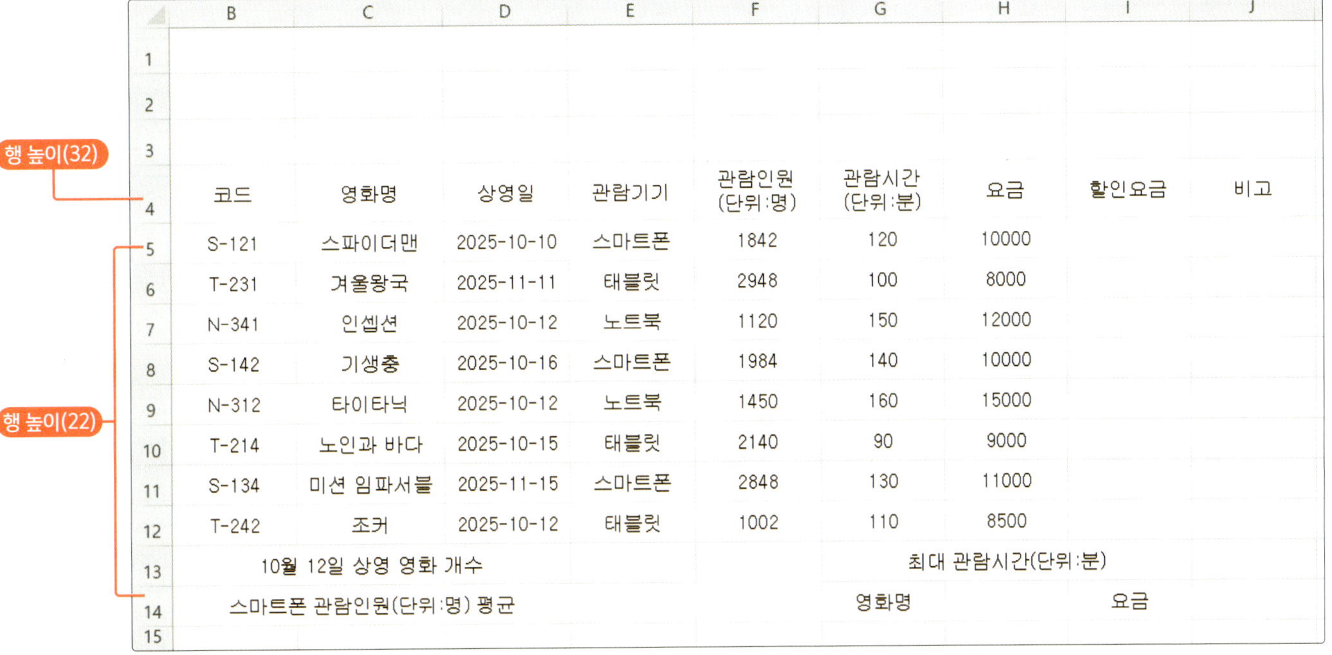

ITQ 꿀팁

행 높이 변경은 별도의 조건이 없으며, 채점 기준에도 포함되지 않기 때문에 문제지의 《출력형태》를 참고하여 적당한 높이로 조절해 주세요.

셀 테두리 지정하기

○ 모든 작업시트의 테두리는 《출력형태》와 같이 작업하시오.

1 [B4:J14]를 드래그한 후 [홈] 탭에서 [테두리] 목록 단추를 눌러 **[모든 테두리]**와 **[굵은 바깥쪽 테두리]**를 순서대로 선택합니다.

★ 문제지의 《출력형태》를 참고하여 테두리를 지정해요.

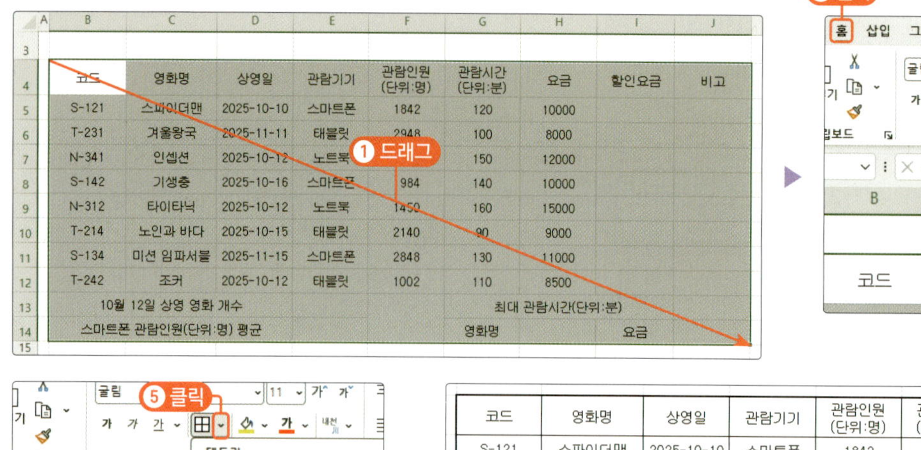

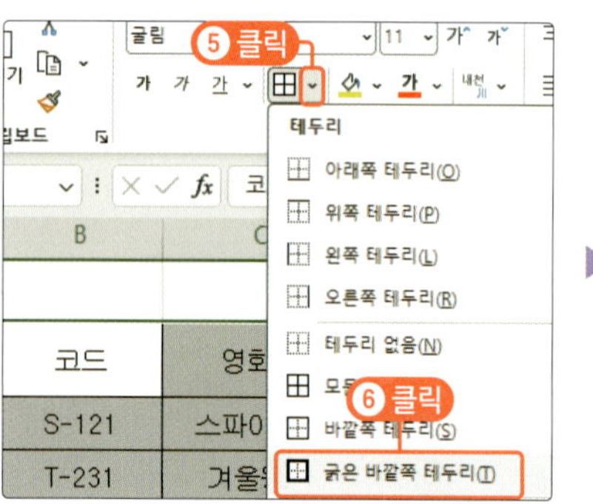

코드	영화명	상영일	관람기기	관람인원 (단위:명)	관람시간 (단위:분)	요금	할인요금	비고
S-121	스파이더맨	2025-10-10	스마트폰	1842	120	10000		
T-231	겨울왕국	2025-11-11	태블릿	2948	100	8000		
N-341	인셉션	2025-10-12	노트북	1120	150	12000		
S-142	기생충	2025-10-16	스마트폰	1984	140	10000		
N-312	타이타닉	2025-10-12	노트북	1450	160	15000		
T-214	노인과 바다	2025-10-15	태블릿	2140	90	9000		
S-134	미션 임파서블	2025-11-15	스마트폰	2848	130	11000		
T-242	조커	2025-10-12	태블릿	1002	110	8500		
10월 12일 상영 영화 개수						최대 관람시간(단위:분)		
스마트폰 관람인원(단위:명) 평균						영화명	요금	

2 [B4:J4]를 드래그한 후 Ctrl 을 누른 채 [B13:J14]를 드래그합니다. [홈] 탭에서 [테두리] 목록 단추를 눌러 **[굵은 바깥쪽 테두리]**를 선택합니다.

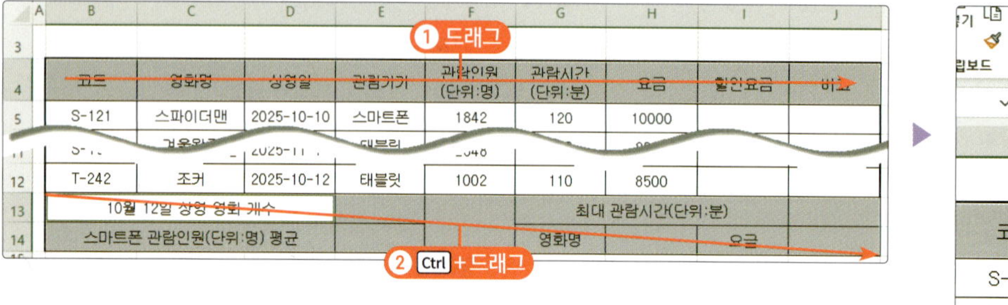

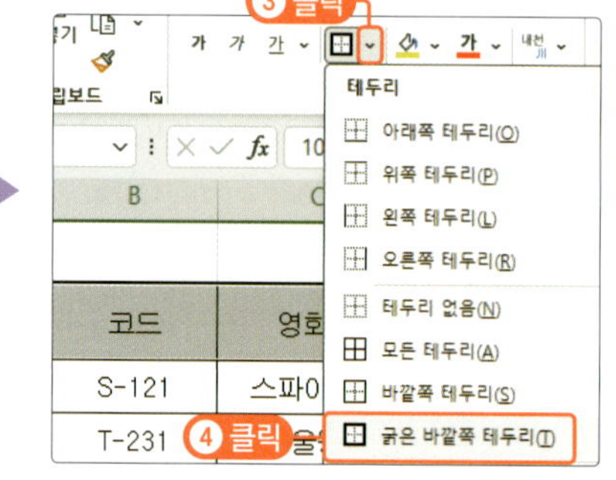

3 대각선 테두리를 지정하기 위해 [F13:F14] 셀 위에서 우클릭하여 **[셀 서식]**을 클릭합니다.

★ Ctrl + 1 을 눌러 [셀 서식]을 실행할 수도 있어요.

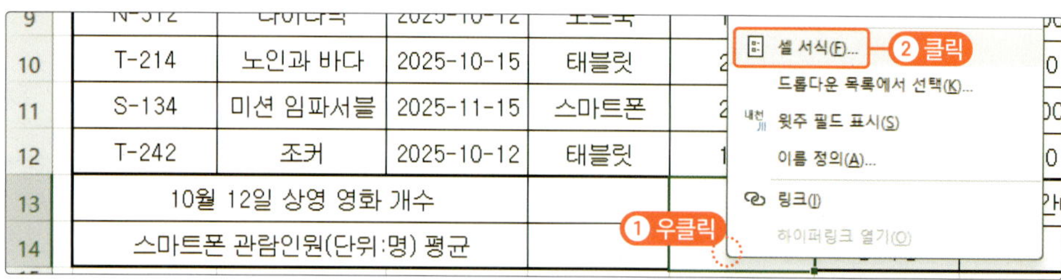

4 [셀 서식] 대화상자에서 [테두리] 탭을 클릭한 후 왼쪽과 오른쪽의 대각선 테두리를 선택합니다.

★ 테두리 작업이 끝나면 문제지의 《출력형태》와 같은지 확인해 보세요.

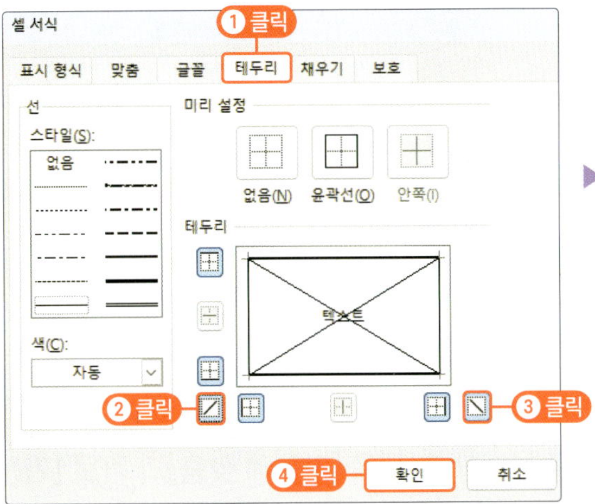

7	노트북	1120	150
8	스마트폰	1984	140
9	노트북	1450	160
10	태블릿	2140	90
11	스마트폰	2848	130
12	태블릿	1002	110
13			최대
14			영화명

도형을 이용하여 제목 작성하기

○ 제 목 ➡ 도형(배지)과 그림자(오프셋 오른쪽)를 이용하여 작성하고 "영화 스트리밍 서비스 이용 현황"을 입력한 후 다음 서식
을 적용하시오(글꼴-굴림, 24pt, 검정, 굵게, 채우기-노랑).

1 [삽입] 탭-[도형]에서 [기본 도형-배지(⬡)]를 선택한 후 제목 도형을 삽입합니다.

★ 문제지의 《출력형태》를 참고하여 도형의 크기와 위치를 변경해요.

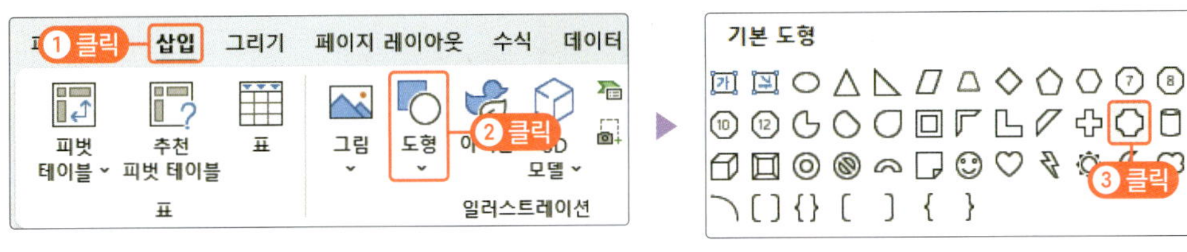

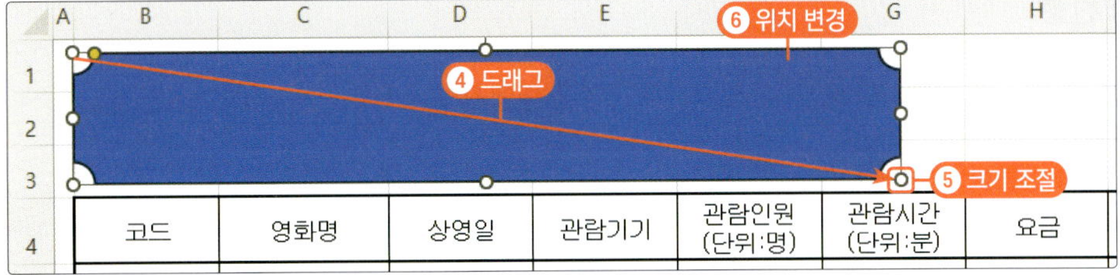

Level UP 도형 작성하기

❶ **크기 조절** : 흰색 조절점을 드래그합니다.
❷ **모양 변형** : 노란색 조절점을 드래그합니다.
❸ **회전** : 회전 핸들을 드래그합니다.
❹ **위치 변경** : 도형 중앙에 마우스 커서를 위치시킨 후 드래그합니다.

★ 도형을 선택한 후 방향키를 이용하면 세밀하게 위치를 변경할 수 있어요.

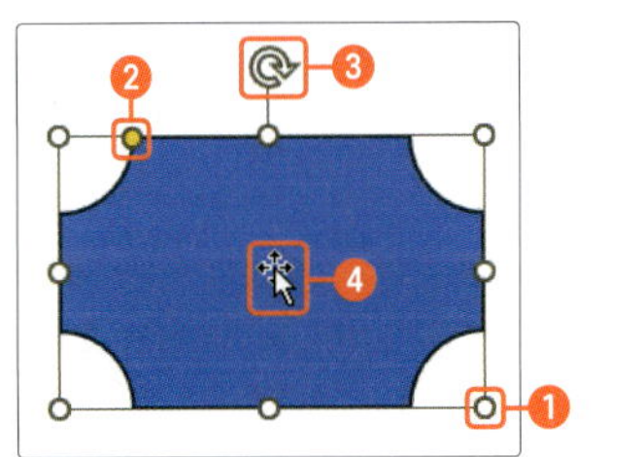

2 도형에 **영화 스트리밍 서비스 이용 현황**을 입력한 후 [홈] 탭에서 **글꼴 서식**을 지정합니다.

✿ 도형의 테두리를 클릭한 후 '글꼴(굴림), 글꼴 크기(24), 굵게, 글꼴 색(검정, 텍스트 1)'을 지정해요.

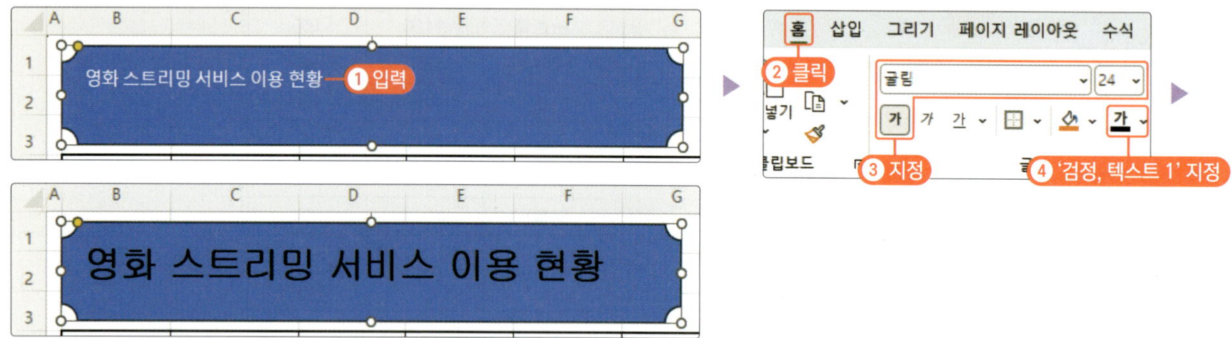

3 도형이 선택된 상태에서 [채우기 색] 목록 단추를 눌러 **노랑**을 선택한 후 세로 [가운데 맞춤]과 가로 [가운데 맞춤]을 각각 클릭합니다.

Level UP   **도형 모양 변형**

도형 모양이 《출력형태》와 다를 경우 노란색 조절점(◉)을 드래그하여 모양을 변형시킵니다.

4 도형이 선택된 상태에서 [도형 서식] 탭-[도형 효과]에서 [그림자]-**[바깥쪽-오프셋: 오른쪽]**을 선택합니다.

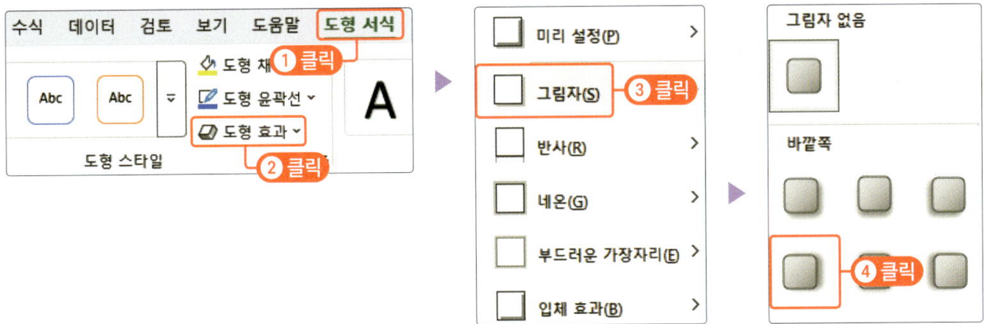

> **ITQ 꿀팁**
>
> 제목의 글꼴 서식(글꼴-굴림, 글꼴 크기-24pt, 굵게, 글꼴 색-검정), 도형 서식(채우기 색-노랑, 그림자-오프셋: 오른쪽)은 고정적으로 출제되고 있어요.

5 작업이 완료되면 [저장(📘)]을 클릭하거나, Ctrl + S 를 눌러 답안 파일을 저장합니다.

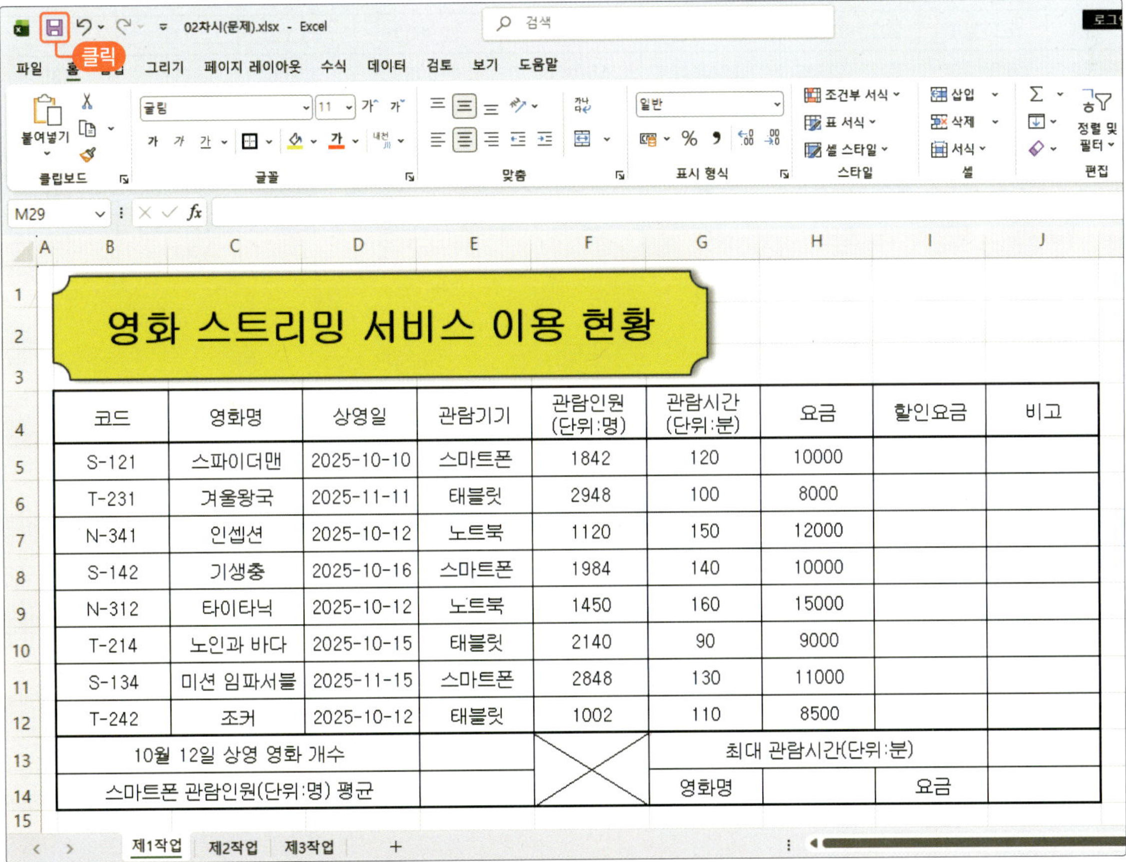

코드	영화명	상영일	관람기기	관람인원 (단위:명)	관람시간 (단위:분)	요금	할인요금	비고
S-121	스파이더맨	2025-10-10	스마트폰	1842	120	10000		
T-231	겨울왕국	2025-11-11	태블릿	2948	100	8000		
N-341	인셉션	2025-10-12	노트북	1120	150	12000		
S-142	기생충	2025-10-16	스마트폰	1984	140	10000		
N-312	타이타닉	2025-10-12	노트북	1450	160	15000		
T-214	노인과 바다	2025-10-15	태블릿	2140	90	9000		
S-134	미션 임파서블	2025-11-15	스마트폰	2848	130	11000		
T-242	조커	2025-10-12	태블릿	1002	110	8500		
10월 12일 상영 영화 개수					최대 관람시간(단위:분)			
스마트폰 관람인원(단위:명) 평균				영화명		요금		

> **ITQ 꿀팁**
>
> 답안 파일 저장은 ITQ 시험에서 가장 중요한 과정으로 답안 작성 도중에 작업을 완료한 부분까지 수시로 저장해야 해요. [빠른 실행 도구 모음]에서 '저장 아이콘(📘)'을 클릭하거나, Ctrl + S 를 눌러 답안 파일을 저장할 수 있어요.

1 다음은 'AI 서비스 자사 이용 현황'에 대한 자료이다. 자료를 입력하고 조건에 맞도록 작업하시오.

⊘ **실습파일** : 유형02-1(문제).xlsx   ⊘ **완성파일** : 유형02-1(완성).xlsx

《출력형태》

AI 서비스 자사 이용 현황

서비스코드	서비스명	출시일	서비스유형	월간 처리량	연간 누적 사용자 수	만족도	이용방법	출시순위
NV-134	클로바X	2023-04-02	업무지원	1800000	170848	85.2%	(1)	(2)
OA-274	챗GPT	2022-11-30	LLM생성	2400000	251571	88.7%	(1)	(2)
DB-193	딥브레인AI	2023-02-28	기타	500000	73362	78.9%	(1)	(2)
AP-288	클로드	2023-03-14	기타	1204000	89461	82.5%	(1)	(2)
MS-224	코파일럿	2023-02-07	업무지원	2000000	629652	85.1%	(1)	(2)
GG-382	제미나이	2023-12-06	LLM생성	1570000	116089	90.0%	(1)	(2)
GG-127	팜2	2023-05-10	업무지원	250000	164955	77.6%	(1)	(2)
MT-312	라마	2023-02-24	LLM생성	650000	153678	81.0%	(1)	(2)
업무지원 서비스 개수			(3)		최고 만족도			(5)
LLM생성 서비스 월간 처리량 평균			(4)		서비스코드		연간 누적 사용자 수	(6)

《조건》

○ 모든 데이터의 서식에는 글꼴(굴림, 11pt), 정렬은 숫자 및 회계 서식은 오른쪽 정렬, 나머지 서식은 가운데 정렬로 작성하며 예외적인 것은 《출력형태》를 참조하시오.

○ 제 목 ⇒ 도형(배지)과 그림자(오프셋 오른쪽)를 이용하여 작성하고 "AI 서비스 자사 이용 현황"을 입력한 후 다음 서식을 적용하시오(글꼴-굴림, 24pt, 검정, 굵게, 채우기-노랑).

○ 임의의 셀에 결재란을 작성하여 그림으로 복사 기능을 이용하여 붙이기 하시오(단, 원본 삭제).

○ 「B4:J4, G14, I14」 영역은 '주황'으로 채우기 하시오.

○ 유효성 검사를 이용하여 「H14」 셀에 서비스코드(「B5:B12」 영역)가 선택 표시되도록 하시오.

○ 셀 서식 ⇒ 「G5:G12」 영역에 셀 서식을 이용하여 숫자 뒤에 '명'을 표시하시오(예 : 170,848명).

○ 「H5:H12」 영역에 대해 '만족도'로 이름정의를 하시오.

 **2** 다음은 '2026년 헬스 등록회원 현황'에 대한 자료이다. 자료를 입력하고 조건에 맞도록 작업하시오.

⊘ **실습파일** : 유형02-2(문제).xlsx ⊘ **완성파일** : 유형02-2(완성).xlsx

《출력형태》

회원코드	회원명	등록경로	등록일	나이	등록비 (단위:원)	등록횟수	운동 종류	등록월
HP-832	유미행	전단지	2026-06-03	51	80000	22	(1)	(2)
PH-517	강지우	지인소개	2026-05-14	48	140000	19	(1)	(2)
HK-296	김현성	인터넷검색	2026-03-05	33	50000	7	(1)	(2)
YF-626	주민재	전단지	2026-03-07	37	230000	16	(1)	(2)
YK-725	나경훈	전단지	2026-04-25	21	160000	5	(1)	(2)
HM-519	박정우	지인소개	2026-05-16	53	218000	12	(1)	(2)
PA-248	박지산	인터넷검색	2026-05-26	26	308000	3	(1)	(2)
PD-227	채수영	지인소개	2026-07-16	29	77000	12	(1)	(2)
40세 이상 회원 수			(3)		전단지를 통해 등록한 회원의 등록횟수 평균			(5)
최대 등록비(단위:원)			(4)		회원코드		등록일	(6)

《조건》

○ 모든 데이터의 서식에는 글꼴(굴림, 11pt), 정렬은 숫자 및 회계 서식은 오른쪽 정렬, 나머지 서식은 가운데 정렬로
  작성하며 예외적인 것은 《출력형태》를 참조하시오.

○ 제 목 ⇒ 도형(육각형)과 그림자(오프셋 가운데)를 이용하여 작성하고 "2026년 헬스 등록회원 현황"을 입력한 후
  다음 서식을 적용하시오(글꼴-굴림, 24pt, 검정, 굵게, 채우기-노랑).

○ 임의의 셀에 결재란을 작성하여 그림으로 복사 기능을 이용하여 붙이기 하시오(단, 원본 삭제).

○ 「B4:J4, G14, I14」 영역은 '주황'으로 채우기 하시오.

○ 유효성 검사를 이용하여 「H14」 셀에 회원코드(「B5:B12」 영역)가 선택 표시되도록 하시오.

○ 셀 서식 ⇒ 「H5:H12」 영역에 셀 서식을 이용하여 숫자 뒤에 '회'를 표시하시오(예 : 22회).

○ 「F5:F12」 영역에 대해 '나이'로 이름정의를 하시오.

3 다음은 '반려견 유모차 판매 현황'에 대한 자료이다. 자료를 입력하고 조건에 맞도록 작업하시오.

⊘ **실습파일** : 유형02-3(문제).xlsx   ⊘ **완성파일** : 유형02-3(완성).xlsx

《출력형태》

상품코드	상품명	제조사	탑승 가능 무게(kg)	상품가격 (단위:원)	판매수량	할인율	사은품	판매순위
TC21-32	루루테일	콤펫	30	549000	97	20%	(1)	(2)
HG22-13	리버블루	에어버기	15	1290000	241	10%	(1)	(2)
HG31-23	포레스트모스	에어버기	18	1050000	305	5%	(1)	(2)
DC32-22	인스타	이비야야	24	590000	196	5%	(1)	(2)
TC44-31	미리클랜	콤펫	28	390000	126	10%	(1)	(2)
DF23-11	미리미리	콤펫	15	490000	68	20%	(1)	(2)
HW12-23	카카오	에어버기	17	1190000	125	5%	(1)	(2)
DE21-11	빅버디	이비야야	17	470000	348	10%	(1)	(2)
이비야야 제조사 상품의 판매수량 평균			(3)		최소 탑승 가능 무게(kg)			(5)
콤펫 제조사 상품의 판매수량 합계			(4)		상품코드		판매수량	(6)

《조건》

○ 모든 데이터의 서식에는 글꼴(굴림, 11pt), 정렬은 숫자 및 회계 서식은 오른쪽 정렬, 나머지 서식은 가운데 정렬로 작성하며 예외적인 것은 《출력형태》를 참조하시오.

○ 제 목 ⇒ 도형(사다리꼴)과 그림자(오프셋 왼쪽)를 이용하여 작성하고 "반려견 유모차 판매 현황"을 입력한 후 다음 서식을 적용하시오(글꼴-굴림, 24pt, 검정, 굵게, 채우기-노랑).

○ 임의의 셀에 결재란을 작성하여 그림으로 복사 기능을 이용하여 붙이기 하시오(단, 원본 삭제).

○ 「B4:J4, G14, I14」 영역은 '주황'으로 채우기 하시오.

○ 유효성 검사를 이용하여 「H14」 셀에 상품코드(「B5:B12」 영역)가 선택 표시되도록 하시오.

○ 셀 서식 ⇒ 「G5:G12」 영역에 셀 서식을 이용하여 숫자 뒤에 '개'를 표시하시오(예 : 97개).

○ 「E5:E12」 영역에 대해 '무게'로 이름정의를 하시오.

 **4** 다음은 '헬스푸드 가맹점 관리현황'에 대한 자료이다. 자료를 입력하고 조건에 맞도록 작업하시오.

⊘ **실습파일** : 유형02-4(문제).xlsx ⊘ **완성파일** : 유형02-4(완성).xlsx

《출력형태》

가맹코드	가맹점명	지역	개점일	최고월매출 (단위:원)	최고일매출 (단위:원)	직원수	순위	평가
S-001	사당방배점	서울	2025-01-20	61500000	3370000	5	(1)	(2)
K-001	수지점	경기	2024-11-10	57600000	2800000	4	(1)	(2)
D-001	서구계백점	대전	2025-06-20	63500000	3050000	7	(1)	(2)
S-002	상봉점	서울	2026-01-20	71850000	3900000	8	(1)	(2)
S-003	왕십리점	서울	2025-12-10	55700000	2700000	4	(1)	(2)
K-002	수원인계점	경기	2025-05-20	77500000	4050000	7	(1)	(2)
K-003	안양평촌점	경기	2026-02-10	58850000	2900000	5	(1)	(2)
D-002	유성점	대전	2024-12-10	60500000	2800000	3	(1)	(2)
경기 지역 가맹점수			(3)		최대 최고월매출(단위:원)			(5)
서울 지역 최고월매출(단위:원) 평균			(4)		가맹점명		개점일	(6)

《조건》

○ 모든 데이터의 서식에는 글꼴(굴림, 11pt), 정렬은 숫자 및 회계 서식은 오른쪽 정렬, 나머지 서식은 가운데 정렬로 작성하며 예외적인 것은 《출력형태》를 참조하시오.

○ 제 목 ⇒ 도형(십자형)과 그림자(오프셋 오른쪽)를 이용하여 작성하고 "헬스푸드 가맹점 관리현황"을 입력한 후 다음 서식을 적용하시오(글꼴-굴림, 24pt, 검정, 굵게, 채우기-노랑).

○ 임의의 셀에 결재란을 작성하여 그림으로 복사 기능을 이용하여 붙이기 하시오(단, 원본 삭제).

○ 「B4:J4, G14, I14」 영역은 '주황'으로 채우기 하시오.

○ 유효성 검사를 이용하여 「H14」 셀에 가맹점명(「C5:C12」 영역)이 선택 표시되도록 하시오.

○ 셀 서식 ⇒ 「H5:H12」 영역에 셀 서식을 이용하여 숫자 뒤에 '명'을 표시하시오(예 : 5명).

○ 「F5:F12」 영역에 대해 '최고월매출'로 이름정의를 하시오.

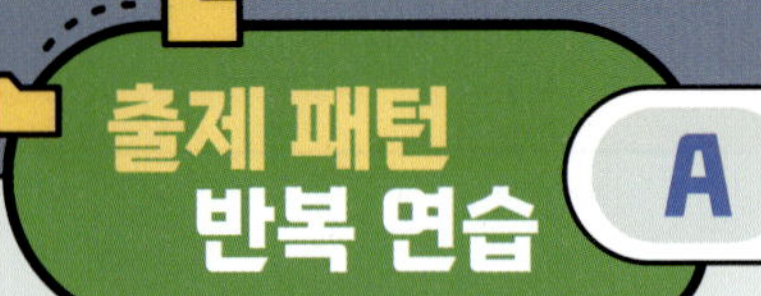

A 조건에 맞추어 각 시트에 서식 및 테두리를 지정해 보세요.

⊘ 실습파일 : 패턴02-1(문제).xlsx ⊘ 완성파일 : 패턴02-1(완성).xlsx

패턴 01 [홈]-[글꼴], [홈]-[맞춤]

❶ 글꼴 서식(굴림, 11pt) ❷ 가운데 맞춤 ❸ 병합하고 가운데 맞춤 ❹ 테두리 지정

회원코드	회원명	등록일	등록경로
H2834	김미지	2026-06-03	카톡채널
P2543	임상희	2026-09-14	홈페이지
H1296	이희열	2026-10-05	홈페이지
밴드를 통해 등록한 회원명			
홈페이지를 통해 등록한 회원수			

패턴 02 [홈]-[글꼴], [홈]-[맞춤]

❶ 글꼴 서식(굴림, 11pt) ❷ 가운데 맞춤 ❸ 병합하고 가운데 맞춤 ❹ 테두리 지정

제품코드	모델명	방식	가격
BK1-021	프리그	전기요	83300
RA2-019	라셀트리	전기매트	151260
HL3-099	더 케어 슬림	온수매트	220760
온수매트 가격 평균			
전기요 최고 가격			

패턴 03 [홈]-[글꼴], [홈]-[맞춤]

❶ 글꼴 서식(굴림, 11pt) ❷ 가운데 맞춤 ❸ 병합하고 가운데 맞춤 ❹ 테두리 지정

상품코드	상품명	분류	판매가격
W2113	워시타워 드럼	세탁기	1298
R1210	비스포크 김치	냉장고	2799
R1213	캐리어 클라윈드	냉장고	1899
세탁기 판매수량 평균			
비스포크 김치 냉장고			

패턴 04 [홈]-[글꼴], [홈]-[맞춤]

❶ 글꼴 서식(굴림, 11pt) ❷ 가운데 맞춤 ❸ 병합하고 가운데 맞춤 ❹ 테두리 지정

분류코드	어린이집명	지역	등록률(%)
BB9002	아이꿈	부산	72
SA1003	서울숲속	서울	98
DN6007	아이터	대구	97
직장 어린이집의 인원 평균			
가정 어린이집의 인원 합계			

패턴 05 [홈]-[글꼴], [홈]-[맞춤]

❶ 글꼴 서식(굴림, 11pt) ❷ 가운데 맞춤 ❸ 병합하고 가운데 맞춤 ❹ 테두리 지정

상품코드	상품명	분류	상품가격 (단위:원)
DC02-2	아우디 Z8	3인승	623000
HG02-1	벤츠 Z3	1인승	420000
HG01-2	그릭블루 L2	1인승	357000
분류가 1인승인 상품가격 평균			
가장 비싼 상품가격			

패턴 06 [홈]-[글꼴], [홈]-[맞춤]

❶ 글꼴 서식(굴림, 11pt) ❷ 가운데 맞춤 ❸ 병합하고 가운데 맞춤 ❹ 테두리 지정

임대코드	입주상가	구분	실평수
LC12-2	GS25	편의시설	17
LR13-1	우리분식	음식점	19
LA11-3	코딩영재교실	학원	33
편의시설 월임대료(단위:원) 평균			
실평수가 20이상인 개수			

⊘ 실습파일 : 패턴02-2(문제).xlsx   ⊘ 완성파일 : 패턴02-2(완성).xlsx

패턴 01 [삽입]-[도형]-[십자형]

❶ 도형(십자형) ❷ 그림자(오프셋 오른쪽) ❸ 글꼴(굴림, 24pt, 검정, 굵게, 채우기-노랑)

2026년 회원등록 현황

패턴 02 [삽입]-[도형]-[사다리꼴]

❶ 도형(사다리꼴) ❷ 그림자(오프셋 가운데) ❸ 글꼴(굴림, 24pt, 검정, 굵게, 채우기-노랑)

겨울가전 상품 목록

패턴 03 [삽입]-[도형]-[사각형: 잘린 위쪽 모서리]

❶ 도형(사각형: 잘린 위쪽 모서리) ❷ 그림자(오프셋 아래쪽) ❸ 글꼴(굴림, 24pt, 검정, 굵게, 채우기-노랑)

홈쇼핑 판매 현황

패턴 04 [삽입]-[도형]-[평행 사변형]

❶ 도형(평행 사변형) ❷ 그림자(오프셋 왼쪽) ❸ 글꼴(굴림, 24pt, 검정, 굵게, 채우기-노랑)

어린이집 현황

패턴 05 [삽입]-[도형]-[육각형]

❶ 도형(육각형) ❷ 그림자(오프셋 아래쪽) ❸ 글꼴(굴림, 24pt, 검정, 굵게, 채우기-노랑)

자동차 판매 현황

패턴 06 [삽입]-[도형]-[배지]

❶ 도형(배지) ❷ 그림자(오프셋 오른쪽) ❸ 글꼴(굴림, 24pt, 검정, 굵게, 채우기-노랑)

건물 임대관리 현황

[제1작업] 표 서식 작성 Ⅱ [결재란 및 셀 서식 작업]

✅ 실습파일 : 03차시(문제).xlsx　✅ 완성파일 : 03차시(완성).xlsx

[배점] 240점 (500점 만점)

☞ 다음은 '영화 스트리밍 서비스 이용 현황'에 대한 자료이다. 자료를 입력하고 조건에 맞도록 작업하시오.

《출력형태》

코드	영화명	상영일	관람기기	관람인원 (단위:명)	관람시간 (단위:분)	요금	할인요금	비고
S-121	스파이더맨	2025-10-10	스마트폰	1,842	120	10,000	(1)	(2)
T-231	겨울왕국	2025-11-11	태블릿	2,948	100	8,000	(1)	(2)
N-341	인셉션	2025-10-12	노트북	1,120	150	12,000	(1)	(2)
S-142	기생충	2025-10-16	스마트폰	1,984	140	10,000	(1)	(2)
N-312	타이타닉	2025-10-12	노트북	1,450	160	15,000	(1)	(2)
T-214	노인과 바다	2025-10-15	태블릿	2,140	90	9,000	(1)	(2)
S-134	미션 임파서블	2025-11-15	스마트폰	2,848	130	11,000	(1)	(2)
T-242	조커	2025-10-12	태블릿	1,002	110	8,500	(1)	(2)
10월 12일 상영 영화 개수			(3)			최대 관람시간(단위:분)		(5)
스마트폰 관람인원(단위:명) 평균			(4)			영화명	스파이더맨 / 요금	(6)

결재 / 담당 / 팀장 / 부장

제목: **영화 스트리밍 서비스 이용 현황**

《조건》

○ 모든 데이터의 서식에는 글꼴(굴림, 11pt), 정렬은 숫자 및 회계 서식은 오른쪽 정렬, 나머지 서식은 가운데 정렬로
　작성하며 예외적인 것은 《출력형태》를 참조하시오.

○ 제 목 ⇒ 도형(배지)과 그림자(오프셋 오른쪽)를 이용하여 작성하고 "영화 스트리밍 서비스 이용 현황"을 입력한
　　　　　후 다음 서식을 적용하시오(글꼴-굴림, 24pt, 검정, 굵게, 채우기-노랑).

○ 임의의 셀에 결재란을 작성하여 그림으로 복사 기능을 이용하여 붙이기 하시오(단, 원본 삭제).

○ 「B4:J4, G14, I14」 영역은 '주황'으로 채우기 하시오.

○ 유효성 검사를 이용하여 「H14」 셀에 영화명(「C5:C12」 영역)이 선택 표시되도록 하시오.

○ 셀 서식 ⇒ 「H5:H12」 영역에 셀 서식을 이용하여 숫자 뒤에 '원'을 표시하시오(예 : 10,000원).

○ 「G5:G12」 영역에 대해 '관람시간'으로 이름정의를 하시오.

색 채우기 › 데이터 유효성 검사 › 셀 서식 지정 › 이름 정의 › 결재란 작성

Check 01 색 채우기 작업 : 지정된 셀에 주황색으로 색을 채워요.

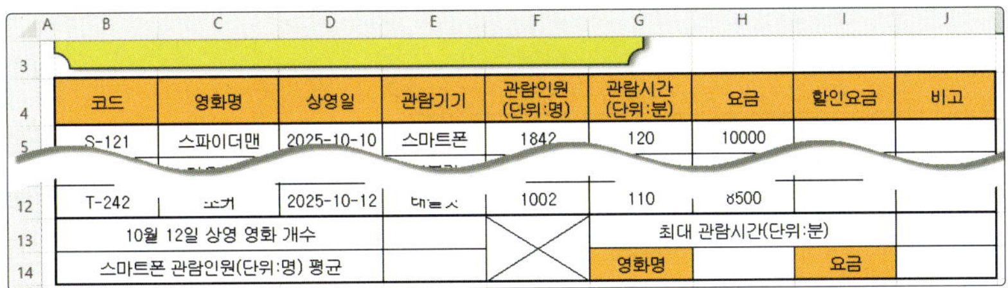

셀 선택 & 색 채우기(주황색)

Check 02 데이터 유효성 검사 및 셀 서식 작업 : 데이터 유효성 검사 및 셀에 서식을 지정해요!

데이터 유효성 검사

셀 서식 지정

Check 03 이름 정의 및 결재란 작성 : 지정된 범위를 이름으로 정의한 후 결재란을 작성해요!

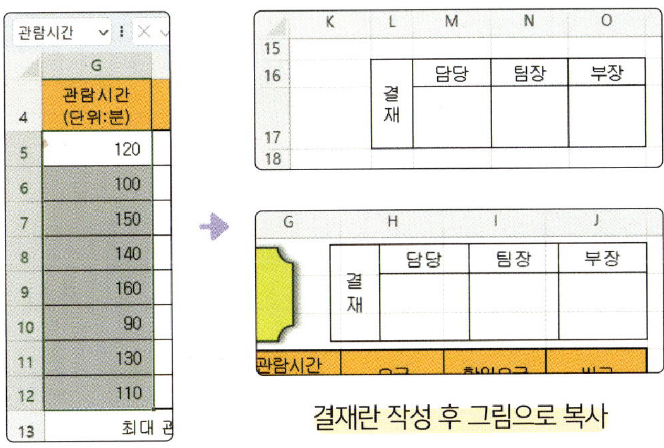

이름 정의

결재란 작성 후 그림으로 복사

STEP 01 · 셀에 색 채우기

○ 「B4:J4, G14, I14」 영역은 '주황'으로 채우기 하시오.

1 03차시(문제).xlsx 파일을 불러와 [제1작업] 시트를 클릭합니다. [B4:J4]를 드래그한 후 Ctrl 을 누른 채 [G14], [I14] 셀을 각각 클릭합니다.

✦ Ctrl 을 누른 채 셀을 클릭하면 떨어져 있는 셀들을 연속으로 선택할 수 있어요.

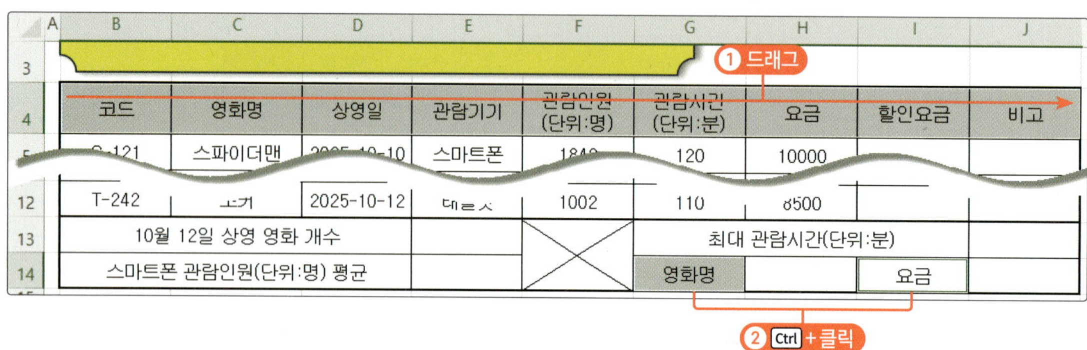

2 [홈] 탭에서 [채우기 색] 목록 단추를 눌러 **주황**을 선택합니다.

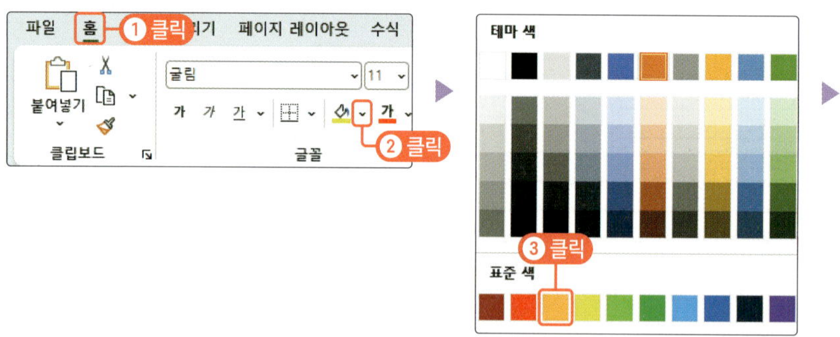

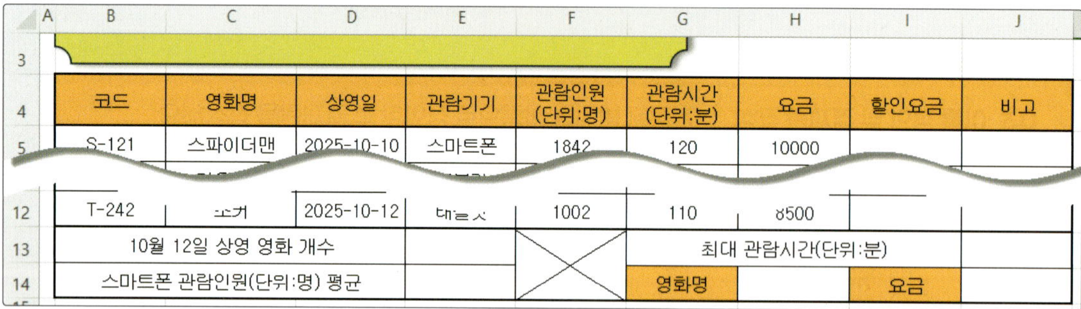

셀 채우기 색은 '주황'이 고정적으로 출제되고 있습니다. [제1작업]을 작업할 때는 문제지의 《조건》 순서에 맞추어 작업하는 것을 추천해요. 단, '결재란' 작성은 셀 서식 작업으로 인하여 셀의 너비가 변경될 수 있기 때문에 가장 마지막에 작업하는 것이 좋아요.

STEP 02 데이터 유효성 검사

○ 유효성 검사를 이용하여 「H14」 셀에 영화명(「C5:C12」 영역)이 선택 표시되도록 하시오.

1 [H14] 셀을 선택한 후 [데이터] 탭에서 **[데이터 유효성 검사]**를 클릭합니다.

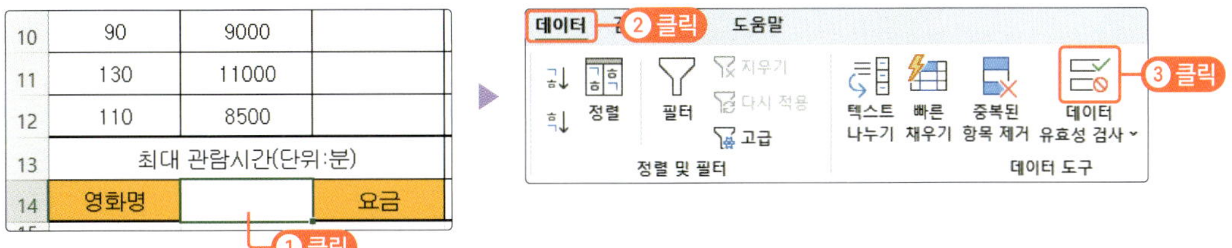

2 [데이터 유효성] 대화상자의 [설정] 탭에서 제한 대상을 **목록**으로 선택한 후 원본을 [C5:C12]로 지정합니다.

★ 원본 입력 칸을 클릭한 후 [C5:C12]를 드래그하여 범위를 지정해요.

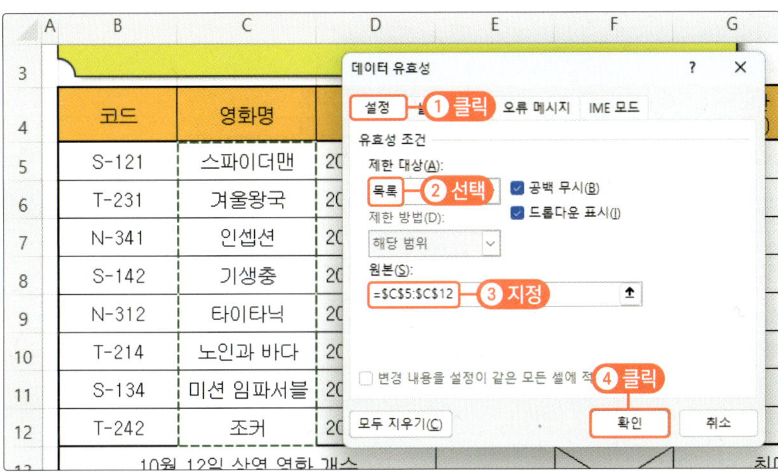

3 데이터 유효성 검사가 적용된 [H14] 셀의 목록 단추를 눌러 **스파이더맨**을 선택합니다.

★ 문제지의 《출력형태》를 참고하여 '영화명'을 선택해요.

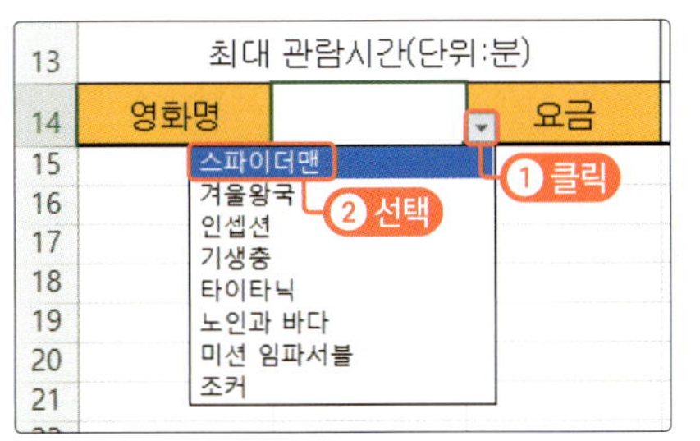

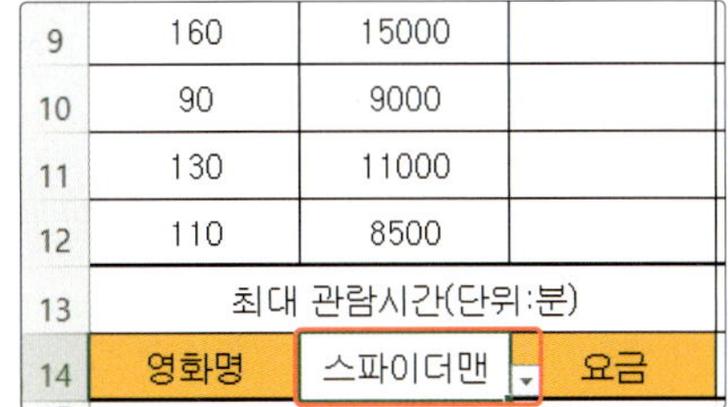

Level UP **데이터 유효성 검사 삭제**

❶ 유효성 검사가 적용된 셀([H14])을 선택한 후 [데이터] 탭에서 [데이터 유효성 검사]를 클릭합니다.
❷ [데이터 유효성] 대화상자에서 <모두 지우기>를 클릭합니다.

○ 모든 데이터의 서식에는 글꼴(굴림, 11pt), 정렬은 숫자 및 회계 서식은 오른쪽 정렬, 나머지 서식은 가운데 정렬로 작성하며 예외적인 것은 《출력형태》를 참조하시오.
○ 셀 서식 ⇒ 「H5:H12」 영역에 셀 서식을 이용하여 숫자 뒤에 '원'을 표시하시오(예 : 10,000원).
○ 「G5:G12」 영역에 대해 '관람시간'으로 이름정의를 하시오.

1 [F5:H12]를 드래그한 후 [홈] 탭에서 **[쉼표 스타일]**을 클릭합니다.

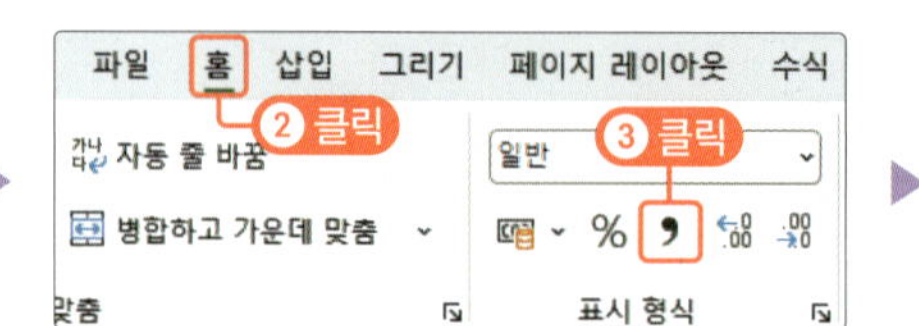

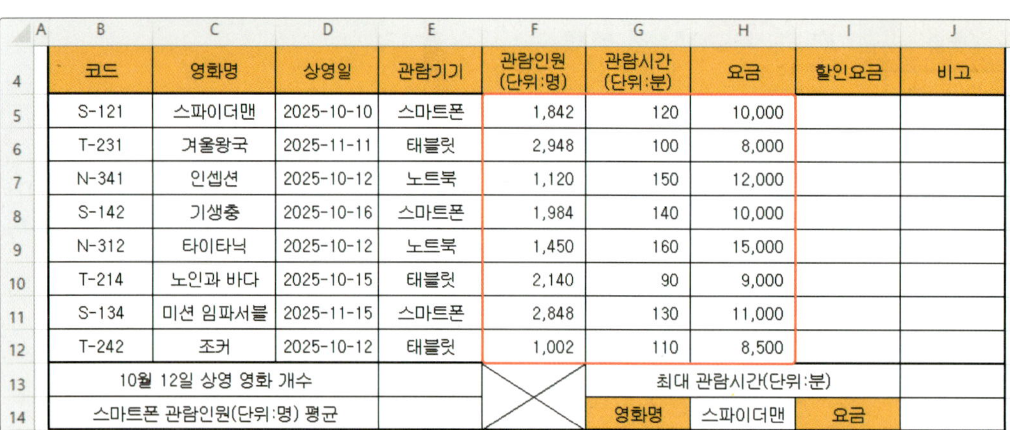

코드	영화명	상영일	관람기기	관람인원(단위:명)	관람시간(단위:분)	요금	할인요금	비고
S-121	스파이더맨	2025-10-10	스마트폰	1,842	120	10,000		
T-231	겨울왕국	2025-11-11	태블릿	2,948	100	8,000		
N-341	인셉션	2025-10-12	노트북	1,120	150	12,000		
S-142	기생충	2025-10-16	스마트폰	1,984	140	10,000		
N-312	타이타닉	2025-10-12	노트북	1,450	160	15,000		
T-214	노인과 바다	2025-10-15	태블릿	2,140	90	9,000		
S-134	미션 임파서블	2025-11-15	스마트폰	2,848	130	11,000		
T-242	조커	2025-10-12	태블릿	1,002	110	8,500		
10월 12일 상영 영화 개수					최대 관람시간(단위:분)			
스마트폰 관람인원(단위:명) 평균				영화명	스파이더맨	요금		

2 [H5:H12]를 드래그한 후 Ctrl + 1 을 누릅니다. [셀 서식] 대화상자의 [표시 형식] 탭에서 **사용자 지정**을 클릭합니다.

★ [H5:H12] 영역 위에서 우클릭하여 [셀 서식]을 선택할 수도 있어요.

3 형식 입력 칸을 #,##0“원”으로 변경한 후 결과를 확인합니다.

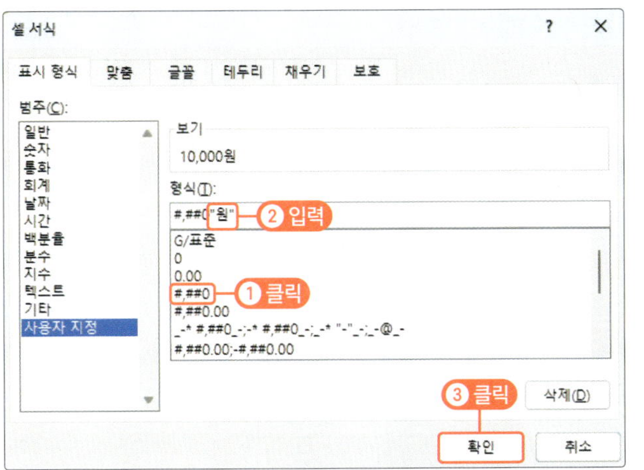 

4 [F5:H12]를 드래그한 후 [홈] 탭에서 [오른쪽 맞춤]을 클릭합니다.

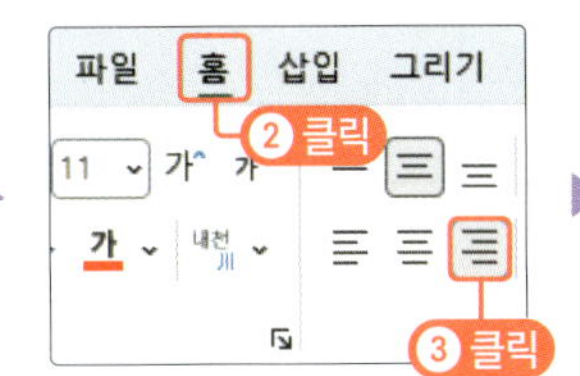

 **Level UP**　　**사용자 지정 표시 형식**

❶ **#** : 숫자를 표시하는 기호이며, 유효하지 않은 숫자 0은 표시하지 않습니다.
　– 데이터 입력 : 1.0　➡　형식 지정 : #.#　➡　결과 : 1

❷ **0** : 숫자를 표시하는 기호이며, 유효하지 않은 숫자 0을 표시합니다.
　– 데이터 입력 : 1.0　➡　형식 지정 : #.0　➡　결과 : 1.0

❸ **,(쉼표)** : 천 단위 구분 기호를 표시합니다.
　– 데이터 입력 : 123456　➡　형식 지정 : #,##0　➡　결과 : 123,456

❹ **.(마침표)** : 소수점을 표시합니다.
　– 데이터 입력 : 123　➡　형식 지정 : 0.00　➡　결과 : 123.00

❺ **“ ”** : 큰 따옴표(“”) 안쪽의 텍스트를 표시합니다.
　– 데이터 입력 : 50000　➡　형식 지정 : #,##0“원”　➡　결과 : 50,000원

❻ **@** : 특정 문자를 연결하여 표시합니다.
　– 데이터 입력 : ITQ　➡　형식 지정 : @“엑셀”　➡　결과 : ITQ엑셀

❼ **G/표준** : 특별한 서식 없이 입력상태 그대로 숫자를 표시합니다.
　– 데이터 입력 : 100　➡　형식 지정 : G/표준“m”　➡　결과 : 100m

사용자 지정 표시 형식 중에서 #,##0"원"과 #,##0"명"이 자주 출제되고 있어요.

5 이름 정의를 위해 [G5:G12]를 드래그한 후 이름 상자에 **관람시간**을 입력합니다.

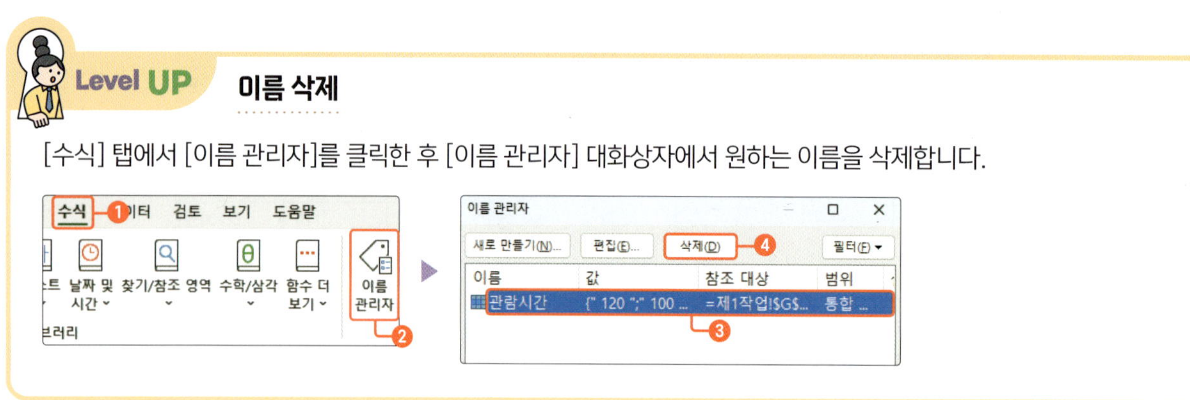

코드	영화명	상영일	관람기기	관람인원 (단위:명)	관람시간 (단위:분)	요금
S-121	스파이더맨	2025-10-10	스마트폰	1,842	120	10,000원
T-231	겨울왕국	2025-11-11	태블릿	2,948	100	8,000원
N-341	인셉션	2025-10-12	노트북	1,120	150	12,000원
S-142	기생충	2025-10-16	스마트폰	1,120	140	10,000원
N-312	타이타닉	2025-10-12	노트북	1,450	160	15,000원
T-214	노인과 바다	2025-10-15	태블릿	2,140	90	9,000원
S-134	미션 임파서블	2025-11-15	스마트폰	2,848	130	11,000원
T-242	조커	2025-10-12	태블릿	1,002	110	8,500원

Level UP  **이름 삭제**

[수식] 탭에서 [이름 관리자]를 클릭한 후 [이름 관리자] 대화상자에서 원하는 이름을 삭제합니다.

결재란 작성하기

○ 임의의 셀에 결재란을 작성하여 그림으로 복사 기능을 이용하여 붙이기 하시오(단, 원본 삭제).

1 데이터가 없는 임의의 셀([M16:O16])에 결재 라인(**담당, 팀장, 부장**)을 입력합니다.

K	L	M	N	O	P
		담당	팀장	부장	

2 [L16:L17]을 드래그한 후 [홈] 탭에서 **[병합하고 가운데 맞춤]**을 클릭하고 **결재**를 입력합니다.

★ '결'을 입력한 후 Alt + Enter 를 눌러 '재'를 입력해요.

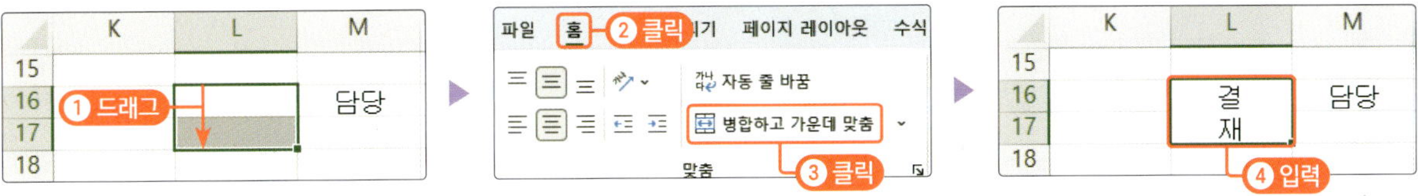

3 [L16:O17]을 드래그한 후 [홈] 탭에서 [테두리] 목록 단추를 눌러 **[모든 테두리]**를 선택합니다.

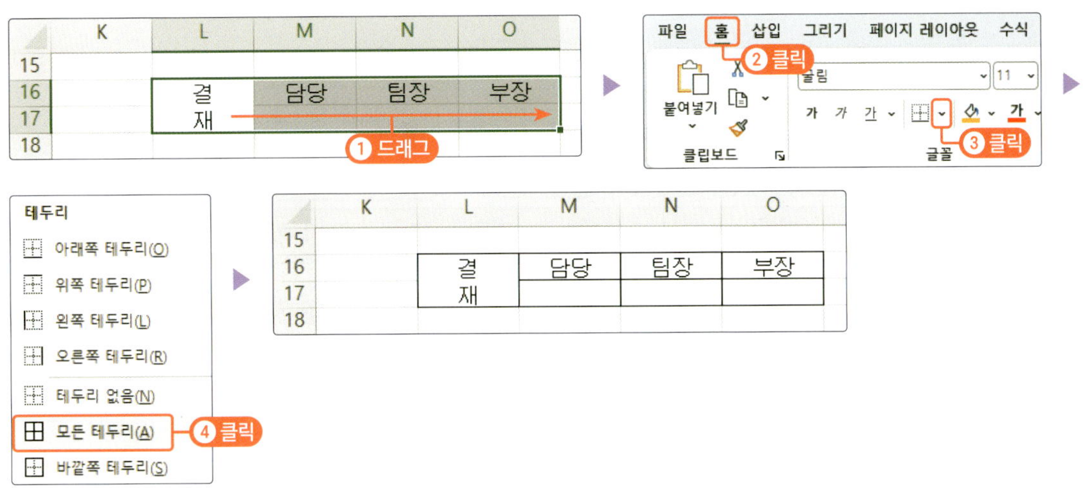

4 문제지의 《출력형태》를 참고하여 **행([16], [17])**의 높이와 **열([L], [M:O])**의 너비를 조절합니다.

🌸 행 머리글 또는 열 머리글 위에서 우클릭하여 [행 높이] 또는 [열 너비]를 클릭하세요.

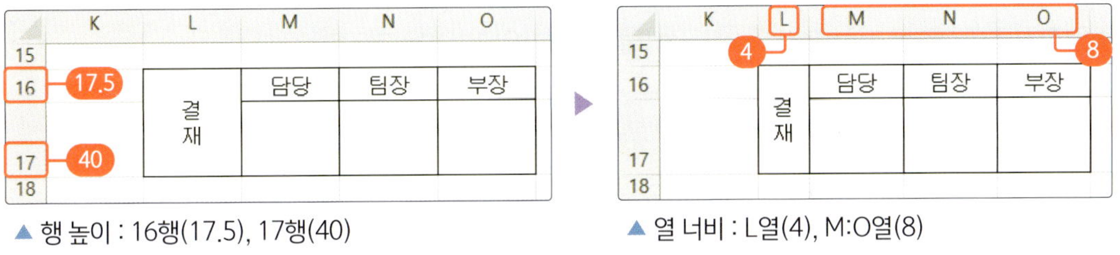

▲ 행 높이 : 16행(17.5), 17행(40)　　　▲ 열 너비 : L열(4), M:O열(8)

5 결재란을 그림으로 복사하기 위해 [L16:O17]을 드래그한 후 [홈] 탭에서 [복사] 목록 단추를 눌러 **[그림으로 복사]**를 선택합니다.

🌸 '모양(화면에 표시된 대로)'과 '형식(그림)'은 눈으로 확인해요.

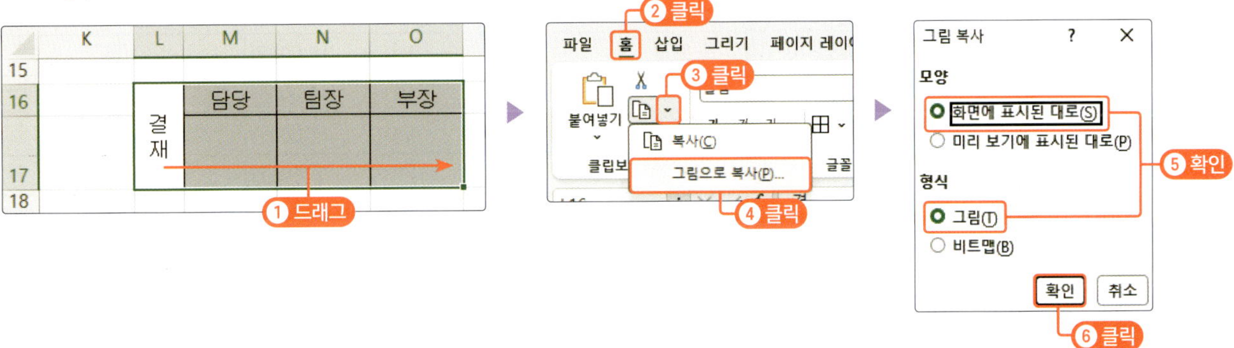

6 [H1] 셀을 클릭한 후 [홈] 탭에서 **[붙여넣기]**를 클릭합니다.

✿ [H1] 셀을 클릭한 후 Ctrl + V 를 눌러 붙여넣을 수도 있어요.

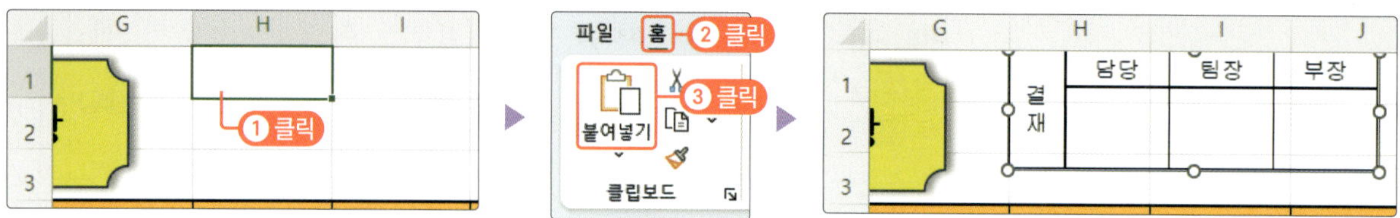

7 문제지의 《출력형태》를 참고하여 조절점으로 크기를 조절한 후 방향키로 위치를 변경합니다.

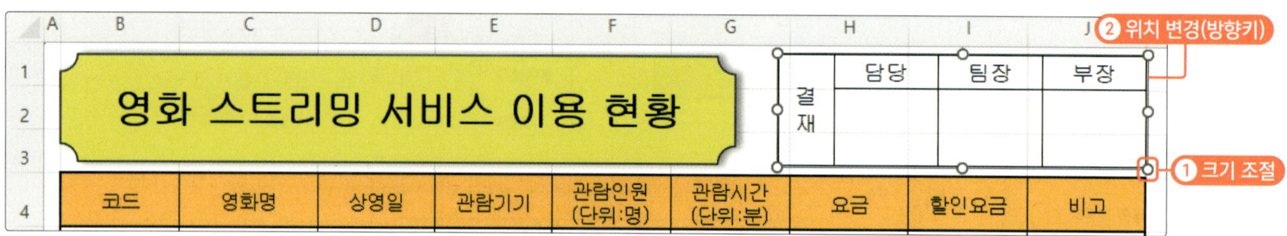

8 원본 결재란을 삭제하기 위해 [L:O] 열 머리글을 드래그한 후 우클릭하여 **[삭제]**를 클릭합니다.

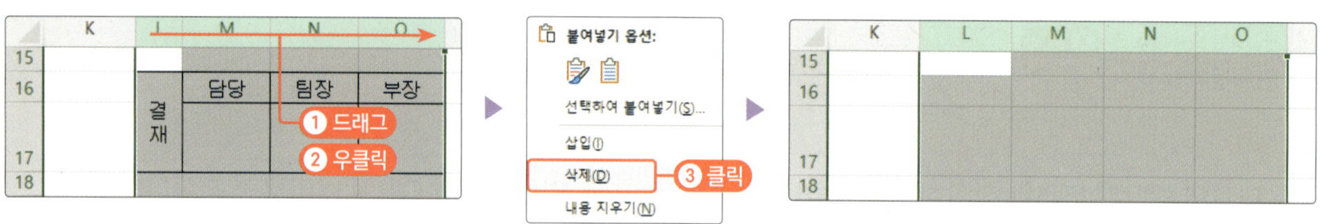

9 작업이 완료되면 [저장(💾)]을 클릭하거나, Ctrl + S 를 눌러 답안 파일을 저장합니다.

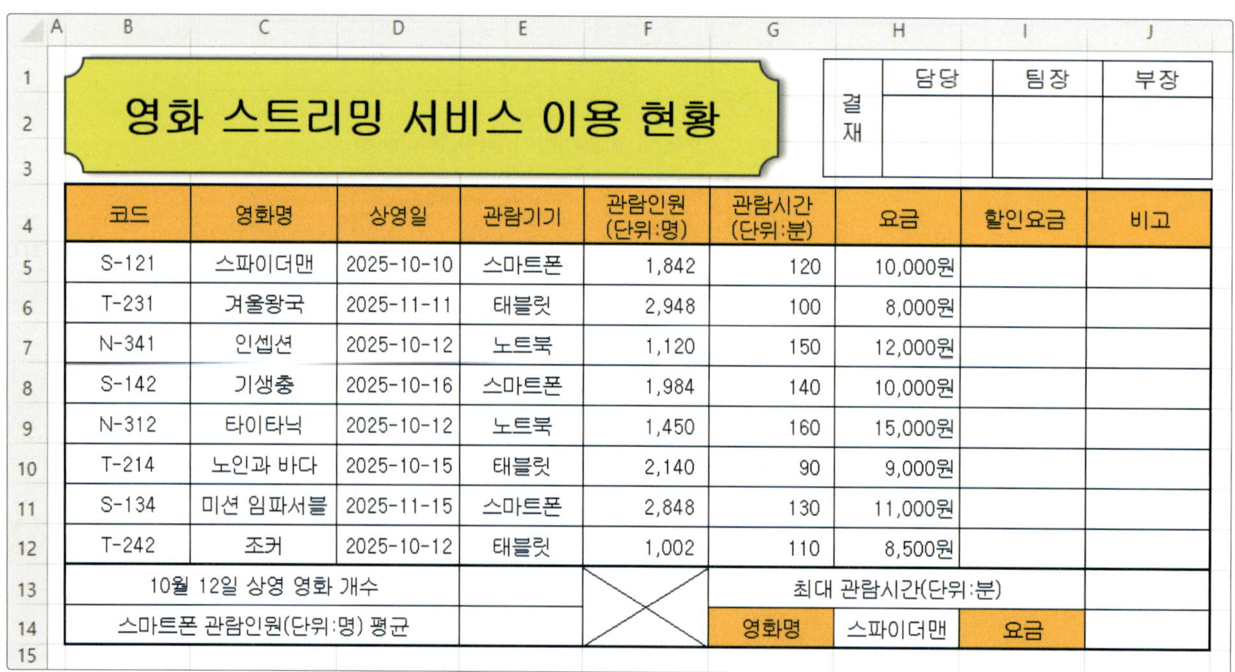

코드	영화명	상영일	관람기기	관람인원 (단위:명)	관람시간 (단위:분)	요금	할인요금	비고
S-121	스파이더맨	2025-10-10	스마트폰	1,842	120	10,000원		
T-231	겨울왕국	2025-11-11	태블릿	2,948	100	8,000원		
N-341	인셉션	2025-10-12	노트북	1,120	150	12,000원		
S-142	기생충	2025-10-16	스마트폰	1,984	140	10,000원		
N-312	타이타닉	2025-10-12	노트북	1,450	160	15,000원		
T-214	노인과 바다	2025-10-15	태블릿	2,140	90	9,000원		
S-134	미션 임파서블	2025-11-15	스마트폰	2,848	130	11,000원		
T-242	조커	2025-10-12	태블릿	1,002	110	8,500원		
10월 12일 상영 영화 개수					최대 관람시간(단위:분)			
스마트폰 관람인원(단위:명) 평균				영화명	스파이더맨	요금		

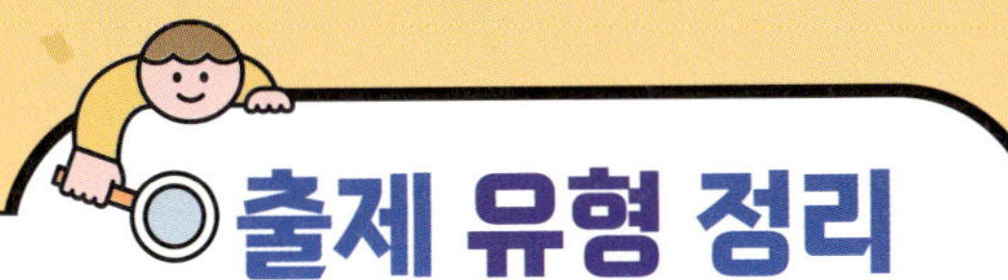

출제 유형 정리

1 다음은 'AI 서비스 자사 이용 현황'에 대한 자료이다. 자료를 입력하고 조건에 맞도록 작업하시오.

《출력형태》

서비스코드	서비스명	출시일	서비스유형	월간 처리량	연간 누적 사용자 수	만족도	이용방법	출시순위
NV-134	클로바X	2023-04-02	업무지원	1,800,000	170,848	85.2%	(1)	(2)
OA-274	챗GPT	2022-11-30	LLM생성	2,400,000	251,571	88.7%	(1)	(2)
DB-193	딥브레인AI	2023-02-28	기타	500,000	73,362	78.9%	(1)	(2)
AP-288	클로드	2023-03-14	기타	1,204,000	89,461	82.5%	(1)	(2)
MS-224	코파일럿	2023-02-07	업무지원	2,000,000	629,652	85.1%	(1)	(2)
GG-382	제미나이	2023-12-06	LLM생성	1,570,000	116,089	90.0%	(1)	(2)
GG-127	팜2	2023-05-10	업무지원	250,000	164,955	77.6%	(1)	(2)
MT-312	라마	2023-02-24	LLM생성	650,000	153,678	81.0%	(1)	(2)
업무지원 서비스 개수			(3)		최고 만족도			(5)
LLM생성 서비스 월간 처리량 평균			(4)		서비스코드	NV-134	연간 누적 사용자 수	(6)

위 표에는 상단에 결재란(확인 / 담당 / 책임 / 팀장)이 포함되어 있다.

《조건》

○ 모든 데이터의 서식에는 글꼴(굴림, 11pt), 정렬은 숫자 및 회계 서식은 오른쪽 정렬, 나머지 서식은 가운데 정렬로 작성하며 예외적인 것은 《출력형태》를 참조하시오.

○ 제 목 ⇒ 도형(배지)과 그림자(오프셋 오른쪽)를 이용하여 작성하고 "AI 서비스 자사 이용 현황"을 입력한 후 다음 서식을 적용하시오(글꼴-굴림, 24pt, 검정, 굵게, 채우기-노랑).

○ 임의의 셀에 결재란을 작성하여 그림으로 복사 기능을 이용하여 붙이기 하시오(단, 원본 삭제).

○ 「B4:J4, G14, I14」 영역은 '주황'으로 채우기 하시오.

○ 유효성 검사를 이용하여 「H14」 셀에 서비스코드(「B5:B12」 영역)가 선택 표시되도록 하시오.

○ 셀 서식 ⇒ 「G5:G12」 영역에 셀 서식을 이용하여 숫자 뒤에 '명'을 표시하시오(예 : 170,848명).

○ 「H5:H12」 영역에 대해 '만족도'로 이름정의를 하시오.

 **2** 다음은 '2026년 헬스 등록회원 현황'에 대한 자료이다. 자료를 입력하고 조건에 맞도록 작업하시오.

⊘ **실습파일** : 유형03-2(문제).xlsx ⊘ **완성파일** : 유형03-2(완성).xlsx

《출력형태》

	담당	대리	팀장
결재			

2026년 헬스 등록회원 현황

회원코드	회원명	등록경로	등록일	나이	등록비 (단위:원)	등록횟수	운동 종류	등록월
HP-832	유미행	전단지	2026-06-03	51	80,000	22	(1)	(2)
PH-517	강지우	지인소개	2026-05-14	48	140,000	19	(1)	(2)
HK-296	김현성	인터넷검색	2026-03-05	33	50,000	7	(1)	(2)
YF-626	주민재	전단지	2026-03-07	37	230,000	16	(1)	(2)
YK-725	나경훈	전단지	2026-04-25	21	160,000	5	(1)	(2)
HM-519	박정우	지인소개	2026-05-16	53	218,000	12	(1)	(2)
PA-248	박지산	인터넷검색	2026-05-26	26	308,000	3	(1)	(2)
PD-227	채수영	지인소개	2026-07-16	29	77,000	12	(1)	(2)
40세 이상 회원 수			(3)		전단지를 통해 등록한 회원의 등록횟수 평균			(5)
최대 등록비(단위:원)			(4)		회원코드	HP-832	등록일	(6)

《조건》

○ 모든 데이터의 서식에는 글꼴(굴림, 11pt), 정렬은 숫자 및 회계 서식은 오른쪽 정렬, 나머지 서식은 가운데 정렬로 작성하며 예외적인 것은 《출력형태》를 참조하시오.

○ 제 목 ⇒ 도형(육각형)과 그림자(오프셋 가운데)를 이용하여 작성하고 "2026년 헬스 등록회원 현황"을 입력한 후 다음 서식을 적용하시오(글꼴-굴림, 24pt, 검정, 굵게, 채우기-노랑).

○ 임의의 셀에 결재란을 작성하여 그림으로 복사 기능을 이용하여 붙이기 하시오(단, 원본 삭제).

○ 「B4:J4, G14, I14」 영역은 '주황'으로 채우기 하시오.

○ 유효성 검사를 이용하여 「H14」 셀에 회원코드(「B5:B12」 영역)가 선택 표시되도록 하시오.

○ 셀 서식 ⇒ 「H5:H12」 영역에 셀 서식을 이용하여 숫자 뒤에 '회'를 표시하시오(예 : 22회).

○ 「F5:F12」 영역에 대해 '나이'로 이름정의를 하시오.

3 다음은 '반려견 유모차 판매 현황'에 대한 자료이다. 자료를 입력하고 조건에 맞도록 작업하시오.

⊘ **실습파일** : 유형03-3(문제).xlsx　⊘ **완성파일** : 유형03-3(완성).xlsx

《출력형태》

	반려견 유모차 판매 현황							담당	대리	지점장
상품코드	상품명	제조사	탑승 가능 무게(kg)	상품가격 (단위:원)	판매수량	할인율	사은품	판매순위
TC21-32	루루테일	콤펫	30	549,000	97	20%	(1)	(2)
HG22-13	리버블루	에어버기	15	1,290,000	241	10%	(1)	(2)
HG31-23	포레스트모스	에어버기	18	1,050,000	305	5%	(1)	(2)
DC32-22	인스타	이비야야	24	590,000	196	5%	(1)	(2)
TC44-31	미리클랜	콤펫	28	390,000	126	10%	(1)	(2)
DF23-11	미리미리	콤펫	15	490,000	68	20%	(1)	(2)
HW12-23	카카오	에어버기	17	1,190,000	125	5%	(1)	(2)
DE21-11	빅버디	이비야야	17	470,000	348	10%	(1)	(2)
이비야야 제조사 상품의 판매수량 평균			(3)		최소 탑승 가능 무게(kg)			(5)
콤펫 제조사 상품의 판매수량 합계			(4)		상품코드	TC21-32	판매수량	(6)

《조건》

○ 모든 데이터의 서식에는 글꼴(굴림, 11pt), 정렬은 숫자 및 회계 서식은 오른쪽 정렬, 나머지 서식은 가운데 정렬로 작성하며 예외적인 것은 《출력형태》를 참조하시오.

○ 제 목 ⇒ 도형(사다리꼴)과 그림자(오프셋 왼쪽)를 이용하여 작성하고 "반려견 유모차 판매 현황"을 입력한 후 다음 서식을 적용하시오(글꼴-굴림, 24pt, 검정, 굵게, 채우기-노랑).

○ 임의의 셀에 결재란을 작성하여 그림으로 복사 기능을 이용하여 붙이기 하시오(단, 원본 삭제).

○ 「B4:J4, G14, I14」 영역은 '주황'으로 채우기 하시오.

○ 유효성 검사를 이용하여 「H14」 셀에 상품코드(「B5:B12」 영역)가 선택 표시되도록 하시오.

○ 셀 서식 ⇒ 「G5:G12」 영역에 셀 서식을 이용하여 숫자 뒤에 '개'를 표시하시오(예 : 97개).

○ 「E5:E12」 영역에 대해 '무게'로 이름정의를 하시오.

4

다음은 '헬스푸드 가맹점 관리현황'에 대한 자료이다. 자료를 입력하고 조건에 맞도록 작업하시오.

⊘ **실습파일** : 유형03-4(문제).xlsx   ⊘ **완성파일** : 유형03-4(완성).xlsx

《출력형태》

가맹코드	가맹점명	지역	개점일	최고월매출 (단위:원)	최고일매출 (단위:원)	직원수	순위	평가
S-001	사당방배점	서울	2025-01-20	61,500,000	3,370,000	5명	(1)	(2)
K-001	수지점	경기	2024-11-10	57,600,000	2,800,000	4명	(1)	(2)
D-001	서구계백점	대전	2025-06-20	63,500,000	3,050,000	7명	(1)	(2)
S-002	상봉점	서울	2026-01-20	71,850,000	3,900,000	8명	(1)	(2)
S-003	왕십리점	서울	2025-12-10	55,700,000	2,700,000	4명	(1)	(2)
K-002	수원인계점	경기	2025-05-20	77,500,000	4,050,000	7명	(1)	(2)
K-003	안양평촌점	경기	2026-02-10	58,850,000	2,900,000	5명	(1)	(2)
D-002	유성점	대전	2024-12-10	60,500,000	2,800,000	3명	(1)	(2)
경기 지역 가맹점수			(3)		최대 최고월매출(단위:원)			(5)
서울 지역 최고월매출(단위:원) 평균			(4)		가맹점명	사당방배점	개점일	(6)

《조건》

○ 모든 데이터의 서식에는 글꼴(굴림, 11pt), 정렬은 숫자 및 회계 서식은 오른쪽 정렬, 나머지 서식은 가운데 정렬로 작성하며 예외적인 것은 《출력형태》를 참조하시오.

○ 제 목 ⇒ 도형(십자형)과 그림자(오프셋 오른쪽)를 이용하여 작성하고 "헬스푸드 가맹점 관리현황"을 입력한 후 다음 서식을 적용하시오(글꼴-굴림, 24pt, 검정, 굵게, 채우기-노랑).

○ 임의의 셀에 결재란을 작성하여 그림으로 복사 기능을 이용하여 붙이기 하시오(단, 원본 삭제).

○ 「B4:J4, G14, I14」 영역은 '주황'으로 채우기 하시오.

○ 유효성 검사를 이용하여 「H14」 셀에 가맹점명(「C5:C12」 영역)이 선택 표시되도록 하시오.

○ 셀 서식 ⇒ 「H5:H12」 영역에 셀 서식을 이용하여 숫자 뒤에 '명'을 표시하시오(예 : 5명).

○ 「F5:F12」 영역에 대해 '최고월매출'로 이름정의를 하시오.

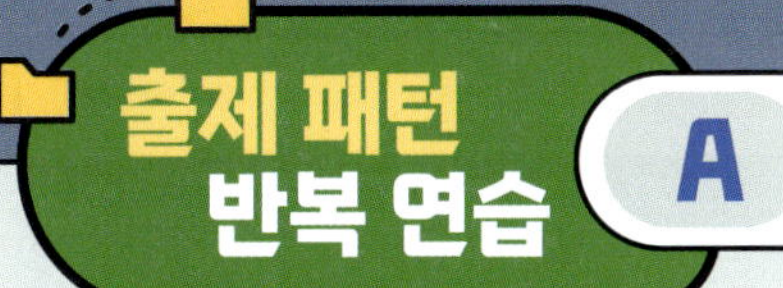

출제 패턴 반복 연습

A 조건에 맞추어 각 시트를 작업해 보세요.

⊘ 실습파일 : 패턴03-1(문제).xlsx　⊘ 완성파일 : 패턴03-1(완성).xlsx

패턴 01　[홈]-[글꼴], [데이터]-[데이터 유효성 검사]

❶ 채우기 색(주황) ❷ 셀 서식([D3:D5] ❸ 이름정의 ([B3:B5] → 회원코드) ❹ 유효성 검사([D6] → 회원코드 ([B3:B5])

회원코드	회원명	PT비용
H2834	김미지	120,000원
P2543	임상희	135,000원
H1296	이희열	125,000원
회원코드		H2834

패턴 02　[홈]-[글꼴], [데이터]-[데이터 유효성 검사]

❶ 채우기 색(주황) ❷ 셀 서식([D3:D5] ❸ 이름정의 ([B3:B5] → 제품코드) ❹ 유효성 검사([D6] → 제품코드 ([B3:B5])

제품코드	모델명	가격
BK1-021	프리그 전기요	83,300원
RA2-019	라셀트리	151,260원
HL3-099	더 케어 슬림	220,760원
제품코드		BK1-021

패턴 03　[홈]-[글꼴], [데이터]-[데이터 유효성 검사]

❶ 채우기 색(주황) ❷ 셀 서식([D3:D5] ❸ 이름정의 ([B3:B5] → 분류코드) ❹ 유효성 검사([D6] → 분류코드 ([B3:B5])

분류코드	어린이집명	인원
BB9002	아이꿈	41명
SA1003	서울숲속	38명
DN6007	아이터	29명
분류코드		BB9002

패턴 04　[홈]-[복사] 목록 단추-[그림으로 복사]

❶ 결재란 작성 ❷ 그림으로 복사 ❸ 붙여넣기 ❹ 원본 삭제

결재	담당	과장	부장

패턴 05　[홈]-[복사] 목록 단추-[그림으로 복사]

❶ 결재란 작성 ❷ 그림으로 복사 ❸ 붙여넣기 ❹ 원본 삭제

확인	담당	팀장	본부장

패턴 06　[홈]-[복사] 목록 단추-[그림으로 복사]

❶ 결재란 작성 ❷ 그림으로 복사 ❸ 붙여넣기 ❹ 원본 삭제

결재	담당	본부장	대표

[제1작업] 값 계산 및 조건부 서식

☑ 실습파일 : 04차시(문제).xlsx　☑ 완성파일 : 04차시(완성).xlsx

[배점] 240점 (500점 만점)

☞ 다음은 '영화 스트리밍 서비스 이용 현황'에 대한 자료이다. 자료를 입력하고 조건에 맞도록 작업하시오.

《출력형태》

코드	영화명	상영일	관람기기	관람인원 (단위:명)	관람시간 (단위:분)	요금	할인요금	비고
S-121	스파이더맨	2025-10-10	스마트폰	1,842	120	10,000	(1)	(2)
T-231	겨울왕국	2025-11-11	태블릿	2,948	100	8,000	(1)	(2)
N-341	인셉션	2025-10-12	노트북	1,120	150	12,000	(1)	(2)
S-142	기생충	2025-10-16	스마트폰	1,984	140	10,000	(1)	(2)
N-312	타이타닉	2025-10-12	노트북	1,450	160	15,000	(1)	(2)
T-214	노인과 바다	2025-10-15	태블릿	2,140	90	9,000	(1)	(2)
S-134	미션 임파서블	2025-11-15	스마트폰	2,848	130	11,000	(1)	(2)
T-242	조커	2025-10-12	태블릿	1,002	110	8,500	(1)	(2)
10월 12일 상영 영화 개수			(3)		최대 관람시간(단위:분)			(5)
스마트폰 관람인원(단위:명) 평균			(4)		영화명	스파이더맨	요금	(6)

결재: 담당 / 팀장 / 부장

《조건》

☞ (1)~(6) 셀은 반드시 주어진 함수를 이용하여 값을 구하시오(결과값을 직접 입력하면 해당 셀은 0점 처리됨).

(1) 할인요금 ⇒ 「요금 – 할인금액」으로 구하시오. 단, 할인금액은 코드의 세 번째 글자가 1이면 '300', 2이면 '500', 3이면 '800'으로 계산하시오(CHOOSE, MID 함수).

(2) 비고 ⇒ 관람인원(단위:명)이 2,000 이상이면 '상영연장', 그 외에는 '상영종영'으로 구하시오(IF 함수).

(3) 10월 12일 상영 영화 개수 ⇒ (COUNTIF 함수).

(4) 스마트폰 관람인원(단위:명) 평균 ⇒ 스마트폰으로 관람한 관람인원(단위:명) 평균을 구하시오(DAVERAGE 함수).

(5) 최대 관람시간(단위:분) ⇒ 정의된 이름(관람시간)을 이용하여 구하시오(MAX 함수).

(6) 요금 ⇒ 「H14」 셀에서 선택한 영화명에 대한 요금을 구하시오(VLOOKUP 함수).

(7) 조건부 서식의 수식을 이용하여 관람인원(단위:명)이 '2,000' 이상인 행 전체에 다음의 서식을 적용하시오
　(글꼴 : 파랑, 굵게).

(1)~(6)까지 함수 계산 > 조건부 서식 지정

Check 01 (1)~(6)까지 함수 계산 : 《조건》에서 제시한 함수를 이용하여 계산해요!

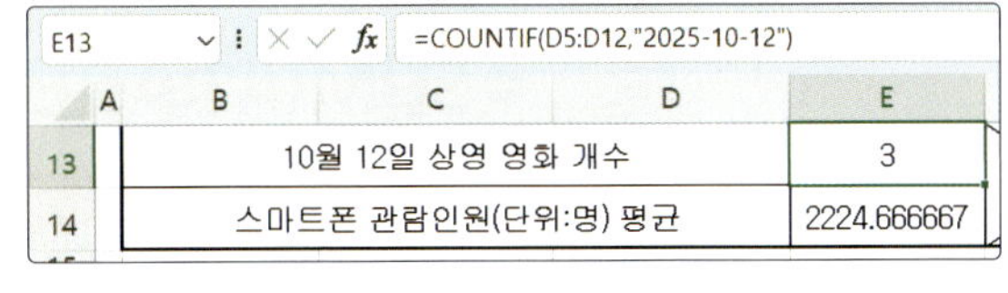

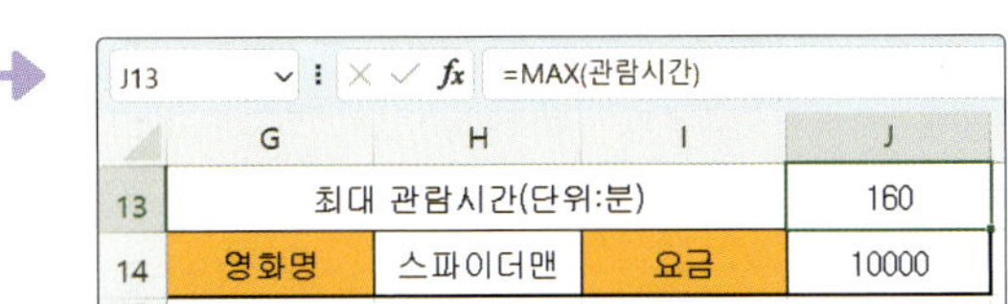

(1)~(6)까지 《조건》에 제시된 함수를 이용하여 값을 계산

Check 02 조건부 서식 작업 : 수식을 이용하여 조건부 서식을 지정해요.

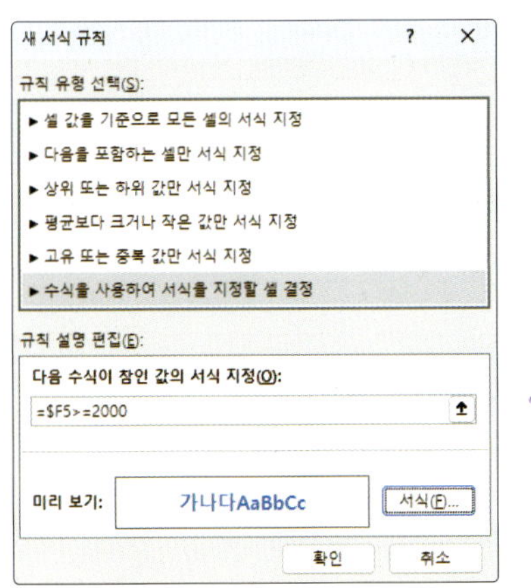

수식으로 조건부 서식 지정

코드	영화명	상영일	관람기기	관람인원 (단위:명)	관람시간 (단위:분)	요금	할인요금	비고
S-121	스파이더맨	2025-10-10	스마트폰	1,842	120	10,000원	9700	상영종영
T-231	겨울왕국	2025-11-11	태블릿	2,948	100	8,000원	7500	상영연장
N-341	인셉션	2025-10-12	노트북	1,120	150	12,000원	11200	상영종영
S-142	기생충	2025-10-16	스마트폰	1,984	140	10,000원	9700	상영종영
N-312	타이타닉	2025-10-12	노트북	1,450	160	15,000원	14200	상영종영
T-214	노인과 바다	2025-10-15	태블릿	2,140	90	9,000원	8500	상영연장
S-134	미션 임파서블	2025-11-15	스마트폰	2,848	130	11,000원	10700	상영연장
T-242	조커	2025-10-12	태블릿	1,002	110	8,500원	8000	상영종영
10월 12일 상영 영화 개수			3			최대 관람시간(단위:분)		160
스마트폰 관람인원(단위:명) 평균			2224.66667			영화명	스파이더맨	요금	10000

조건에 맞는 행 전체에 조건부 서식(파랑, 굵게)을 적용

함수 작성 방법

함수는 복잡한 수식 및 계산 등을 쉽고 간편하게 처리할 수 있도록 만들어 놓은 것으로 '수학 함수, 통계 함수, 논리 함수, 데이터베이스 함수' 등 다양한 함수를 제공합니다.

1 함수는 '**등호, 함수 이름, 괄호, 인수**'로 구성되어 있으며, 왼쪽부터 순서대로 작성합니다.

❶ **등호(=)** : 수식 계산은 반드시 등호(=)를 먼저 입력한 후 작성합니다.

❷ **함수 이름** : 계산에 필요한 함수 이름을 입력합니다.

❸ **괄호( )** : 함수의 인수를 표시하는 영역입니다.

❹ **인수** : 계산에 필요한 인수(범위, 배열, 수식, 상수, 함수 등)는 **쉼표(,)**로 구분하며, 최대 255개까지 사용할 수 있습니다. 단, 함수에 따라 인수를 생략할 수는 있지만 괄호는 생략할 수 없습니다.

❺ **큰 따옴표("")** : 텍스트를 인수("최고시청률")로 사용할 경우 큰 따옴표로 묶습니다.

2 간단한 함수 계산은 셀에 직접 입력하여 결과를 얻으면 되지만, 함수식을 모르는 경우에는 [수식] 탭에서 [**함수 삽입**] 또는 수식 입력줄의 **함수 삽입**(fx)을 이용합니다.

★ 함수 삽입(Shift+F3)을 클릭하면 '함수 마법사'가 실행돼요.

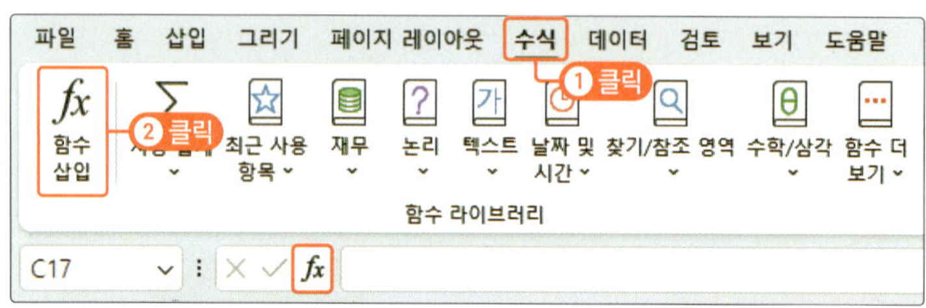

3 [함수 마법사]가 실행되면 사용할 함수(예 : SUMIF)의 인수 정보를 확인할 수 있기 때문에 오류를 최소화하여 결과값을 얻을 수 있습니다.

❶ **SUMIF(함수명)** : 주어진 조건에 의해 지정된 셀들의 합을 구합니다.

❷ **Range(조건 범위)** : 조건에 맞는지를 검사할 셀들입니다.

❸ **Criteria(조건)** : 더할 셀의 조건을 지정하는 수, 식 또는 텍스트입니다.

❹ **Sum_range(합계 범위)** : 합을 구할 실제 셀들입니다.

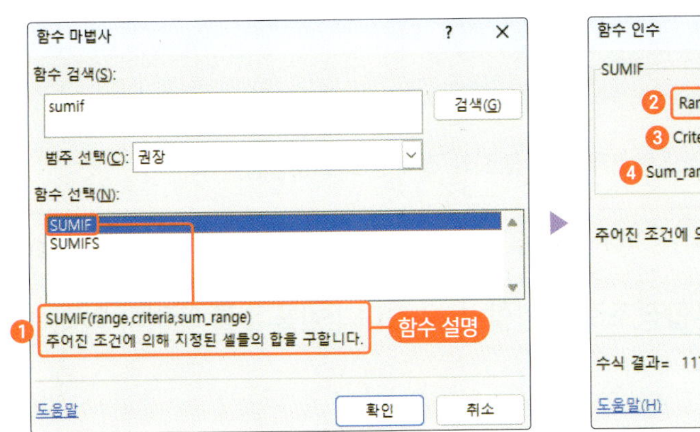
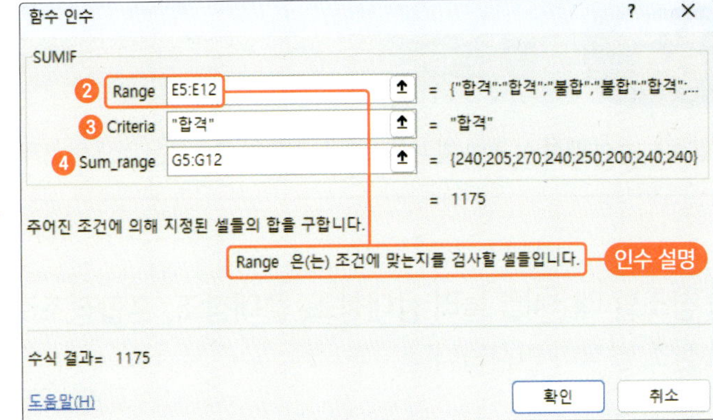

STEP 02 연산자

엑셀에서 주로 사용하는 연산자는 '산술 연산자, 비교 연산자, 참조 연산자, 텍스트 연결 연산자' 등이 있습니다.

1 산술 연산자(+, −, *, /, %, ^)

연산자	의미	사용 예	연산자	의미	사용 예
+	덧셈	=A1+C1	/	나눗셈	=A1/C1
−	뺄셈	=A1−C1	%	백분율	=A1*3%
*	곱셈	=A1*C1	^	거듭제곱(지수)	=A1^2

2 비교 연산자(>, <, =, >=, <=, <>)

연산자	의미	사용 예	연산자	의미	사용 예
>	크다(초과)	=A1>C1	>=	크거나 같다(이상)	=A1>=50
<	작다(미만)	=A1<C1	<=	작거나 같다(이하)	=A1<=30
=	같다	=A1=C1	<>	같지 않다	=A1<>C1

3 참조 연산자(콜론, 콤마, 공백)

✿ 특정 범위를 참조할 때는 해당 범위를 키보드로 입력하거나 마우스로 드래그해요.

연산자	사용 예	의미
:	=A1:D5	[A1] 셀부터 [D5] 셀까지 참조
,	=A1,B1,C1	[A1], [B1], [C1] 셀만 참조
공백	=A1:C5 C1:D5	두 개의 셀 범위 중 중복되는 셀만 참조([C1:C5])

4 텍스트 연결 연산자(&)

연산자	사용 예	의미
&	=A1+B1&"개"	[A1] 셀과 [B1] 셀을 더한 결과값에 텍스트를 연결(예 : 159개)

셀 참조

셀 참조는 수식 계산 시 특정 셀의 주소를 참조하여 계산하는 것으로 크게 '상대 참조'와 '절대 참조'로 구분됩니다.

⊘ **실습파일** : 셀 참조(문제).xlsx ⊘ **완성파일** : 셀 참조(완성).xlsx

1 셀을 참조할 때 F4를 눌러 **상대참조, 절대참조, 혼합참조**로 변환할 수 있으며, F4를 누를 때마다 아래 순서대로 참조 방식이 변경됩니다.

$$= A1 \rightarrow = \$A\$1 \rightarrow = A\$1 \rightarrow = \$A1 \rightarrow = A1$$

상대참조　　절대참조　　행 고정 혼합참조　　열 고정 혼합참조　　상대참조

2 **상대참조(C3:E3)**는 수식이 복사될 때 참조하는 셀의 위치가 자동으로 변경됩니다.

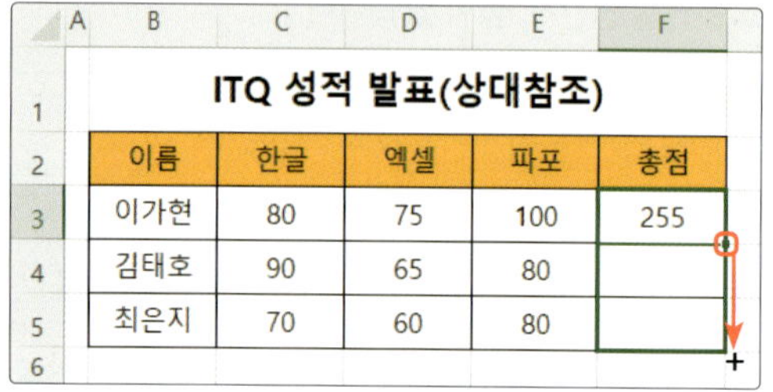

3 **절대참조($C$7)**는 수식이 복사될 때 참조하는 셀의 위치가 변경되지 않고 고정됩니다.

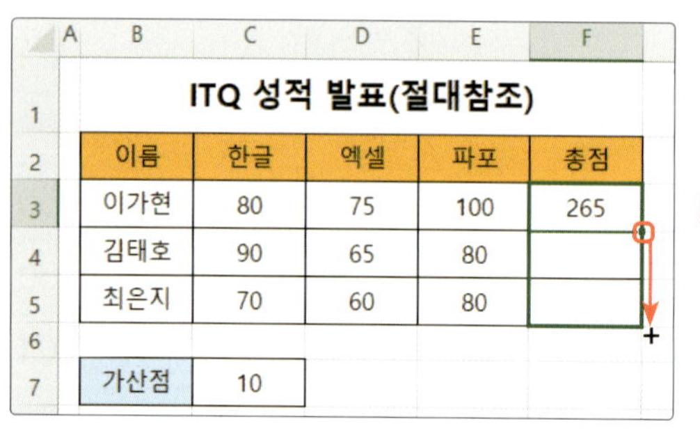

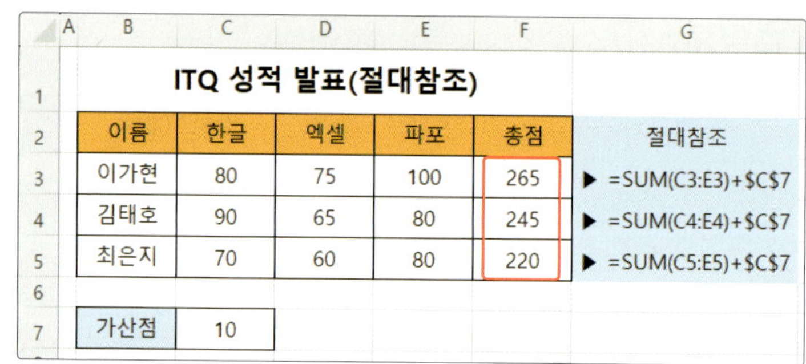

4 **혼합참조($B3,F$2)**는 행과 열 중 하나는 '상대 참조', 다른 하나는 '절대 참조'로 지정되어 셀을 참조합니다.

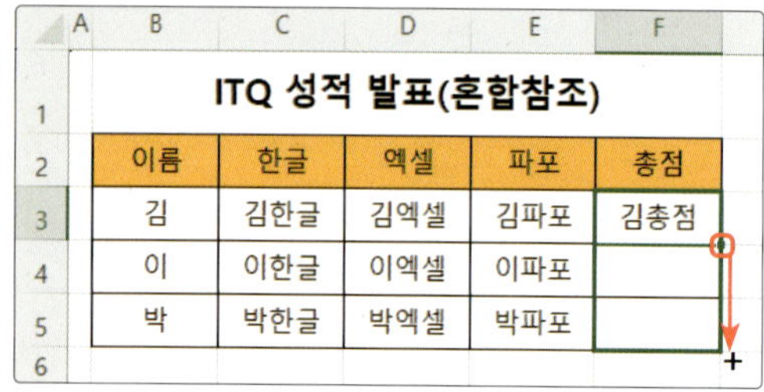

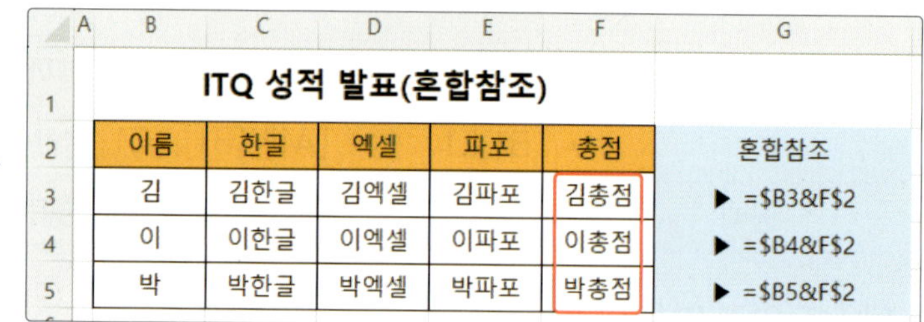

시험에 자주 출제되는

함수 및 중첩함수

함수명 옆에 시험 출제 빈도수에 맞추어 **최대 5개까지 별 모양(★)**을 표시했습니다. 별 모양이 많은 함수는 중요한 함수이기 때문에 **반드시 숙지**하시기 바랍니다.

수학/삼각 함수

⊘ **실습파일** : 수학_삼각(문제).xlsx   ⊘ **완성파일** : 수학_삼각(완성).xlsx

1 SUM

설명	인수로 지정된 모든 숫자들의 합계를 구합니다.
함수식	=SUM(인수1,인수2...)
정답	
예제	[문제] 학생별 ITQ 시험에 대한 총점을 구하시오. [풀이] ITQ한글, ITQ엑셀, ITQ파포의 점수를 더하여 [F3] 셀에 총점을 구합니다.

예제 표:

이름	ITQ한글	ITQ엑셀	ITQ파포	총점
		SUM(인수1, 인수2...)		
윤다온	85	75	80	240
한가람	70	75	60	205
신별하	80	90	100	270

★ '함수식'과 '예제'를 참고하여 답을 구한 후 [정답] 칸에 함수식을 적어보세요. 정답은 '함수정답.txt' 파일을 참고해 주세요.

2 SUMIF(★★★★)

설명	주어진 조건에 만족하는 셀들의 합계를 구합니다.
함수식	=SUMIF(조건 범위,조건,합계를 구할 범위)
정답	
예제	[문제] 결과가 '합격'인 사람들의 총점 합계를 구하시오. [풀이] 결과가 합격인 사람들의 총점을 모두 더하여 병합된 [B10] 셀에 합계를 구합니다.

예제 표:

이름	ITQ한글	ITQ엑셀	ITQ파포	총점	결과
		SUMIF(조건 범위,조건,합계를 구할 범위)			
윤다온	85	75	80	240	합격
한가람	70	75	60	205	불합격
신별하	80	90	100	270	합격
최술아	70	80	90	240	합격
권마루	60	70	70	200	불합격
결과가 합격인 사람들의 총점 합계					
750					

Level UP   **함수 마법사 [_fx_]**

함수 사용이 익숙하지 않아 셀에 직접 함수식을 입력하기
어렵다면 '함수 마법사'를 이용합니다.

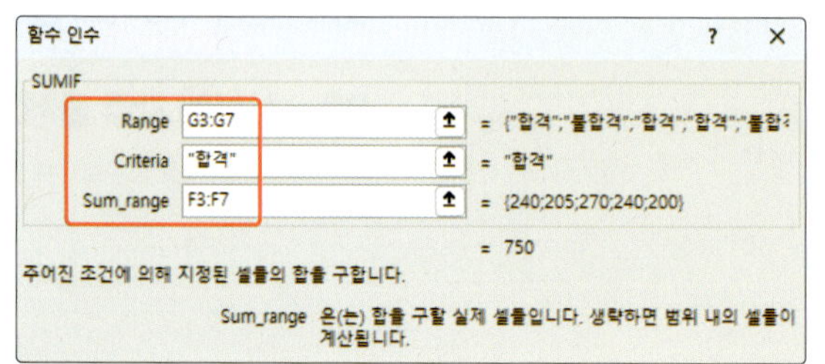

3 ROUND, ROUNDDOWN, ROUNDUP(3개 모두 : ★★★★★)

설명	인수를 지정한 자릿수에 맞추어 반올림/내림/올림하여 값을 구합니다.		
함수식	=ROUND(인수,반올림 자릿수)	=ROUNDDOWN(인수,내림 자릿수)	=ROUNDUP(인수,올림 자릿수)
정답			
예제1 (소수점)	[문제] 데이터를 이용하여 정수부터 소수 둘째 자리까지 차례대로 구하시오. [풀이] 데이터 값([B3])을 기준으로 '정수(0), 소수 첫째 자리(1), 소수 둘째 자리(2)'까지 데이터 값이 표시되도록 반올림, 내림, 올림하여 [C3:E3] 셀에 각각 값을 구합니다.		

	A	B	C	D	E
1		ROUND(인수,반올림 자릿수), ROUNDDOWN(인수,내림 자릿수), ROUNDUP(인수,올림 자릿수)			
2		데이터	반올림하여 정수로 표시	내림하여 소수 첫째자리까지 표시	올림하여 소수 둘째자리까지 표시
3		1234.178	1234	1234.1	1234.18

정답			
예제2 (정수)	[문제] 데이터를 이용하여 십, 백, 천의 단위까지 차례대로 구하시오. [풀이] 데이터 값([B3])을 기준으로 '십의 자리(−1), 백의 자리(−2), 천의 자리(−3)'까지 데이터 값이 표시되도록 반올림, 내림, 올림하여 [C3:E3] 셀에 각각 값을 구합니다.		

	A	B	C	D	E
1		ROUND(인수,반올림 자릿수), ROUNDDOWN(인수,내림 자릿수), ROUNDUP(인수,올림 자릿수)			
2		데이터	반올림하여 십의 자리까지 표시	내림하여 백의 자리까지 표시	올림하여 천의 자리까지 표시
3		123,456	123,460	123,400	124,000

Level UP　　**자릿수 지정[ROUND, ROUNDDOWN, ROUNDUP 공통]**

아래 표는 '반올림(ROUND)' 함수를 기준으로 작성했기 때문에 '내림(ROUNDDOWN)'이나 '올림(ROUNDUP)' 함수를 사용하면 결과값이 다르게 나타납니다.

자릿수	함수식	결과	설명
3	=ROUND(1.5454,3)	1.545	소수 넷째 자리에서 반올림하여 소수 셋째 자리까지 표시
2	=ROUND(1.5454,2)	1.55	소수 셋째 자리에서 반올림하여 소수 둘째 자리까지 표시
1	=ROUND(1.5454,1)	1.5	소수 둘째 자리에서 반올림하여 소수 첫째 자리까지 표시
0	=ROUND(1.5454,0)	2	소수 첫째 자리에서 반올림하여 일의 자리(정수)를 표시
−1	=ROUND(1545,−1)	1550	정수 첫째 자리에서 반올림하여 십의 자리를 표시
−2	=ROUND(1545,−2)	1500	정수 둘째 자리에서 반올림하여 백의 자리를 표시
−3	=ROUND(1545,−3)	2000	정수 셋째 자리에서 반올림하여 천의 자리를 표시

4 INT(★)

설명	소수점 아래를 버리고 가장 가까운 정수로 내림하여 값을 구합니다.
함수식	=INT(인수)
정답	
예제	**[문제] 몸무게와 키를 이용하여 BMI 지수를 정수로 구하시오.** [풀이] BMI 계산 공식(몸무게/키*키)을 입력하여 [D3] 셀에 값을 구합니다. 단, BMI 결과가 소수점으로 나오기 때문에 INT로 묶어서 정수로 구합니다.

몸무게(Kg)	키(M)	BMI
73.3	1.78	23
80.7	1.53	34
67.4	1.84	19

5 MOD

설명	숫자를 나누어 나머지 값을 구합니다
함수식	=MOD(숫자,나누는 숫자)
정답	
예제	**[문제] 사탕 개수를 인원에 맞추어 나누었을 때 나머지를 구하시오.** [풀이] 사탕 개수를 인원 수로 나눈 후 [D3] 셀에 나머지 값만 구합니다.

사탕 개수	인원	나머지
73	4	1
95	3	2
85	4	1

6 PRODUCT(★)

설명	인수로 지정된 모든 숫자들을 곱하여 값을 구합니다.
함수식	=PRODUCT(인수1,인수2...)
정답	
예제	**[문제] 제품 판매에 대한 각각의 합계금액을 구하시오.** [풀이] [C3:D3] 범위의 값을 곱하여 [E3] 셀에 제품 판매에 대한 합계금액을 구합니다.

제품명	판매수량	단가	합계금액
이어폰	11	15,000	165,000
스피커	12	20,000	240,000
마이크	13	13,000	169,000

7 SUMPRODUCT(★)

설명	두 개 이상의 배열에 대응하는 값끼리 곱하여 합계를 구합니다.
함수식	=SUMPRODUCT(배열1,배열2…)
정답	
예제	**[문제] 제품들의 총합계금액을 구하시오.** [풀이] [C]열과 [D]열에서 같은 행에 있는 값끼리 곱한 결과값을 모두 더하여 [G3] 셀에 총합계금액을 구합니다.

예제 표:

	A	B	C	D	E	F	G
1		SUMPRODUCT(배열1,배열2…)					
2		제품명	수량	단가			
3		이어폰	21	15,000		총합계금액	1,054,000
4		스피커	22	20,000			
5		마이크	23	13,000			

함수 02 — 통계 함수

⊘ **실습파일** : 통계(문제).xlsx　　⊘ **완성파일** : 통계(완성).xlsx

1 RANK.EQ(★★★★★)

설명	·특정 목록에서 지정한 숫자의 순위를 구합니다. ·범위 : 특정 범위를 기준으로 순위를 결정할 때는 '절대참조'로 고정합니다. ·순위 결정 : 0을 입력하거나 생략하면 '내림차순', 0이 아닌 숫자(1)를 입력하면 '오름차순'으로 순위를 구합니다.
함수식	=RANK.EQ(순위를 구하려는 수,범위,순위 결정)
정답	
예제	**[문제] 총점을 이용하여 내림차순으로 순위를 구하시오.** [풀이] 총점([F3:F5]) 범위를 기준으로 [G3] 셀에 학생별 총점 순위를 내림차순으로 구합니다.

예제 표:

	A	B	C	D	E	F	G
1		RANK.EQ(순위를 구하려는 수,범위,순위 결정 방법)					
2		이름	ITQ한글	ITQ엑셀	ITQ파포	총점	순위
3		윤다온	85	75	80	240	2
4		한가람	70	75	60	205	3
5		신별하	80	90	100	270	1

★ '함수식'과 '예제'를 참고하여 답을 구한 후 [정답] 칸에 함수식을 적어보세요. 정답은 '함수정답.txt' 파일을 참고해 주세요.

2 MAX(★★★★★)/MIN(★★★)

설명	·MAX : 셀 범위 내에서 최대값을 구합니다. ·MIN : 셀 범위 내에서 최소값을 구합니다	
함수식	=MAX(인수1,인수2…)	=MIN(인수1,인수2…)
정답		

예제	[문제] 총점 중에서 가장 높은 총점과 가장 낮은 총점을 구하시오. [풀이1] 총점([F3:F5]) 범위를 기준으로 [C6] 셀에 가장 높은 총점을 구합니다. [풀이2] 총점([F3:F5]) 범위를 기준으로 [E6] 셀에 가장 낮은 총점을 구합니다.

	A	B	C	D	E	F
1		MAX(인수1,인수2…) / MIN(인수1,인수2…)				
2		이름	ITQ한글	ITQ엑셀	ITQ파포	총점
3		윤다온	85	75	80	240
4		한가람	70	75	60	205
5		신별하	80	90	100	270
6		가장 높은 총점	270	가장 낮은 총점	205	

3 LARGE(★★)/SMALL

설명	· LARGE : 셀 범위 내에서 K번째의 큰 값을 구합니다. · SMALL : 셀 범위 내에서 K번째의 작은 값을 구합니다.
함수식	=LARGE(범위,K)　　　　　=SMALL(범위,K)
정답	

예제	[문제] 총점 중에서 2번째로 높은 총점과 1번째로 낮은 총점을 구하시오. [풀이1] 총점([F3:F5]) 범위를 기준으로 [C6] 셀에 2번째로 높은 총점을 구합니다. [풀이2] 총점([F3:F5]) 범위를 기준으로 [E6] 셀에 1번째로 낮은 총점을 구합니다.

	A	B	C	D	E	F
1		LARGE(범위,K) / SMALL(범위,K)				
2		이름	ITQ한글	ITQ엑셀	ITQ파포	총점
3		윤다온	85	75	80	240
4		한가람	70	75	60	205
5		신별하	80	90	100	270
6		2번째로 높은 총점	240	1번째로 낮은 총점	205	

4 COUNTIF(★★★★)

설명	· 주어진 조건에 만족하는 셀들의 개수를 구합니다. · 비교 연산자(>=, <= 등)를 사용할 경우 큰 따옴표("")로 묶습니다.
함수식	=COUNTIF(조건 범위,조건)
정답	

예제	[문제] 총점이 240점 이상인 학생수를 구하시오. [풀이] 총점([F3:F5]) 범위를 기준으로 병합된 [E6] 셀에 총점이 240점 이상인 셀의 개수를 구합니다.

	A	B	C	D	E	F
1		COUNTIF(조건 범위,조건)				
2		이름	ITQ한글	ITQ엑셀	ITQ파포	총점
3		윤다온	85	75	80	240
4		한가람	70	75	60	205
5		신별하	80	90	100	270
6		총점이 240점 이상인 학생수			2	

5 AVERAGE(★)

설명	인수로 지정된 모든 숫자들의 평균을 구합니다.
함수식	=AVERAGE(인수1,인수2…)
정답	

예제	[문제] 학생별 ITQ 시험 점수에 대한 평균을 구하시오. [풀이] ITQ한글, ITQ엑셀, ITQ파포 점수의 평균을 [F3] 셀에 구합니다.

	AVERAGE(인수1,인수2…)			
이름	ITQ한글	ITQ엑셀	ITQ파포	평균
윤다온	85	75	80	80
한가람	70	75	60	68
신별하	80	90	100	90

6 COUNTA(★)/COUNT

설명	· COUNTA : 셀 범위 내에서 데이터가 입력된 모든 셀의 개수를 구합니다. · COUNT : 셀 범위 내에서 숫자가 입력된 셀의 개수를 구합니다.
함수식	=COUNTA(인수1,인수2…)　　　　=COUNT(인수1,인수2…)
정답	

[문제] ITQ엑셀 시험 접수 인원과 시험 응시 인원을 구하시오.
[풀이1] ITQ엑셀 시험에 접수한 모든 인원(숫자+문자)을 [F2] 셀에 구합니다.
[풀이2] ITQ엑셀 시험에 응시한 인원(숫자)을 [F4] 셀에 구합니다.

	COUNTA(인수1,인수2…) / COUNT(인수1,인수2…)			
이름	ITQ엑셀		시험 접수 인원	4
윤다온	75			
한가람	75		시험 응시 인원	3
신별하	미응시			
최슬아	80			

7 MEDIAN

설명	셀 범위에서 중간값을 구합니다.
함수식	=MEDIAN(셀 범위)
정답	

[문제] 과목별 ITQ 시험 점수 중에서 중간값을 구하시오.
[풀이] 과목별 ITQ 시험 점수([C3:E3])의 중간값을 [F3] 셀에 구합니다.

	MEDIAN(셀 범위)			
이름	ITQ한글	ITQ엑셀	ITQ파포	중간값
윤다온	85	75	80	80
한가람	70	75	60	70
신별하	80	90	100	90

논리 함수

⊘ **실습파일** : 논리(문제).xlsx　　⊘ **완성파일** : 논리(완성).xlsx

1 IF(★★★★★)

설명	조건에 만족하면 '참(TRUE)'에 해당하는 값을, 그렇지 않으면 '거짓(FALSE)'에 해당하는 값을 표시합니다.
함수식	=IF(조건식,참값,거짓값)
정답	
예제	**[문제]** 총점이 240점 이상이면 '합격' 그렇지 않으면 '불합격'으로 표시하시오. [풀이] 총점([F3])이 240점 이상이면 '합격' 그렇지 않으면 '불합격'을 [G3] 셀에 표시합니다.

예제 표:

이름	ITQ한글	ITQ엑셀	ITQ파포	총점	결과
	IF(조건식,참값,거짓값)				
윤다온	85	75	80	240	합격
한가람	70	75	60	205	불합격

2 AND(★★)

설명	모든 조건을 만족하면 '참(TRUE)', 그렇지 않으면 '거짓(FALSE)'을 표시합니다.
함수식	=AND(조건1,조건2...)
정답	
예제	**[문제]** ITQ한글, ITQ엑셀, ITQ파포 점수 모두가 70점 이상일 때 결과를 구하시오. [풀이] 과목별([C3:E3]) 모든 점수가 70점 이상일 때 'TRUE' 그렇지 않으면 'FALSE'를 [F3] 셀에 표시합니다.

예제 표:

이름	ITQ한글	ITQ엑셀	ITQ파포	결과
	AND(조건1,조건2...)			
윤다온	85	75	80	TRUE
한가람	70	75	60	FALSE

3 OR(★)

설명	조건 중 하나라도 만족하면 '참(TRUE)', 그렇지 않으면 '거짓(FALSE)'을 표시합니다.
함수식	=OR(조건1,조건2...)
정답	
예제	**[문제]** ITQ한글, ITQ엑셀, ITQ파포 점수 중 한 과목이라도 100점일 때 결과를 구하시오. [풀이] 과목별([C3:E3]) 점수 중에서 한 과목이라도 100점이 있다면 'TRUE' 그렇지 않으면 'FALSE'를 [F3] 셀에 표시합니다.

예제 표:

이름	ITQ한글	ITQ엑셀	ITQ파포	결과
	OR(조건1,조건2...)			
윤다온	80	90	100	TRUE
한가람	70	80	90	FALSE

텍스트 함수

⊘ **실습파일** : 텍스트(문제).xlsx   ⊘ **완성파일** : 텍스트(완성).xlsx

1 LEFT(★★)/RIGHT(★★★)

설명	・LEFT : 텍스트 왼쪽부터 원하는 개수만큼 문자를 추출합니다. ・RIGHT : 텍스트 오른쪽부터 원하는 개수만큼 문자를 추출합니다.	
함수식	=LEFT(텍스트,추출할 문자수)	=RIGHT(텍스트,추출할 문자수)
정답		
예제	**[문제]** 성명에서 '성'과 '이름'을 분리시켜 텍스트를 추출하시오. [풀이1] 성명([B3])에서 왼쪽 첫 번째 텍스트만 추출하여 [C3] 셀에 '성'을 표시합니다. [풀이2] 성명([B3])에서 오른쪽 두 번째 텍스트까지 추출하여 [D3] 셀에 '이름'을 표시합니다.	

	B	C	D
1	LEFT(텍스트,주출할 문자수) / RIGHT(텍스트,추출할 문자수)		
2	성명	성	이름
3	윤다온	윤	다온

2 MID(★★★)

설명	텍스트의 특정 위치부터 원하는 개수만큼 문자를 추출합니다.
함수식	=MID(텍스트,추출 시작 위치,추출할 문자수)
정답	
예제	**[문제]** 사번을 이용하여 '입사연도(예: 2026)'를 구하시오. [풀이] 사번([C3])의 두 번째 텍스트(2)부터 4개의 텍스트(2026)를 추출하여 [D3] 셀에 '입사연도'를 표시합니다.

	B	C	D
1	MID(텍스트,추출 시작 위치,추출할 문자수)		
2	이름	사번	입사연도
3	윤다온	M2026A1	2026
4	한가람	M2026A1	2026

3 REPT

설명	텍스트를 지정한 횟수만큼 반복해서 표시합니다.
함수식	=REPT(텍스트,반복할 횟수)
정답	
예제	**[문제]** 평가점수만큼 "★"을 빈복하여 만족도를 표시히시오. [풀이] 평가점수([D3])의 값만큼 "★"을 반복하여 [E3] 셀에 표시합니다.

	B	C	D	E
1	REPT(텍스트,반복할 횟수)			
2	교수	학과	평가점수	만족도
3	윤다온	건축학과	3	★★★
4	한가람	컴공과	2	★★
5	신별하	디자인학과	3	★★★

날짜/시간 함수

⊘ **실습파일** : 날짜_시간(문제).xlsx　　⊘ **완성파일** : 날짜_시간(완성).xlsx

1 WEEKDAY(★★)

설명	· 날짜에서 해당하는 요일의 번호를 구합니다. · 요일 번호를 구할 때 날짜 유형(1, 2, 3)에 따라 반환되는 번호가 다릅니다.
함수식	=WEEKDAY(날짜,날짜 유형)
정답	
예제	[문제] 입사날짜에 맞추어 요일 번호를 구하시오.(예 : 월요일) [풀이] 입사날짜([C3])에서 날짜 유형이 2번인 요일 번호를 구하여 [D3] 셀에 표시합니다.

예제 표:

	이름	입사날짜	요일 번호
		WEEKDAY(날짜, 날짜 유형)	
3	윤다온	2025-01-09	4
4	한가람	2023-07-14	5
5	신별하	2021-05-09	7

Level UP 날짜 유형

날짜 유형	설명	월	화	수	목	금	토	일
1 또는 생략	1(일요일) ~ 7(토요일)	2	3	4	5	6	7	1
2	1(월요일) ~ 7(일요일)	1	2	3	4	5	6	7
3	0(월요일) ~ 6(일요일)	0	1	2	3	4	5	6

★ 두 번째 날짜 유형(2)이 자주 출제되고 있으며, 예시(예 : 월요일)를 참고하여 날짜 유형을 지정합니다.

2 DATE(★)

설명	날짜에 해당하는 값(연도, 월, 일)을 이용하여 특정 날짜를 표시합니다.
함수식	=DATE(년,월,일)
정답	
예제	[문제] 입사연도, 입사월, 입사일을 이용하여 입사날짜를 표시하시오. [풀이] 입사연도([C3]), 입사월([D3]), 입사일([E3])을 이용하여 [F3] 셀에 입사날짜(년-월-일)를 표시합니다.

예제 표:

	이름	입사연도	입사월	입사일	입사날짜
		DATE(년,월,일)			
3	윤다온	2026	1	9	2026-01-09

3 YEAR(★★)/MONTH(★★)/DAY

설명	· YEAR : 날짜(년-월-일)에서 년(1900~9999년)을 추출합니다.		
	· MONTH : 날짜(년-월-일)에서 월(1월~12월)을 추출합니다.		
	· DAY : 날짜(년-월-일)에서 일(1일~31일)을 추출합니다.		
함수식	=YEAR(날짜)	=MONTH(날짜)	=DAY(날짜)
정답			
예제	[문제] 입사날짜를 이용하여 '입사연도', '입사월', '입사일'을 각각 구하시오.		

[풀이1] 입사날짜([C3])에서 연도만 추출하여 [D3] 셀에 표시합니다.
[풀이2] 입사날짜([C3])에서 월만 추출하여 [E3] 셀에 표시합니다.
[풀이3] 입사날짜([C3])에서 일만 추출하여 [F3] 셀에 표시합니다.

	B	C	D	E	F
1	YEAR(날짜) / MONTH(날짜) / DAY(날짜)				
2	이름	입사날짜	입사연도	입사월	입사일
3	윤다온	2026-01-09	2026	1	9

4 TODAY/NOW

설명	· TODAY : 현재 날짜를 표시합니다.	
	· NOW : 현재 날짜와 시간을 표시합니다.	
함수식	=TODAY()	=NOW()
정답		
예제	[문제] 현재 날짜와 현재 날짜 및 시간을 구하시오.	

[풀이1] 현재 날짜를 [C3] 셀에 표시합니다.
[풀이2] 현재 날짜와 시간을 [C4] 셀에 표시합니다.

★ TODAY와 NOW 함수는 현재 날짜와 시간을 기준으로 값을 표시하기 때문에 결과가 매번 달라져요.

	B	C
1	TODAY( ) / NOW( )	
2	날짜와 시간	작성일
3	현재 날짜	2026-01-27
4	현재 날짜와 시간	2026-01-27 13:52

찾기/참조 함수

1 VLOOKUP(★★★★★)

설명	· 범위의 첫 번째 열에서 찾을 값을 검색한 후 지정한 열과 교차하는 값을 표시합니다.(행과 열이 교차하는 값을 표시) · 찾을 값 : 범위의 첫 번째 열에서 찾고자 하는 값으로 '텍스트' 또는 '셀 주소'로 지정합니다. · 범위 : 찾고자 하는 데이터가 포함된 전체 범위를 지정합니다. 단, 범위를 지정할 때는 찾을 값이 들어있는 열이 전체 범위에서 '첫 번째 열'로 지정되어야 합니다. · 열 번호 : 범위를 기준으로 찾고자 하는 값이 있는 열 번호를 지정합니다. · 찾을 방법 : 정확하게 일치하는 값을 찾기 위해서는 FALSE(또는 0)를 입력하며, 비슷하게 일치하는 값을 찾기 위해서는 TRUE(생략 또는 1)를 입력합니다.
함수식	=VLOOKUP(찾을 값,범위,열 번호,찾을 방법)
정답	
예제	**[문제] 이름이 '신별하'인 학생의 '총점'을 표시하시오.** [풀이] 범위([B3:G5])의 첫 번째 열(이름)에서 '신별하'를 찾아서 동일한 값이 있으면 해당 행의 다섯 번째 열(총점)의 값을 병합된 [B8] 셀에 표시합니다. ★ 찾을 값은 직접 텍스트("신별하")를 입력하거나 '셀 주소([B5])'를 선택해도 결과는 동일합니다. **[문제] 학번이 'M2026A1'인 학생의 '결과'를 표시하시오.** [풀이] 범위([C3:G5])의 첫 번째 열(학번)에서 'M2026A1'을 찾아서 동일한 값이 있으면 해당 행의 다섯 번째 열(결과)의 값을 병합된 [B10] 셀에 표시합니다.

예제 표:

	이름	학번	ITQ엑셀	ITQ파포	총점	결과
1	VLOOKUP(찾을 값,범위,열 번호,찾을 방법)					
2	이름	학번	ITQ엑셀	ITQ파포	총점	결과
3	윤다온	M2026A1	75	80	155	합격
4	한가람	M2026A2	75	60	135	불합격
5	신별하	M2026A3	90	100	190	합격
6						
7	이름이 신별하인 학생의 총점					
8	190					
9	학번이 M2026A1 학생의 결과					
10	합격					

2 CHOOSE(★★★★)

설명	인수 목록에서 특정 번호에 해당하는 값을 표시합니다.
함수식	=CHOOSE(번호,인수1,인수2…)
정답	
예제	[문제] 구분이 1이면 '우수사원', 2이면 '일반사원', 3이면 '수습사원'으로 사원증에 표시하시오. [풀이] 구분 번호에 해당하는 값(1 : 우수사원, 2 : 일반사원, 3 : 수습사원)을 찾아 [D3] 셀에 표시합니다.

3 INDEX

설명	특정 범위에서 행과 열이 교차하는 셀의 값을 표시합니다.
함수식	=INDEX(범위,행 번호,열 번호)
정답	
예제	[문제] 제품명이 '마이크'인 제품의 판매금액을 찾아서 [H3] 셀에 표시하시오. [풀이] 전체 범위([B2:E5])에서 마이크가 포함된 행 번호(4)와 판매금액이 포함된 열 번호(4)를 지정하여 마이크의 판매금액을 [H3] 셀에 표시합니다.

4 MATCH

설명	· 특정 범위에서 값을 찾아 해당 위치를 숫자로 표시합니다. · 검색 옵션이 '0'이면 정확하게 일치하는 값을 찾고, '1' 또는 '-1'이면 유사한 값(최대값, 최소값)을 찾습니다.
함수식	=MATCH(찾는 값,범위,검색 옵션)
정답	
예제	[문제] 제품명이 '마이크'인 제품의 위치를 찾아 표시하시오. [풀이] 마이크를 지정된 범위([B3:B5])에서 찾아 정확하게 일치하는 값이 있으면 해당 값의 위치를 [H3] 셀에 표시합니다.

5 HLOOKUP

설명	· 범위의 첫 번째 행에서 찾을 값을 검색한 후 지정한 행과 교차하는 값을 표시합니다. · 찾을 값 : 범위의 첫 번째 행에서 찾고자 하는 값으로 '텍스트' 또는 '셀 주소'로 지정합니다. · 범위 : 찾고자 하는 데이터가 포함된 전체 범위를 지정합니다. 단, 범위를 지정할 때는 찾을 값이 들어 있는 행이 전체 범위에서 '첫 번째 행'으로 지정되어야 합니다. · 행 번호 : 범위를 기준으로 찾고자 하는 값이 있는 행 번호를 지정합니다. · 찾을 방법 : 정확하게 일치하는 값을 찾기 위해서는 FALSE(또는 0)를 입력하며, 비슷하게 일치하는 값을 찾기 위해서는 TRUE(생략 또는 1)을 입력합니다.
함수식	=HLOOKUP(찾을 값,범위,행 번호,찾을 방법)
정답	
예제	**[문제]** 이름이 '한가람'인 학생의 ITQ엑셀 점수를 표시하시오. [풀이] 범위([B2:F4])의 첫 번째 행에서 '한가람'을 찾아 동일한 값이 있으면 해당 열의 세 번째 행 (ITQ엑셀)의 값을 병합된 [B7] 셀에 표시합니다.

	A	B	C	D	E	F	G
1		HLOOKUP(찾을 값,범위,행 번호,찾을 방법)					
2		이름	윤다온	한가람	신별하	총점	결과
3		ITQ한글	90	85	75	250	합격
4		ITQ엑셀	80	90	85	255	합격
5							
6		이름이 한가람인 학생의 ITQ엑셀 점수					
7		90					

함수 07 데이터베이스 함수

⊙ **실습파일** : 데이터베이스(문제).xlsx   ⊙ **완성파일** : 데이터베이스(완성).xlsx

1 DSUM(★★★)/DAVERAGE(★★★★)

설명	· DSUM : 데이터베이스에서 조건에 맞는 필드(열)의 합계를 구합니다. · DAVERAGE : 데이터베이스에서 조건에 맞는 필드(열)의 평균을 구합니다.	
함수식	=DSUM(데이터베이스,필드,조건 범위)	=DAVERAGE(데이터베이스,필드,조건 범위)
정답		

[문제] 성별이 '남'인 학생들의 총점 합계를 구하시오.

[풀이] 데이터베이스([B2:H6])에서 '성별'이 남([C2:C3])인 학생들의 총점(6) 합계를 계산하여 [J3] 셀에 표시합니다.

★ 필드 지정은 해당 열의 위치(6)를 입력하거나 '셀 주소([G2])'를 선택해도 결과는 동일해요.

[문제] 결과가 '합격'인 학생들의 총점 평균을 구하시오.

[풀이] 데이터베이스([B2:H6])에서 '결과'가 합격([H2:H3])인 학생들의 총점([G2]) 평균을 계산하여 [J5] 셀에 표시합니다.

예제

이름	성별	ITQ한글	ITQ엑셀	ITQ파포	총점	결과		
DSUM(데이터베이스,필드,조건 범위) / DAVERAGE(데이터베이스,필드,조건 범위)								성별이 '남'인 학생들의 총점 합계
윤다온	남	85	75	80	240	합격		445
한가람	남	70	75	60	205	불합격		결과가 '합격'인 학생들의 총점 평균
신별하	여	80	90	100	270	합격		250
최슬아	여	70	80	90	240	합격		

2 DCOUNT(★★★)/DCOUNTA(★★)

설명	· DCOUNT : 데이터베이스에서 조건에 맞는 필드(열)의 셀 개수를 구합니다.(숫자가 포함된 셀) · DCOUNTA : 데이터베이스에서 조건에 맞는 필드(열)의 셀 개수를 구합니다.(빈 셀을 제외한 숫자와 문자가 포함된 셀)
함수식	=DCOUNT(데이터베이스,필드,조건 범위)　　　　=DCOUNTA(데이터베이스,필드,조건 범위)
정답	

예제

[문제] 성별이 '남'인 학생 중에서 답안을 제출한 학생수를 구하시오.

[풀이] 데이터베이스([B2:H7])에서 '성별'이 남([C2:C3])인 학생 중 답안을 제출(6)한 셀 개수(숫자 셀)를 계산하여 [J3] 셀에 표시합니다.

[문제] 이름을 기준으로 결과가 '합격'인 학생수를 구하시오.

[풀이] 데이터베이스([B2:H7])에서 '결과'가 합격([H2:H3])인 학생 이름([B2])의 셀 개수(문자 셀)를 계산하여 [J5] 셀에 표시합니다.

이름	성별	ITQ한글	ITQ엑셀	ITQ파포	제출(1) 미제출(-)	결과		
DCOUNT(데이터베이스,필드,조건 범위) / DCOUNTA(데이터베이스,필드,조건 범위)								답안을 제출한 '남학생' 인원수
윤다온	남	85	80	80	1	합격		2
한가람	남	70	75	60	-	불합격		결과가 '합격'인 학생의 인원수
신별하	여	80	90	100	1	합격		3
최슬아	여	80	70	90	1	합격		
권마루	남	60	70	70	1	불합격		

3 DMAX(★)/DMIN

설명	·DMAX : 데이터베이스에서 조건에 맞는 필드(열)의 가장 큰값을 구합니다. ·DMIN : 데이터베이스에서 조건에 맞는 필드(열)의 가장 작은값을 구합니다.	
함수식	=DMAX(데이터베이스,필드,조건 범위)	=DMIN(데이터베이스,필드,조건 범위)
정답		
예제		

[문제] 성별이 '남'인 학생 중에서 가장 높은 ITQ엑셀 점수를 구하시오.

[풀이] 데이터베이스([B2:H7])에서 성별이 남([C2:C3])인 학생 중 ITQ엑셀(4) 점수가 가장 높은 값을 [J3] 셀에 표시합니다.

[문제] 결과가 '합격'인 학생 중에서 가장 낮은 ITQ엑셀 점수를 구하시오.

[풀이] 데이터베이스([B2:H7])에서 결과가 합격([H2:H3])인 학생 중 ITQ엑셀([E2]) 점수가 가장 낮은 값을 [J5] 셀에 표시합니다.

	A	B	C	D	E	F	G	H	I	J
1		DMAX(데이터베이스,필드,조건 범위) / DMIN(데이터베이스,필드,조건 범위)								
2		이름	성별	ITQ한글	ITQ엑셀	ITQ파포	총점	결과		성별이 '남'인 학생 중에서 가장 높은 ITQ엑셀 점수
3		윤다온	남	85	80	80	245	합격		80
4		한가람	남	70	75	60	205	불합격		결과가 '합격'인 학생 중에서 가장 낮은 ITQ엑셀 점수
5		신별하	여	80	90	100	270	합격		70
6		최슬아	여	80	70	90	240	합격		
7		권마루	남	60	70	70	200	불합격		

시험에 자주 출제되는 중첩 함수

⊘ **실습파일** : 중첩 함수(문제).xlsx　⊘ **완성파일** : 중첩 함수(완성).xlsx

1 IF(MID) 중첩 함수

> [문제] 보관방법 ⇒ 관리번호 두 번째 값이 C이면 '냉장', 그 외에는 '실온'으로 구하시오(IF, MID 함수).

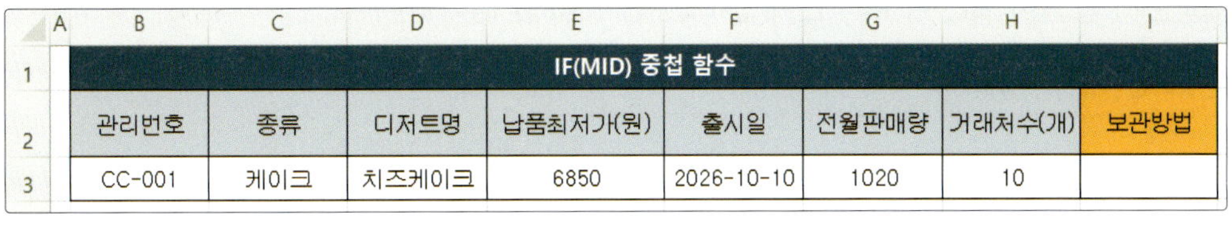

❶ [I3] 셀을 클릭하여 **=IF**를 입력한 후 Ctrl+A를 누릅니다.

★ 함수 이름(=IF)을 알고 있는 경우 Ctrl+A로 '함수 마법사'를 실행하면 편리하게 작업할 수 있어요.

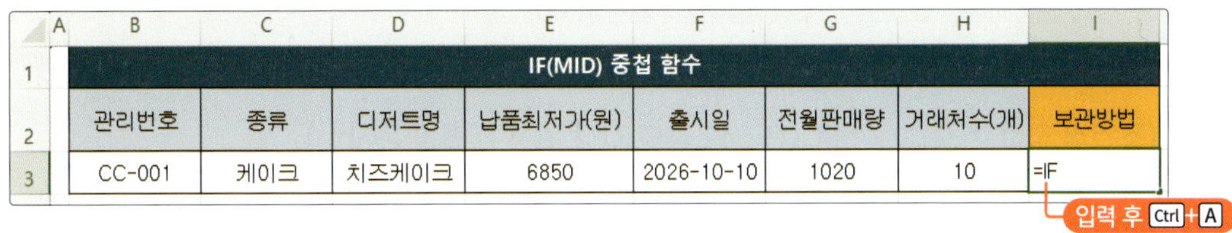

❷ IF [함수 인수] 대화상자가 나타나면 중첩하여 사용할 함수인 **MID()**를 입력한 후 수식 입력줄에서 **MID**를 클릭합니다.

★ 함수 마법사에서 중첩된 함수를 활성화하려면 수식 입력줄에서 해당 함수의 이름을 클릭해야 해요.

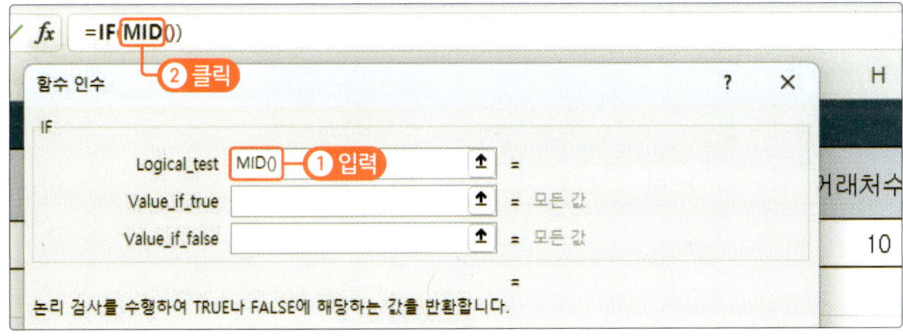

❸ MID [함수 인수] 대화상자가 나타나면 각각의 칸에 필요한 인수 값을 입력한 후 수식 입력줄에서 **IF**를 클릭합니다.

★ 인수 입력 칸(예 : Num_chars)을 클릭하면 해당 인수에 대한 설명이 나와요.

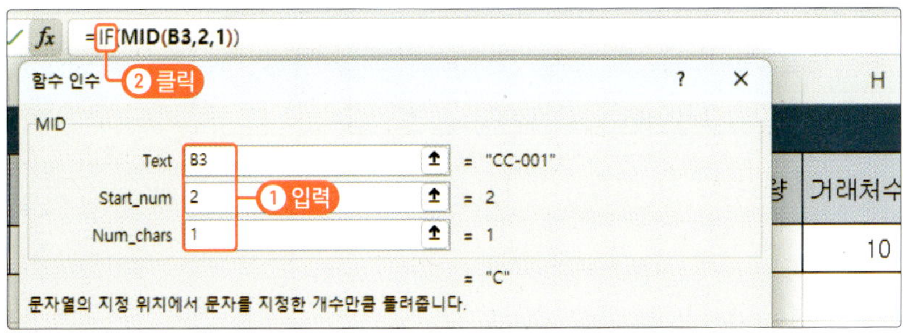

④ IF [함수 인수] 대화상자로 돌아오면 각각의 칸에 필요한 인수 값을 입력합니다.

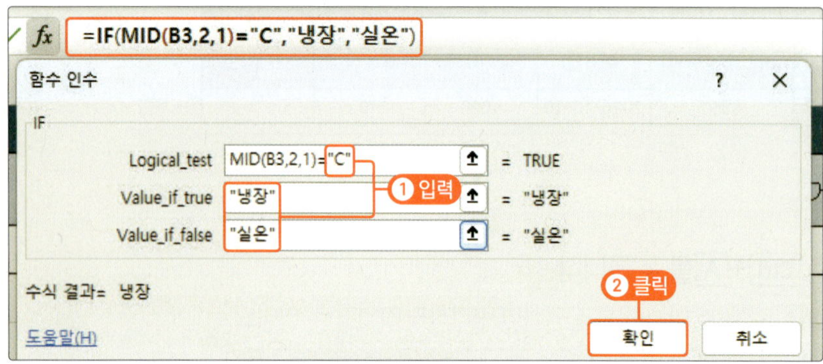

⑤ 함수식 정답 : =IF(MID(B3,2,1)="C","냉장","실온")

A	B	C	D	E	F	G	H	I
1	IF(MID) 중첩 함수							
2	관리번호	종류	디저트명	납품최저가(원)	출시일	전월판매량	거래처수(개)	보관방법
3	CC-001	케이크	치즈케이크	6850	2026-10-10	1020	10	냉장

2 IF(AND) 중첩 함수

[문제] 평가 ⇒ 최고월매출(단위:원)이 5,000,000 이상이면서, 직원수가 5 이상이면 'A', 그 외에는 'B'로 구하시오 (IF, AND 함수).

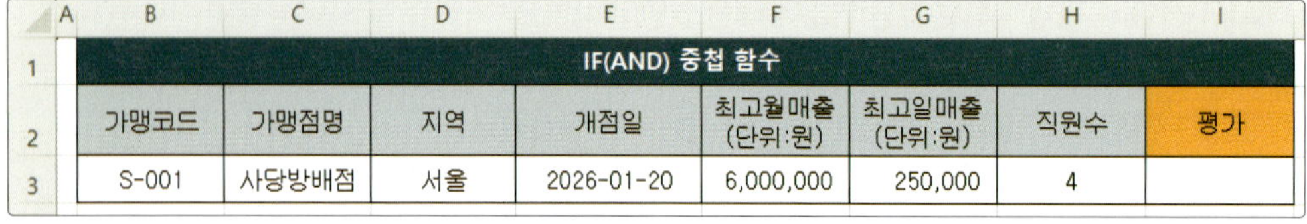

A	B	C	D	E	F	G	H	I
1	IF(AND) 중첩 함수							
2	가맹코드	가맹점명	지역	개점일	최고월매출(단위:원)	최고일매출(단위:원)	직원수	평가
3	S-001	사당방배점	서울	2026-01-20	6,000,000	250,000	4	

❶ [I3] 셀을 클릭하여 =IF를 입력한 후 Ctrl + A 를 누릅니다.

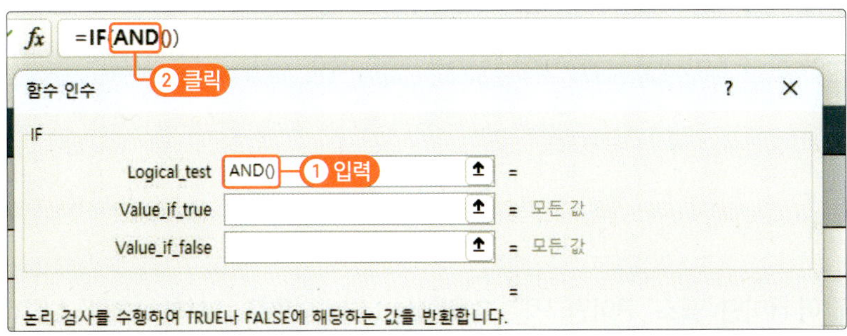

❷ IF [함수 인수] 대화상자가 나타나면 중첩하여 사용할 함수인 AND()를 입력한 후 수식 입력줄에서 AND를 클릭합니다.

★ 함수 마법사에서 중첩된 함수를 활성화하려면 수식 입력줄에서 해당 함수의 이름을 클릭해야 해요.

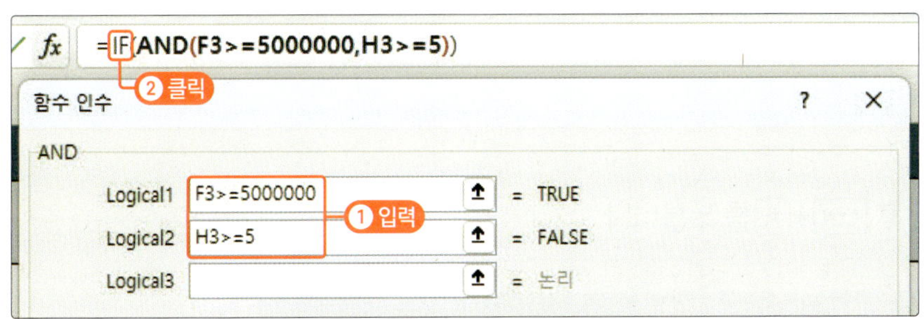

❸ AND [함수 인수] 대화상자가 나타나면 각각의 칸에 필요한 인수 값을 입력한 후 수식 입력줄에서 IF를 클릭합니다.

1차 함수 풀이 : AND(조건1,조건2...)
- F3>=5000000 : [F3] 셀의 값이 5,000,000 이상인지 확인합니다.
- H3>=5 : [H3] 셀의 값이 5 이상인지 확인합니다.

❹ IF [함수 인수] 대화상자로 돌아오면 각각의 칸에 필요한 인수 값을 입력합니다.

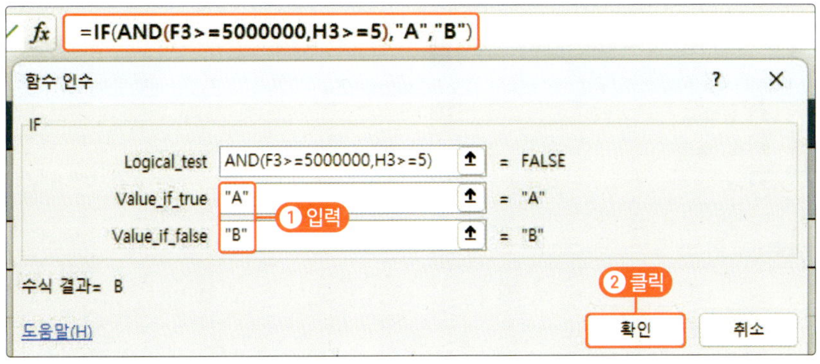

❺ 함수식 정답 : =IF(AND(F3>=5000000,H3>=5),"A","B")

	IF(AND) 중첩 함수						
가맹코드	가맹점명	지역	개점일	최고월매출 (단위:원)	최고일매출 (단위:원)	직원수	평가
S-001	사당방배점	서울	2026-01-20	6,000,000	250,000	4	B

3 IF(LEFT)⊕IF(LEFT) 중첩 함수

[문제] 운동종류 ⇒ 회원코드의 첫 번째 값이 H이면 '헬스', P이면 'PT', 그 외에는 '스피닝'으로 표시하시오(IF, LEFT 함수).

	IF(LEFT)+IF(LEFT) 중첩 함수						
회원코드	회원명	등록일	담당자	등록경로	등록비 (단위:원)	등록횟수	운동종류
H2834	김민지	2026-06-03	이하늘	카톡채널	80,000	3회	

❶ [I3] 셀을 클릭하여 =IF를 입력한 후 Ctrl + A 를 누릅니다.

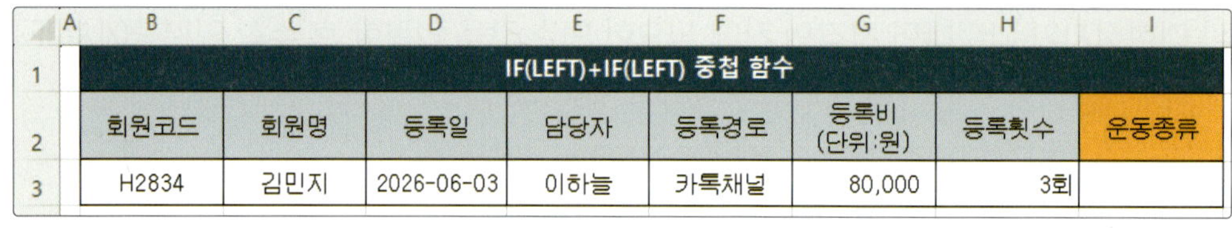

	IF(LEFT)+IF(LEFT) 중첩 함수						
회원코드	회원명	등록일	담당자	등록경로	등록비 (단위:원)	등록횟수	운동종류
H2834	김민지	2026-06-03	이하늘	카톡채널	80,000	3회	=IF

❷ IF [함수 인수] 대화상자가 나타나면 각각의 칸에 필요한 인수 값을 입력한 후 함수를 중첩하기 위해 수식 입력줄에서 IF를 클릭합니다.

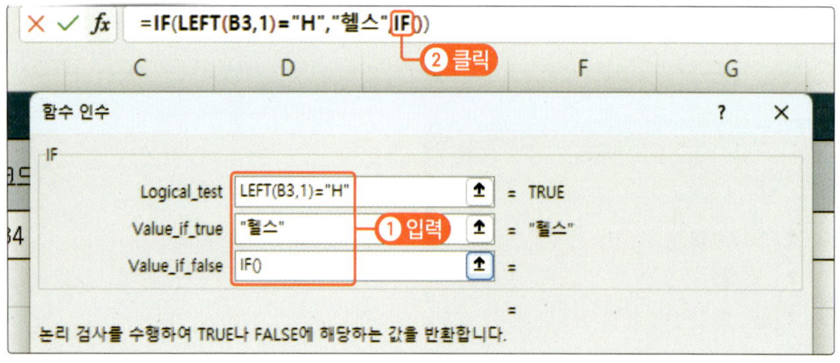

Level UP   함수 마법사를 이용하여 중첩 함수 사용하기

❶ IF [함수 인수] 대화상자에서 중첩하여 사용할 함수인 LEFT()를 입력한 후 수식 입력줄에서 LEFT를 클릭합니다.

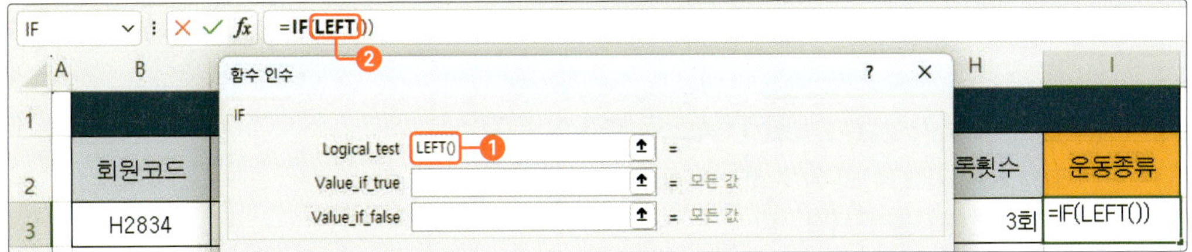

❷ LEFT [함수 인수] 대화상자가 나타나면 필요한 인수 값을 입력한 후 수식 입력줄에서 IF를 클릭합니다.

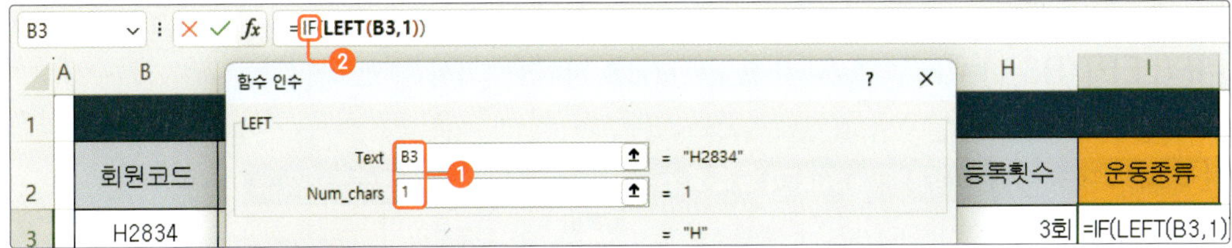

❸ IF [함수 인수] 대화상자로 돌아오면 나머지 인수 값을 입력한 후 중첩된 함수를 활성화시키기 위해 수식 입력줄에서 거짓값 위치에 입력된 IF를 클릭합니다.

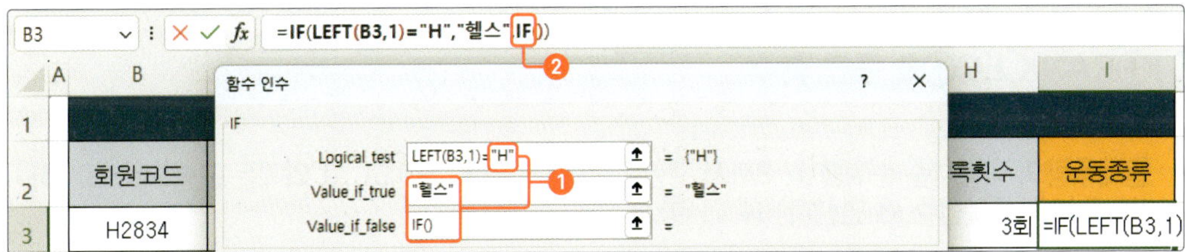

❹ 새로운 IF [함수 인수] 대화상자가 나타나면 ❶~❸ 작업을 반복하여 결과값을 추출합니다.

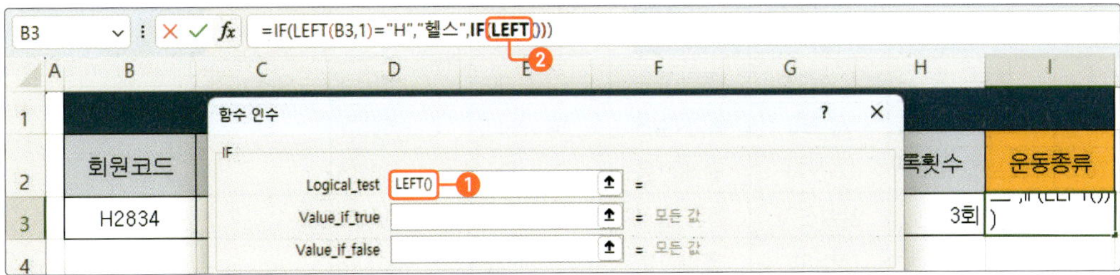

❸ IF [함수 인수] 대화상자가 나타나면 각각의 칸에 필요한 인수 값을 입력합니다.

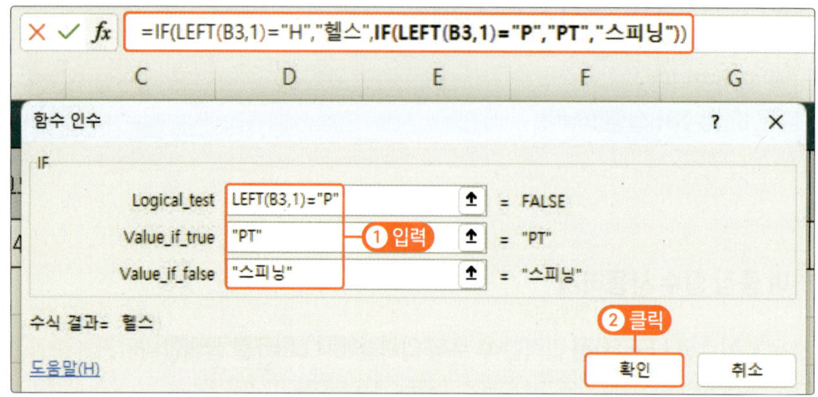

2차 함수 풀이 : IF(조건식,참값,거짓값) / LEFT(텍스트,추출할 문자수)
- LEFT(B3,1)="P" : 회원코드(H2834)의 왼쪽 첫 번째 글자가 'P'인지 판단합니다.
- "PT" : 조건이 참(P이면)이면 'PT'를 표시합니다.
- "스피닝" : 조건이 거짓(P가 아니면)이면 '스피닝'을 표시합니다.

❹ 함수식 정답 : =IF(LEFT(B3,1)="H","헬스",IF(LEFT(B3,1)="P","PT","스피닝"))

]	회원명	등록일	담당자	등록경로	등록비 (단위:원)	등록횟수	운동종류
				IF(LEFT)+IF(LEFT) 중첩 함수			
H2834	김민지	2026-06-03	이하늘	카톡채널	80,000	3회	헬스

❹ IF(RANK.EQ)⊕RANK.EQ⊕& 중첩 함수

[문제] 순위 ⇒ 판매수량의 내림차순 순위를 1~3까지 구한 결과값에 '위'를 붙이고, 그 외에는 공백으로 표시하시오
(IF, RANK.EQ 함수, & 연산자)(예 : 1위).

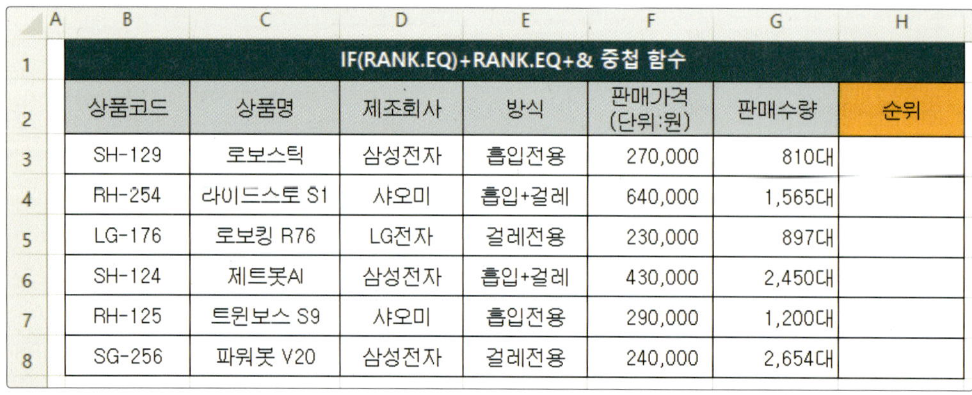

상품코드	상품명	제조회사	방식	판매가격 (단위:원)	판매수량	순위
		IF(RANK.EQ)+RANK.EQ+& 중첩 함수				
SH-129	로보스틱	삼성전자	흡입전용	270,000	810대	
RH-254	라이드스토 S1	샤오미	흡입+걸레	640,000	1,565대	
LG-176	로보킹 R76	LG전자	걸레전용	230,000	897대	
SH-124	제트봇AI	삼성전자	흡입+걸레	430,000	2,450대	
RH-125	트윈보스 S9	샤오미	흡입전용	290,000	1,200대	
SG-256	파워봇 V20	삼성전자	걸레전용	240,000	2,654대	

❶ [H3] 셀을 클릭하여 **=IF**를 입력한 후 Ctrl+A 를 누릅니다.

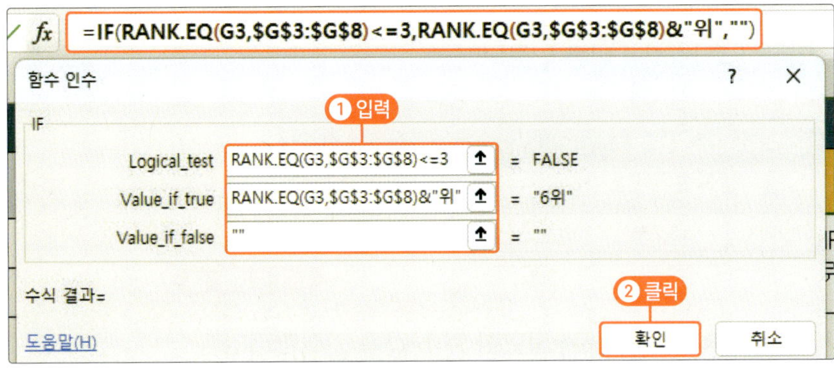

❷ IF [함수 인수] 대화상자가 나타나면 각각의 칸에 필요한 인수 값을 입력합니다.

★ RANK.EQ 함수의 범위는 [G3:G8]을 드래그한 후 F4 를 1번 눌러 '절대참조'로 지정해요.

=IF(RANK.EQ(G3,$G$3:$G$8)<=3,RANK.EQ(G3,$G$3:$G$8)&"위","")

> **함수 풀이 : IF(조건식,참값,거짓값) / RANK.EQ(순위를 구하려는 수,범위,순위 결정 방법)**
>
> ・RANK.EQ(G3,$G$3:$G$8)<=3 : 판매수량($G$3:$G$8) 열을 기준으로 '로보스틱'의 판매수량([G3])이 내림차순으로 몇 위인지 구한 후 해당 값이 3이하인지 확인합니다.
> ・RANK.EQ(G3,$G$3:$G$8)&"위" : 조건이 참(순위 값이 3이하)이면 RANK.EQ 함수로 순위를 구한 후 결과값 뒤에 문자 "위"를 붙여서 표시합니다.
> ・"" : 조건이 거짓(순위 값이 4이상)이면 공백("")을 표시합니다.

❸ 함수식 정답 : =IF(RANK.EQ(G3,$G$3:$G$8)<=3,RANK.EQ(G3,$G$3:$G$8)&"위","")

❹ [H3] 셀의 채우기 핸들(+)을 [H8] 셀까지 드래그하여 나머지 순위를 구합니다.

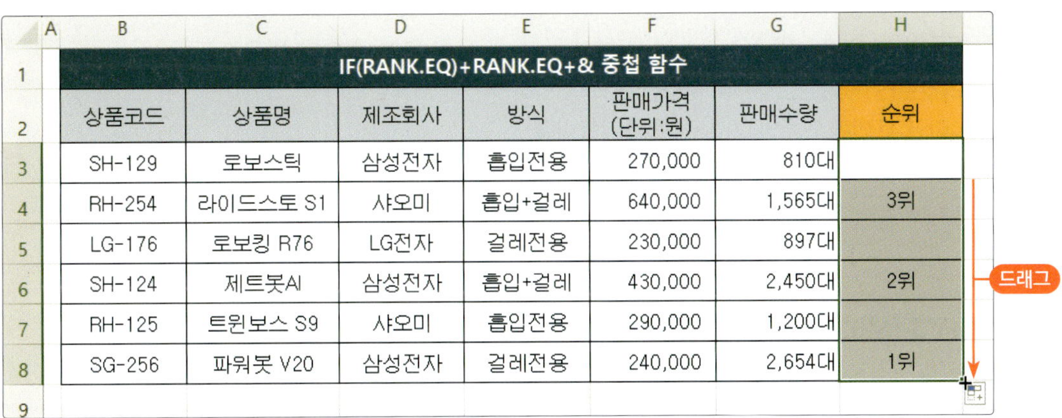

5 CHOOSE(MID) 중첩 함수

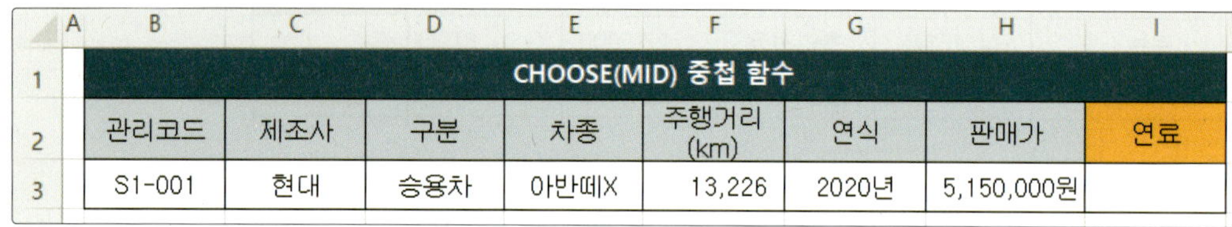

[문제] 연료 ⇒ 관리코드 2번째 글자가 1이면 '가솔린', 2이면 '디젤', 3이면 '하이브리드'로 구하시오(CHOOSE, MID함수).

관리코드	제조사	구분	차종	주행거리(km)	연식	판매가	연료
			CHOOSE(MID) 중첩 함수				
S1-001	현대	승용차	아반떼X	13,226	2020년	5,150,000원	

❶ [I3] 셀을 클릭하여 =CHOOSE를 입력한 후 Ctrl+A 를 누릅니다.

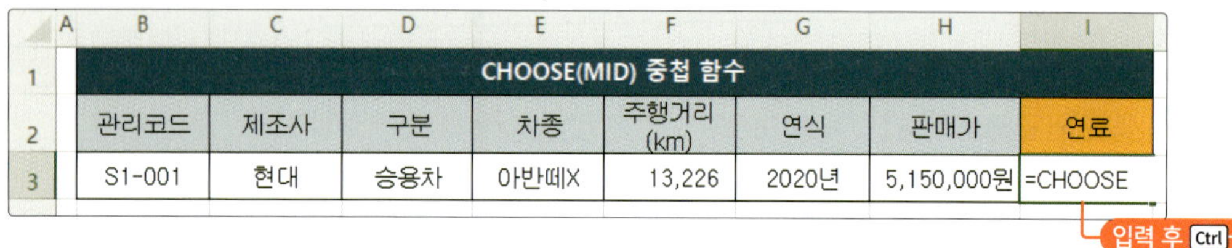

❷ CHOOSE [함수 인수] 대화상자가 나타나면 각각의 칸에 필요한 인수 값을 입력합니다.

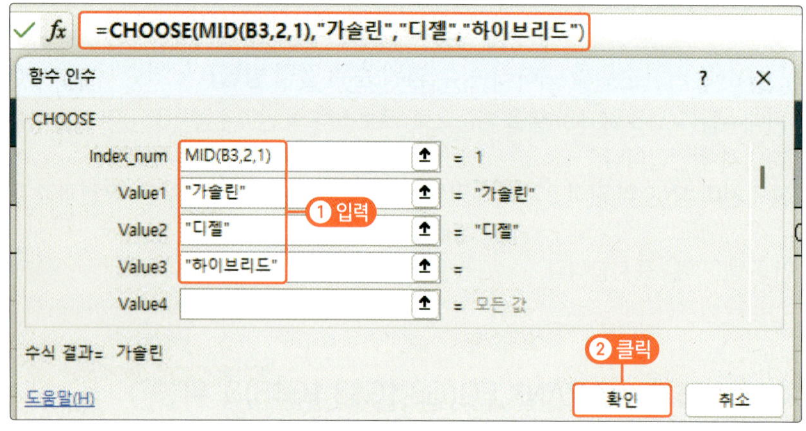

함수 풀이 : CHOOSE(번호,인수1,인수2...) / MID(텍스트,추출 시작 위치,추출할 문자수)
- MID(B3,2,1) : 관리코드(S1-001)의 2번째 글자(1)를 추출하여 번호로 사용합니다.
- "가솔린" : 번호가 1이면 첫 번째 인수인 '가솔린'을 표시합니다.
- "디젤" : 번호가 2이면 두 번째 인수인 '디젤'을 표시합니다.
- "하이브리드" : 번호가 3이면 세 번째 인수인 '하이브리드'를 표시합니다.

❸ 함수식 정답 : =CHOOSE(MID(B3,2,1),"가솔린","디젤","하이브리드")

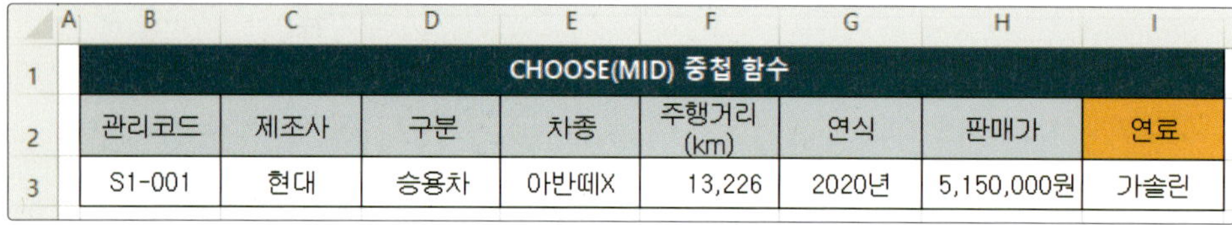

관리코드	제조사	구분	차종	주행거리(km)	연식	판매가	연료
			CHOOSE(MID) 중첩 함수				
S1-001	현대	승용차	아반떼X	13,226	2020년	5,150,000원	가솔린

6 CHOOSE(RIGHT) 중첩 함수

[문제] 제조방식 ⇒ 제품코드의 마지막 숫자가 1이면 '직접', 2이면 'OEM', 3이면 '제휴'로 표시하시오(CHOOSE, RIGHT 함수).

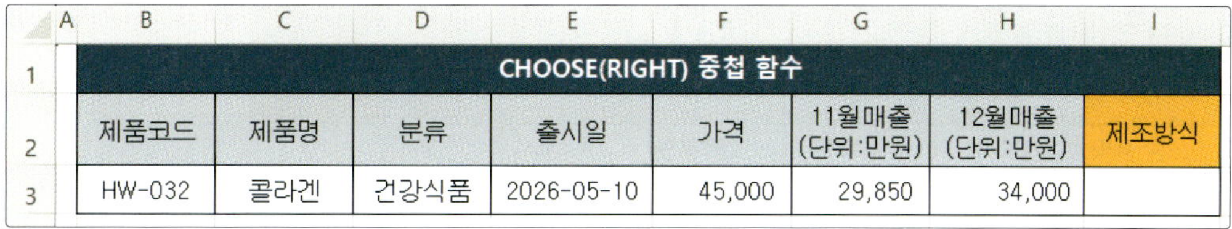

❶ [I3] 셀을 클릭하여 =CHOOSE를 입력한 후 Ctrl + A 를 누릅니다.

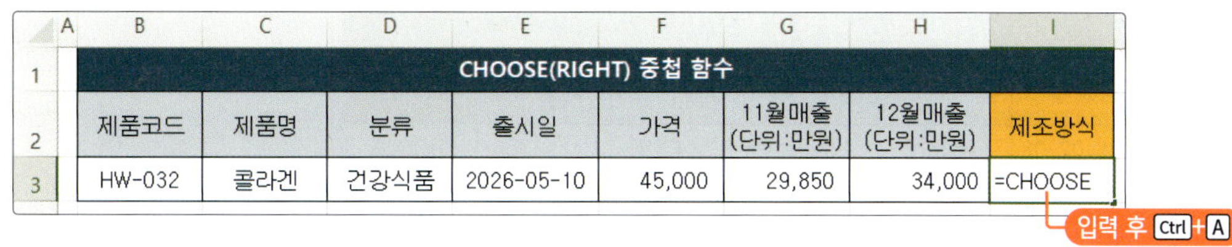

❷ CHOOSE [함수 인수] 대화상자가 나타나면 각각의 칸에 필요한 인수 값을 입력합니다.

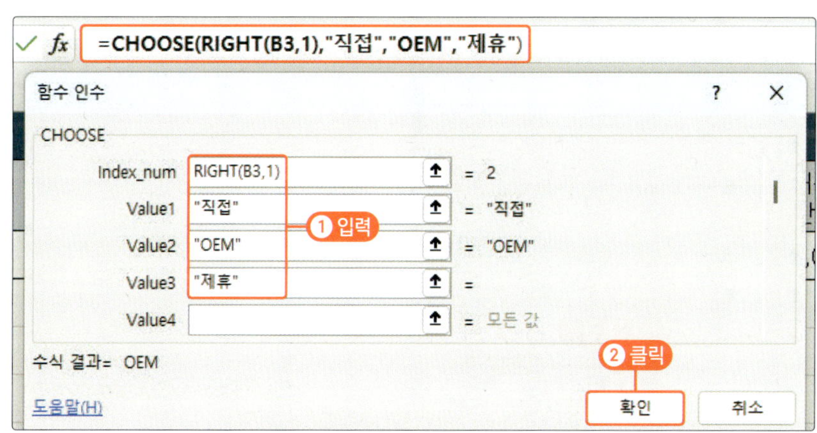

함수 풀이 : CHOOSE(번호,인수1,인수2…) / RIGHT(텍스트,추출할 문자수)
- RIGHT(B3,1) : 제품코드(HW-032)의 오른쪽 1번째 글자(2)를 추출하여 번호로 사용합니다.
- "직접" : 번호가 1이면 첫 번째 인수인 '직접'을 표시합니다.
- "OEM" : 번호가 2이면 두 번째 인수인 'OEM'을 표시합니다.
- "제휴" : 번호가 3이면 세 번째 인수인 '제휴'를 표시합니다.

❸ 함수식 정답 : =CHOOSE(RIGHT(B3,1),"직접","OEM","제휴")

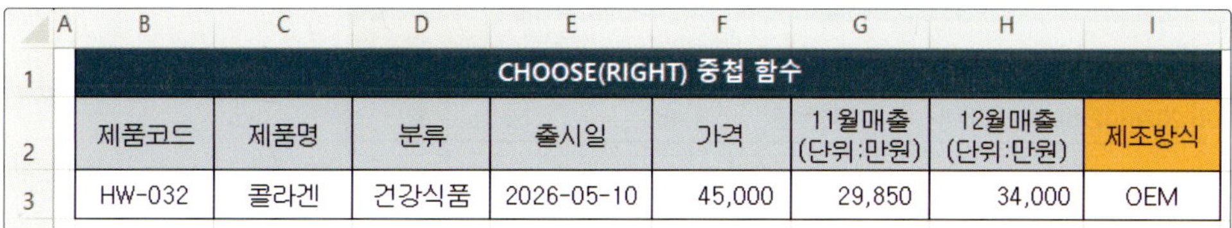

7 CHOOSE(WEEKDAY) 중첩 함수

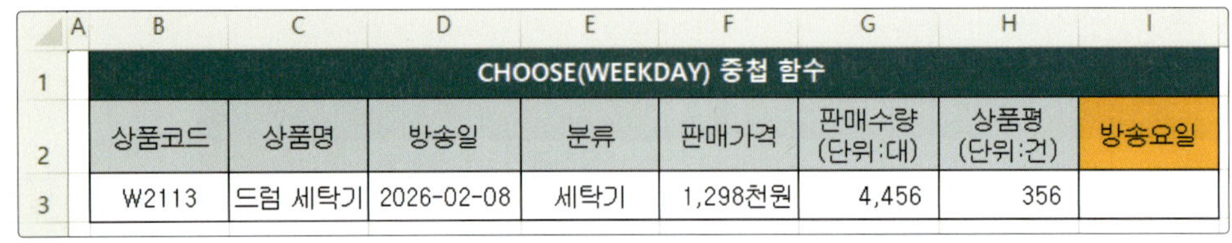

[문제] 방송요일 ⇒ 방송일에 대한 요일을 구하시오(CHOOSE, WEEKDAY 함수)(예 : 월).

상품코드	상품명	방송일	분류	판매가격	판매수량 (단위:대)	상품평 (단위:건)	방송요일
W2113	드럼 세탁기	2026-02-08	세탁기	1,298천원	4,456	356	

❶ [I3] 셀을 클릭하여 =CHOOSE를 입력한 후 Ctrl + A 를 누릅니다.

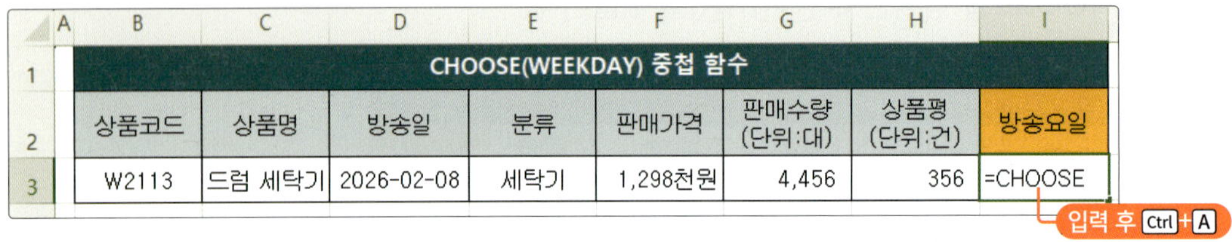

❷ CHOOSE [함수 인수] 대화상자가 나타나면 각각의 칸에 필요한 인수 값을 입력합니다.

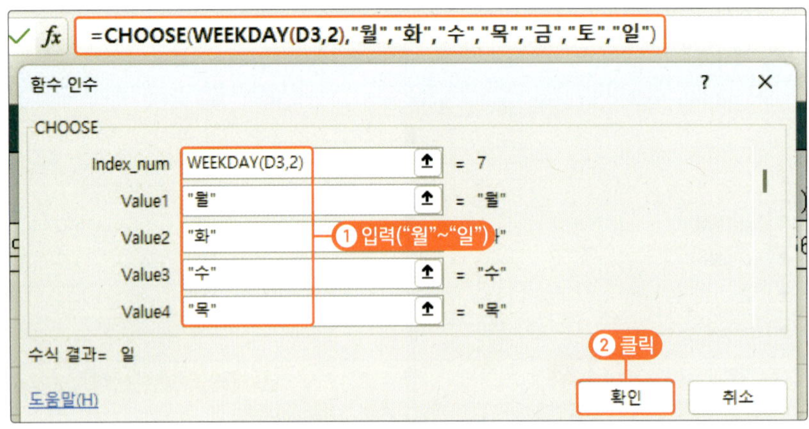

> **함수 풀이 : CHOOSE(번호,인수1,인수2...) / WEEKDAY(날짜,날짜 유형)**
> - WEEKDAY(D3,2) : 방송일(2026-02-08)을 기준으로 날짜 유형(2)에 맞는 요일별 번호(1~7)를 추출하여 번호로 사용합니다.
> - "월", "화", "수", "목", "금", "토", "일" : 날짜별 유형 번호(1~7)에 맞추어 해당 요일(월~일)을 표시합니다.

❸ 함수식 정답 : =CHOOSE(WEEKDAY(D3,2),"월","화","수","목","금","토","일")

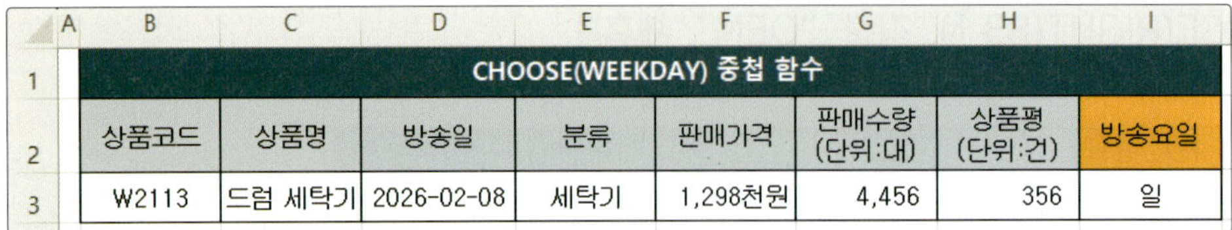

상품코드	상품명	방송일	분류	판매가격	판매수량 (단위:대)	상품평 (단위:건)	방송요일
W2113	드럼 세탁기	2026-02-08	세탁기	1,298천원	4,456	356	일

8 ROUND(DAVERAGE) 중첩 함수

[문제] 분류가 3인승인 제품의 판매수량 평균 ⇒ 반올림하여 정수로 구하시오. 단, 조건은 입력데이터를 이용하시오
(ROUND, DAVERAGE 함수)(예 : 451.6 → 452).

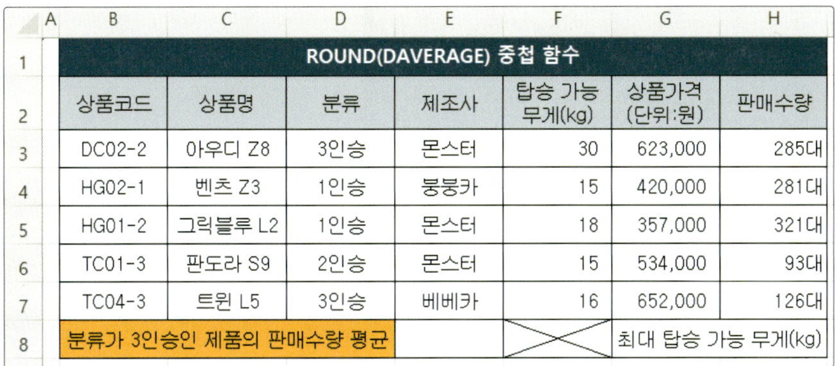

상품코드	상품명	분류	제조사	탑승 가능 무게(kg)	상품가격 (단위:원)	판매수량
DC02-2	아우디 Z8	3인승	몬스터	30	623,000	285대
HG02-1	벤츠 Z3	1인승	붕붕카	15	420,000	281대
HG01-2	그릭블루 L2	1인승	몬스터	18	357,000	321대
TC01-3	판도라 S9	2인승	몬스터	15	534,000	93대
TC04-3	트윈 L5	3인승	베베카	16	652,000	126대
분류가 3인승인 제품의 판매수량 평균					최대 탑승 가능 무게(kg)	

❶ [E8] 셀을 클릭하여 =ROUND를 입력한 후 Ctrl+A를 누릅니다.

❷ ROUND [함수 인수] 대화상자가 나타나면 각각의 칸에 필요한 인수 값을 입력한 후 수식 입력줄에서 DAVERAGE를 클릭합니다.

★ 함수 마법사에서 중첩된 함수를 활성화하려면 수식 입력줄에서 해당 함수의 이름을 클릭해야 해요.

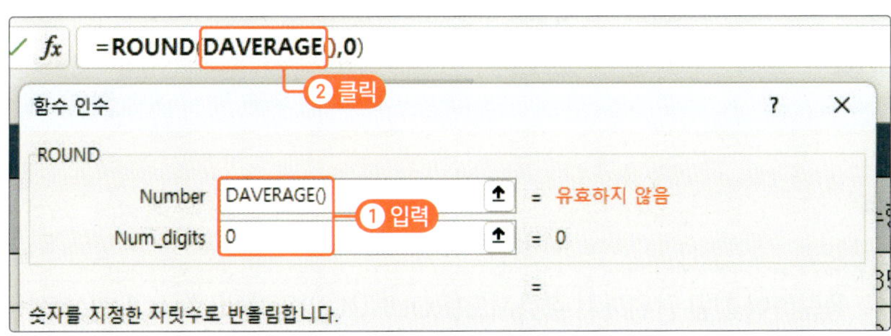

1차 함수 풀이 : ROUND(인수,반올림 자릿수)

- DAVERAGE() : DAVERAGE 함수로 계산한 결과값을 반올림할 숫자(인수)로 가져오기 위해 'DAVERAGE()'를 입력합니다.
- 0 : DAVERAGE 함수의 결과값을 반올림하여 정수로 표시해야 하기 때문에 자릿수 값을 '0'으로 입력합니다.

❸ DAVERAGE [함수 인수] 대화상자가 나타나면 각각의 칸에 필요한 인수 값을 입력합니다.

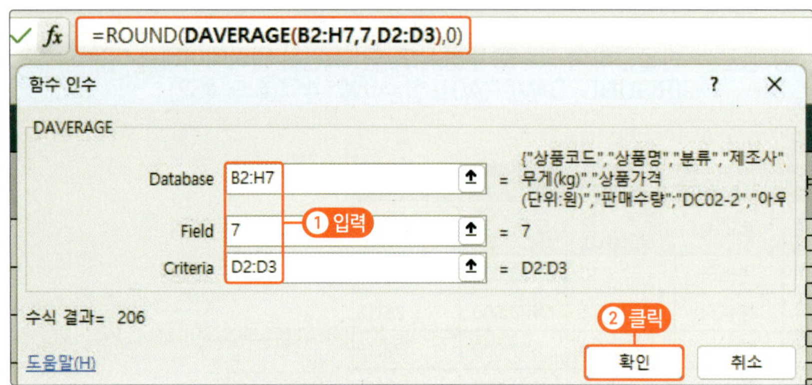

2차 함수 풀이 : DAVERAGE(데이터베이스,필드,조건 범위)

· B2:H7 : 찾을 데이터(3인승)가 포함된 '데이터베이스(범위)'를 지정합니다.
· 7 : 조건이 일치하는 값(3인승)에 대한 판매수량의 평균을 계산하기 위해 해당 '열의 위치(7 또는 [H2])'를 지정합니다.
· D2:D3 : 데이터베이스(범위)에서 찾을 '조건(분류가 3인승)'을 지정합니다.

❹ 함수식 정답 : =ROUND(DAVERAGE(B2:H7,7,D2:D3),0)

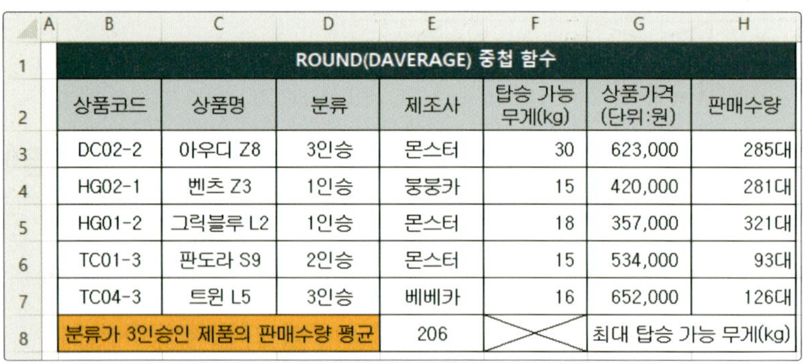

상품코드	상품명	분류	제조사	탑승 가능 무게(kg)	상품가격 (단위:원)	판매수량
ROUND(DAVERAGE) 중첩 함수						
DC02-2	아우디 Z8	3인승	몬스터	30	623,000	285대
HG02-1	벤츠 Z3	1인승	붕붕카	15	420,000	281대
HG01-2	그럭블루 L2	1인승	몬스터	18	357,000	321대
TC01-3	판도라 S9	2인승	몬스터	15	534,000	93대
TC04-3	트윈 L5	3인승	베베카	16	652,000	126대
분류가 3인승인 제품의 판매수량 평균			206		최대 탑승 가능 무게(kg)	

9 ROUNDUP(SUMIF)⊕& 중첩 함수

[문제] 김치 판매금액(단위:원)의 합계 ⇒ 올림하여 천원 단위까지 구하시오(ROUNDUP, SUMIF 함수,& 연산자)(예 : 1,723,400 → 1,724,000).

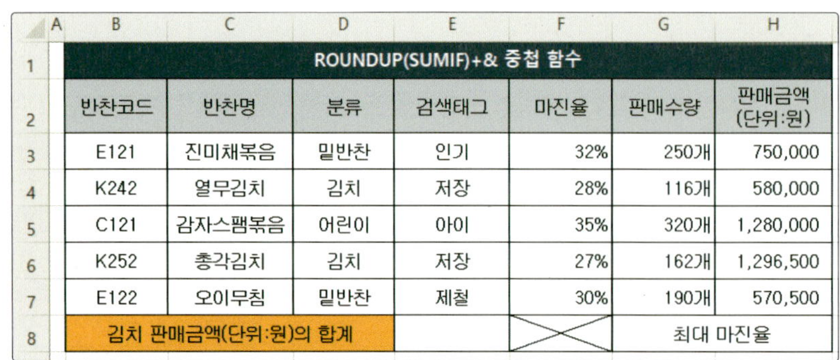

반찬코드	반찬명	분류	검색태그	마진율	판매수량	판매금액 (단위:원)
ROUNDUP(SUMIF)+& 중첩 함수						
E121	진미채볶음	밑반찬	인기	32%	250개	750,000
K242	열무김치	김치	저장	28%	116개	580,000
C121	감자스팸볶음	어린이	아이	35%	320개	1,280,000
K252	총각김치	김치	저장	27%	162개	1,296,500
E122	오이무침	밑반찬	제철	30%	190개	570,500
김치 판매금액(단위:원)의 합계					최대 마진율	

❶ [E8] 셀을 클릭하여 =ROUNDUP을 입력한 후 Ctrl+A를 누릅니다.

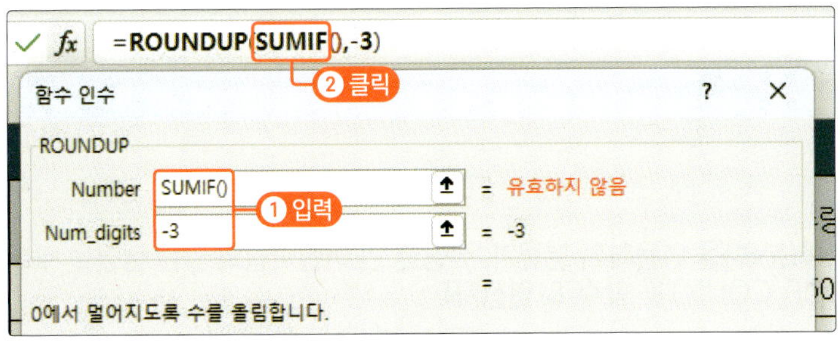

❷ ROUNDUP [함수 인수] 대화상자가 나타나면 각각의 칸에 필요한 인수 값을 입력한 후 수식 입력줄에서 SUMIF를 클릭합니다.

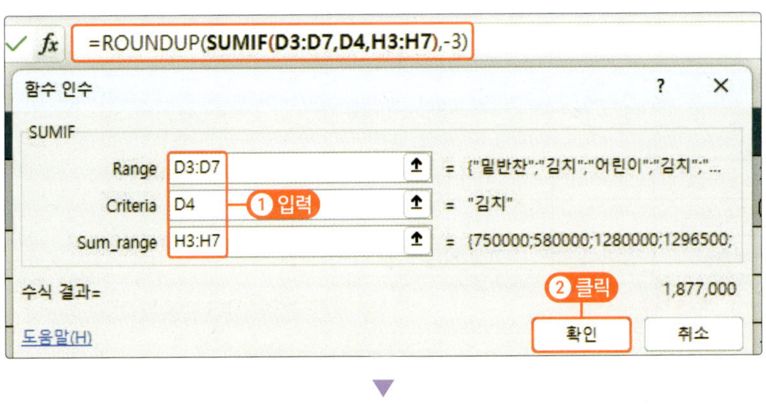

1차 함수 풀이 : ROUNDUP(인수,올림 자릿수)

· SUMIF() : SUMIF 함수로 계산한 결과값을 올림할 숫자(인수)로 가져오기 위해 'SUMIF()'를 입력합니다.
· −3 : SUMIF 함수의 결과값을 올림하여 천원 단위까지 표시해야 하므로 자릿수 값을 '−3'으로 입력합니다.

❸ SUMIF [함수 인수] 대화상자가 나타나면 각각의 칸에 필요한 인수 값을 입력한 후 수식 입력줄 맨 끝에 &"원"을 입력합니다.

2차 함수 풀이 : SUMIF(조건 범위,조건,합계를 구할 범위)

· D3:D7 : 찾을 데이터(김치)가 포함된 '분류'를 범위로 지정합니다.
· D4 : 찾을 '조건("김치" 또는 [D4])'을 지정합니다.
· H3:H7 : 조건(김치)이 일치하는 값에 대한 판매금액(단위:원)의 합계를 계산하기 위해 범위를 지정합니다.
★ 텍스트 연결(& "원")은 함수 마법사 대화상자를 닫은 후 수식 입력줄 맨 뒤에 직접 입력합니다.

❹ 함수식 정답 : =ROUNDUP(SUMIF(D3:D7,D4,H3:H7),−3)&"원"

	반찬코드	반찬명	분류	검색태그	마진율	판매수량	판매금액 (단위:원)
	\multicolumn{8}{c}{ROUNDUP(SUMIF)+& 중첩 함수}						
3	E121	진미채볶음	밑반찬	인기	32%	250개	750,000
4	K242	열무김치	김치	저장	28%	116개	580,000
5	C121	감자스팸볶음	어린이	아이	35%	320개	1,280,000
6	K252	총각김치	김치	저장	27%	162개	1,296,500
7	E122	오이무침	밑반찬	제철	30%	190개	570,500
8	김치 판매금액(단위:원)의 합계			1877000원	✕	최대 마진율	

🔟 SUMIF⊕COUNTIF⊕& 중첩 함수

[문제] 직장 어린이집의 인원 평균 ⇒ 정의된 이름(분류)을 이용하여 분류가 '직장인'인 어린이집의 인원 평균을 구하시오(SUMIF, COUNTIF 함수,& 연산자).

	분류코드	어린이집명	지역	분류	등록률(%)	정원 (단위:명)	인원
	\multicolumn{8}{c}{SUMIF+COUNTIF+& 중첩 함수}						
3	BB9002	아이꿈 어린이집	부산	가정	72	25	20명
4	SA1003	서울숲속 어린이집	서울	직장	98	123	121명
5	DN6007	아이터 어린이집	대구	국공립	97	138	134명
6	GA3014	영재 어린이집	강원	직장	96	145	139명
7	GB6015	간성 어린이집	강원	국공립	83	118	98명
8	직장 어린이집의 인원 평균				✕	가장 많은 인원	

❶ [E8] 셀을 클릭하여 =SUMIF를 입력한 후 [Ctrl]+[A]를 누릅니다.

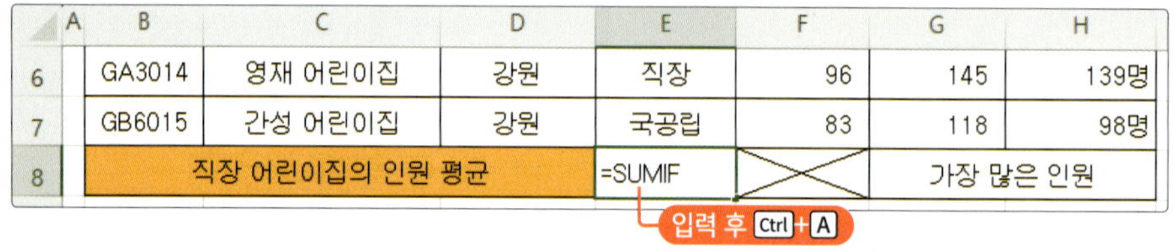

❷ SUMIF [함수 인수] 대화상자가 나타나면 각각의 칸에 필요한 인수 값을 입력합니다.

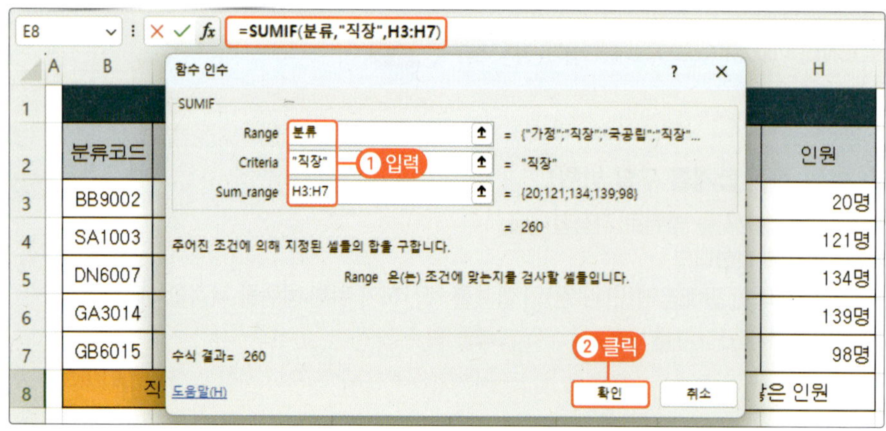

1차 함수 풀이 : =SUMIF(조건 범위,조건,합계를 구할 범위)
- 분류 : 찾을 데이터(직장)가 포함된 '분류(정의된 이름)'를 범위로 지정합니다.
- "직장" : 찾을 '조건("직장" 또는 [E4])'을 지정합니다.
- H3:H7 : 조건(직장)과 일치하는 값에 대한 '인원의 합계'를 계산하기 위해 범위를 지정합니다.

❸ SUMIF 함수 결과값을 '직장 개수'로 나누기 위해 수식 입력줄 맨 뒤를 클릭하여 **/COUNTIF**를 입력하고 Ctrl+A를 누릅니다.

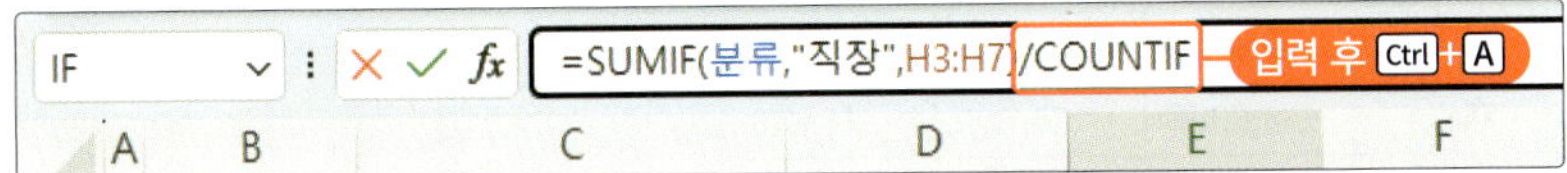

❹ COUNTIF [함수 인수] 대화상자가 나타나면 각각의 칸에 필요한 인수 값을 입력한 후 수식 입력줄 맨 끝에 **&"명"**을 입력합니다.

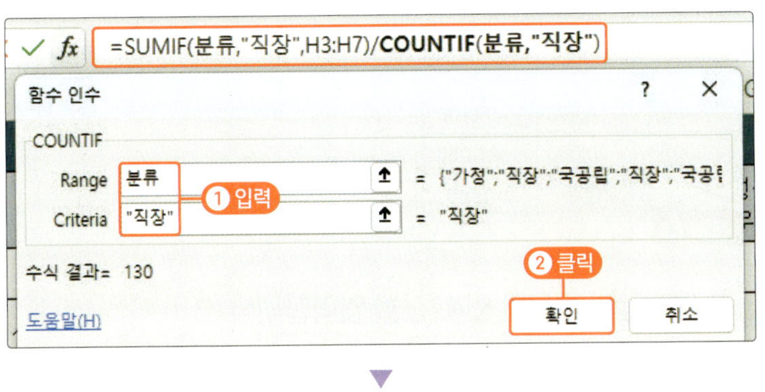

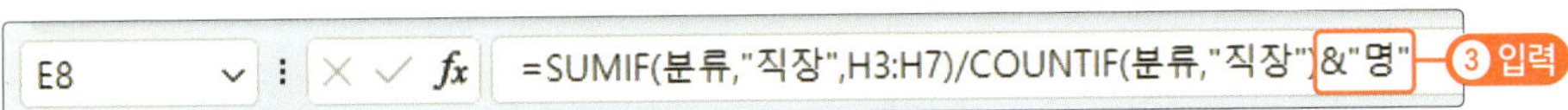

2차 함수 풀이 : COUNTIF(조건 범위,조건)
- **"분류"** : 찾을 데이터(직장)가 포함된 '분류(이름으로 정의 됨)'를 범위로 지정합니다.
- **"직장"** : 찾을 '조건("직장" 또는 [E4])'을 지정합니다.
- ★ 텍스트 연결(& "명")은 함수 마법사 대화상자를 닫은 후 수식 입력줄 맨 뒤에 직접 입력합니다.

❺ 함수식 정답 : =SUMIF(분류, "직장",H3:H7)/COUNTIF(분류, "직장")&"명"

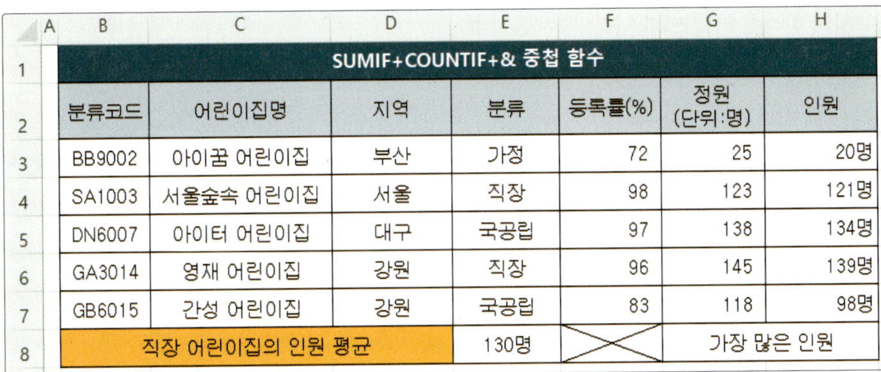

A	B	C	D	E	F	G	H
		SUMIF+COUNTIF+& 중첩 함수					
	분류코드	어린이집명	지역	분류	등록률(%)	정원 (단위:명)	인원
	BB9002	아이꿈 어린이집	부산	가정	72	25	20명
	SA1003	서울숲속 어린이집	서울	직장	98	123	121명
	DN6007	아이터 어린이집	대구	국공립	97	138	134명
	GA3014	영재 어린이집	강원	직장	96	145	139명
	GB6015	간성 어린이집	강원	국공립	83	118	98명
	직장 어린이집의 인원 평균			130명		가장 많은 인원	

11 COUNTIF⊕"＞="⊕&⊕AVERAGE 중첩 함수

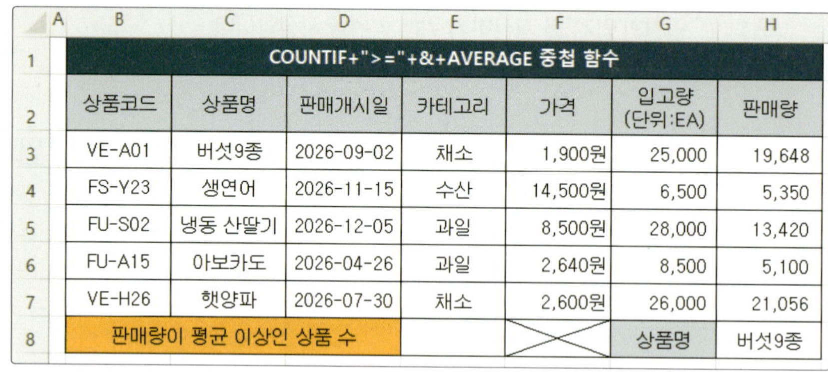

[문제] 판매량이 평균 이상인 상품 수 ⇒ (COUNTIF, AVERAGE 함수).

상품코드	상품명	판매개시일	카테고리	가격	입고량 (단위:EA)	판매량
		COUNTIF+"＞="+&+AVERAGE 중첩 함수				
VE-A01	버섯9종	2026-09-02	채소	1,900원	25,000	19,648
FS-Y23	생연어	2026-11-15	수산	14,500원	6,500	5,350
FU-S02	냉동 산딸기	2026-12-05	과일	8,500원	28,000	13,420
FU-A15	아보카도	2026-04-26	과일	2,640원	8,500	5,100
VE-H26	햇양파	2026-07-30	채소	2,600원	26,000	21,056
판매량이 평균 이상인 상품 수					상품명	버섯9종

❶ [E8] 셀을 클릭하여 =COUNTIF를 입력한 후 Ctrl + A 를 누릅니다.

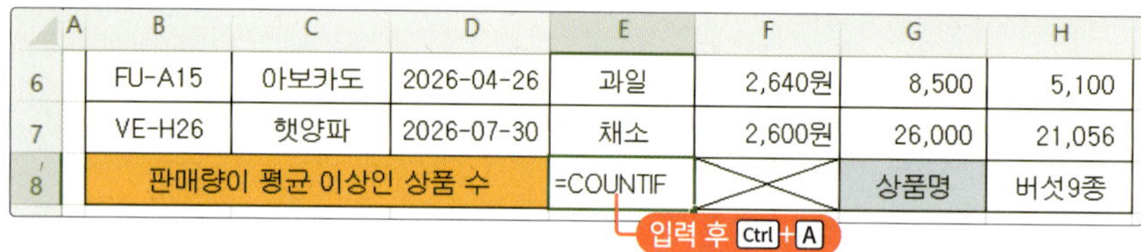

❷ COUNTIF [함수 인수] 대화상자가 나타나면 각각의 칸에 필요한 인수 값을 입력합니다.

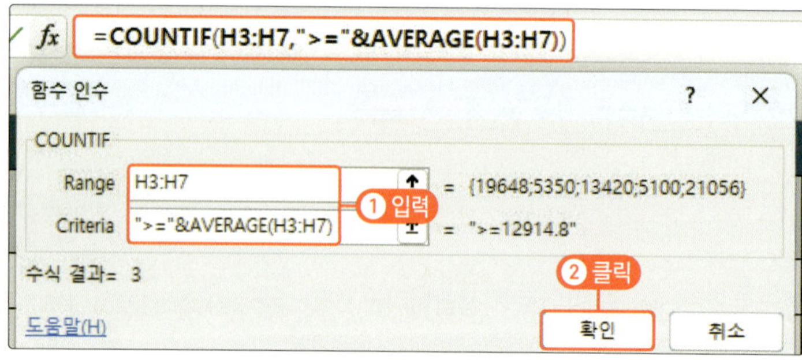

함수 풀이 : COUNTIF(조건 범위,조건) / =AVERAGE(인수1,인수2...)

- H3:H7 : 찾을 데이터가 포함된 '판매량'을 범위로 지정합니다.
- "＞="&AVERAGE(H3:H7) : 판매량 중에서 평균 이상인 값을 조건으로 지정하기 위해 비교 연산자는 큰 따옴표로 묶어 주고("＞="), '&' 연신자를 이용하여 함수를 연결합니다.(예: "＞="&함수)

❸ 함수식 정답 : =COUNTIF(H3:H7,"＞="&AVERAGE(H3:H7))

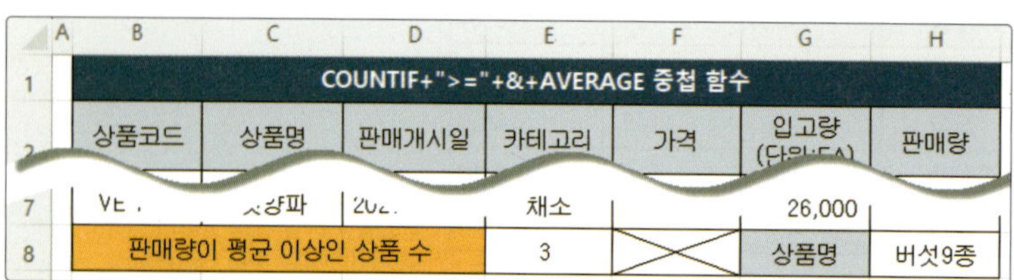

STEP 04 할인요금 구하기

(1) 할인요금 ➡ 「요금 −할인금액」으로 구하시오. 단, 할인금액은 코드의 세 번째 글자가 1이면 '300', 2이면 '500', 3이면 '800'으로 계산하시오(CHOOSE, MID 함수).

1 04차시(문제).xlsx 파일을 불러와 [제1작업] 시트를 클릭합니다.

2 할인요금을 구하기 위해 [I5] 셀을 선택한 후 =CHOOSE(MID(B5,3,1),H5-300,H5-500,H5-800)를 입력합니다.

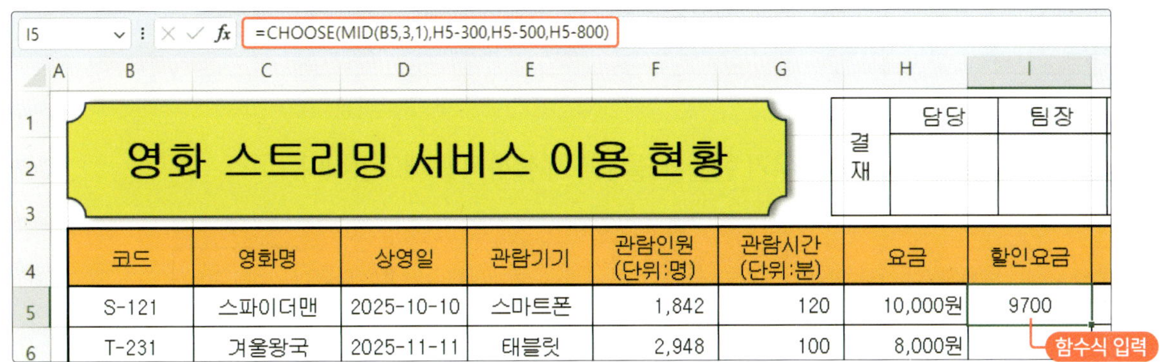

3 함수 결과값이 표시되면 [I5] 셀의 채우기 핸들(+)을 [I12] 셀까지 드래그합니다.

	코드	영화명	상영일	관람기기	관람인원 (단위:명)	관람시간 (단위:분)	요금	할인요금	
5	S-121	스파이더맨	2025-10-10	스마트폰	1,842	120	10,000원	9700	
6	T-231	겨울왕국	2025-11-11	태블릿	2,948	100	8,000원	7500	
7	N-341	인셉션	2025-10-12	노트북	1,120	150	12,000원	11200	
8	S-142	기생충	2025-10-16	스마트폰	1,984	140	10,000원	9700	
9	N-312	타이타닉	2025-10-12	노트북	1,450	160	15,000원	14200	
10	T-214	노인과 바다	2025-10-15	태블릿	2,140	90	9,000원	8500	
11	S-134	미션 임파서블	2025-11-15	스마트폰	2,848	130	11,000원	10700	
12	T-242	조커	2025-10-12	태블릿	1,002	110	8,500원	8000	
13	10월 12일 상영 영화 개수						최대 관람시간(단위:분)		

함수 마법사 [fx]

❶ 셀에 함수식을 바로 입력하기가 어렵다면 '함수 마법사'를 이용하여 값을 계산합니다.
❷ 함수 마법사 사용 방법이 익숙하지 않으면 P73 '08. 시험에 자주 출제되는 중첩 함수' 부분을 다시 학습하시기 바랍니다.

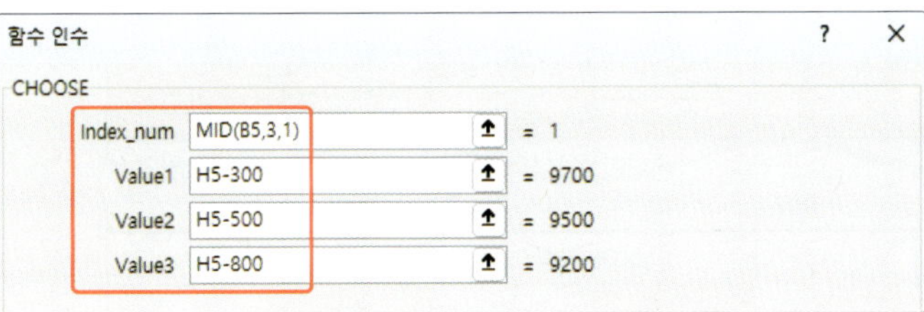

STEP 05 비고 구하기

(2) 비고 ➡ 관람인원(단위:명)이 2,000 이상이면 '상영연장', 그 외에는 '상영종영'으로 구하시오(IF 함수).

1 비고를 구하기 위해 [J5] 셀을 선택한 후 =IF(F5>=2000,"상영연장","상영종영")을 입력합니다.

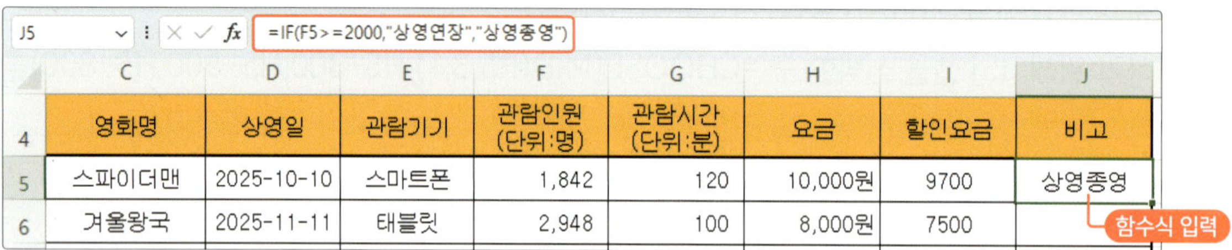

2 함수 결과값이 표시되면 [J5] 셀의 채우기 핸들(+)을 [J12] 셀까지 드래그합니다.

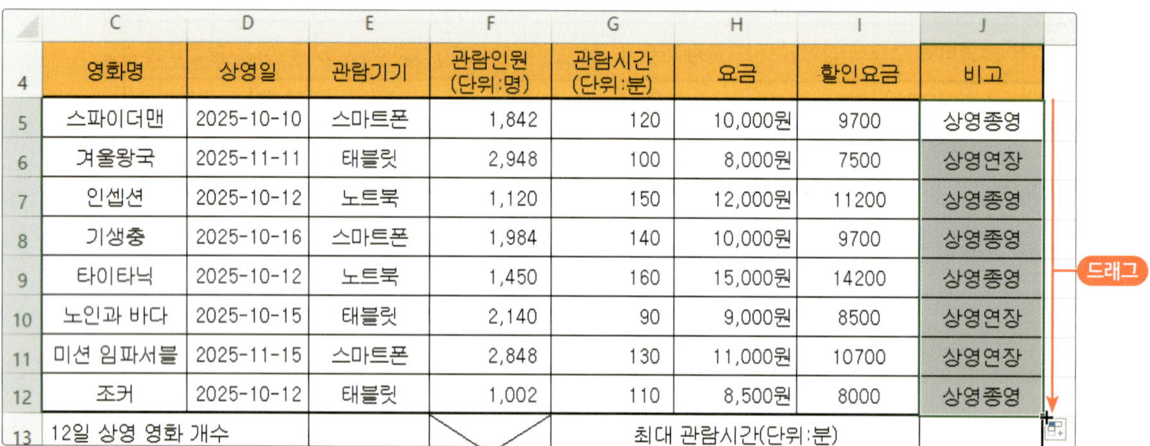

STEP 06 상영 영화 개수 및 스마트폰 관람인원 평균구하기

(3) 10월 12일 상영 영화 개수 ➡ (COUNTIF 함수).
(4) 스마트폰 관람인원(단위:명) 평균 ➡ 스마트폰으로 관람한 관람인원(단위:명) 평균을 구하시오(DAVERAGE 함수).

1 10월 12일 상영 영화 개수를 구하기 위해 [E13] 셀을 선택한 후 =COUNTIF(D5:D12,"2025-10-12")를 입력합니다.

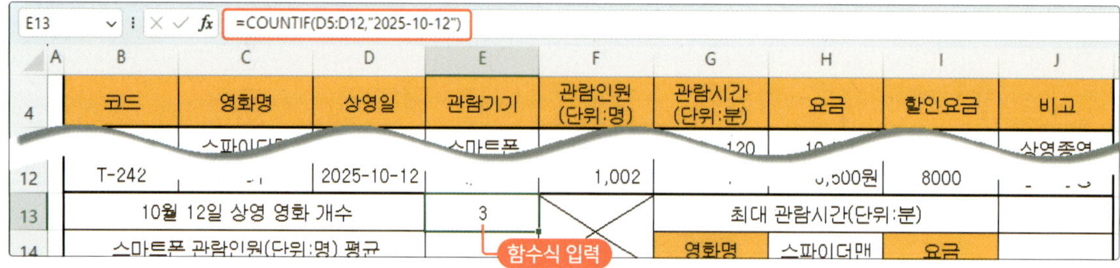

2 스마트폰 관람인원의 평균을 구하기 위해 **[E14]** 셀을 선택한 후 **=DAVERAGE(B4:H12,5,E4:E5)**를 입력합니다.

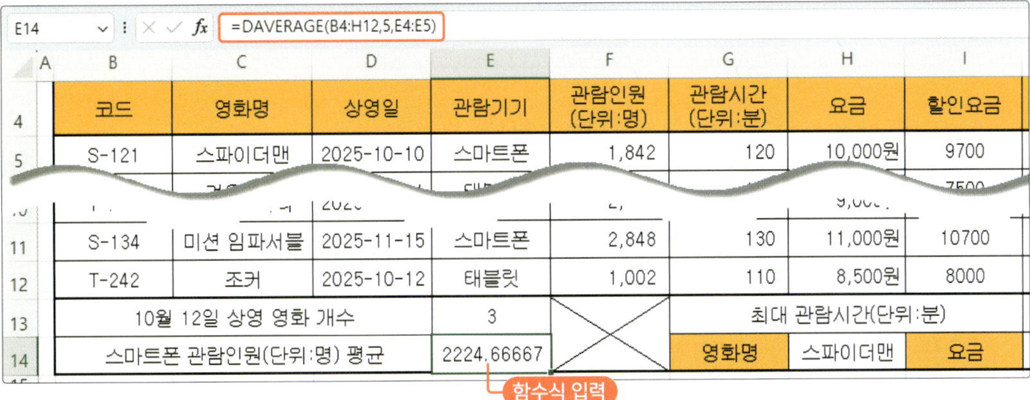

최대 관람시간 및 요금 구하기

(5) 최대 관람시간(단위:분) ➡ 정의된 이름(관람시간)을 이용하여 구하시오(MAX 함수).
(6) 요금 ➡ 「H14」 셀에서 선택한 영화명에 대한 요금을 구하시오(VLOOKUP 함수).

1 최대 관람시간을 구하기 위해 **[J13]** 셀을 선택한 후 **=MAX(관람시간)**을 입력합니다.

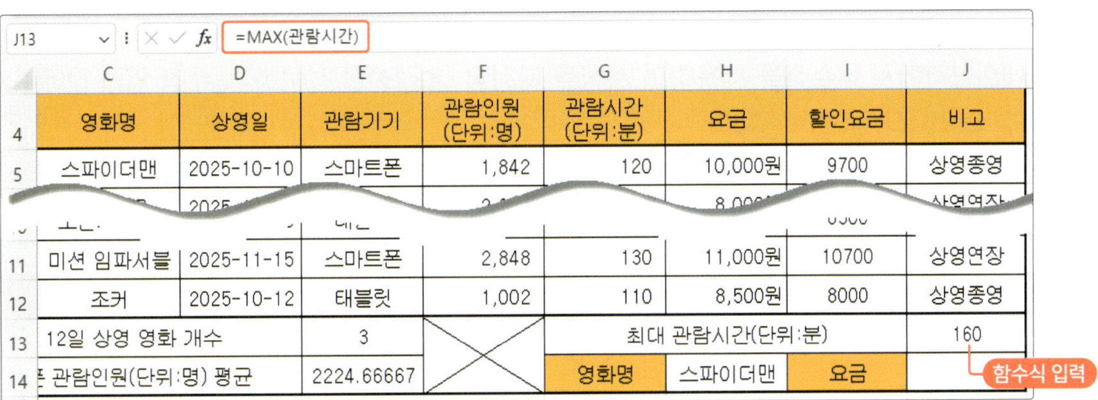

2 스파이더맨의 요금을 구하기 위해 **[J14]** 셀을 선택한 후 **=VLOOKUP(H14,C5:H12,6,0)**을 입력합니다.

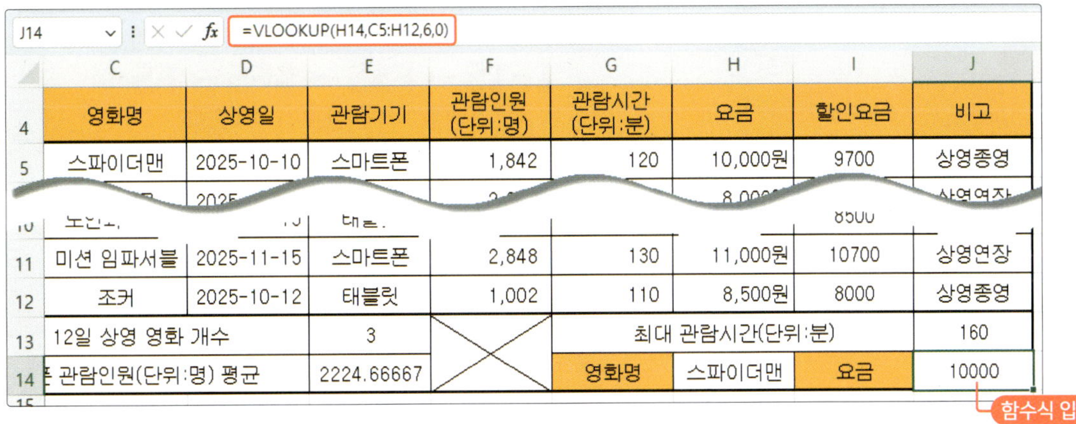

조건부 서식

(7) 조건부 서식의 수식을 이용하여 관람인원(단위:명)이 '2,000' 이상인 행 전체에 다음의 서식을 적용하시오(글꼴 : 파랑, 굵게).

1 [B5:J12]를 드래그한 후 [홈] 탭에서 [조건부 서식]-[새 규칙]을 선택합니다.

★ 조건부 서식에서 범위를 지정할 때는 4행(필드명)이 포함되지 않도록 주의해 주세요.

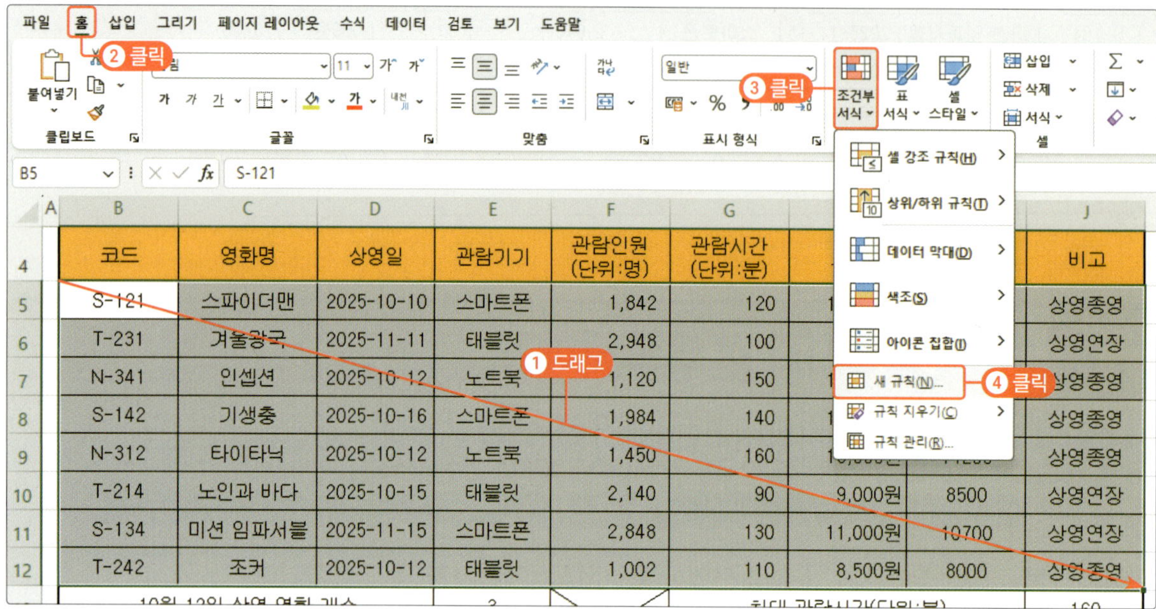

2 [새 서식 규칙] 대화상자에서 ▶수식을 사용하여 서식을 지정할 셀 결정을 선택하고, 수식 입력 칸에 =$F5 >=2000을 입력한 후 <서식>을 클릭합니다.

★ [B5:J12] 범위에서 '관람인원'이 2,000 이상인 행에만 지정한 서식을 적용해요.

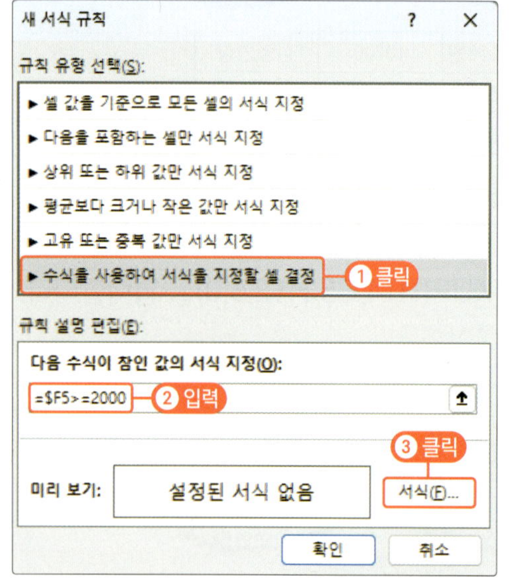

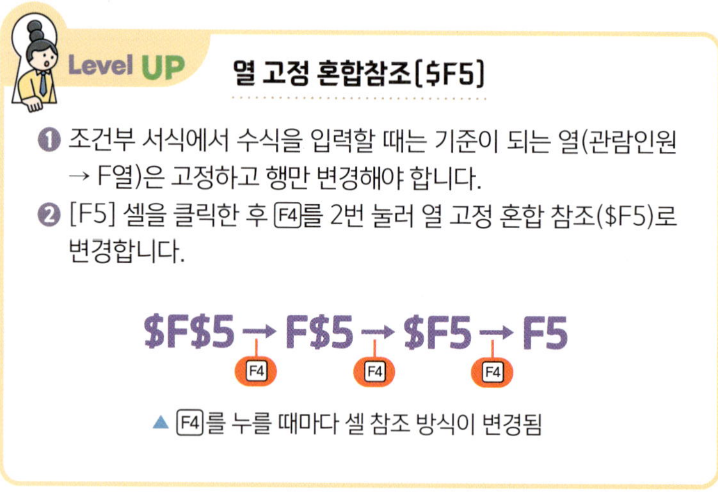

3 [셀 서식] 대화상자에서 [글꼴] 탭을 클릭하여 **글꼴 스타일(굵게)**과 **색(파랑)**을 지정합니다.

4 [새 서식 규칙] 대화상자의 미리 보기에서 지정한 서식을 확인한 후 <확인>을 클릭합니다.

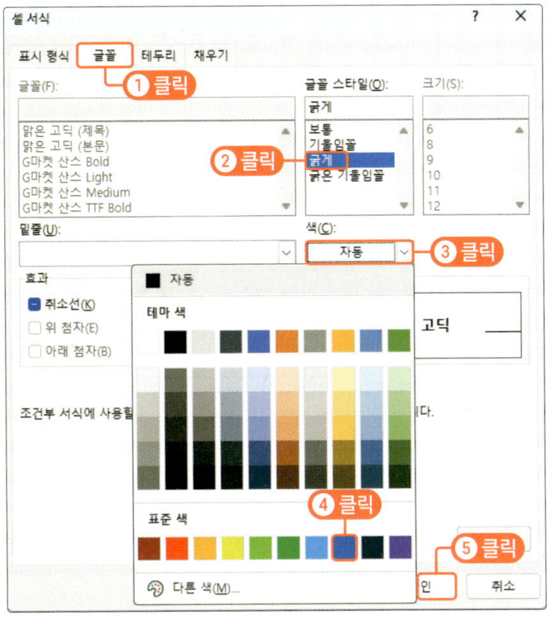

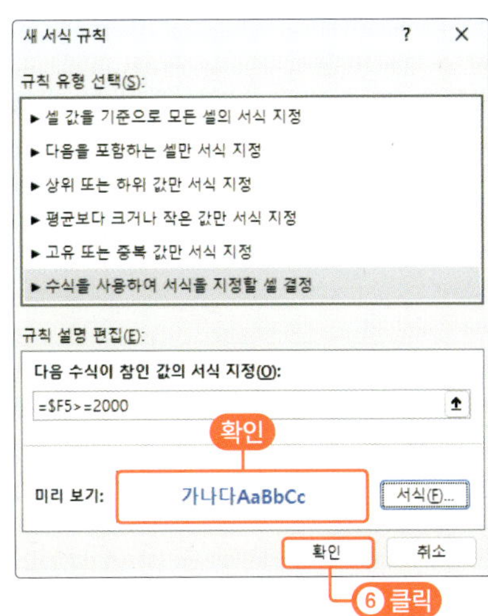

조건부 서식에서 글꼴 서식 지정은 '파랑'과 '굵게'가 고정적으로 출제되고 있습니다.

5 관람인원이 2,000 이상인 행에 글꼴 서식(파랑, 굵게)이 적용된 것을 확인한 후 **[저장(圖)]**을 클릭하거나, Ctrl+S를 눌러 답안 파일을 저장합니다.

코드	영화명	상영일	관람기기	관람인원 (단위:명)	관람시간 (단위:분)	요금	할인요금	비고
S-121	스파이더맨	2025-10-10	스마트폰	1,842	120	10,000원	9700	상영종영
T-231	겨울왕국	2025-11-11	태블릿	2,948	100	8,000원	7500	상영연장
N-341	인셉션	2025-10-12	노트북	1,120	150	12,000원	11200	상영종영
S-142	기생충	2025-10-16	스마트폰	1,984	140	10,000원	9700	상영종영
N-312	타이타닉	2025-10-12	노트북	1,450	160	15,000원	14200	상영종영
T-214	노인과 바다	2025-10-15	태블릿	2,140	90	9,000원	8500	상영연장
S-134	미션 임파서블	2025-11-15	스마트폰	2,848	130	11,000원	10700	상영연장
T-242	조커	2025-10-12	태블릿	1,002	110	8,500원	8000	상영종영
10월 12일 상영 영화 개수		3			최대 관람시간(단위:분)			160
스마트폰 관람인원(단위:명) 평균		2224.66667			영화명	스파이더맨	요금	10000

셀 값이 #####으로 보일 때

셀 값이 #####으로 보이면 해당 열의 너비를 늘려주세요.

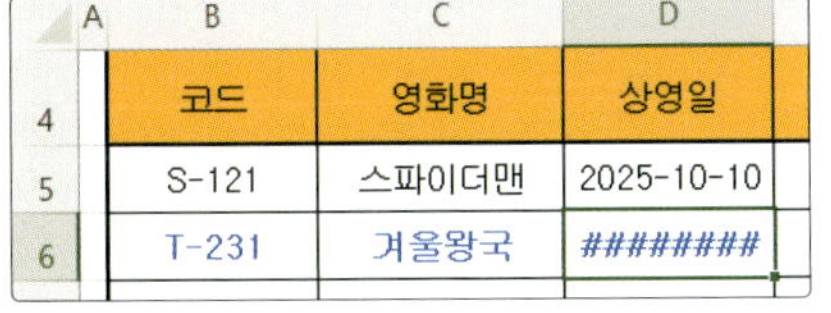

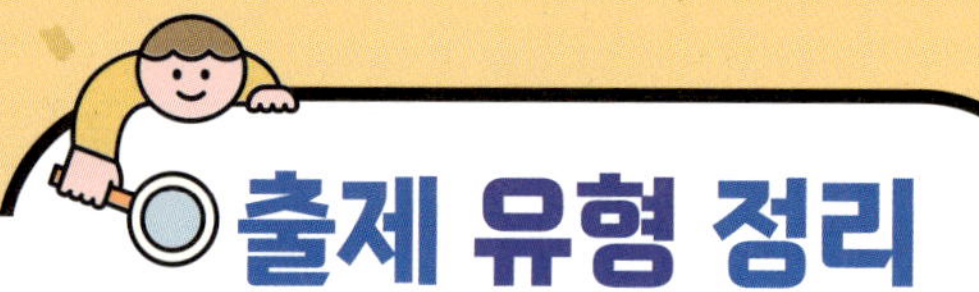

출제 유형 정리

1 다음은 'AI 서비스 자사 이용 현황'에 대한 자료이다. 자료를 입력하고 조건에 맞도록 작업하시오.

⊘ **실습파일** : 유형04-1(문제).xlsx   ⊘ **완성파일** : 유형04-1(완성).xlsx

《출력형태》

서비스코드	서비스명	출시일	서비스유형	월간 처리량	연간 누적 사용자 수	만족도	이용방법	출시순위
							담당	책임	팀장

		AI 서비스 자사 이용 현황					확인	담당	책임	팀장

서비스코드	서비스명	출시일	서비스유형	월간 처리량	연간 누적 사용자 수	만족도	이용방법	출시순위
NV-134	클로바X	2023-04-02	업무지원	1,800,000	170,848	85.2%	(1)	(2)
OA-274	챗GPT	2022-11-30	LLM생성	2,400,000	251,571	88.7%	(1)	(2)
DB-193	딥브레인AI	2023-02-28	기타	500,000	73,362	78.9%	(1)	(2)
AP-288	클로드	2023-03-14	기타	1,204,000	89,461	82.5%	(1)	(2)
MS-224	코파일럿	2023-02-07	업무지원	2,000,000	629,652	85.1%	(1)	(2)
GG-382	제미나이	2023-12-06	LLM생성	1,570,000	116,089	90.0%	(1)	(2)
GG-127	팜2	2023-05-10	업무지원	250,000	164,955	77.6%	(1)	(2)
MT-312	라마	2023-02-24	LLM생성	650,000	153,678	81.0%	(1)	(2)
업무지원 서비스 개수			(3)		최고 만족도			(5)
LLM생성 서비스 월간 처리량 평균			(4)		서비스코드	NV-134	연간 누적 사용자 수	(6)

《조건》

☞ (1)~(6) 셀은 반드시 주어진 함수를 이용하여 값을 구하시오(결과값을 직접 입력하면 해당 셀은 0점 처리됨).

(1) 이용방법 ⇒ 서비스코드의 네 번째 값이 1이면 '맞춤형', 2이면 '구독형', 3이면 '기타'로 표시하시오(CHOOSE, MID 함수).

(2) 출시순위 ⇒ 출시일의 오름차순 순위를 구하시오(RANK.EQ 함수).

(3) 업무지원 서비스 개수 ⇒ 결과값에 '개'를 붙이시오. 단, 조건은 입력데이터를 이용하시오 (DCOUNTA 함수, & 연산자)(예 : 1개).

(4) LLM생성 서비스 월간 처리량 평균 ⇒ (SUMIF, COUNTIF 함수).

(5) 최고 만족도 ⇒ 정의된 이름(만족도)을 이용하여 구하시오(MAX 함수)(예 : 85.2%).

(6) 연간 누적 사용자 수 ⇒ 「H14」 셀에서 선택한 서비스코드에 대한 연간 누직 사용자 수를 구하시오(VLOOKUP 함수).

(7) 조건부 서식의 수식을 이용하여 월간 처리량이 '1,500,000' 이상인 행 전체에 다음의 서식을 적용하시오 (글꼴 : 파랑, 굵게).

 **2** 다음은 '2026년 헬스 등록회원 현황'에 대한 자료이다. 자료를 입력하고 조건에 맞도록 작업하시오.

⊙ **실습파일** : 유형04-2(문제).xlsx   ⊙ **완성파일** : 유형04-2(완성).xlsx

《출력형태》

회원코드	회원명	등록경로	등록일	나이	등록비 (단위:원)	등록횟수	운동 종류	등록월
HP-832	유미행	전단지	2026-06-03	51	80,000	22	(1)	(2)
PH-517	강지우	지인소개	2026-05-14	48	140,000	19	(1)	(2)
HK-296	김현성	인터넷검색	2026-03-05	33	50,000	7	(1)	(2)
YF-626	주민재	전단지	2026-03-07	37	230,000	16	(1)	(2)
YK-725	나경훈	전단지	2026-04-25	21	160,000	5	(1)	(2)
HM-519	박정우	지인소개	2026-05-16	53	218,000	12	(1)	(2)
PA-248	박지산	인터넷검색	2026-05-26	26	308,000	3	(1)	(2)
PD-227	채수영	지인소개	2026-07-16	29	77,000	12	(1)	(2)
40세 이상 회원 수			(3)			전단지를 통해 등록한 회원의 등록횟수 평균		(5)
최대 등록비(단위:원)			(4)			회원코드	HP-832	등록일	(6)

《조건》

☞ (1)~(6) 셀은 반드시 주어진 함수를 이용하여 값을 구하시오(결과값을 직접 입력하면 해당 셀은 0점 처리됨).

(1) 운동 종류 ⇒ 회원코드의 첫 번째 값이 H이면 '헬스', P이면 '필라테스', 그 외에는 '요가'로 표시하시오(IF, LEFT 함수).

(2) 등록월 ⇒ 등록일의 월을 추출한 결과값에 '월'을 붙이시오(MONTH 함수, & 연산자)(예 : 1월).

(3) 40세 이상 회원 수 ⇒ 정의된 이름(나이)을 이용하여 구하시오(COUNTIF 함수).

(4) 최대 등록비(단위:원) ⇒ (MAX 함수).

(5) 전단지를 통해 등록한 회원의 등록횟수 평균 ⇒ 올림하여 정수로 구하시오. 단, 조건은 입력데이터를 이용하시오 (ROUNDUP, DAVERAGE 함수)(예: 12.36 → 13).

(6) 등록일 ⇒ 「H14」 셀에서 선택한 회원코드에 대한 등록일을 구하시오(VLOOKUP 함수)(예 : 2026-01-01).

(7) 조건부 서식의 수식을 이용하여 등록횟수가 '15' 이상인 행 전체에 다음의 서식을 적용하시오(글꼴 : 파랑, 굵게).

 **3** 다음은 '반려견 유모차 판매 현황'에 대한 자료이다. 자료를 입력하고 조건에 맞도록 작업하시오.

⊙ **실습파일** : 유형04-3(문제).xlsx　⊙ **완성파일** : 유형04-3(완성).xlsx

《출력형태》

상품코드	상품명	제조사	탑승 가능 무게(kg)	상품가격 (단위:원)	판매수량	할인율	사은품	판매순위
TC21-32	루루테일	콤펫	30	549,000	97	20%	(1)	(2)
HG22-13	리버블루	에어버기	15	1,290,000	241	10%	(1)	(2)
HG31-23	포레스트모스	에어버기	18	1,050,000	305	5%	(1)	(2)
DC32-22	인스타	이비야야	24	590,000	196	5%	(1)	(2)
TC44-31	미리클랜	콤펫	28	390,000	126	10%	(1)	(2)
DF23-11	미리미리	콤펫	15	490,000	68	20%	(1)	(2)
HW12-23	카카오	에어버기	17	1,190,000	125	5%	(1)	(2)
DE21-11	빅버디	이비야야	17	470,000	348	10%	(1)	(2)
이비야야 제조사 상품의 판매수량 평균			(3)		최소 탑승 가능 무게(kg)			(5)
콤펫 제조사 상품의 판매수량 합계			(4)		상품코드	TC21-32	판매수량	(6)

《조건》

☞ (1)~(6) 셀은 반드시 주어진 함수를 이용하여 값을 구하시오(결과값을 직접 입력하면 해당 셀은 0점 처리됨).

(1) 사은품 ⇒ 상품코드의 마지막 글자가 1이면 '샴푸브러쉬', 2이면 '패딩조끼', 3이면 '캐노피'로 구하시오(CHOOSE, RIGHT 함수).

(2) 판매순위 ⇒ 판매수량의 내림차순 순위를 구한 결과값에 '위'를 붙이시오(RANK.EQ 함수, & 연산자)(예 : 1위).

(3) 이비야야 제조사 상품의 판매수량 평균 ⇒ (SUMIF, COUNTIF 함수).

(4) 콤펫 제조사 상품의 판매수량 합계 ⇒ 조건은 입력데이터를 이용하시오(DSUM 함수).

(5) 최소 탑승 가능 무게(kg) ⇒ 정의된 이름(무게)을 이용하여 구하시오(MIN 함수).

(6) 판매수량 ⇒ 「H14」 셀에서 선택한 상품코드에 대한 판매수량을 구하시오(VLOOKUP 함수).

(7) 조건부 서식의 수식을 이용하여 상품가격(단위:원)이 '1,000,000' 이상인 행 전체에 다음의 서식을 적용하시오
(글꼴 : 파랑, 굵게).

 **4** 다음은 '헬스푸드 가맹점 관리현황'에 대한 자료이다. 자료를 입력하고 조건에 맞도록 작업하시오. 

⊘ **실습파일** : 유형04-4(문제).xlsx ⊘ **완성파일** : 유형04-4(완성).xlsx

《**출력형태**》

가맹코드	가맹점명	지역	개점일	최고월매출 (단위:원)	최고일매출 (단위:원)	직원수	순위	평가
S-001	사당방배점	서울	2025-01-20	61,500,000	3,370,000	5명	(1)	(2)
K-001	수지점	경기	2024-11-10	57,600,000	2,800,000	4명	(1)	(2)
D-001	서구계백점	대전	2025-06-20	63,500,000	3,050,000	7명	(1)	(2)
S-002	상봉점	서울	2026-01-20	71,850,000	3,900,000	8명	(1)	(2)
S-003	왕십리점	서울	2025-12-10	55,700,000	2,700,000	4명	(1)	(2)
K-002	수원인계점	경기	2025-05-20	77,500,000	4,050,000	7명	(1)	(2)
K-003	안양평촌점	경기	2026-02-10	58,850,000	2,900,000	5명	(1)	(2)
D-002	유성점	대전	2024-12-10	60,500,000	2,800,000	3명	(1)	(2)
경기 지역 가맹점수			(3)		최대 최고월매출(단위:원)			(5)
서울 지역 최고월매출(단위:원) 평균			(4)		가맹점명	사당방배점	개점일	(6)

(결재: 담당 / 과장 / 부장)

《**조건**》

☞ (1)~(6) 셀은 반드시 주어진 함수를 이용하여 값을 구하시오(결과값을 직접 입력하면 해당 셀은 0점 처리됨).

(1) 순위 ⇒ 최고일매출(단위:원)의 내림차순 순위를 구한 결과값에 '위'를 붙이시오(RANK.EQ 함수, & 연산자)(예 : 1위).

(2) 평가 ⇒ 최고월매출(단위:원)이 60,000,000 이상이면서, 직원수가 5 이상이면 'A', 그 외에는 'B'로 구하시오(IF, AND 함수).

(3) 경기 지역 가맹점수 ⇒ (COUNTIF 함수).

(4) 서울 지역 최고월매출(단위:원) 평균 ⇒ 반올림하여 백만 원 단위로 구하시오. 단, 조건은 입력데이터를 이용하시오 (ROUND, DAVERAGE 함수)(예 : 24,657,230 → 25,000,000).

(5) 최대 최고월매출(단위:원) ⇒ 정의된 이름(최고월매출)을 이용하여 구하시오(MAX 함수).

(6) 개점일 ⇒ 「H14」 셀에서 선택한 가맹점명에 대한 개점일을 구하시오(VLOOKUP 함수)(예 : 2025-01-01).

(7) 조건부 서식의 수식을 이용하여 최고일매출이 '3,300,000' 이상인 행 전체에 다음의 서식을 적용하시오 (글꼴 : 파랑, 굵게).

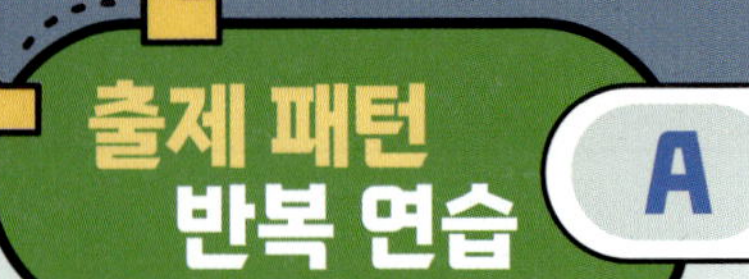

A 조건에 맞추어 각 시트의 함수를 계산해 보세요.

⊘ 실습파일 : 패턴04-1(문제).xlsx   ⊘ 완성파일 : 패턴04-1(완성).xlsx

패턴 01   SUMIF

❶ 결과가 합격인 사람들의 총점 합계를 구하시오.

이름	필기	실기	총점	결과
윤다온	85	75	160	합격
한가람	70	75	145	불합격
신별하	80	90	170	합격
결과가 합격인 사람들의 총점 합계				

패턴 02   ROUND, ROUNDDOWN, ROUNDUP

❶ 데이터를 반올림하여 정수로 구하시오. ❷ 데이터를 내림하여 소수 첫째자리까지 구하시오. ❸ 데이터를 올림하여 소수 둘째자리까지 구하시오.

데이터	
1234.178	
반올림하여 정수로 표시	
내림하여 소수 첫째자리까지 표시	
올림하여 소수 둘째자리까지 표시	

패턴 03   RANK.EQ

❶ 총점을 이용하여 내림차순으로 순위를 구하시오.

이름	필기	실기	총점	순위
윤다온	85	75	160	
한가람	70	75	145	
신별하	80	90	170	

패턴 04   MAX, MIN

❶ 가장 높은 총점을 구하시오. ❷ 가장 낮은 총점을 구하시오.

이름	필기	실기	총점
윤다온	85	75	160
한가람	70	75	145
신별하	80	90	170
가장 높은 총점		가장 낮은 총점	

패턴 05   COUNTIF

❶ 총점이 160점 이상인 학생수를 구하시오.

이름	필기	실기	총점
윤다온	85	75	160
한가람	70	75	145
신별하	80	90	170
총점이 160점 이상인 학생수			

패턴 06   IF

❶ 총점이 150점 이상이면 '합격' 그렇지 않으면 '불합격'으로 표시하시오.

이름	필기	실기	총점	결과
윤다온	85	75	160	
한가람	70	75	145	
신별하	80	90	170	

⊘ **실습파일** : 패턴04-2(문제).xlsx   ⊘ **완성파일** : 패턴04-2(완성).xlsx

패턴 01 LEFT, RIGHT, MID

❶ 성명을 이용하여 '성'과 '이름'을 추출하시오. ❷ 사번을 이용하여 입사연도를 추출하시오.

◢A	B	C	D	E	F
1	성명	사번	성	이름	입사연도
2	윤다온	M2026A1			

패턴 02 YEAR, MONTH, DAY

❶ 입사날짜를 이용하여 '입사연도', '입사월', '입사일'을 구하시오.

◢A	B	C	D	E	F
1	이름	입사날짜	입사연도	입사월	입사일
2	윤다온	2026-01-09			

패턴 03 WEEKDAY

❶ 입사날짜를 이용하여 요일 번호를 구하시오(1=월요일).

◢A	B	C	D
1	이름	입사날짜	요일 번호
2	윤다온	2025-01-09	
3	한가람	2023-07-14	
4	신별하	2021-05-09	

패턴 04 CHOOSE

❶ 구분 1이면 '우수사원', 2이면 '일반사원' 3이면 '수습사원'으로 사원증에 표시하시오.

◢A	B	C	D
1	이름	구분	사원증
2	윤다온	1	
3	한가람	3	
4	신별하	2	

패턴 05 VLOOKUP

❶ 이름이 '신별하'인 학생의 '총점'을 표시하시오.

◢A	B	C	D	E	F
1	이름	필기	실기	총점	결과
2	윤다온	75	80	155	합격
3	한가람	75	60	135	불합격
4	신별하	90	100	190	합격
5	이름이 신별하인 학생의 총점				

패턴 06 DSUM, DAVERAGE

❶ 성별이 '남'인 학생들의 총점 합계를 구하시오. ❷ 결과가 '합격'인 학생들의 총점 평균을 구하시오.

◢A	B	C	D	E	F	G
1	이름	성별	필기	실기	총점	결과
2	윤다온	남	85	75	160	합격
3	한가람	남	70	75	145	불합격
4	신별하	여	80	90	170	합격
5	성별이 '남'인 학생들의 총점 합계					
6	결과가 '합격'인 학생들의 총점 평균					

[제2작업] 유형1_필터 및 서식

⊘ **실습파일** : 05차시_유형1(문제).xlsx   ⊘ **완성파일** : 05차시_유형1(완성).xlsx

[배점] 80점 (500점 만점)

☞ "제1작업" 시트의 「B4:H12」 영역을 복사하여 "제2작업" 시트의 「B2」 셀부터 모두 붙여넣기를 한 후 다음의
조건과 같이 작업하시오.

《조건》

(1) 고급 필터 – 관람기기가 '스마트폰'이거나, 관람인원(단위:명)이 '2,500' 이상인 자료의 영화명, 상영일, 관람시간
(단위:분), 요금 데이터만 추출하시오.
– 조건 범위 : 「B14」 셀부터 입력하시오.
– 복사 위치 : 「B18」 셀부터 나타나도록 하시오.

(2) 표 서식 – 고급필터의 결과셀을 채우기 없음으로 설정한 후 '파랑, 표 스타일 보통 6'의 서식을 적용하시오.
– 머리글 행, 줄무늬 행을 적용하시오.

데이터 복사 > 고급 필터 조건 입력 > 고급 필터 작성 > 표 서식

Check 01 데이터 복사 : [제1작업] 시트의 데이터를 복사하여 [제2작업] 시트에 붙여넣어요!

코드	영화명	상영일	관람기기	관람인원 (단위:명)	관람시간 (단위:분)	요금
S-121	스파이더맨	2025-10-10	스마트폰	1,842	120	10,000원
T-231	겨울왕국	2025-11-11	태블릿	2,948	100	8,000원
N-341	인셉션	2025-10-12	노트북	1,120	150	12,000원
S-142	기생충	2025-10-16	스마트폰	1,984	140	10,000원
N-312	타이타닉	2025-10-12	노트북	1,450	160	15,000원
T-214	노인과 바다	2025-10-15	태블릿	2,140	90	9,000원
S-134	미션 임파서블	2025-11-15	스마트폰	2,848	130	11,000원
T-242	조커	2025-10-12	태블릿	1,002	110	8,500원

제1작업 | 제2작업 | 제3작업 | +

데이터를 복사하여 [제2작업] 시트에 붙여넣기 & 열 너비 조정

Check 02 고급 필터 조건 입력 : 필터 조건 및 추출할 데이터 필드를 입력해요!

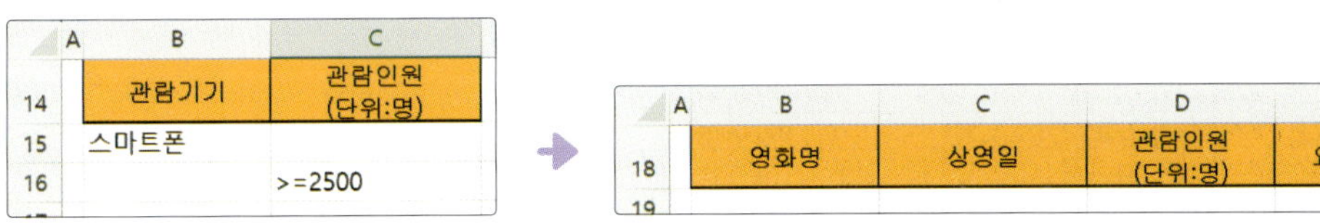

관람기기	관람인원 (단위:명)
스마트폰	
	>=2500

고급 필터 조건 입력

영화명	상영일	관람인원 (단위:명)	요금

추출할 데이터 필드 입력

Check 03 고급 필터 및 표 서식 : 고급 필터 작성 후 표 스타일을 적용해요!

관람기기	관람인원 (단위:명)		
스마트폰			
	>=2500		

영화명	상영일	관람시간 (단위:분)	요금
스파이더맨	2025-10-10	120	10,000원
겨울왕국	2025-11-11	100	8,000원
기생충	2025-10-16	140	10,000원
미션 임파서블	2025-11-15	130	11,000원

조건에 맞추어 고급 필터 작성

관람기기	관람인원 (단위:명)		
스마트폰			
	>=2500		

영화명	상영일	관람시간 (단위:분)	요금
스파이더맨	2025-10-10	120	10,000원
겨울왕국	2025-11-11	100	8,000원
기생충	2025-10-16	140	10,000원
미션 임파서블	2025-11-15	130	11,000원

고급 필터 결과셀에 표 스타일 적용

STEP 01 · 데이터 복사 및 붙여넣기

☞ "제1작업" 시트의 「B4:H12」 영역을 복사하여 "제2작업" 시트의 「B2」 셀부터 모두 붙여넣기를 한 후 다음의 조건과 같이 작업하시오.

1 05차시_유형1(문제).xlsx 파일을 불러와 [제1작업] 시트를 클릭합니다. 데이터를 복사하기 위해 [B4:H12]를 드래그한 후 Ctrl + C를 누릅니다.

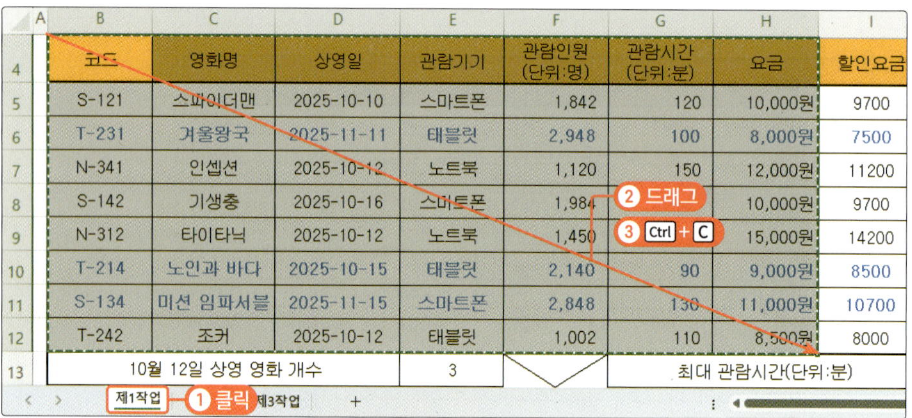

2 데이터를 붙여넣기 위해 [제2작업] 시트의 [B2] 셀을 선택한 후 Ctrl + V를 누릅니다.

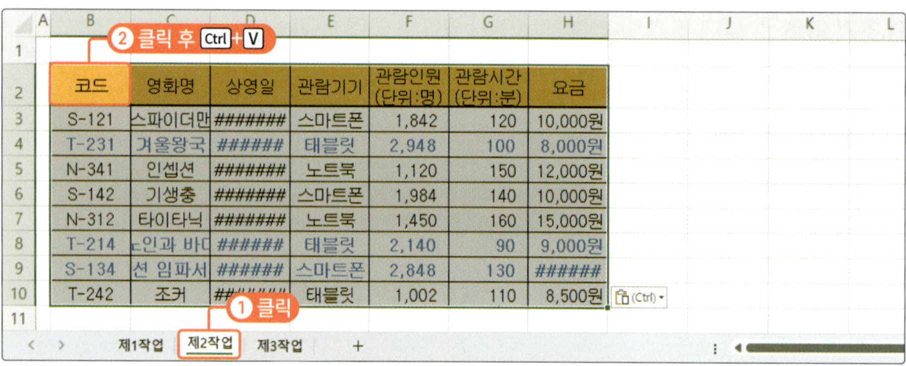

3 글자가 잘리거나 셀 값이 ####으로 보이면 해당 열의 너비를 늘립니다.

★ 열 경계선([C:D], [D:E])을 더블클릭하거나 마우스로 드래그하여 너비를 늘려주세요.

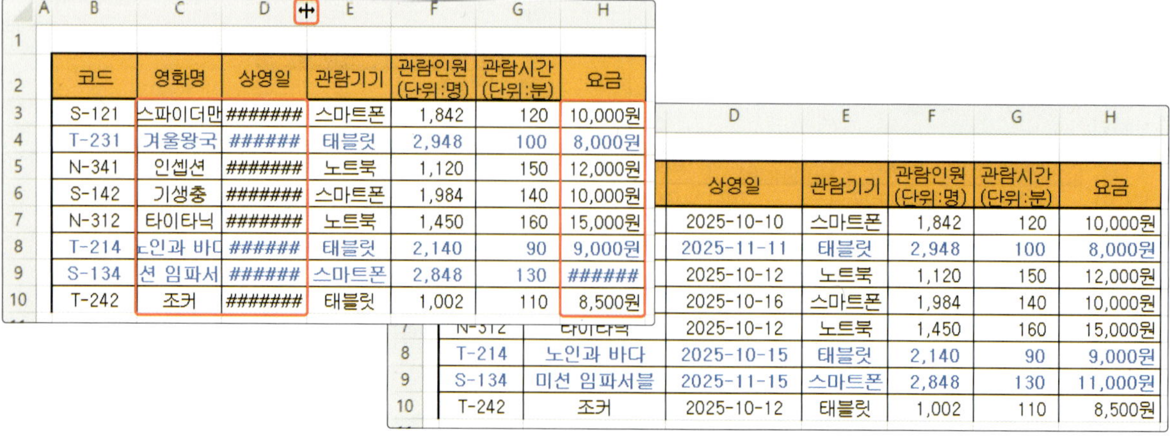

(1) 고급 필터 - 관람기기가 '스마트폰'이거나, 관람인원(단위:명)이 '2,500' 이상인 자료의 영화명, 상영일, 관람시간(단위:분), 요금 데이터만 추출하시오.
- 조건 범위 : 「B14」 셀부터 입력하시오.
- 복사 위치 : 「B18」 셀부터 나타나도록 하시오.

1 고급 필터의 조건을 입력하기 위해 '관람기기'와 '관람인원(단위:명)'의 셀([E2:F2])을 선택한 후 Ctrl+C를 누릅니다.

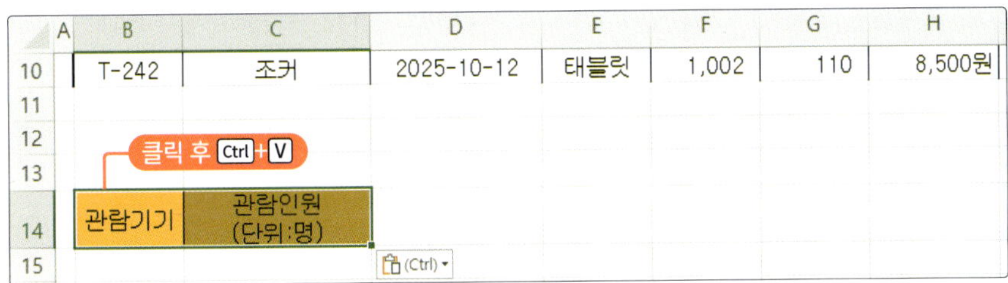

2 조건 범위의 기준 위치인 [B14] 셀을 선택한 후 Ctrl+V를 누릅니다.

★ 고급 필터의 조건 범위는 문제지에서 《조건》을 참고해 주세요.

3 고급 필터의 조건을 지정하기 위해 [B15] 셀에는 **스마트폰**, [C16] 셀에는 >=2500을 입력합니다.

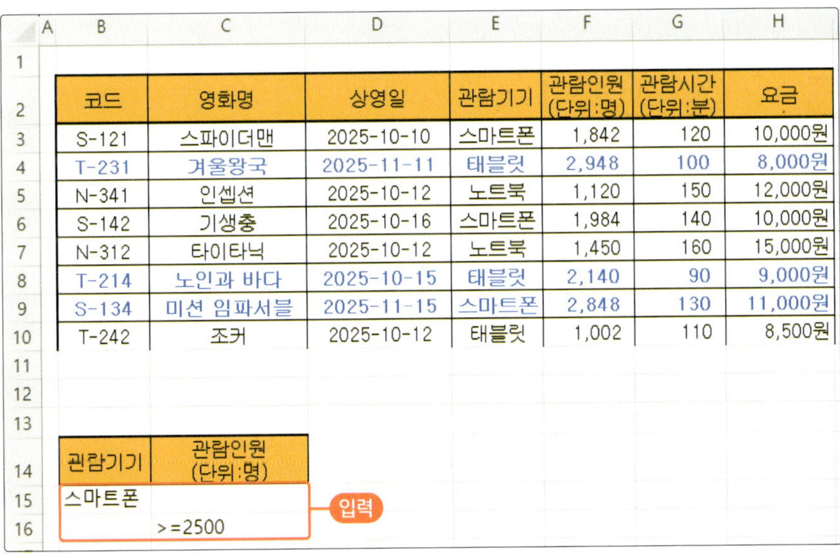

ITQ 꿀팁

고급 필터 조건은 AND와 OR 조건이 번갈아 가며 출제되고 있어요.

❶ 고급 필터에서 자주 사용하는 비교 연산자

연산자	의미	사용 예	연산자	의미	사용 예
>	크다(초과)	>5000	>=	크거나 같다(이상)	>=5000
<	작다(미만)	<5000	<=	작거나 같다(이하)	<=5000
<>	같지 않다	<>5000			

❷ 만능문자(*, ?)

* : 모든 문자를 대치하는 문자로 문자 앞/뒤에 붙여 사용할 수 있습니다.

? : 하나의 문자를 대치하는 문자로 글자 수에 맞추어 문자의 앞/뒤에 붙여 사용할 수 있습니다.

사용 예	의미	사용 예	의미
이*	이로 시작하는 모든 문자열 (예 : 이슬, 이순신, 이화여대)	이? 이??	이로 시작하는 두 글자(예 : 이름) 이로 시작하는 세 글자(예 : 이미지)
*이	이로 끝나는 모든 문자열 (예 : 길이, 고양이, 어린아이)	?이 ??이	이로 끝나는 두 글자(예 : 나이) 이로 끝나는 세 글자(예 : 어린이)
이	이가 포함된 모든 문자열 (예 : 다이소, 송이버섯)	?이?	중간에 이가 들어가는 세 글자 (예 : 아이콘)

❸ 고급 필터에 자주 사용하는 논리 연산자

사용 예	의미
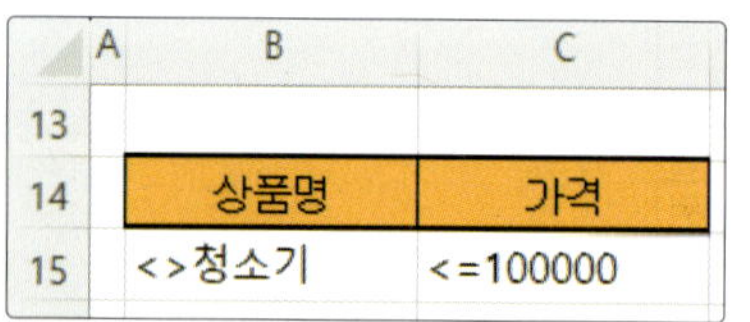	① AND(~이고, ~이면서) 조건 : 같은 행에 조건을 입력합니다. ② 상품명이 '청소기'이면서(이고) 가격이 '100,000' 이상인 데이터를 추출합니다.
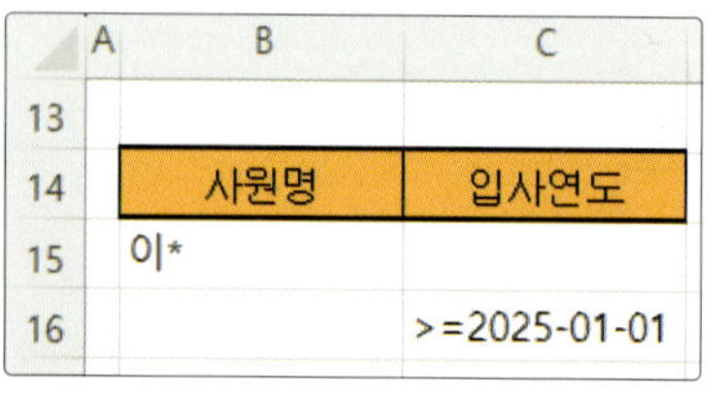	① AND(~이고, ~이면서) 조건 : 같은 행에 조건을 입력합니다. ② 상품명이 '청소기'가 아니면서(아니고) 가격이 '100,000' 이하인 데이터를 추출합니다.
	① OR(~또는, ~이거나) 조건 : 서로 다른 행에 조건을 입력합니다. ② 사원명이 '이'로 시작하거나(또는) 입사연도가 '2025-01-01'이후(해당일 포함)인 데이터를 추출합니다.

	A	B	C
13			
14		사원명	입사연도
15		*가현	
16			<=2025-01-01

① OR(~또는, ~이거나) 조건 : 서로 다른 행에 조건을 입력합니다.

② 사원명이 '가현'으로 끝나거나(또는) 입사연도가 '2025-01-01'이전(해당일 포함)인 데이터를 추출합니다.

	A	B	C
13			
14		사원명	입사연도
15		*민*	
16			2025-01-01

① OR(~또는, ~이거나) 조건 : 서로 다른 행에 조건을 입력합니다.

② 사원명 중간에 '민'이 포함되거나(또는) 입사연도가 '2025-01-01'인 데이터를 추출합니다.

	A	B	C
13			
14		부서	매출액
15		영업1팀	>=1000000
16		영업2팀	>=2000000

① AND+OR 조건 : 2개의 조건을 동시에 입력합니다.

② 부서가 '영업1팀이면서 매출액이 1,000,000 이상'이거나, 부서가 '영업2팀이면서 매출액이 2,000,000 이상'인 데이터를 추출합니다.

4 원본 데이터에서 특정 데이터만 추출하기 위해 **영화명**과 **상영일**([C2:D2]), **관람시간(단위:분)**과 **요금**([G2:H2])를 드래그한 후 Ctrl+C를 누릅니다.

✱ Ctrl을 누른 채 셀을 드래그하면 떨어져 있는 셀들을 연속으로 선택할 수 있어요.

① 드래그 ② Ctrl+드래그 ③ Ctrl+C

	A	B	C	D	E	F	G	H
1								
2		코드	영화명	상영일	관람기기	관람인원(단위:명)	관람시간(단위:분)	요금
3		S-121	스파이더맨	2025-10-10	스마트폰	1,842	120	10,000원

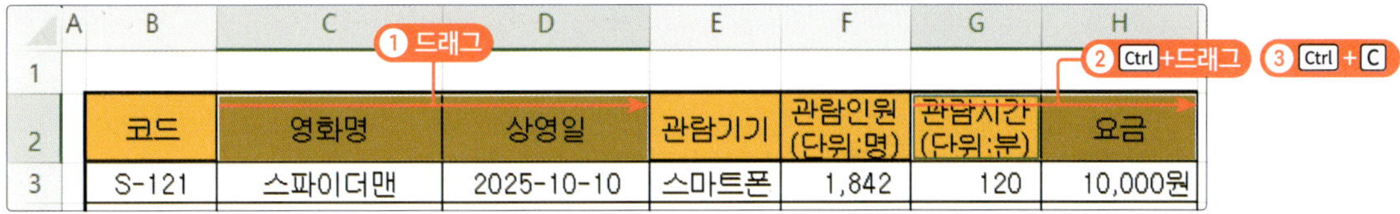

5 지정된 복사 위치에 붙여넣기 위해 [B18] 셀을 선택한 후 Ctrl+V를 누릅니다.

✱ 고급 필터의 복사 위치는 문제지에서 《조건》을 참고해 주세요.

	A	B	C	D	E	F
13						
14		관람기기	관람인원(단위:명)			
15		스마트폰				
16			>=2500			
17						
18		영화명	상영일	관람시간(단위:분)	요금	
19						(Ctrl)

클릭 후 Ctrl+V

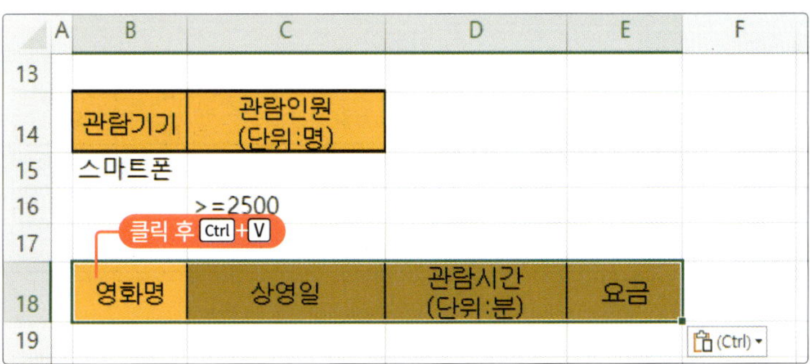

6 고급 필터를 작성하기 위해 **[B2:H10]**을 드래그한 후 [데이터] 탭에서 **[고급]**을 클릭합니다.

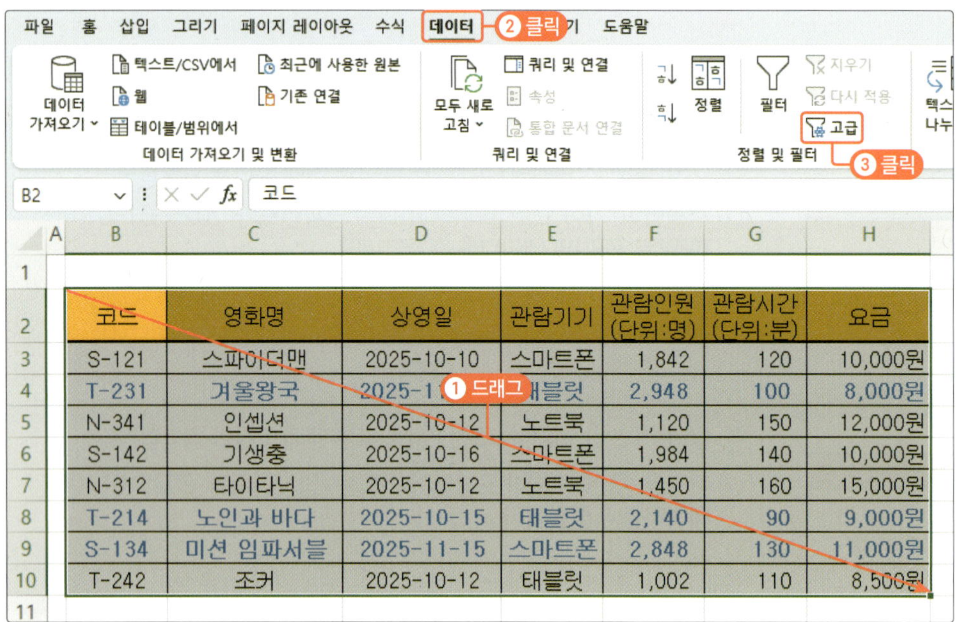

7 [고급 필터] 대화상자에서 **결과(다른 장소에 복사), 목록 범위(B2:H10), 조건 범위(B14:C16), 복사 위치 (B18:E18)**를 각각 지정합니다.

★ '목록 범위'는 자동으로 지정되어 있으며, '조건 범위' 및 '복사 위치'는 해당 셀 범위를 마우스로 드래그하여 지정해요.

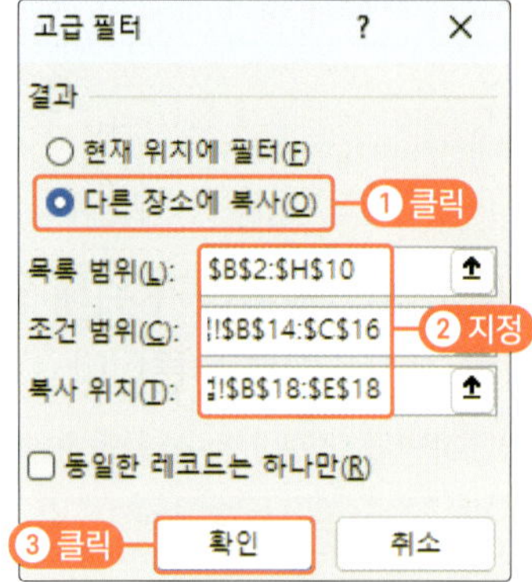

8 데이터가 추출되면 결과를 확인한 후 Ctrl + S 를 눌러 답안 파일을 저장합니다.

★ 글자가 잘리거나 셀 값이 ####으로 보이면 해당 열의 너비를 늘려주세요.

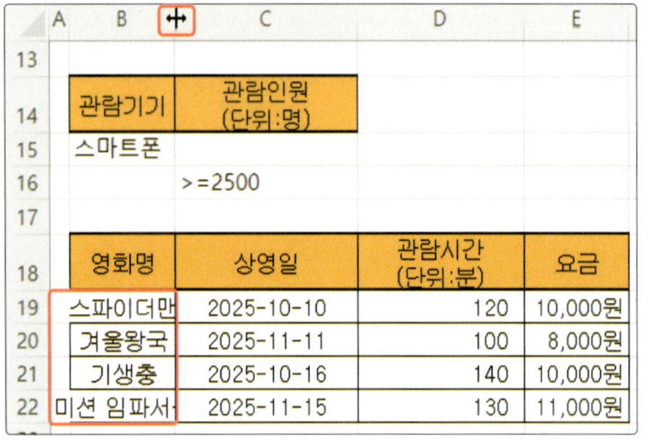

Level UP [고급 필터] 대화상자

❶ **현재 위치에 필터** : 필터 결과를 범위로 지정한 현재 목록 범위에 표시합니다.

❷ **다른 장소에 복사** : 복사 위치에서 지정한 위치에 필터 결과를 표시합니다.

❸ **목록 범위** : 조건에 맞추어 필터링 하려는 원본 데이터의 범위를 지정합니다.

❹ **조건 범위** : 필터 조건이 입력된 범위를 지정합니다.

❺ **복사 위치** : '다른 장소에 복사'를 선택했을 때 필터링된 결과가 표시될 위치를 지정합니다.
- **부분 필터(B18:E18)** : 조건에 맞는 특정 데이터(영화명, 상영일, 관람시간(단위:분), 요금)만 선별하여 추출합니다.
- **모든 데이터(B18)** : 조건에 맞는 모든 데이터(코드, 영화명, 상영일, 관람기기, 관람인원(단위:명), 관람시간(단위:분), 요금)를 추출합니다.

❻ **동일한 레코드는 하나만** : 필터 결과 중 중복된 레코드가 있을 때 하나만 표시합니다.

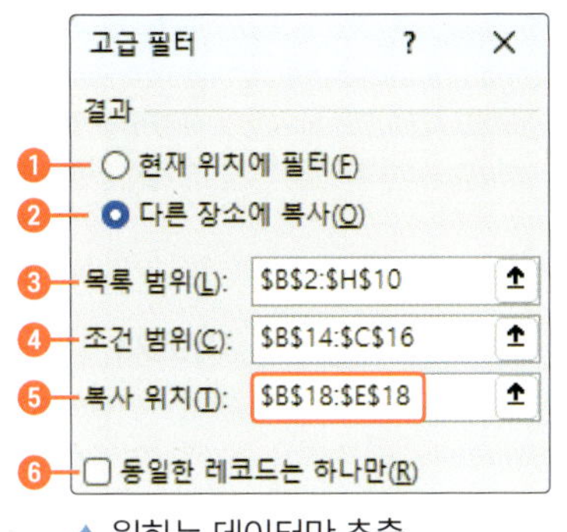

▲ 원하는 데이터만 추출

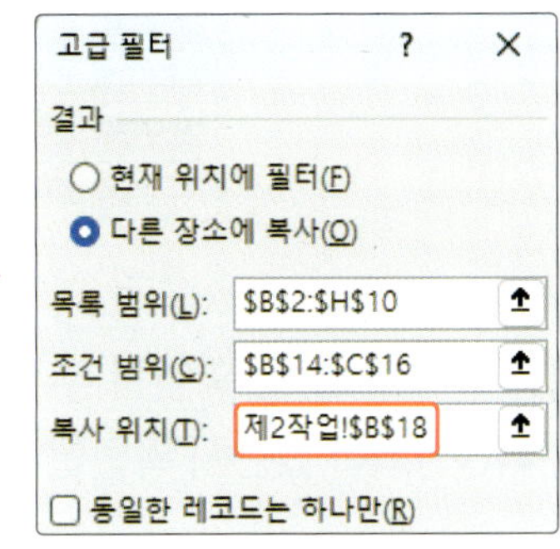

▲ 모든 데이터 추출

STEP 03 표 서식

(2) 표 서식 - 고급필터의 결과셀을 채우기 없음으로 설정한 후 '파랑, 표 스타일 보통 6'의 서식을 적용하시오.
- 머리글 행, 줄무늬 행을 적용하시오.

1 [B18:E22]를 드래그한 후 [홈] 탭에서 [채우기 색]의 목록 단추를 눌러 **[채우기 없음]**을 클릭합니다.

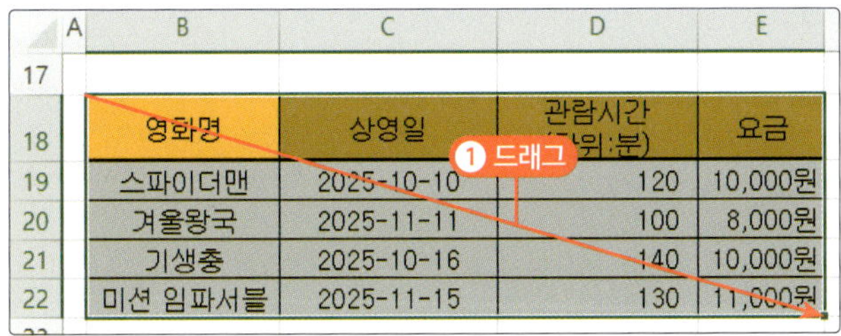

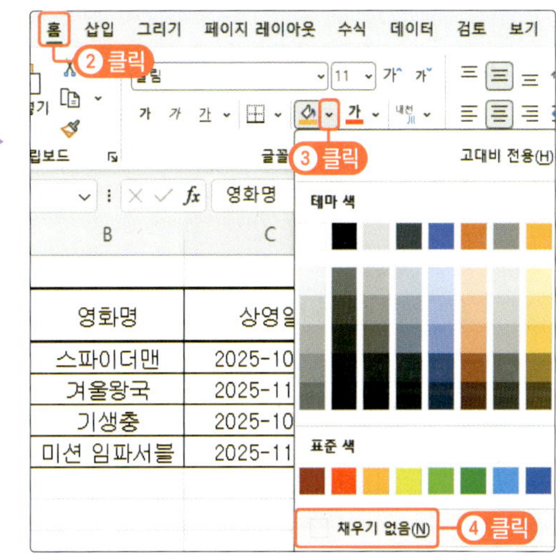

2 채우기 색이 삭제되면 [홈] 탭-[표 서식]에서 **중간-파랑, 표 스타일 보통 6**을 클릭합니다.

★ 표 서식의 스타일은 문제지에서 《조건》을 참고해 주세요.

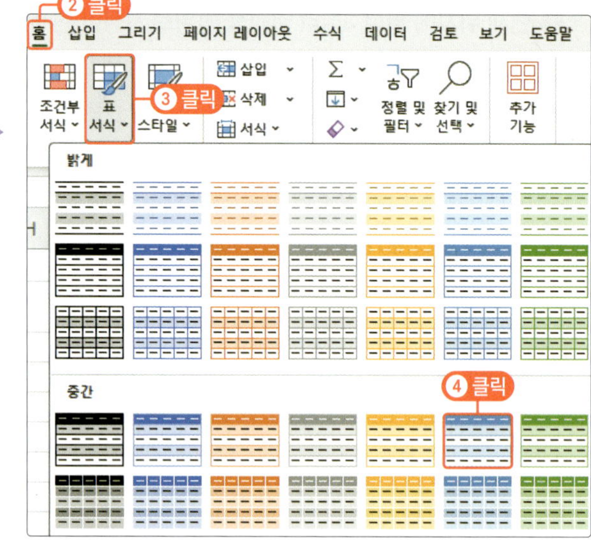

3 [표 만들기] 대화상자에서 **데이터 범위($B$18:$E$22)**를 확인한 후 <확인>을 클릭합니다. 이어서, [테이블 디자인] 탭에서 **머리글 행**과 **줄무늬 행**이 선택(✔)되어 있는지 확인합니다.

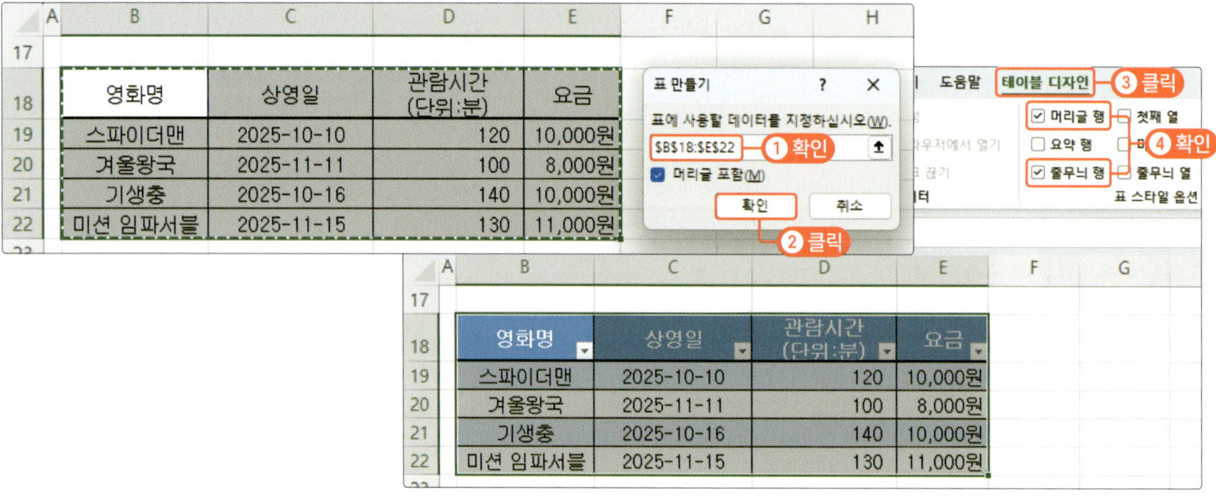

4 작업이 완료되면 [저장(💾)]을 클릭하거나, Ctrl+S를 눌러 답안 파일을 저장합니다.

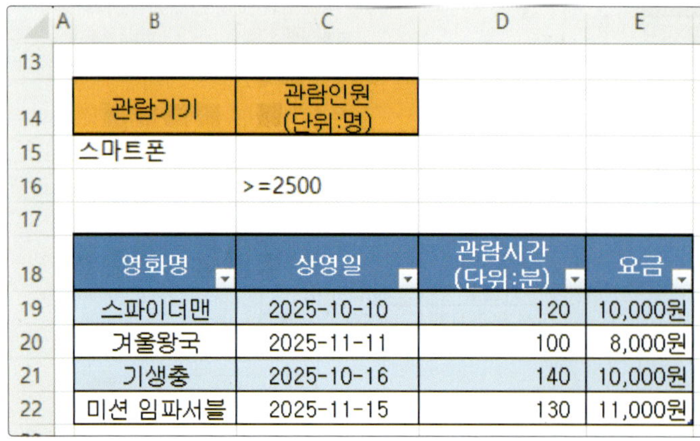

1 "제1작업" 시트의 「B4:H12」 영역을 복사하여 "제2작업" 시트의 「B2」 셀부터 모두 붙여넣기를 한 후 다음의 조건과 같이 작업하시오.

⊘ **실습파일** : 유형05-1_유형1(문제).xlsx　　⊘ **완성파일** : 유형05-1_유형1(완성).xlsx

《조건》

(1) 고급 필터 – 서비스코드가 'M'으로 시작하거나, 만족도가 '85%' 이상인 자료의 서비스명, 서비스유형, 월간 처리량, 연간 누적 사용자 수 데이터만 추출하시오.
　　　　　　 – 조건 범위 : 「B14」 셀부터 입력하시오.
　　　　　　 – 복사 위치 : 「B18」 셀부터 나타나도록 하시오.

(2) 표 서식 – 고급필터의 결과셀을 채우기 없음으로 설정한 후 '파랑, 표 스타일 보통 6'의 서식을 적용하시오.
　　　　　 – 머리글 행, 줄무늬 행을 적용하시오.

2 "제1작업" 시트의 「B4:H12」 영역을 복사하여 "제2작업" 시트의 「B2」 셀부터 모두 붙여넣기를 한 후 다음의 조건과 같이 작업하시오.

⊘ **실습파일** : 유형05-2_유형1(문제).xlsx　　⊘ **완성파일** : 유형05-2_유형1(완성).xlsx

《조건》

(1) 고급 필터 – 등록경로가 '인터넷검색'이거나, 등록비(단위:원)가 '200,000' 이상인 자료의 회원코드, 회원명, 등록일, 등록횟수 데이터만 추출하시오.
　　　　　　 – 조건 범위 : 「B14」 셀부터 입력하시오.
　　　　　　 – 복사 위치 : 「B18」 셀부터 나타나도록 하시오.

(2) 표 서식 – 고급필터의 결과셀을 채우기 없음으로 설정한 후 '녹색, 표 스타일 보통 7'의 서식을 적용하시오.
　　　　　 – 머리글 행, 줄무늬 행을 적용하시오.

3 "제1작업" 시트의 「B4:H12」 영역을 복사하여 "제2작업" 시트의 「B2」 셀부터 모두 붙여넣기를 한 후 다음의 조건과 같이 작업하시오.

⊘ **실습파일** : 유형05-3_유형1(문제).xlsx ⊘ **완성파일** : 유형05-3_유형1(완성).xlsx

《조건》
(1) 고급 필터 – 제조사가 '에어버기' 이면서, 판매수량이 '200' 이상인 자료의 데이터만 추출하시오.
　　　　　　 – 조건 범위 : 「B14」 셀부터 입력하시오.
　　　　　　 – 복사 위치 : 「B18」 셀부터 나타나도록 하시오.

(2) 표 서식 　– 고급필터의 결과셀을 채우기 없음으로 설정한 후 '파랑, 표 스타일 보통 6'의 서식을 적용하시오.
　　　　　　 – 머리글 행, 줄무늬 행을 적용하시오.

4 "제1작업" 시트의 「B4:H12」 영역을 복사하여 "제2작업" 시트의 「B2」 셀부터 모두 붙여넣기를 한 후 다음의 조건과 같이 작업하시오.

⊘ **실습파일** : 유형05-4_유형1(문제).xlsx ⊘ **완성파일** : 유형05-4_유형1(완성).xlsx

《조건》
(1) 고급 필터 – 지역이 '대전'이거나, 개점일이 '2025-06-10' 이후인(해당일 포함) 자료의 가맹점명, 지역, 최고월매출(단위:원), 최고일매출(단위:원) 데이터만 추출하시오.
　　　　　　 – 조건 범위 : 「B14」 셀부터 입력하시오.
　　　　　　 – 복사 위치 : 「B18」 셀부터 나타나도록 하시오.

(2) 표 서식 　– 고급필터의 결과셀을 채우기 없음으로 설정한 후 '녹색, 표 스타일 보통 7'의 서식을 적용하시오.
　　　　　　 – 머리글 행, 줄무늬 행을 적용하시오.

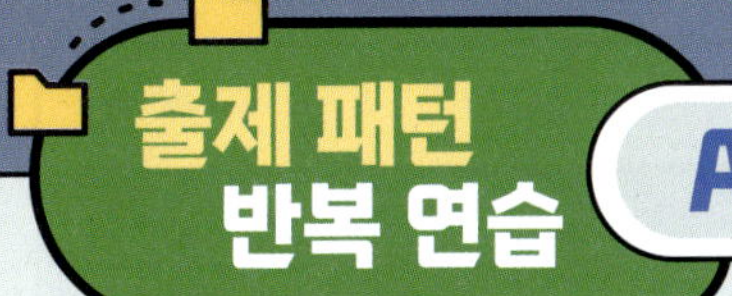

출제 패턴 반복 연습   **A**   조건에 맞추어 각 시트에 필터 및 서식을 작성해 보세요.

⊘ **실습파일** : 패턴05-1(유형1_문제).xlsx   ⊘ **완성파일** : 패턴05-1(유형1_완성).xlsx

---

패턴 01   [데이터]-[고급]

❶ 고급 필터 – 등록일이 '2026-05-31' 이전(해당일 포함)이거나, 등록횟수가 '4' 이상인 자료의 회원코드, 회원명, 담당자 데이터만 추출하시오. ❷ 조건 범위 : 「B14」 셀부터 입력하시오. ❸ 복사 위치 : 「B18」 셀부터 나타나도록 하시오.

패턴 02   [데이터]-[고급]

❶ 고급 필터 – 상품코드가 'R'로 시작하면서 판매수량(단위:대)이 '1,800' 초과인 자료의 데이터만 추출하시오. ❷ 조건 범위 : 「B14」 셀부터 입력하시오. ❸ 복사 위치 : 「B18」 셀부터 나타나도록 하시오.

패턴 03   [홈]-[표 서식]

❶ 표 서식 – 고급필터의 결과셀을 채우기 없음으로 설정한 후 '파랑, 표 스타일 보통 6'의 서식을 적용하시오. ❷ 머리글 행, 줄무늬 행을 적용하시오.

패턴 04   [홈]-[표 서식]

❶ 표 서식 – 고급필터의 결과셀을 채우기 없음으로 설정한 후 '녹색, 표 스타일 보통 7'의 서식을 적용하시오. ❷ 머리글 행, 줄무늬 행을 적용하시오.

패턴 05   [홈]-[표 서식]

❶ 표 서식 – 고급필터의 결과셀을 채우기 없음으로 설정한 후 '파랑, 표 스타일 보통 6'의 서식을 적용하시오. ❷ 머리글 행, 줄무늬 행을 적용하시오.

패턴 06   [홈]-[표 서식]

❶ 표 서식 – 고급필터의 결과셀을 채우기 없음으로 설정한 후 '녹색, 표 스타일 보통 7'의 서식을 적용하시오. ❷ 머리글 행, 줄무늬 행을 적용하시오.

패턴 07   [홈]-[표 서식]

❶ 표 서식 – 고급필터의 결과셀을 채우기 없음으로 설정한 후 '황금색, 표 스타일 보통 5'의 서식을 적용하시오. ❷ 머리글 행, 줄무늬 행을 적용하시오.

패턴 08   [홈]-[표 서식]

❶ 표 서식 – 고급필터의 결과셀을 채우기 없음으로 설정한 후 '주황, 표 스타일 보통 3'의 서식을 적용하시오. ❷ 머리글 행, 줄무늬 행을 적용하시오.

[제2작업] 유형2_목표값 찾기 및 필터

⊘ **실습파일** : 05차시_유형2(문제).xlsx   ⊘ **완성파일** : 05차시_유형2(완성).xlsx

[배점] 80점 (500점 만점)

☞ "제1작업" 시트의 「B4:H12」 영역을 복사하여 "제2작업" 시트의 「B2」 셀부터 모두 붙여넣기를 한 후 다음의
   조건과 같이 작업하시오.

《조건》

⑴ 목표값 찾기 – 「B11:G11」 셀을 병합하여 "스마트폰 요금 평균"을 입력하고, 「H11」 셀에 스마트폰 요금 평균을
   구하시오. 단, 조건은 입력데이터를 이용하시오(DAVERAGE 함수, 테두리).
   – '스마트폰 요금 평균'이 '11,000'이 되려면 스파이더맨 요금이 얼마가 되어야 하는지 목표값을 구하
   시오.

⑵ 고급 필터 – 관람기기가 '태블릿'이면서 관람시간(단위:분)이 '100' 이하인 자료의 데이터만 추출하시오.
   – 조건 범위 : 「B14」 셀부터 입력하시오.
   – 복사 위치 : 「B18」 셀부터 나타나도록 하시오.

데이터 복사 〉 함수 계산 〉 목표값 찾기 〉 고급 필터 조건 입력 〉 고급 필터 작성

Check 01 데이터 복사 ： [제1작업] 시트의 데이터를 복사하여 [제2작업] 시트에 붙여넣어요!

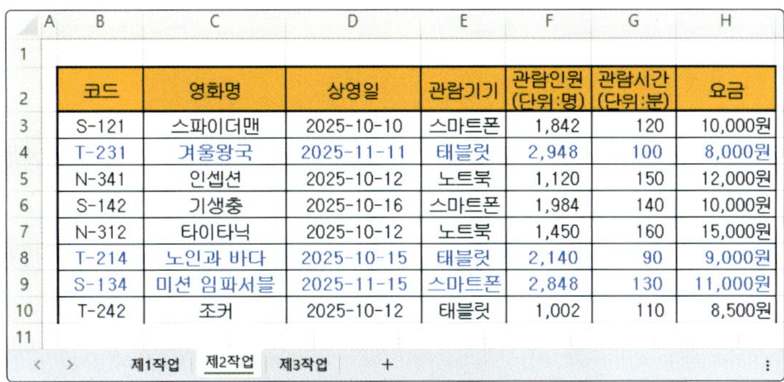

데이터를 복사하여 [제2작업] 시트에 붙여넣기 & 열 너비 조정

Check 02 목표값 찾기 ： 함수로 값을 계산한 후 원하는 목표값을 찾아요!

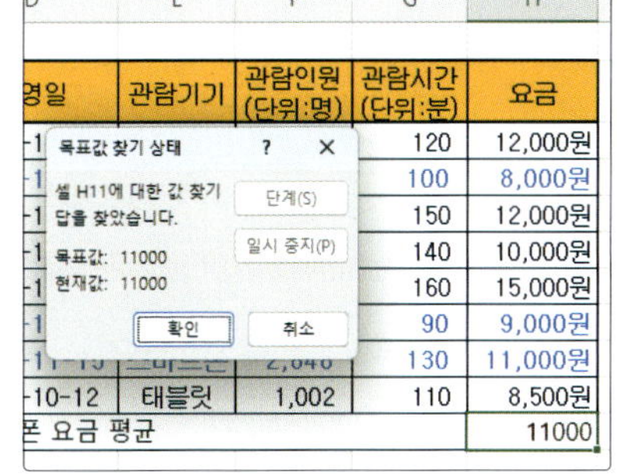

함수를 이용하여 값 계산

목표값 찾기로 원하는 값 찾기

Check 03 고급 필터 ： 고급 필터 조건을 입력한 후 결과를 추출해요!

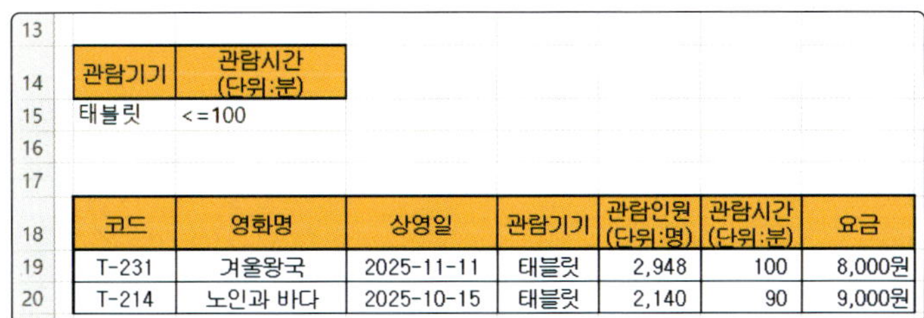

고급 필터를 이용하여 조건에 맞는 결과 추출

STEP 01 데이터 복사 및 붙여넣기

☞ "제1작업" 시트의 「B4:H12」 영역을 복사하여 "제2작업" 시트의 「B2」 셀부터 모두 붙여넣기를 한 후 다음의 조건과 같이 작업하시오.

1 05차시_유형2(문제).xlsx 파일을 불러와 [제1작업] 시트를 클릭합니다. 데이터를 복사하기 위해 [B4:H12]를 드래그한 후 Ctrl + C를 누릅니다.

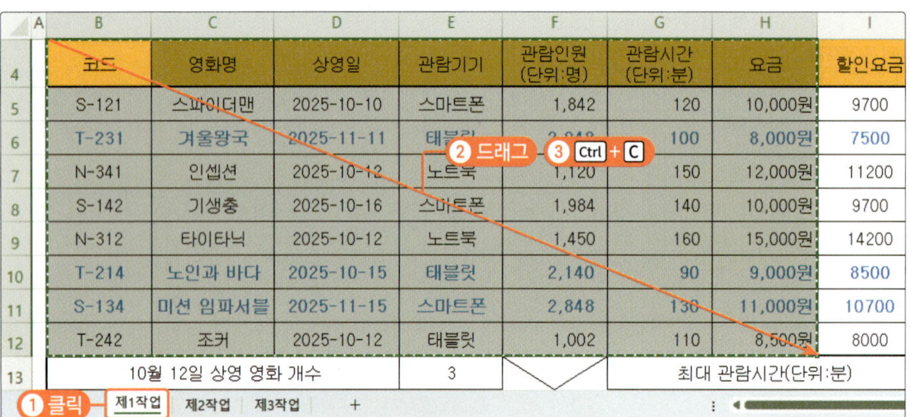

2 데이터를 붙여넣기 위해 [제2작업] 시트의 [B2] 셀을 선택한 후 Ctrl + V를 누릅니다.

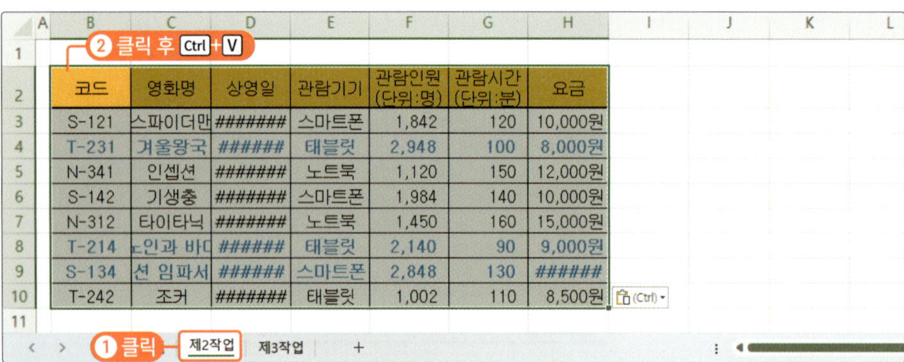

3 글자가 잘리거나 셀 값이 ####으로 보이면 해당 열의 너비를 늘립니다.

★ 열 경계선([C:D], [D:E])을 더블클릭하거나 마우스로 드래그하여 너비를 늘려주세요.

목표값 찾기

(1) 목표값 찾기 - 「B11:G11」 셀을 병합하여 "스마트폰 요금 평균"을 입력하고, 「H11」 셀에 스마트폰 요금 평균을 구하시오. 단, 조건은 입력데이터를 이용하시오(DAVERAGE 함수, 테두리).

- '스마트폰 요금 평균'이 '11,000'이 되려면 스파이더맨 요금이 얼마가 되어야 하는지 목표값을 구하시오.

1 [B11:G11]을 드래그한 후 [홈] 탭에서 **[병합하고 가운데 맞춤]**을 클릭하고 **스마트폰 요금 평균**을 입력합니다.

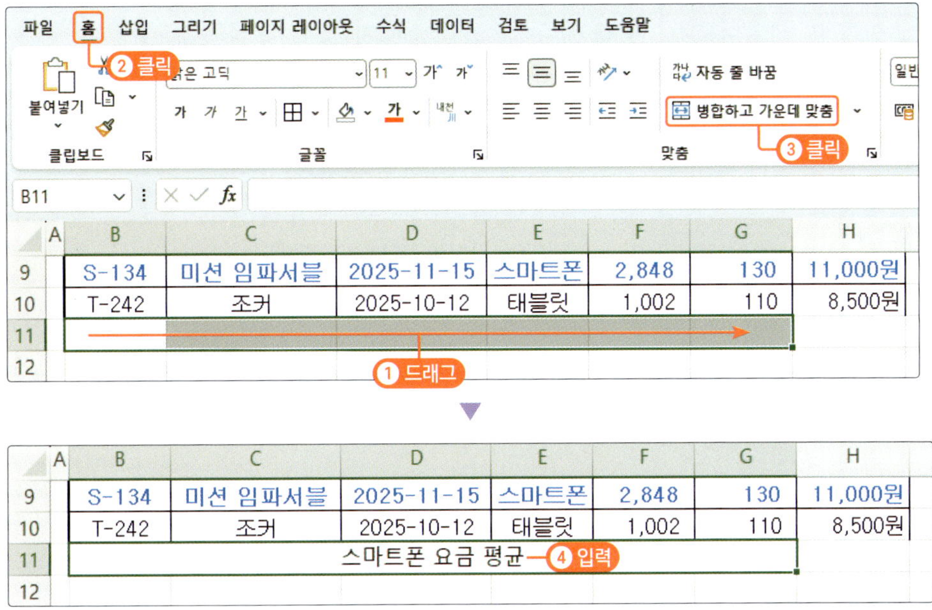

2 [B11:H11]을 드래그한 후 [홈] 탭에서 [테두리] 목록 단추를 눌러 **[모든 테두리]**를 선택합니다.

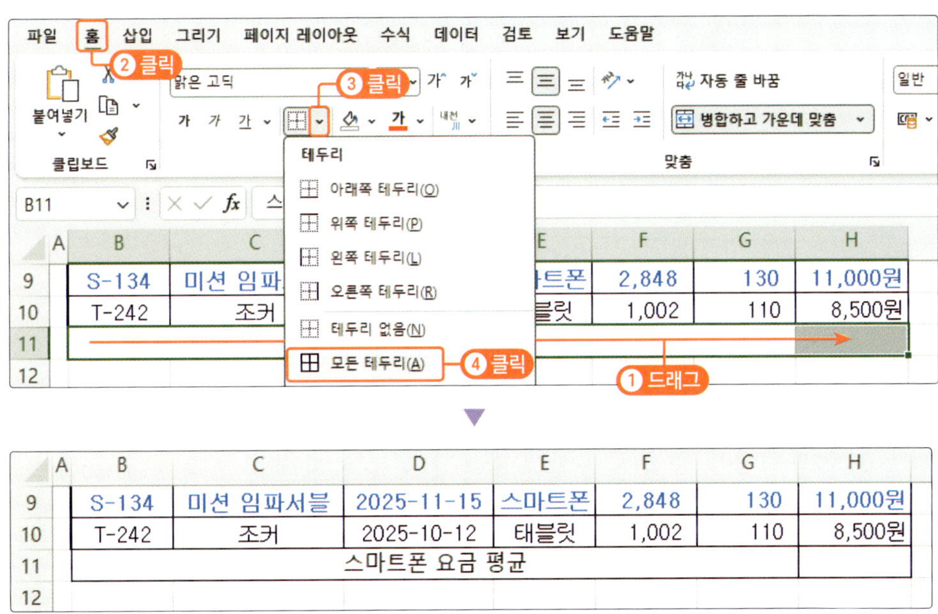

3 스마트폰 요금 평균을 계산하기 위해 [H11] 셀을 선택한 후 =DAVERAGE(B2:H10,7,E2:E3)를 입력합니다.

ITQ 꿀팁

목표값 찾기는 'DAVERAGE'와 'AVERAGE' 함수가 자주 출제되며, 가끔씩 DSUM도 출제되고 있어요.

4 목표값을 찾기 위해 함수식이 있는 [H11] 셀을 선택한 후 [데이터] 탭에서 [가상 분석]-**[목표값 찾기]**를 클릭합니다.

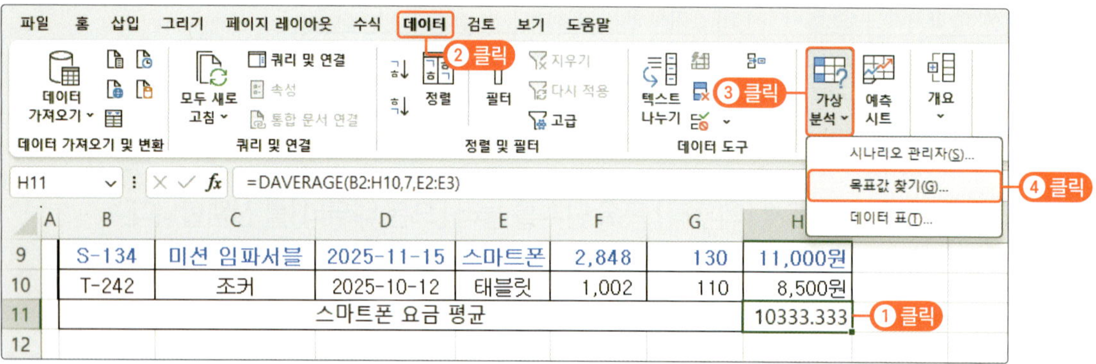

5 [목표값 찾기] 대화상자에서 **수식 셀([H11]), 찾는 값(11000), 값을 바꿀 셀([H3])**을 입력합니다.

★ '수식 셀'은 자동으로 지정되어 있으며, '값을 바꿀 셀'은 마우스로 해당 셀([H3])을 클릭해요.

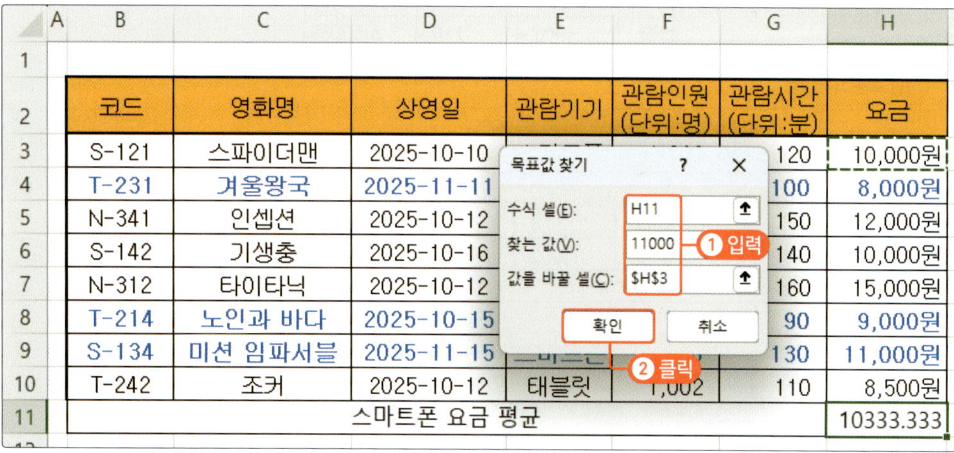

Level UP [목표값 찾기] 대화상자

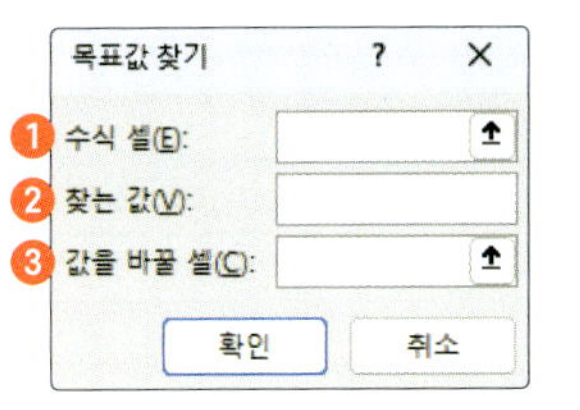

❶ **수식 셀** : 원하는 결과값을 얻기 위해서 해당 셀은 반드시 수식으로 계산되어야 합니다.

❷ **찾는 값** : 수식 셀의 결과값을 기준으로 원하는 목표값을 입력합니다.

❸ **값을 바꿀 셀** : 목표값을 찾기 위해 값이 변경되어야 할 셀을 지정합니다.

---

6 [목표값 찾기 상태] 대화상자에서 **목표값(11000)**을 확인한 후 Ctrl+S를 눌러 답안 파일을 저장합니다.

★ 목표값(11,000)을 얻기 위해 [H3] 셀의 값이 '10,000원'에서 '12,000원'으로 변경되었어요.

	코드	영화명	상영일	관람기기	관람인원 (단위:명)	관람시간 (단위:분)	요금
3	S-121	스파이더맨	2025-1			120	12,000원
4	T-231	겨울왕국	2025-1			100	8,000원
5	N-341	인셉션	2025-1			150	12,000원
6	S-142	기생충	2025-1			140	10,000원
7	N-312	타이타닉	2025-1			160	15,000원
8	T-214	노인과 바다	2025-1			90	9,000원
9	S-134	미션 임파서블	2025-1		2,046	130	11,000원
10	T-242	조커	2025-10-12	태블릿	1,002	110	8,500원
11		스마트폰 요금 평균					11000

STEP 03 고급 필터

(2) 고급 필터 - 관람기기가 '태블릿'이면서 관람시간(단위:분)이 '100' 이하인 자료의 데이터만 추출하시오.
- 조건 범위 : 「B14」 셀부터 입력하시오.
- 복사 위치 : 「B18」 셀부터 나타나도록 하시오.

---

1 고급 필터의 조건을 입력하기 위해 '관람기기'와 '관람시간(단위:분)'의 셀([E2], [G2])을 선택한 후 Ctrl+C 를 누릅니다.

★ Ctrl을 누른 채 셀을 클릭하면 떨어져 있는 셀들을 연속으로 선택할 수 있어요.

	코드	영화명	상영일	관람기기	관람인원 (단위:명)	관람시간 (단위:분)	요금
3	S-121	스파이더맨	2025-10-10	스마트폰	1,842	120	12,000원

2 지정된 조건 범위에 붙여넣기 위해 **[B14]** 셀을 선택한 후 [Ctrl]+[V]를 누릅니다.

★ 고급 필터의 조건 범위는 문제지에서 《조건》을 참고해 주세요.

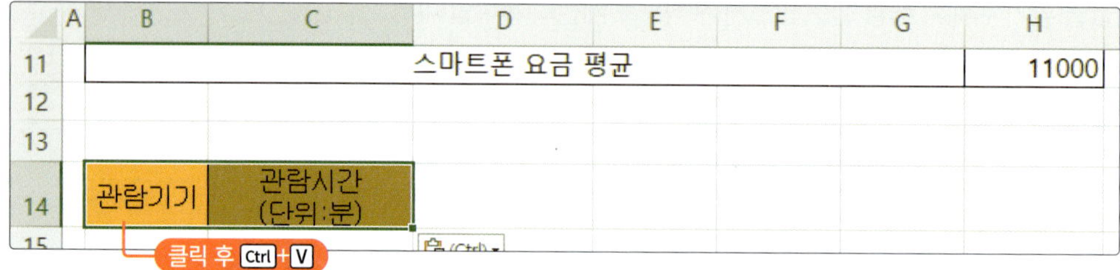

3 고급 필터의 조건을 지정하기 위해 [B15] 셀에는 **태블릿**, [C15] 셀에는 **<=100**을 입력합니다.

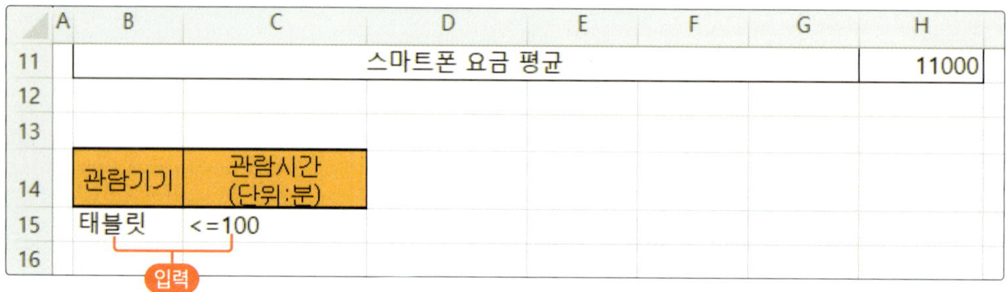

4 고급 필터를 작성하기 위해 **[B2:H10]**을 드래그한 후 [데이터] 탭에서 [고급]을 클릭합니다.

★ 범위를 지정할 때는 11행(목표값 찾기)이 포함되지 않도록 주의해 주세요.

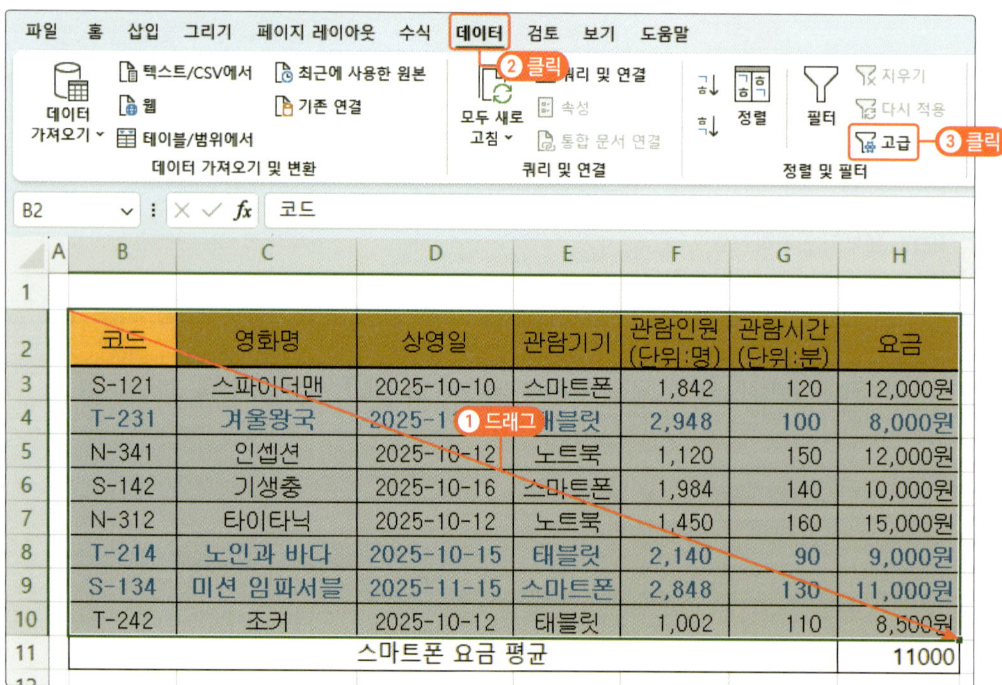

5 [고급 필터] 대화상자에서 **결과(다른 장소에 복사), 목록 범위(B2:H10), 조건 범위(B14:C15), 복사 위치(B18)**를 각각 지정합니다.

★ 조건에 맞는 모든 데이터를 추출해야 하기 때문에 복사 위치를 [B18] 셀로 지정해요.

★ '목록 범위'는 자동으로 지정되어 있으며, '조건 범위' 및 '복사 위치'는 해당 셀 범위를 마우스로 드래그하여 지정해요.

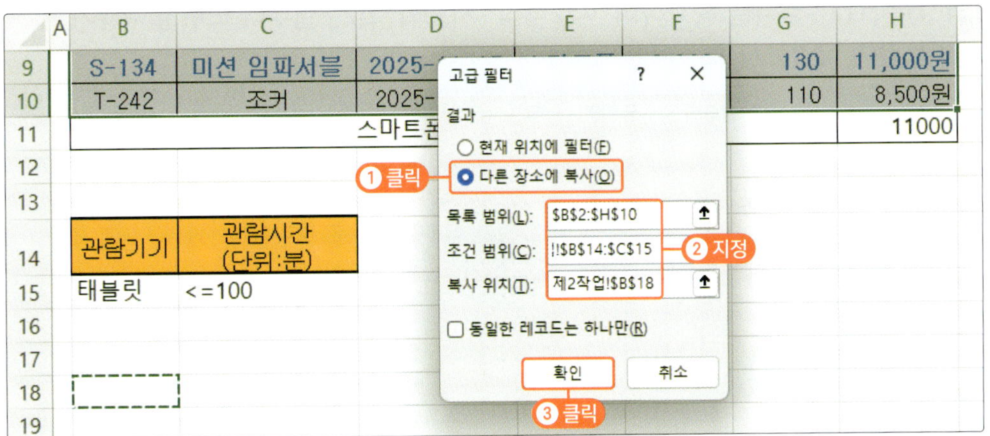

6 작업이 완료되면 [저장(💾)]을 클릭하거나, Ctrl + S 를 눌러 답안 파일을 저장합니다.

★ 글자가 잘리거나 셀 값이 ####으로 보이면 해당 열의 너비를 늘려주세요.

코드	영화명	상영일	관람기기	관람인원 (단위:명)	관람시간 (단위:분)	요금
S-121	스파이더맨	2025-10-10	스마트폰	1,842	120	12,000원
T-231	겨울왕국	2025-11-11	태블릿	2,948	100	8,000원
N-341	인셉션	2025-10-12	노트북	1,120	150	12,000원
S-142	기생충	2025-10-16	스마트폰	1,984	140	10,000원
N-312	타이타닉	2025-10-12	노트북	1,450	160	15,000원
T-214	노인과 바다	2025-10-15	태블릿	2,140	90	9,000원
S-134	미션 임파서블	2025-11-15	스마트폰	2,848	130	11,000원
T-242	조커	2025-10-12	태블릿	1,002	110	8,500원
스마트폰 요금 평균						11000

관람기기	관람시간 (단위:분)
태블릿	<=100

코드	영화명	상영일	관람기기	관람인원 (단위:명)	관람시간 (단위:분)	요금
T-231	겨울왕국	2025-11-11	태블릿	2,948	100	8,000원
T-214	노인과 바다	2025-10-15	태블릿	2,140	90	9,000원

출제 유형 정리

1 "제1작업" 시트의 「B4:H12」 영역을 복사하여 "제2작업" 시트의 「B2」 셀부터 모두 붙여넣기를 한 후 다음의 조건과 같이 작업하시오.

⊘ **실습파일** : 유형05-1_유형2(문제).xlsx　⊘ **완성파일** : 유형05-1_유형2(완성).xlsx

《조건》

(1) 목표값 찾기 – 「B11:G11」 셀을 병합하여 "서비스유형 업무지원의 월간 처리량 평균"을 입력한 후 「H11」 셀에 서비스유형 업무지원의 월간 처리량 평균을 구하시오. 단, 조건은 입력데이터를 이용하시오(DAVERAGE 함수, 테두리).
　　　　　　– '서비스유형 업무지원의 월간 처리량 평균'이 '1,400,000'이 되려면 팜2의 월간 처리량이 얼마가 되어야 하는지 목표값을 구하시오.

(2) 고급 필터 – 서비스유형이 '기타'이거나, 만족도가 '80%' 이하인 자료의 서비스명, 서비스유형, 월간 처리량, 연간 누적 사용자 수 데이터만 추출하시오.
　　　　　– 조건 범위 : 「B14」 셀부터 입력하시오.
　　　　　– 복사 위치 : 「B18」 셀부터 나타나도록 하시오.

2 "제1작업" 시트의 「B4:H12」 영역을 복사하여 "제2작업" 시트의 「B2」 셀부터 모두 붙여넣기를 한 후 다음의 조건과 같이 작업하시오.

⊘ **실습파일** : 유형05-2_유형2(문제).xlsx　⊘ **완성파일** : 유형05-2_유형2(완성).xlsx

《조건》

(1) 목표값 찾기 – 「B11:G11」 셀을 병합하여 "등록경로 전단지의 등록횟수 평균"을 입력한 후 「H11」 셀에 등록경로 전단지의 등록횟수 평균을 구하시오. 단, 조건은 입력데이터를 이용하시오(DAVERAGE 함수, 테두리).
　　　　　　– '등록경로 전단지의 등록횟수 평균'이 '16'이 되려면 나경훈의 등록횟수가 얼마가 되어야 하는지 목표값을 구하시오.

(2) 고급 필터 – 회원코드가 'H'로 시작하거나, 나이가 '40' 이상인 자료의 회원명, 등록일, 나이, 등록횟수 데이터만 추출하시오.
　　　　　– 조건 범위 : 「B14」 셀부터 입력하시오.
　　　　　– 복사 위치 : 「B18」 셀부터 나타나도록 하시오.

3 "제1작업" 시트의 「B4:H12」 영역을 복사하여 "제2작업" 시트의 「B2」 셀부터 모두 붙여넣기를 한 후 다음의 조건과 같이 작업하시오.

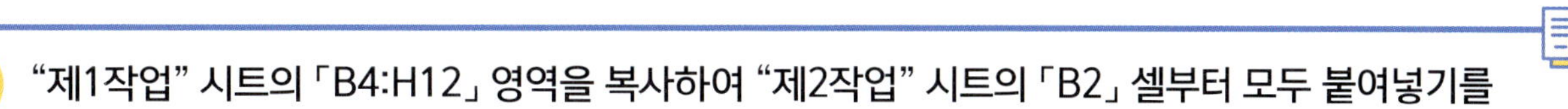

《조건》

(1) 목표값 찾기 – 「B11:G11」 셀을 병합하여 "판매수량 평균"을 입력한 후 「H11」 셀에 판매수량 평균을 구하시오
　　　　　　　　　(AVERAGE 함수, 테두리).
　　　　　　　– '판매수량 평균'이 '200'이 되려면 루루테일의 판매수량이 얼마가 되어야 하는지 목표값을 구하시오.

(2) 고급 필터 – 제조사가 '콤펫' 이면서, 할인율이 '20%' 이상인 자료의 데이터만 추출하시오.
　　　　　　– 조건 범위 : 「B14」 셀부터 입력하시오.
　　　　　　– 복사 위치 : 「B18」 셀부터 나타나도록 하시오.

---

4 "제1작업" 시트의 「B4:H12」 영역을 복사하여 "제2작업" 시트의 「B2」 셀부터 모두 붙여넣기를 한 후 다음의 조건과 같이 작업하시오.

⊘ **실습파일** : 유형05-4_유형2(문제).xlsx   ⊘ **완성파일** : 유형05-4_유형2(완성).xlsx

《조건》

(1) 목표값 찾기 – 「B11:G11」 셀을 병합하여 "최고일매출(단위:원) 평균"을 입력한 후 「H11」 셀에 최고일매출(단위:원)
　　　　　　　　　평균을 구하시오(AVERAGE 함수, 테두리).
　　　　　　　– '최고일매출(단위:원) 평균'이 '3,300,000'이 되려면 수지점의 최고일매출(단위:원)이 얼마가 되어야 하
　　　　　　　　는지 목표값을 구하시오..

(2) 고급 필터 – 지역이 '서울'이거나, 개점일이 '2024-12-10' 이전인(해당일 포함) 자료의 가맹점명, 지역, 최고월매출
　　　　　　（단위:원), 최고일매출(단위:원), 직원수 데이터만 추출하시오.
　　　　　　– 조건 범위 : 「B14」 셀부터 입력하시오.
　　　　　　– 복사 위치 : 「B18」 셀부터 나타나도록 하시오.

A 조건에 맞추어 각 시트에 목표값 찾기를 작성해 보세요.

⊘ **실습파일** : 패턴05-1(유형2_문제).xlsx   ⊘ **완성파일** : 패턴05-1(유형2_완성).xlsx

---

패턴 01 [데이터]-[가상 분석]-[목표값 찾기]

❶ 목표값 찾기 – 「H11」 셀에 전기요의 가격 평균을 구하시오. 단, 조건은 입력데이터를 이용하시오(DAVERAGE 함수).
❷ '전기요의 가격 평균'이 '120,000'이 되려면 무자계 전기요의 가격이 얼마가 되어야 하는지 목표값을 구하시오.

패턴 02 [데이터]-[가상 분석]-[목표값 찾기]

❶ 목표값 찾기 – 「H11」 셀에 가정 어린이집의 인원 평균을 구하시오. 단, 조건은 입력데이터를 이용하시오(DAVERAGE 함수). ❷ 가정 어린이집의 인원 평균이 '20'이 되려면 ABC 어린이집의 인원이 얼마가 되어야 하는지 목표값을 구하시오.

패턴 03 [데이터]-[가상 분석]-[목표값 찾기]

❶ 목표값 찾기 – 「H11」 셀에 월임대료(단위:원)의 전체 평균을 구하시오(AVERAGE 함수). ❷ '월임대료(단위:원)의 전체 평균'이 '1,000,000'이 되려면 GNB영어의 월임대료(단위:원)가 얼마가 되어야 하는지 목표값을 구하시오.

패턴 04 [데이터]-[가상 분석]-[목표값 찾기]

❶ 목표값 찾기 – 「H11」 셀에 전월매출의 전체 평균을 구하시오(AVERAGE 함수). ❷ '전월매출 전체 평균'이 '9,100'이 되려면 상동점의 전월매출이 얼마가 되어야 하는지 목표값을 구하시오.

패턴 05 [데이터]-[가상 분석]-[목표값 찾기]

❶ 목표값 찾기 – 「H11」 셀에 밑반찬의 판매수량 평균을 구하시오. 단, 조건은 입력데이터를 이용하시오(DAVERAGE 함수). ❷ '밑반찬의 판매수량 평균'이 '205'가 되려면 우엉조림의 판매수량이 얼마가 되어야 하는지 목표값을 구하시오.

패턴 06 [데이터]-[가상 분석]-[목표값 찾기]

❶ 목표값 찾기 – 「H11」 셀에 어썸봇 브랜드의 판매수량(단위:개) 평균을 구하시오. 단, 조건은 입력데이터를 이용하시오(DAVERAGE 함수). ❷ '어썸봇 브랜드의 판매수량(단위:개) 평균'이 '2,400'이 되려면 어썸보드의 판매수량(단위:개)이 얼마가 되어야 하는지 목표값을 구하시오.

패턴 07 [데이터]-[가상 분석]-[목표값 찾기]

❶ 목표값 찾기 – 「H11」 셀에 흡입전용의 판매가격(단위:원) 평균을 구하시오. 단, 조건은 입력데이터를 이용하시오(DAVERAGE 함수). ❷ '흡입전용의 판매가격(단위:원) 평균'이 '500,000'이 되려면 코드제로 R9의 판매가격(단위:원)이 얼마가 되어야 하는지 목표값을 구하시오.

패턴 08 [데이터]-[가상 분석]-[목표값 찾기]

❶ 목표값 찾기 – 「H11」 셀에 판매가 전체 평균을 구하시오(AVERAGE 함수). ❷ '판매가 전체 평균'이 '4,600,000'이 되려면 아반떼X의 판매가가 얼마가 되어야 하는지 목표값을 구하시오.

☑ **실습파일** : 패턴05-2(유형2_문제).xlsx ☑ **완성파일** : 패턴05-2(유형2_완성).xlsx

패턴 01 [데이터]-[고급]

❶ 고급필터 – 제품코드가 'B'로 시작하거나, 소비전력(W)이 '100' 이하인 자료의 모델명, 방식, 제조사, 가격 데이터만 추출하시오. ❷ 조건 범위 : 「B14」 셀부터 입력하시오. ❸ 복사 위치 : 「B18」 셀부터 나타나도록 하시오.

패턴 02 [데이터]-[고급]

❶ 고급 필터 – 지역이 '서울'이거나 정원(단위:명)이 '50' 이하인 자료의 데이터만 추출하시오. ❷ 조건 범위 : 「B14」 셀부터 입력하시오. ❸ 복사 위치 : 「B18」 셀부터 나타나도록 하시오.

패턴 03 [데이터]-[고급]

❶ 고급 필터 – 구분이 '편의시설'이거나, 실평수가 '15' 미만인 자료의 임대코드, 입주상가, 월임대료(단위:원), 입주일 데이터만 추출하시오. ❷ 조건 범위 : 「B14」 셀부터 입력하시오. ❸ 복사 위치 : 「B18」 셀부터 나타나도록 하시오.

패턴 04 [데이터]-[고급]

❶ 고급 필터 – 지역이 '서울'이 아니면서 매장규모(제곱미터)가 '40' 이하인 자료의 매장명, 개점일, 개설비용(단위:십만원), 전월매출 데이터만 추출하시오. ❷ 조건 범위 : 「B14」 셀부터 입력하시오. ❸ 복사 위치 : 「B18」 셀부터 나타나도록 하시오.

패턴 05 [데이터]-[고급]

❶ 고급 필터 – 분류가 '김치'가 아니면서 마진율이 '35%' 미만인 자료의 데이터만 추출하시오. ❷ 조건 범위 : 「B14」 셀부터 입력하시오. ❸ 복사 위치 : 「B18」 셀부터 나타나도록 하시오.

패턴 06 [데이터]-[고급]

❶ 고급 필터 – 분류가 '센서' 이면서, 판매수량(단위:개)이 '2,500' 이하인 자료의 데이터만 추출하시오. ❷ 조건 범위 : 「B14」 셀부터 입력하시오. ❸ 복사 위치 : 「B18」 셀부터 나타나도록 하시오.

패턴 07 [데이터]-[고급]

❶ 고급필터 – 제조회사가 '샤오미'가 아니면서 상품리뷰(단위:개)가 '200' 이상인 자료의 데이터만 추출하시오. ❷ 조건 범위 : 「B14」 셀부터 입력하시오. ❸ 복사 위치 : 「B18」 셀부터 나타나도록 하시오.

패턴 08 [데이터]-[고급]

❶ 고급필터 – 제조사가 'M'으로 끝나거나, 주행거리(km)가 '50,000' 이상인 자료의 관리코드, 차종, 주행거리(km), 판매가 데이터만 추출하시오. ❷ 조건 범위 : 「B14」 셀부터 입력하시오. ❸ 복사 위치 : 「B18」 셀부터 나타나도록 하시오.

[제3작업] 유형1_피벗테이블

[배점] 80점 (500점 만점)

☞ "제1작업" 시트를 이용하여 "제3작업" 시트에 조건에 따라《출력형태》와 같이 작업하시오.

《조건》

⑴ 요금 및 관람기기별 영화명의 개수와 관람인원(단위:명)의 평균을 구하시오.

⑵ 요금을 그룹화하고, 관람기기를《출력형태》와 같이 정렬하시오.

⑶ 레이블이 있는 셀 병합 및 가운데 맞춤 적용 및 빈 셀은 '***'로 표시하시오.

⑷ 행의 총합계는 지우고, 나머지 사항은《출력형태》에 맞게 작성하시오.

《출력형태》

요금	관람기기 태블릿 개수 : 영화명	평균 : 관람인원(단위:명)	스마트폰 개수 : 영화명	평균 : 관람인원(단위:명)	노트북 개수 : 영화명	평균 : 관람인원(단위:명)
4001-8000	1	2,948	***	***	***	***
8001-12000	2	1,571	3	2,225	1	1,120
12001-16000	***	***	***	***	1	1,450
총합계	3	2,030	3	2,225	2	1,285

범위 및 삽입 위치 지정 > 피벗 테이블 작성 > 그룹 및 정렬 > 피벗 테이블 옵션 및 서식 지정

Check 01 피벗 테이블 작성 : [제3작업] 시트 [B2]셀에 피벗 테이블을 작성해요!

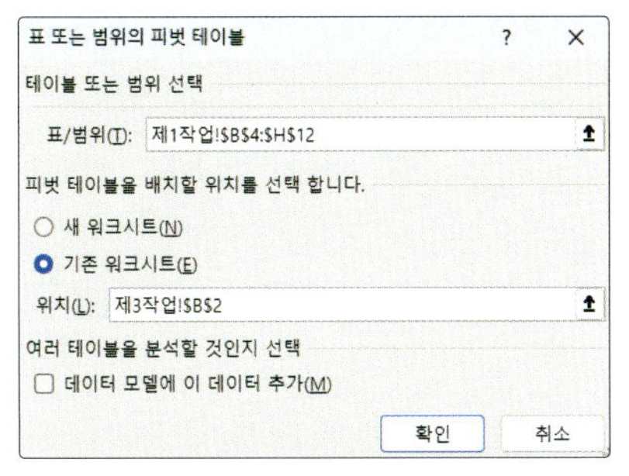

피벗 테이블 범위 및 삽입 위치 지정

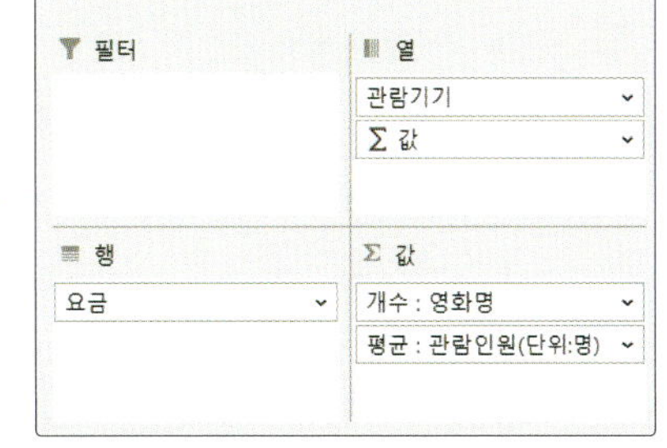

필드를 드래그하여 피벗 테이블 작성

Check 02 그룹 및 정렬 : 행 필드를 그룹으로 지정한 후 열 필드를 정렬해요!

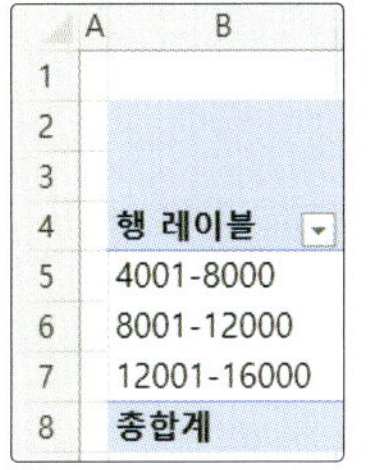

행 필드 그룹 지정

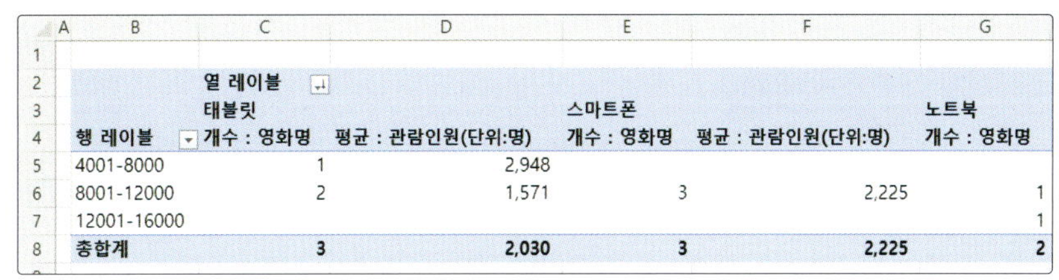

열 필드 정렬

Check 03 옵션 및 서식 지정 : 피벗 테이블 옵션 및 서식을 지정해요!

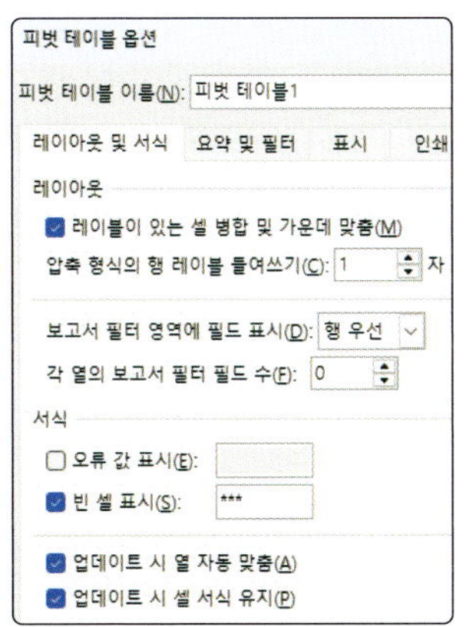

피벗 테이블 옵션 지정

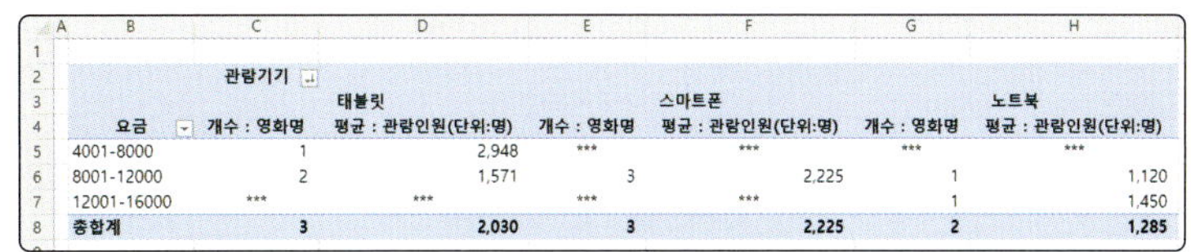

맞춤 및 쉼표 스타일 지정

피벗 테이블 작성

☞ "제1작업" 시트를 이용하여 "제3작업" 시트에 조건에 따라 《출력형태》와 같이 작업하시오.
(1) 요금 및 관람기기별 영화명의 개수와 관람인원(단위:명)의 평균을 구하시오.

1 06차시_유형1(문제).xlsx 파일을 불러와 [제1작업] 시트를 클릭합니다. [B4:H12]를 드래그한 후 [삽입] 탭에서 [피벗 테이블]을 클릭합니다.

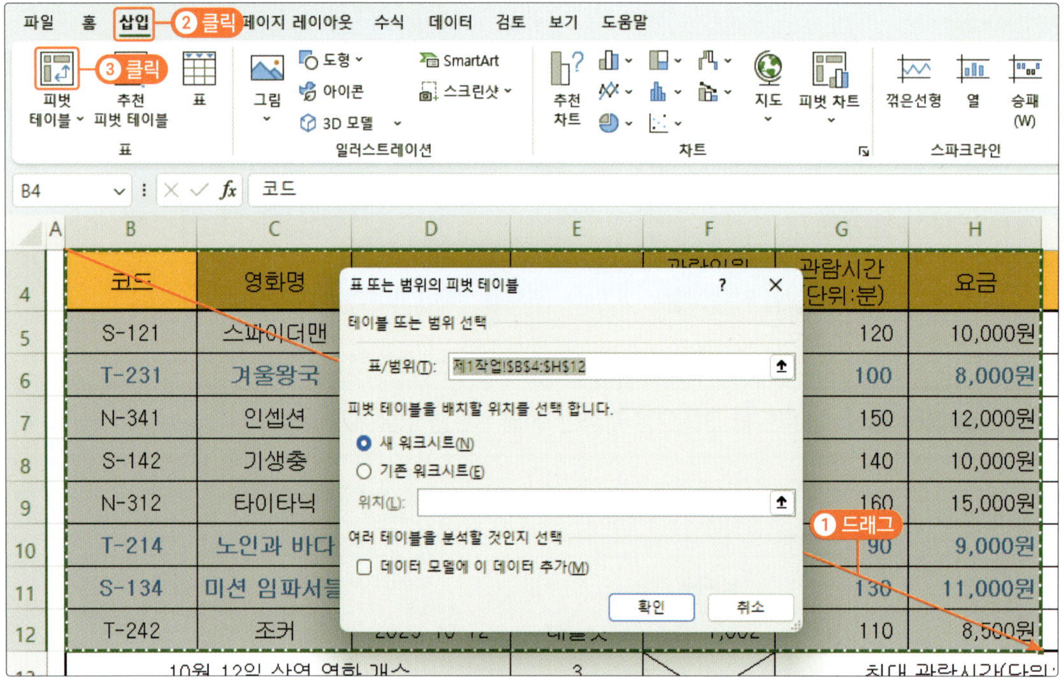

2 [표 또는 범위의 피벗 테이블] 대화상자에서 **기존 워크시트**를 선택한 후 위치 칸에 [제3작업] 시트의 [B2] 셀을 선택합니다.

★ [B4:H12]를 영역으로 지정했기 때문에 '표/범위(제1작업!$B$4:$H$12)'는 자동으로 지정돼요.

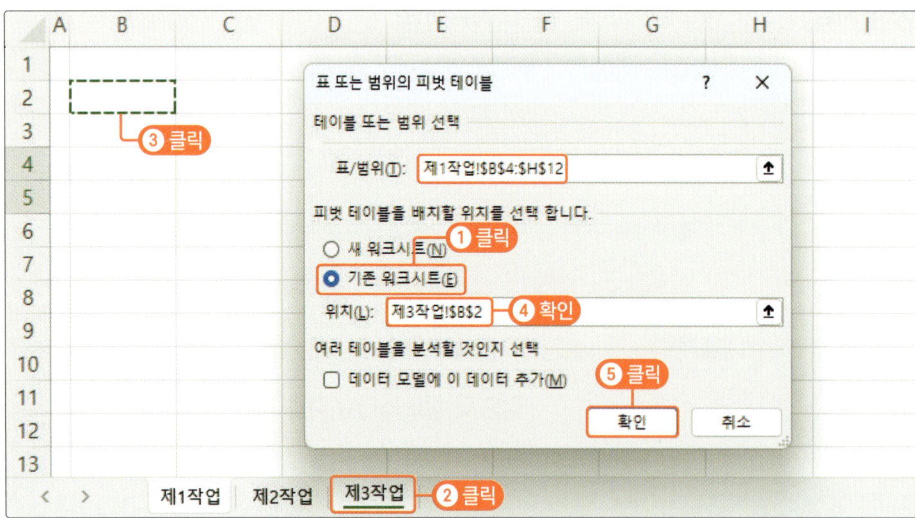

3 오른쪽 [피벗 테이블 필드] 작업 창에서 **요금**을 **행** 영역으로 드래그합니다.

★ 문제지의 《출력형태》를 참고하여 필드를 각각의 영역으로 드래그하세요.

Level UP 피벗 테이블 필드 활성화

[피벗 테이블 필드] 작업 창이 활성화되지 않으면 [피벗 테이블 분석] 탭에서 [필드 목록]을 클릭합니다.

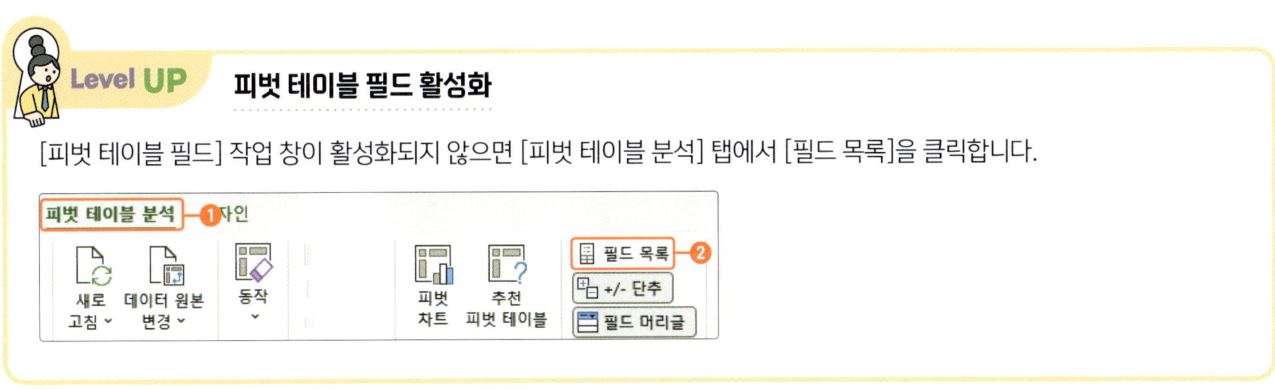

4 같은 방법으로 **관람기기**는 **열** 영역으로, **영화명**과 **관람인원(단위:명)**은 **값** 영역으로 드래그합니다.

★ 값 영역에 추가되는 필드는 순서('영화명' → '관람인원(단위:명)')가 바뀌지 않도록 주의해 주세요.

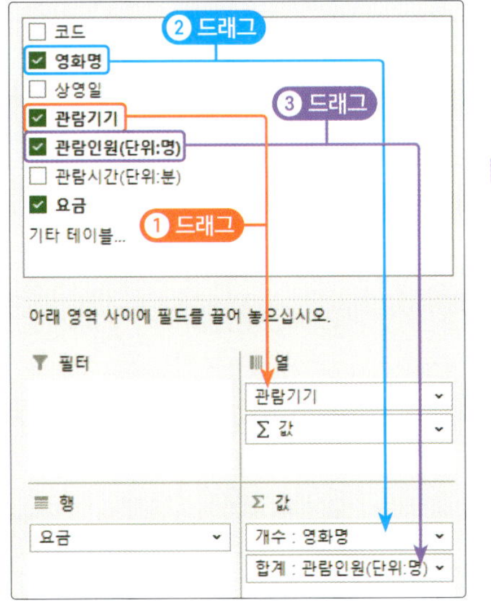

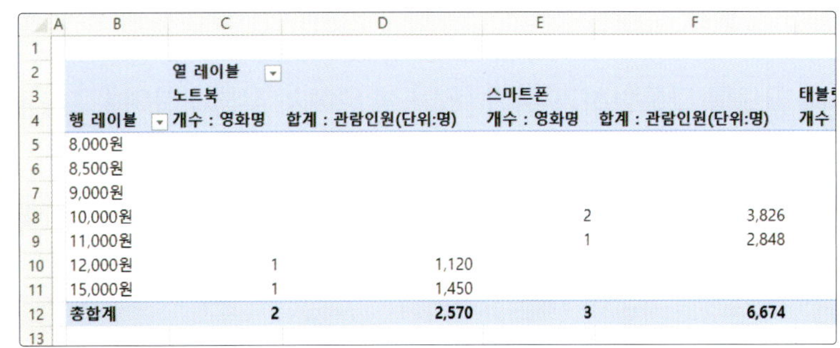

Level UP 필드 삭제

삭제할 필드를 워크시트 쪽으로 드래그합니다.

값 필드 설정 및 그룹 지정, 열 레이블 정렬

(1) 요금 및 관람기기별 영화명의 개수와 관람인원(단위:명)의 평균을 구하시오.
(2) 요금을 그룹화하고, 관람기기를 《출력형태》와 같이 정렬하시오.

1 값 영역에서 **합계 : 관람인원(단위:명)**을 클릭한 후 **[값 필드 설정]**을 선택합니다.

2 [값 필드 설정] 대화상자의 [값 요약 기준] 탭에서 **평균**을 선택한 후 '평균 : 관람인원' 뒤쪽에 **(단위:명)**을 입력합니다.

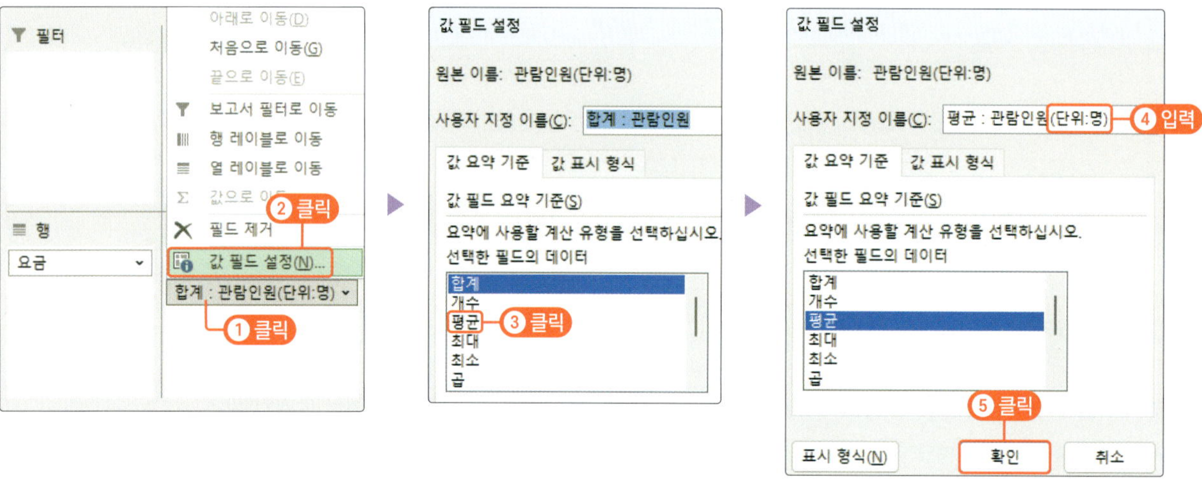

3 변경된 함수와 필드명을 확인합니다.

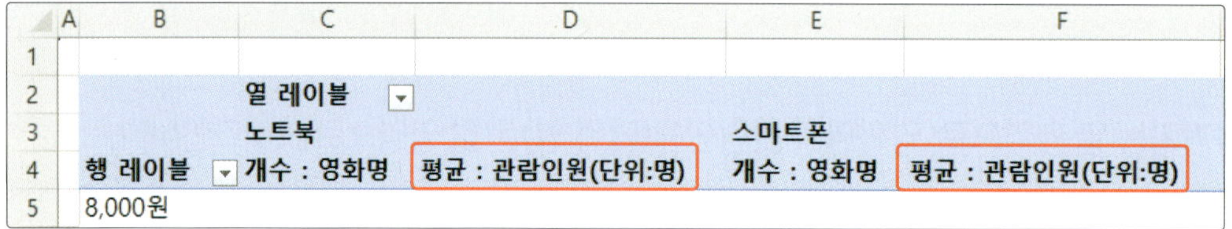

4 행 필드를 그룹화하기 위해 [B5] 셀 위에서 우클릭하여 [그룹]을 클릭합니다. [그룹화] 대화상자에서 **시작(4001), 끝(16000), 단위(4000)**를 입력합니다.

★ 문제지의 《출력형태》를 참고하여 그룹을 지정해요.

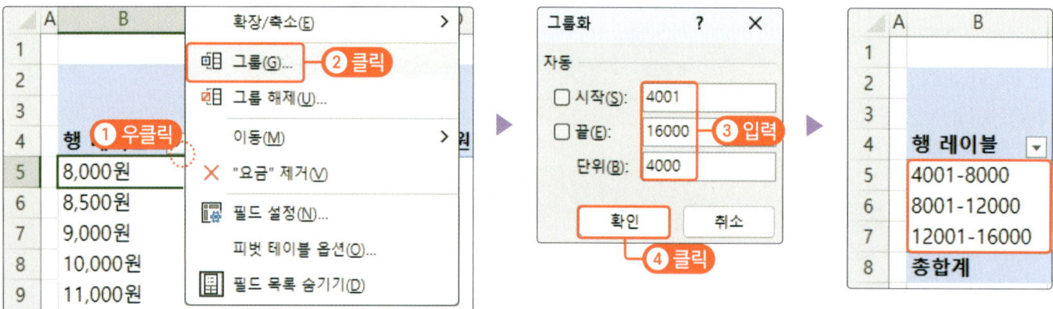

❶ 그룹화 작업은 '숫자(시작, 끝, 단위)'와 '날짜(분기, 월, 일)'가 자주 출제됩니다.

❷ 날짜 그룹화는 단위(일, 월, 분기, 연)를 선택하면 되지만 숫자 그룹화는 '최소값', '최대값', '단위'를 판단하여 직접 값을 입력해야 합니다.
　– 시작(최소값) : 4001, 끝(최대값) : 16000, 단위(4001~8000) : 4000
　– 단위 구분 : 오단위(1~5, 7~11), 십단위(1~10, 15~24, 1~20), 백단위(1~100, 51~150, 1~200), 천단위
　　　　　　 (1~1000, 1~2000)

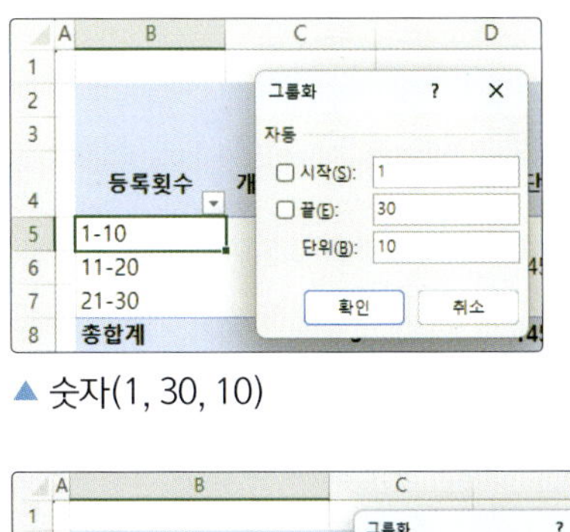

▲ 숫자(1, 30, 10)

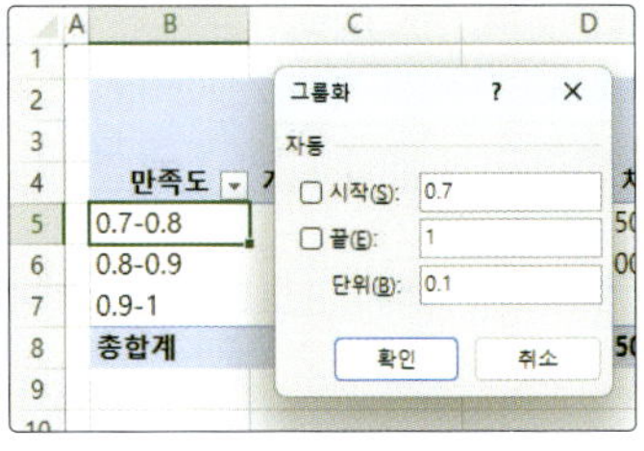

▲ 숫자(0.7, 1, 0.1)

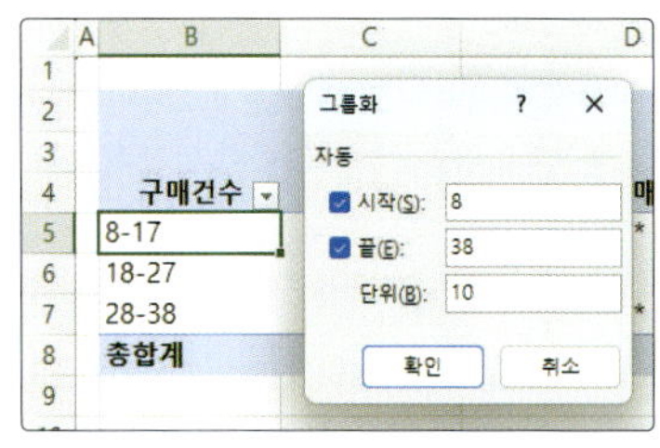

▲ 숫자(8, 38, 10)

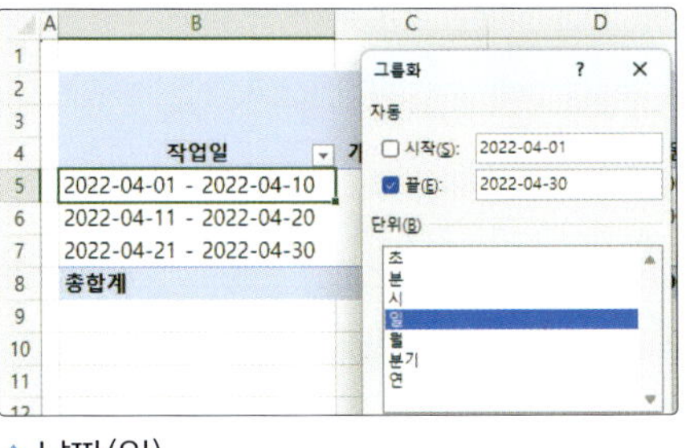

▲ 날짜(일)

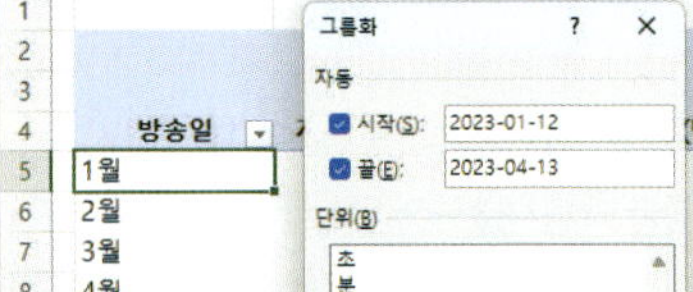

▲ 날짜(월)

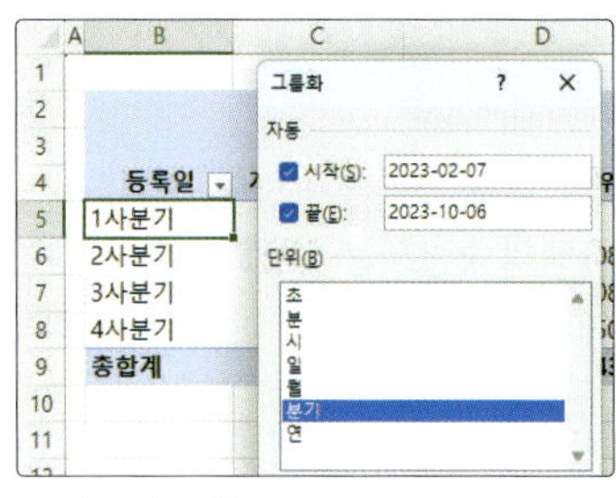

▲ 날짜(분기)

5 열 필드를 정렬하기 위하여 열 레이블의 목록 단추를 눌러 **텍스트 내림차순 정렬**을 클릭합니다.

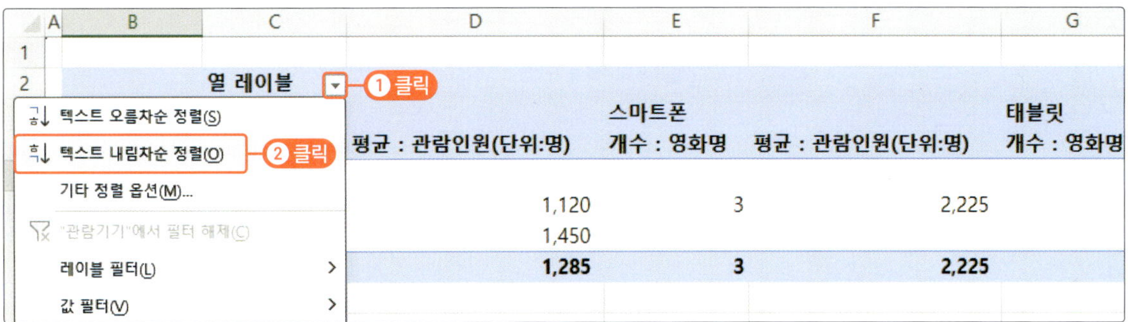

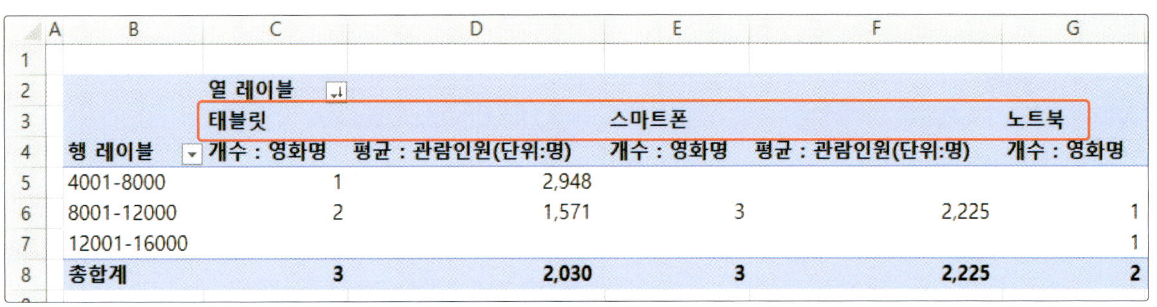

행 레이블	태블릿		스마트폰		노트북	
	개수 : 영화명	평균 : 관람인원(단위:명)	개수 : 영화명	평균 : 관람인원(단위:명)	개수 : 영화명	
4001-8000	1	2,948				
8001-12000	2	1,571	3	2,225	1	
12001-16000					1	
총합계	3	2,030	3	2,225	2	

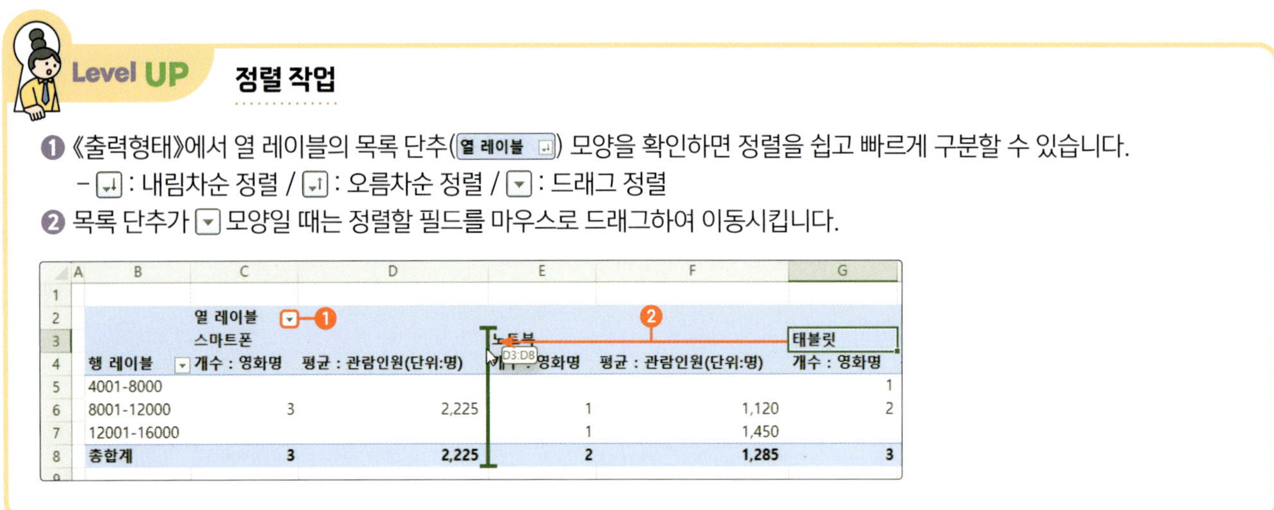

STEP 03 피벗 테이블 옵션 및 서식 지정

(3) 레이블이 있는 셀 병합 및 가운데 맞춤 적용 및 빈 셀은 '★★★'로 표시하시오.
(4) 행의 총합계는 지우고, 나머지 사항은 《출력형태》에 맞게 작성하시오.

1 피벗 테이블 위에서 우클릭하여 [피벗 테이블 옵션]을 선택합니다.

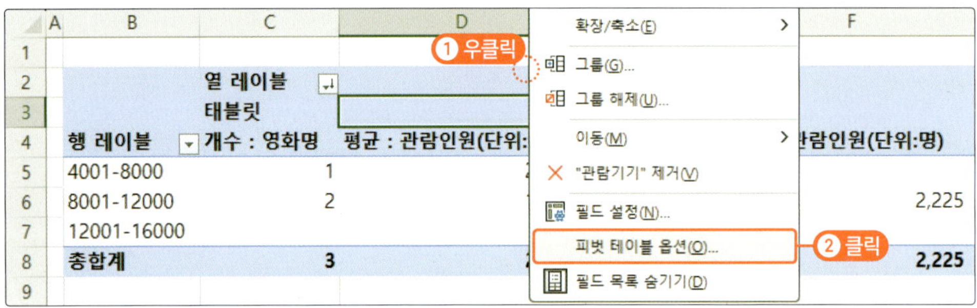

2 [피벗 테이블 옵션] 대화상자의 [레이아웃 및 서식] 탭에서 **레이블이 있는 셀 병합 및 가운데 맞춤**을 선택(✓)한 후 '빈 셀 표시' 칸에 ★★★을 입력합니다. 이어서, [요약 및 필터] 탭을 클릭하여 **행 총합계 표시**의 선택을 해제합니다.

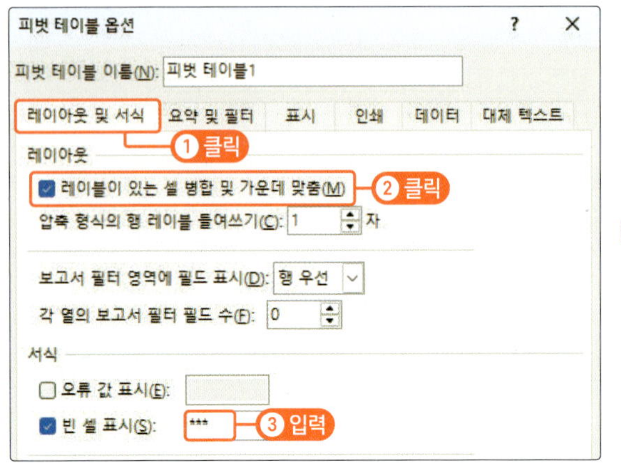

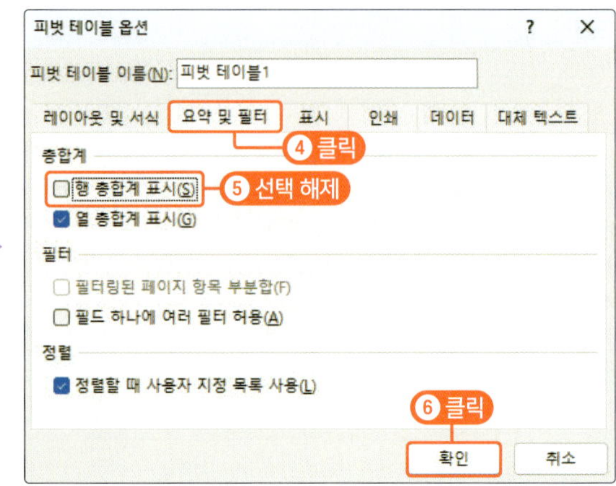

3 피벗 테이블 옵션 지정이 끝나면 문제지의 《출력형태》와 동일한지 확인합니다.

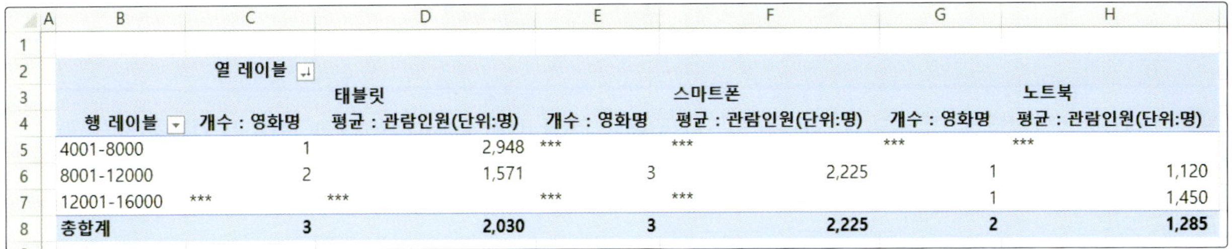

4 열과 행 레이블의 이름을 변경하기 위해 [C2] 셀에 **관람기기**, [B4] 셀에 **요금**을 입력합니다.

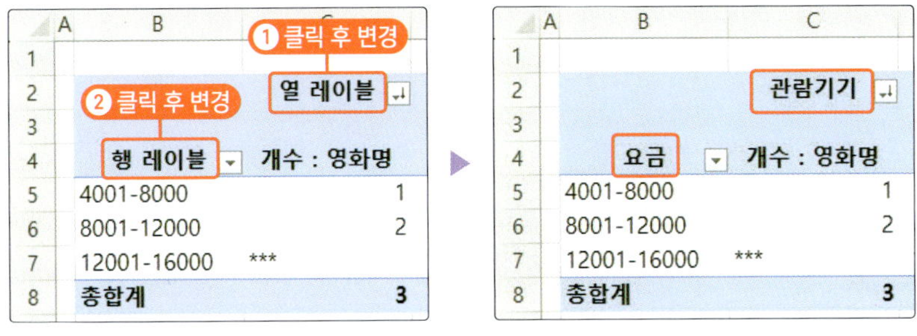

5 기본 서식을 지정하기 위해 [C5:H8]을 드래그한 후 [홈] 탭에서 **가운데 맞춤**과 **쉼표 스타일**을 클릭합니다.

★ 문제지의 《출력형태》를 참고하여 필요한 서식을 지정해요.

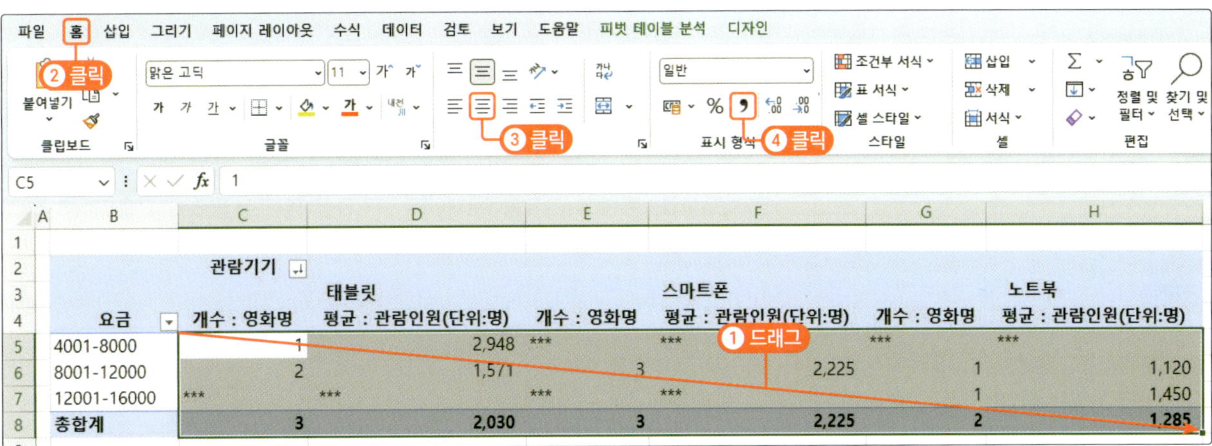

6 작업이 완료되면 [저장(💾)]을 클릭하거나, Ctrl + S 를 눌러 답안 파일을 저장합니다.

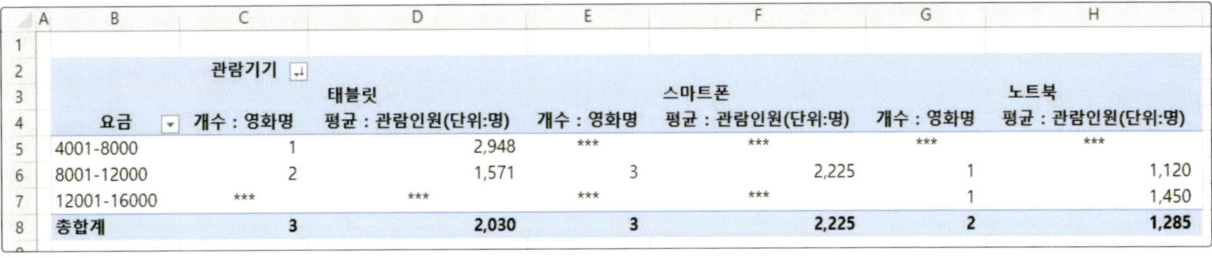

출제 유형 정리

 **1** "제1작업" 시트를 이용하여 "제3작업" 시트에 조건에 따라 《출력형태》와 같이 작업하시오.

⊘ **실습파일** : 유형06-1_유형1(문제).xlsx   ⊘ **완성파일** : 유형06-1_유형1(완성).xlsx

《조건》

(1) 만족도 및 서비스유형별 서비스명의 개수와 월간 처리량의 평균을 구하시오.
(2) 만족도를 그룹화하고, 서비스유형을 《출력형태》와 같이 정렬하시오.
(3) 레이블이 있는 셀 병합 및 가운데 맞춤 적용 및 빈 셀은 '**'로 표시하시오.
(4) 행의 총합계는 지우고, 나머지 사항은 《출력형태》에 맞게 작성하시오.

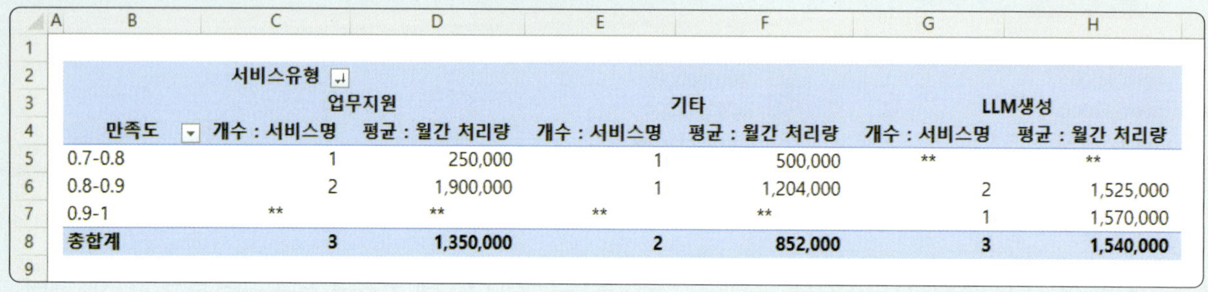

만족도	서비스유형						
	업무지원		기타		LLM생성		
	개수 : 서비스명	평균 : 월간 처리량	개수 : 서비스명	평균 : 월간 처리량	개수 : 서비스명	평균 : 월간 처리량
0.7-0.8	1	250,000	1	500,000	**	**
0.8-0.9	2	1,900,000	1	1,204,000	2	1,525,000
0.9-1	**	**	**	**	1	1,570,000
총합계	3	1,350,000	2	852,000	3	1,540,000

 **2** "제1작업" 시트를 이용하여 "제3작업" 시트에 조건에 따라 《출력형태》와 같이 작업하시오.

⊘ **실습파일** : 유형06-2_유형1(문제).xlsx   ⊘ **완성파일** : 유형06-2_유형1(완성).xlsx

《조건》

(1) 등록횟수 및 등록경로별 회원명의 개수와 등록비(단위:원)의 평균을 구하시오.
(2) 등록횟수를 그룹화하고, 등록경로를 《출력형태》와 같이 정렬하시오.
(3) 레이블이 있는 셀 병합 및 가운데 맞춤 적용 및 빈 셀은 '**'로 표시하시오.
(4) 행의 총합계는 지우고, 나머지 사항은 《출력형태》에 맞게 작성하시오.

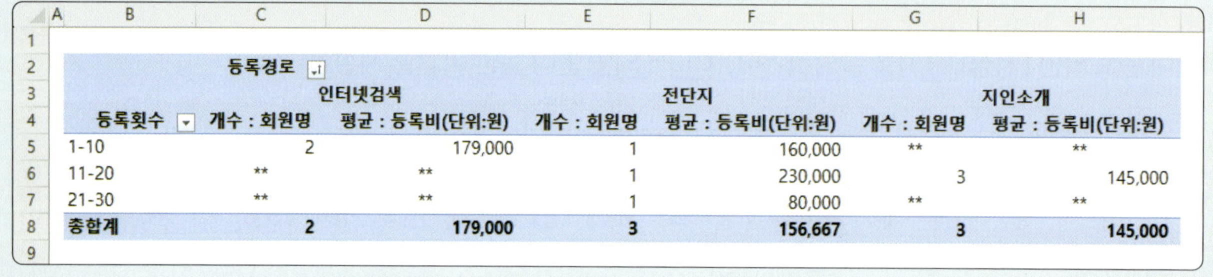

등록횟수	등록경로						
	인터넷검색		전단지		지인소개		
	개수 : 회원명	평균 : 등록비(단위:원)	개수 : 회원명	평균 : 등록비(단위:원)	개수 : 회원명	평균 : 등록비(단위:원)
1-10	2	179,000	1	160,000	**	**
11-20	**	**	1	230,000	3	145,000
21-30	**	**	1	80,000	**	**
총합계	2	179,000	3	156,667	3	145,000

3 **"제1작업" 시트를 이용하여 "제3작업" 시트에 조건에 따라 《출력형태》와 같이 작업하시오.**

⊘ **실습파일** : 유형06-3_유형1(문제).xlsx ⊘ **완성파일** : 유형06-3_유형1(완성).xlsx

《조건》

(1) 상품가격(단위:원) 및 제조사별 상품명의 개수와 판매수량의 평균을 구하시오.
(2) 상품가격(단위:원)을 그룹화하고, 제조사를 《출력형태》와 같이 정렬하시오.
(3) 레이블이 있는 셀 병합 및 가운데 맞춤 적용 및 빈 셀은 '***'로 표시하시오.
(4) 행의 총합계는 지우고, 나머지 사항은 《출력형태》에 맞게 작성하시오.

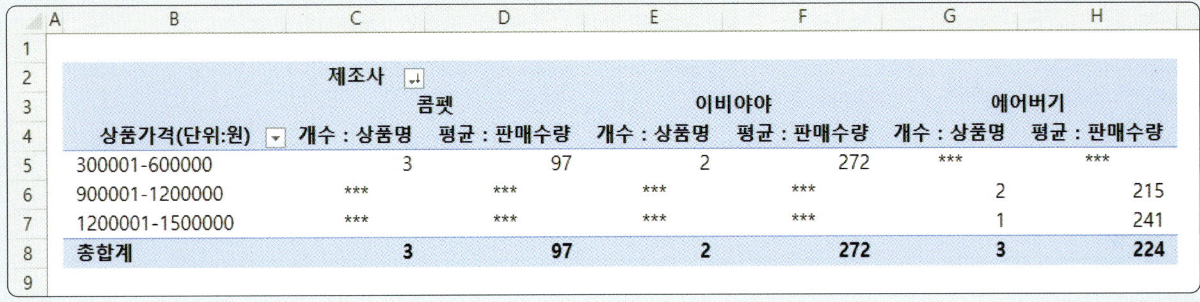

	제조사						
		콤펫		이비야야		에어버기	
상품가격(단위:원)	개수 : 상품명	평균 : 판매수량	개수 : 상품명	평균 : 판매수량	개수 : 상품명	평균 : 판매수량
300001-600000	3	97	2	272	***	***
900001-1200000	***	***	***	***	2	215
1200001-1500000	***	***	***	***	1	241
총합계	3	97	2	272	3	224

4 **"제1작업" 시트를 이용하여 "제3작업" 시트에 조건에 따라 《출력형태》와 같이 작업하시오.**

⊘ **실습파일** : 유형06-4_유형1(문제).xlsx ⊘ **완성파일** : 유형06-4_유형1(완성).xlsx

《조건》

(1) 최고월매출(단위:원) 및 지역별 가맹점명의 개수와 최고일매출(단위:원)의 평균을 구하시오.
(2) 최고월매출(단위:원)을 그룹화하고, 지역을 《출력형태》와 같이 정렬하시오.
(3) 레이블이 있는 셀 병합 및 가운데 맞춤 적용 및 빈 셀은 '***'로 표시하시오.
(4) 행의 총합계는 지우고, 나머지 사항은 《출력형태》에 맞게 작성하시오.

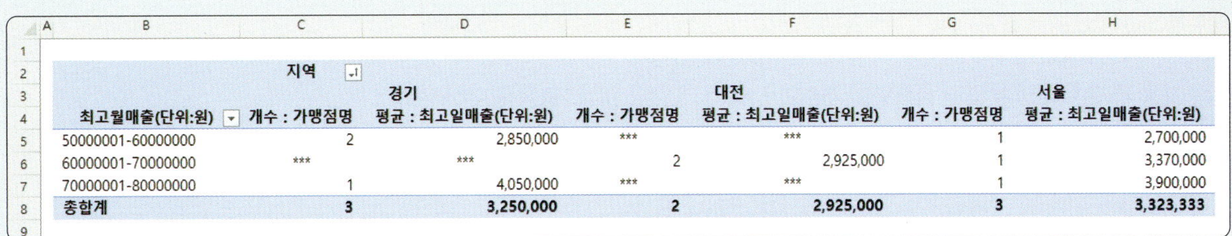

	지역						
		경기		대전		서울	
최고월매출(단위:원)	개수 : 가맹점명	평균 : 최고일매출(단위:원)	개수 : 가맹점명	평균 : 최고일매출(단위:원)	개수 : 가맹점명	평균 : 최고일매출(단위:원)
50000001-60000000	2	2,850,000	***	***	1	2,700,000
60000001-70000000	***	***	2	2,925,000	1	3,370,000
70000001-80000000	1	4,050,000	***	***	1	3,900,000
총합계	3	3,250,000	2	2,925,000	3	3,323,333

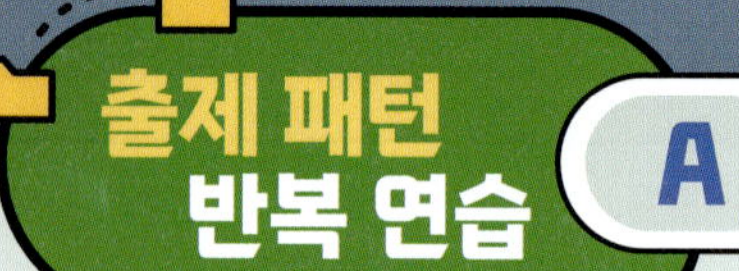

A 조건에 맞추어 각 시트에 피벗 테이블을 작성해 보세요.

⊘ 실습파일 : 패턴06-1(유형1_문제).xlsx ⊘ 완성파일 : 패턴06-1(유형1_완성).xlsx

패턴 01 [피벗 테이블 분석]-[필드 목록]

❶ 등록일 및 등록경로별 회원명의 개수와 등록비(단위:원)의 평균을 구하시오.
❷ 등록일을 그룹화하고, 등록경로를 《출력형태》와 같이 정렬하시오.
❸ 레이블이 있는 셀 병합 및 가운데 맞춤 적용 및 빈 셀은 '***'로 표시하시오.
❹ 행의 총합계는 지우고, 나머지 사항은 《출력형태》에 맞게 작성하시오.

| 등록경로 ↴ | 홈페이지 | | 카톡채널 | | 밴드 | |
등록일 ▼	개수 : 회원명	평균 : 등록비(단위:원)	개수 : 회원명	평균 : 등록비(단위:원)	개수 : 회원명	평균 : 등록비(단위:원)
1사분기	***	***	2	195,000	***	***
2사분기	1	308,000	1	80,000	***	***
3사분기	2	108,500	***	***	1	218,000
4사분기	1	50,000	***	***	***	***
총합계	4	143,750	3	156,667	1	218,000

패턴 02 [피벗 테이블 분석]-[필드 목록]

❶ 방송일 및 분류별 상품명의 개수와 판매수량(단위:대)의 평균을 구하시오.
❷ 방송일을 그룹화하고, 분류를 《출력형태》와 같이 정렬하시오.
❸ 레이블이 있는 셀 병합 및 가운데 맞춤 적용 및 빈 셀은 '***'로 표시하시오.
❹ 행의 총합계는 지우고, 나머지 사항은 《출력형태》에 맞게 작성하시오.

| 분류 ▼ | 냉장고 | | TV | | 세탁기 | |
방송일 ▼	개수 : 상품명	평균 : 판매수량(단위:대)	개수 : 상품명	평균 : 판매수량(단위:대)	개수 : 상품명	평균 : 판매수량(단위:대)
1월	1	1,788	1	854	***	***
2월	***	***	1	2,167	1	4,456
3월	1	2,344	***	***	1	3,012
4월	2	1,405	***	***	***	***
총합계	4	1,735	2	1,511	2	3,734

패턴 03 [피벗 테이블 분석]-[필드 목록]

❶ 탑승 가능 무게(kg) 및 분류별 상품명의 개수와 상품가격(단위:원)의 평균을 구하시오.
❷ 탑승 가능 무게(kg)를 그룹화하고, 분류를 《출력형태》와 같이 정렬하시오.
❸ 레이블이 있는 셀 병합 및 가운데 맞춤 적용 및 빈 셀은 '*'로 표시하시오.
❹ 행의 총합계는 지우고, 나머지 사항은 《출력형태》에 맞게 작성하시오.

| 분류 ↴ | 1인승 | | 2인승 | | 3인승 | |
탑승 가능 무게(kg) ▼	개수 : 상품명	평균 : 상품가격(단위:원)	개수 : 상품명	평균 : 상품가격(단위:원)	개수 : 상품명	평균 : 상품가격(단위:원)
15-21	3	389,667	2	593,000	*	*
22-28	*	*	*	*	2	584,500
29-35	*	*	*	*	1	623,000
총합계	3	389,667	2	593,000	3	597,333

⊙ 실습파일 : 패턴06-2(유형1_문제).xlsx ⊙ 완성파일 : 패턴06-2(유형1_완성).xlsx

패턴 04 [피벗 테이블 분석]-[필드 목록]

❶ 대여 수량 및 분류별 제품명의 개수와 대여가격(단위:원)의 최대값을 구하시오.

❷ 대여 수량을 그룹화하고, 분류를 《출력형태》와 같이 정렬하시오.

❸ 레이블이 있는 셀 병합 및 가운데 맞춤 적용 및 빈 셀은 '***'로 표시하시오.

❹ 행의 총합계는 지우고, 나머지 사항은 《출력형태》에 맞게 작성하시오.

	분류 ▼						
		테이블			원터치텐트		타프
대여 수량 ▼	개수 : 제품명	최대값 : 대여가격(단위:원)	개수 : 제품명	최대값 : 대여가격(단위:원)	개수 : 제품명	최대값 : 대여가격(단위:원)
1-600	1	36,000	1	33,000	***	***
601-1200	***	***	1	16,500	1	25,000
1201-1800	1	21,000	1	12,500	***	***
1801-2400	1	14,500	***	***	1	10,000
총합계	3	36,000	3	33,000	2	25,000

패턴 05 [피벗 테이블 분석]-[필드 목록]

❶ 댓글개수 및 분류별 과목의 개수와 수강인원(단위:명)의 평균을 구하시오.

❷ 댓글개수를 그룹화하고, 분류를 《출력형태》와 같이 정렬하시오.

❸ 레이블이 있는 셀 병합 및 가운데 맞춤 적용 및 빈 셀은 '**'로 표시하시오.

❹ 행의 총합계는 지우고, 나머지 사항은 《출력형태》에 맞게 작성하시오.

	분류 ▼						
		한식			제과제빵		음료
댓글개수 ▼	개수 : 과목	평균 : 수강인원(단위:명)	개수 : 과목	평균 : 수강인원(단위:명)	개수 : 과목	평균 : 수강인원(단위:명)
201-300	**	**	1	31	1	25
301-400	1	50	2	33	1	24
401-500	1	56	1	49	**	**
총합계	2	53	4	37	2	25

패턴 06 [피벗 테이블 분석]-[필드 목록]

❶ 소비전력(W) 및 제조사별 제품명의 개수와 사용면적(제곱미터)의 평균을 구하시오.

❷ 소비전력(W)을 그룹화하고, 제조사를 《출력형태》와 같이 정렬하시오.

❸ 레이블이 있는 셀 병합 및 가운데 맞춤 적용 및 빈 셀은 '***'로 표시하시오.

❹ 행의 총합계는 지우고, 나머지 사항은 《출력형태》에 맞게 작성하시오.

	제조사 ▼						
		LG전자			삼성전자		위닉스
소비전력(W) ▼	개수 : 제품명	평균 : 사용면적(제곱미터)	개수 : 제품명	평균 : 사용면적(제곱미터)	개수 : 제품명	평균 : 사용면적(제곱미터)
201-270	***	***	***	***	1	31
271-340	3	48	1	40	1	31
341-410	***	***	2	57	***	***
총합계	3	48	3	51	2	31

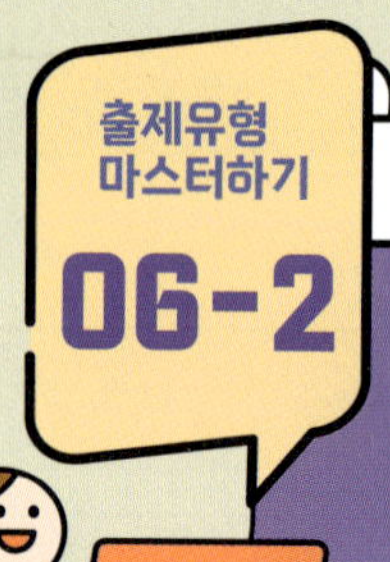

[제3작업] 유형2_정렬 및 부분합

⊘ **실습파일** : 06차시_유형2(문제).xlsx　⊘ **완성파일** : 06차시_유형2(완성).xlsx

[배점] 80점 (500점 만점)

☞ "제1작업" 시트의 「B4:H12」 영역을 복사하여 "제3작업" 시트의 「B2」 셀부터 모두 붙여넣기를 한 후 다음의
　조건과 같이 작업하시오.

《조건》

(1) 부분합 –《출력형태》처럼 정렬하고, 영화명의 개수와 요금의 평균을 구하시오.
(2) 개요 – 지우시오
(3) 나머지 사항은《출력형태》에 맞게 작성하시오.

《출력형태》

	코드	영화명	상영일	관람기기	관람인원 (단위:명)	관람시간 (단위:분)	요금
	N-341	인셉션	2025-10-12	노트북	1,120	150	12,000원
	N-312	타이타닉	2025-10-12	노트북	1,450	160	15,000원
				노트북 평균			13,500원
		2		노트북 개수			
	S-121	스파이더맨	2025-10-10	스마트폰	1,842	120	10,000원
	S-142	기생충	2025-10-16	스마트폰	1,984	140	10,000원
	S-134	미션 임파서블	2025-11-15	스마트폰	2,848	130	11,000원
				스마트폰 평균			10,333원
		3		스마트폰 개수			
	T-231	겨울왕국	2025-11-11	태블릿	2,948	100	8,000원
	T-214	노인과 바다	2025-10-15	태블릿	2,140	90	9,000원
	T-242	조커	2025-10-12	태블릿	1,002	110	8,500원
				태블릿 평균			8,500원
		3		태블릿 개수			
				전체 평균			10,438원
		8		전체 개수			

데이터 복사 › 데이터 정렬 › 1차 부분합 작성 › 2차 부분합 작성 › 개요 지우기

Check 01 데이터 복사 후 정렬 : [제3작업] 시트에 데이터를 복사한 후 정렬을 지정해요.

데이터를 복사하여 [제3작업] 시트에 붙여넣기 & 열 너비 조정   데이터 정렬

Check 02 부분합 작성 : 1차 부분합을 작성한 후 2차 부분합을 작성해요!

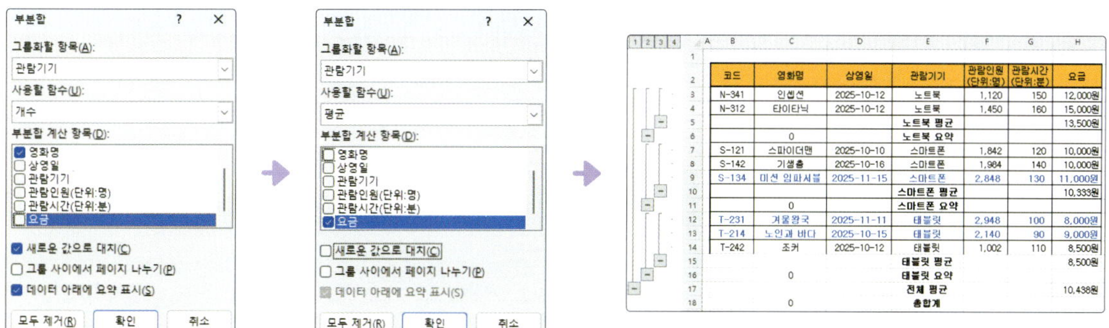

1차 부분합 작성   2차 부분합 작성   부분합 완성

Check 03 개요 지우기 : 부분합이 완성되면 개요를 지워요.

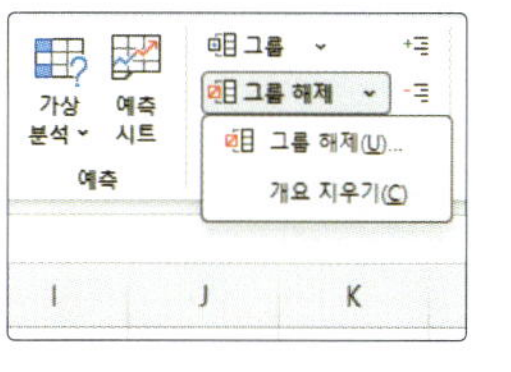

개요 지우기

개요가 지워진 부분합

데이터 복사 및 붙여넣기

☞ "제1작업" 시트의 「B4:H12」 영역을 복사하여 "제3작업" 시트의 「B2」 셀부터 모두 붙여넣기를 한 후 다음의 조건과 같이 작업하시오.

1 06차시_유형2(문제).xlsx 파일을 불러와 [제1작업] 시트를 클릭합니다. 데이터를 복사하기 위해 [B4:H12]를 드래그한 후 Ctrl + C 를 누릅니다.

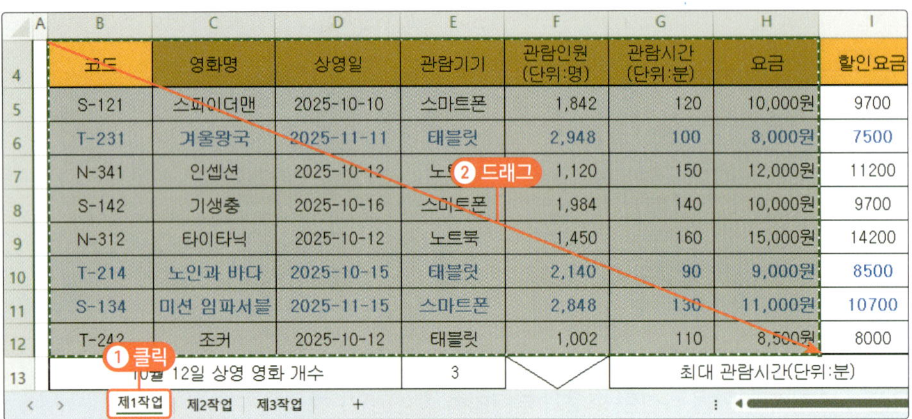

2 데이터를 붙여넣기 위해 [제3작업] 시트의 [B2] 셀을 선택한 후 Ctrl + V 를 누릅니다.

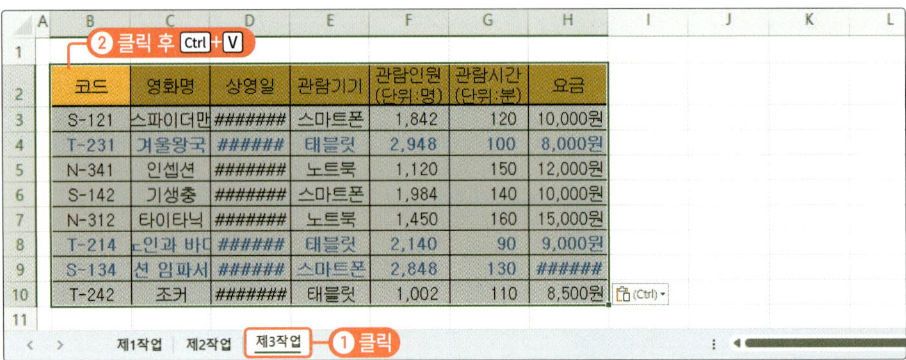

3 글자가 잘리거나 셀 값이 ####으로 보이면 해당 열의 너비를 늘립니다.

★ 열 경계선([C:D], [D:E])을 더블클릭하거나 마우스로 드래그하여 너비를 늘려주세요.

정렬

(1) 부분합 – 《출력형태》처럼 정렬하고, 영화명의 개수와 요금의 평균을 구하시오.

1 정렬 작업을 위해 **관람기기([E2])**를 선택한 후 [데이터] 탭에서 **[텍스트 오름차순 정렬]**을 클릭합니다.

★ 문제지의 《출력형태》에서 부분합으로 그룹화된 항목(관람기기)을 참고하여 '오름차순' 또는 '내림차순'으로 정렬해요.

2 정렬된 데이터의 순서가 《출력형태》와 동일한지 확인합니다.

코드	영화명	상영일	관람기기	관람인원 (단위:명)	관람시간 (단위:분)	요금
N-341	인셉션	2025-10-12	노트북	1,120	150	12,000원
N-312	타이타닉	2025-10-12	노트북	1,450	160	15,000원
S-121	스파이더맨	2025-10-10	스마트폰	1,842	120	10,000원
S-142	기생충	2025-10-16	스마트폰	1,984	140	10,000원
S-134	미션 임파서블	2025-11-15	스마트폰	2,848	130	11,000원
T-231	겨울왕국	2025-11-11	태블릿	2,948	100	8,000원
T-214	노인과 바다	2025-10-15	태블릿	2,140	90	9,000원
T-242	조커	2025-10-12	태블릿	1,002	110	8,500원

Level UP **오름차순 및 내림차순 정렬 순서**

❶ 오름차순 정렬 : 한글(ㄱ, ㄴ, ㄷ…), 숫자(1, 2, 3…), 영문(A, B, C…)
❷ 내림차순 정렬 : 한글(ㅎ, ㅍ, ㅌ…), 숫자(10, 9, 8…), 영문(Z, Y, X…)

STEP 03 부분합

(1) 부분합 - 《출력형태》처럼 정렬하고, 영화명의 개수와 요금의 평균을 구하시오.
(2) 개요 - 지우시오

1 범위([B2:H10]) 내에서 임의의 셀(예 : [B2])을 선택한 후 [데이터] 탭에서 **[부분합]**을 클릭합니다.

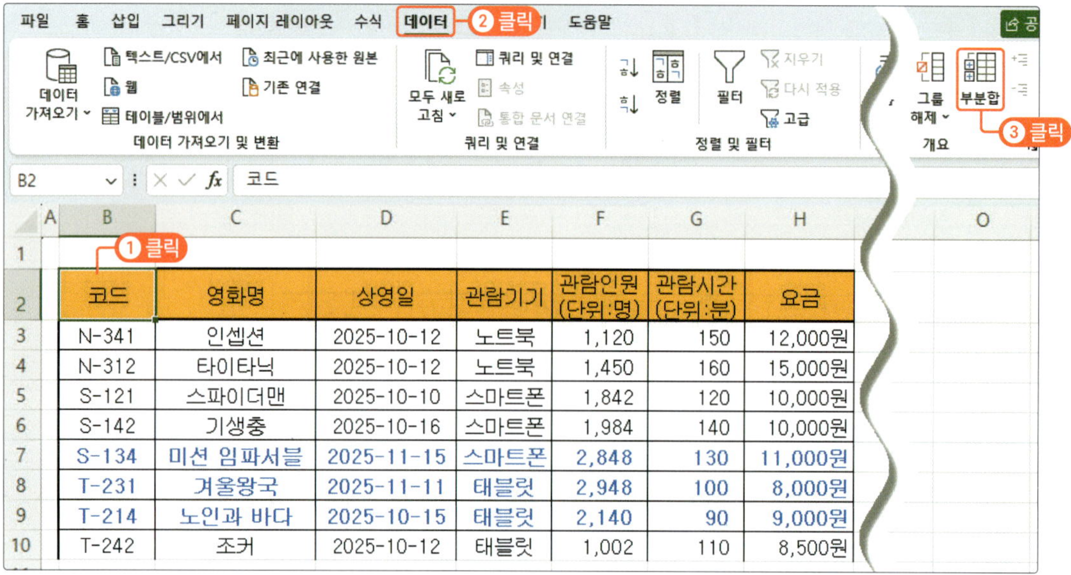

2 [부분합] 대화상자에서 그룹화할 항목(**관람기기**), 사용할 함수(**개수**), 부분합 계산 항목(**영화명**)을 지정합니다.

★ 문제지의 《조건》과 《출력형태》를 참고하여 작업하며, 불필요한 계산 항목(예 : 요금)은 선택을 해제해 주세요.

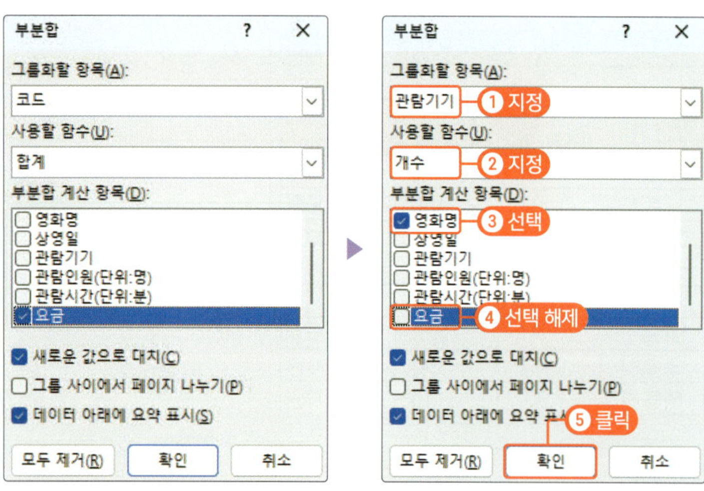

ITQ 꿀팁

부분합을 작성할 때는 《조건》 순서('영화명 개수' → '요금의 평균')대로 작성해요.

Level UP [부분합] 대화상자

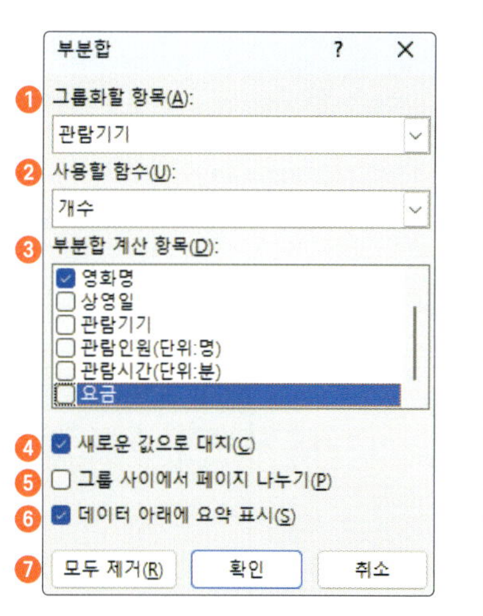

❶ **그룹화할 항목** : 그룹화를 위해 정렬로 지정된 '항목(열)'을 선택합니다.

❷ **사용할 함수** : 부분합에 사용할 '함수'를 선택합니다.

❸ **부분합 계산 항목** : 함수를 이용하여 계산할 '항목(열)'을 선택합니다.

❹ **새로운 값으로 대치** : 부분합 결과를 새로운 값으로 변경하여 표시합니다.

❺ **그룹 사이에서 페이지 나누기** : 부분합 결과를 그룹별 페이지로 나누어 인쇄시
그룹별로 출력합니다.

❻ **데이터 아래에 요약 표시** : 부분합 결과를 아래쪽 또는 위쪽에 표시합니다.

❼ **<모두 제거>** : 부분합을 제거하여 처음 목록 상태로 표시합니다.

3 1차 부분합(영화명 개수) 결과값이 표시되면 2차 부분합(요금 평균)을 작성하기 [데이터] 탭에서 **[부분합]**을 클릭합니다.

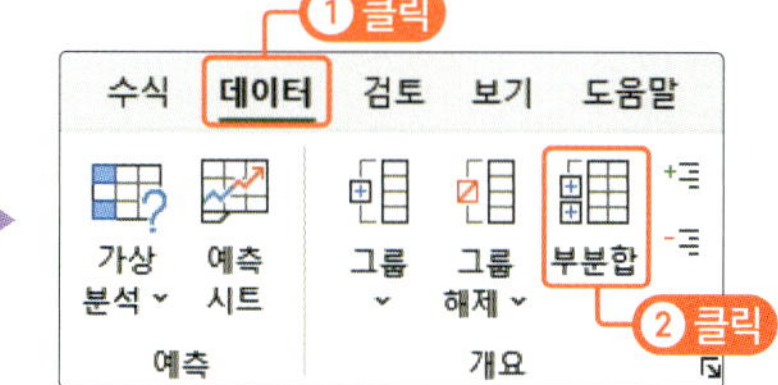

	A	B	C	D	E	F	G	H
2		코드	영화명	상영일	관람기기	관람인원 (단위:명)	관람시간 (단위:분)	요금
3		N-341	인셉션	2025-10-12	노트북	1,120	150	12,000원
4		N-312	타이타닉	2025-10-12	노트북	1,450	160	15,000원
5			2		노트북 개수			
6		S-121	스파이더맨	2025-10-10	스마트폰	1,842	120	10,000원
7		S-142	기생충	2025-10-16	스마트폰	1,984	140	10,000원
8		S-134	미션 임파서블	2025-11-15	스마트폰	2,848	130	11,000원
9			3		스마트폰 개수			
10		T-231	겨울왕국	2025-11-11	태블릿	2,948	100	8,000원
11		T-214	노인과 바다	2025-10-15	태블릿	2,140	90	9,000원
12		T-242	조커	2025-10-12	태블릿	1,002	110	8,500원
13			3		태블릿 개수			
14			8		전체 개수			

4 [부분합] 대화상자에서 그룹화할 항목(**관람기기**), 사용할 함수(**평균**), 부분합 계산 항목(**요금**), 새로운 값으로 대치(**선택 해제**)를 지정합니다.

✿ 2차 부분합 작성 시 '새로운 값으로 대치' 항목과 1차 부분합 계산 항목(영화명)은 선택을 해제해 주세요.

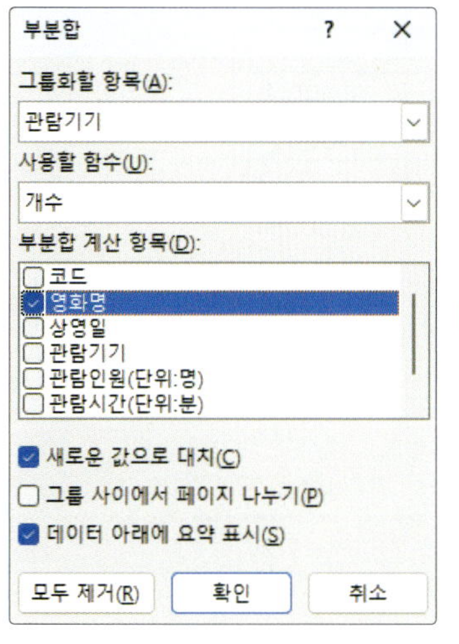
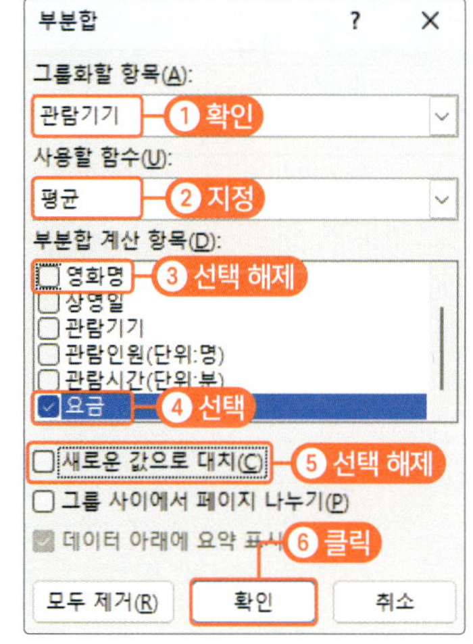

5 부분합이 완성되면 개요를 지우기 위해 [데이터] 탭에서 [그룹 해제]-**[개요 지우기]**를 클릭합니다.

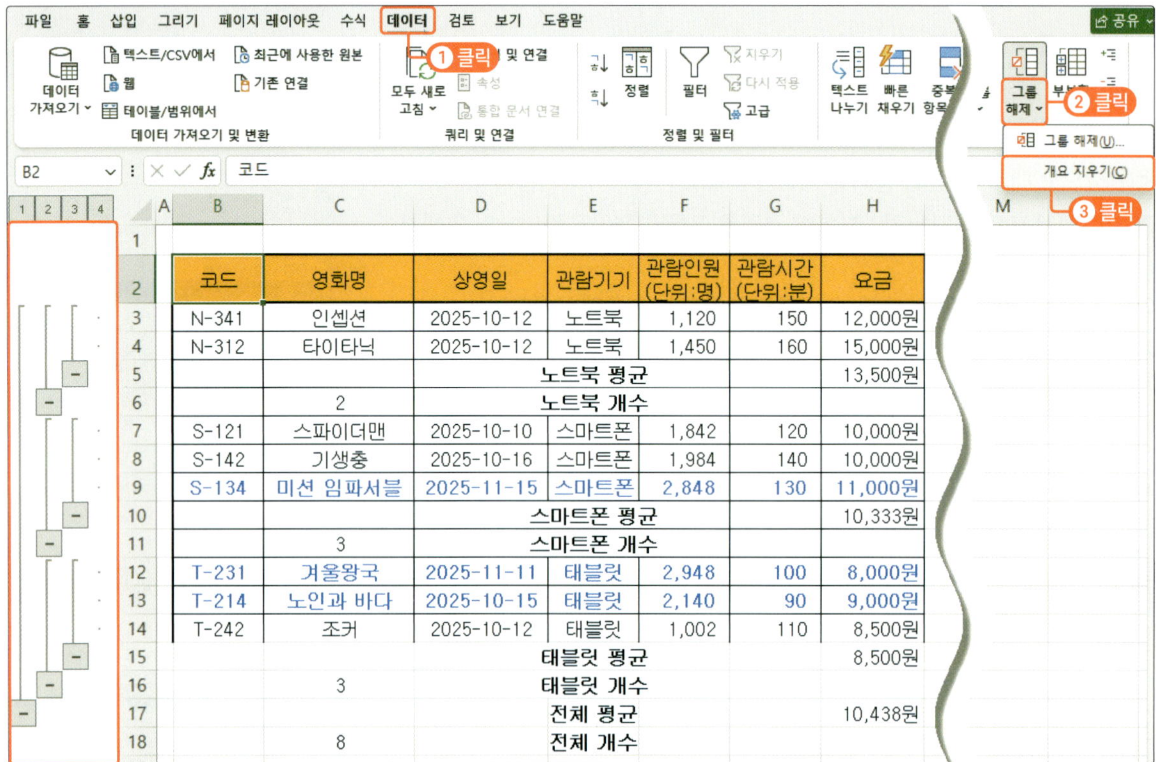

6 개요가 지워지면 [E] 열의 열 너비를 조절한 후 Ctrl+S를 눌러 파일을 저장합니다.

★ 부분합 작성 후 글자가 잘리거나 셀 값이 ####으로 보이면 해당 열의 너비를 늘려주세요.

코드	영화명	상영일	관람기기	관람인원 (단위:명)	관람시간 (단위:분)	요금
N-341	인셉션	2025-10-12	노트북	1,120	150	12,000원
N-312	타이타닉	2025-10-12	노트북	1,450	160	15,000원
			노트북 평균			13,500원
	2		노트북 개수			
S-121	스파이더맨	2025-10-10	스마트폰	1,842	120	10,000원
S-142	기생충	2025-10-16	스마트폰	1,984	140	10,000원
S-134	미션 임파서블	2025-11-15	스마트폰	2,848	130	11,000원
			스마트폰 평균			10,333원
	3		스마트폰 개수			
T-231	겨울왕국	2025-11-11	태블릿	2,948	100	8,000원
T-214	노인과 바다	2025-10-15	태블릿	2,140	90	9,000원
T-242	조커	2025-10-12	태블릿	1,002	110	8,500원
			태블릿 평균			8,500원
	3		태블릿 개수			
			전체 평균			10,438원
	8		전체 개수			

출제 유형 정리

1 "제1작업" 시트의 「B4:H12」 영역을 복사하여 "제3작업" 시트의 「B2」 셀부터 모두 붙여넣기를
한 후 다음의 조건과 같이 작업하시오.

⊘ **실습파일** : 유형06-1_유형2(문제).xlsx　　⊘ **완성파일** : 유형06-1_유형2(완성).xlsx

《조건》

(1) 부분합 –《출력형태》처럼 정렬하고, 서비스명의 개수와 월간 처리량의 평균을 구하시오.
(2) 개요 – 지우시오.
(3) 나머지 사항은《출력형태》에 맞게 작성하시오.

《출력형태》

	서비스코드	서비스명	출시일	서비스유형	월간 처리량	연간 누적 사용자 수	만족도
3	NV-134	클로바X	2023-04-02	업무지원	1,800,000	170,848명	85.2%
4	MS-224	코파일럿	2023-02-07	업무지원	2,000,000	629,652명	85.1%
5	GG-127	팜2	2023-05-10	업무지원	250,000	164,955명	77.6%
6				업무지원 평균	1,350,000		
7		3		업무지원 개수			
8	DB-193	딥브레인AI	2023-02-28	기타	500,000	73,362명	78.9%
9	AP-288	클로드	2023-03-14	기타	1,204,000	89,461명	82.5%
10				기타 평균	852,000		
11		2		기타 개수			
12	OA-274	챗GPT	2022-11-30	LLM생성	2,400,000	251,571명	88.7%
13	GG-382	제미나이	2023-12-06	LLM생성	1,570,000	116,089명	90.0%
14	MT-312	라마	2023-02-24	LLM생성	650,000	153,678명	81.0%
15				LLM생성 평균	1,540,000		
16		3		LLM생성 개수			
17				전체 평균	1,296,750		
18		8		전체 개수			

2 "제1작업" 시트의 「B4:H12」 영역을 복사하여 "제3작업" 시트의 「B2」 셀부터 모두 붙여넣기를 한 후 다음의 조건과 같이 작업하시오.

⊘ **실습파일** : 유형06-2_유형2(문제).xlsx　　⊘ **완성파일** : 유형06-2_유형2(완성).xlsx

《조건》

⑴ 부분합 – 《출력형태》처럼 정렬하고, 회원명의 개수와 등록비(단위:원)의 평균을 구하시오.
⑵ 개요 – 지우시오.
⑶ 나머지 사항은 《출력형태》에 맞게 작성하시오.

《출력형태》

	회원코드	회원명	등록경로	등록일	나이	등록비 (단위:원)	등록횟수
	HK-296	김현성	인터넷검색	2026-03-05	33	50,000	7회
	PA-248	박지산	인터넷검색	2026-05-26	26	308,000	3회
			인터넷검색 평균			179,000	
		2	인터넷검색 개수				
	HP-832	유미행	전단지	2026-06-03	51	80,000	22회
	YF-626	주민재	전단지	2026-03-07	37	230,000	16회
	YK-725	나경훈	전단지	2026-04-25	21	160,000	5회
			전단지 평균			156,667	
		3	전단지 개수				
	PH-517	강지우	지인소개	2026-05-14	48	140,000	19회
	HM-519	박정우	지인소개	2026-05-16	53	218,000	12회
	PD-227	채수영	지인소개	2026-07-16	29	77,000	12회
			지인소개 평균			145,000	
		3	지인소개 개수				
			전체 평균			157,875	
		8	전체 개수				

3 "제1작업" 시트의 「B4:H12」 영역을 복사하여 "제3작업" 시트의 「B2」 셀부터 모두 붙여넣기를 한 후 다음의 조건과 같이 작업하시오.

⊘ **실습파일** : 유형06-3_유형2(문제).xlsx   ⊘ **완성파일** : 유형06-3_유형2(완성).xlsx

《조건》

(1) 부분합 -《출력형태》처럼 정렬하고, 상품명의 개수와 판매수량의 평균을 구하시오.
(2) 개요 - 지우시오.
(3) 나머지 사항은《출력형태》에 맞게 작성하시오.

《출력형태》

	상품코드	상품명	제조사	탑승 가능 무게(kg)	상품가격 (단위:원)	판매수량	할인율
	TC21-32	루루테일	콤펫	30	549,000	97개	20%
	TC44-31	미리클랜	콤펫	28	390,000	126개	10%
	DF23-11	미리미리	콤펫	15	490,000	68개	20%
			콤펫 평균			97개	
		3	콤펫 개수				
	DC32-22	인스타	이비야야	24	590,000	196개	5%
	DE21-11	빅버디	이비야야	17	470,000	348개	10%
			이비야야 평균			272개	
		2	이비야야 개수				
	HG22-13	리버블루	에어버기	15	1,290,000	241개	10%
	HG31-23	포레스트모스	에어버기	18	1,050,000	305개	5%
	HW12-23	카카오	에어버기	17	1,190,000	125개	5%
			에어버기 평균			224개	
		3	에어버기 개수				
			전체 평균			188개	
		8	전체 개수				

4 "제1작업" 시트의 「B4:H12」 영역을 복사하여 "제3작업" 시트의 「B2」 셀부터 모두 붙여넣기를 한 후 다음의 조건과 같이 작업하시오.

⊘ **실습파일** : 유형06-4_유형2(문제).xlsx   ⊘ **완성파일** : 유형06-4_유형2(완성).xlsx

《조건》
(1) 부분합 –《출력형태》처럼 정렬하고, 가맹점명의 개수와 최고일매출(단위:원)의 평균을 구하시오.
(2) 개요 – 지우시오.
(3) 나머지 사항은《출력형태》에 맞게 작성하시오.

《출력형태》

	가맹코드	가맹점명	지역	개점일	최고월매출 (단위:원)	최고일매출 (단위:원)	직원수
	S-001	사당방배점	서울	2025-01-20	61,500,000	3,370,000	5명
	S-002	상봉점	서울	2026-01-20	71,850,000	3,900,000	8명
	S-003	왕십리점	서울	2025-12-10	55,700,000	2,700,000	4명
			서울 평균			3,323,333	
		3	서울 개수				
	D-001	서구계백점	대전	2025-06-20	63,500,000	3,050,000	7명
	D-002	유성점	대전	2024-12-10	60,500,000	2,800,000	3명
			대전 평균			2,925,000	
		2	대전 개수				
	K-001	수지점	경기	2024-11-10	57,600,000	2,800,000	4명
	K-002	수원인계점	경기	2025-05-20	77,500,000	4,050,000	7명
	K-003	안양평촌점	경기	2026-02-10	58,850,000	2,900,000	5명
			경기 평균			3,250,000	
		3	경기 개수				
			전체 평균			3,196,250	
		8	전체 개수				

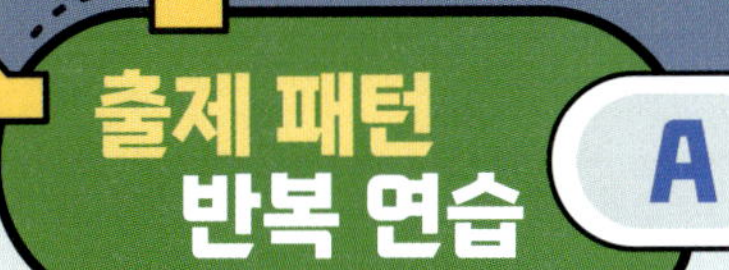

A 조건에 맞추어 각 시트에 정렬 및 부분합을 작성해 보세요.

⊘ 실습파일 : 패턴06-1(유형2_문제).xlsx ⊘ 완성파일 : 패턴06-1(유형2_완성).xlsx

패턴 01 [데이터]-[부분합]

❶ 부분합 – 《출력형태》처럼 정렬하고, 가격의 최대값과 소비전력(w)의 평균을 구하시오.

❷ 개요 – 지우시오.

❸ 나머지 사항은 《출력형태》에 맞게 작성하시오.

제품코드	모델명	방식	제조사	가격	소비전력(W)	등록일
HL3-099	더 케어 슬림	온수매트	대성셀틱	220,760원	350	2023-10-15
OE1-082	에어로 실버	온수매트	경동나비엔	80,860원	240	2022-09-03
		온수매트 평균			295	
		온수매트 최대		220,760원		
RA2-019	라셀트리	전기매트	액세트리	151,260원	190	2023-04-15
OE1-076	샤오미 슬림	전기매트	샤오미	139,860원	180	2023-11-21
		전기매트 평균			185	
		전기매트 최대		151,260원		
BK1-021	프리그 전기요	전기요	대진전자	83,300원	90	2022-10-23
BE2-073	보이로 전기요	전기요	이메텍	163,800원	120	2022-10-08
		전기요 평균			105	
		전기요 최대		163,800원		
		전체 평균			195	
		전체 최대값		220,760원		

패턴 02 [데이터]-[부분합]

❶ 부분합 – 《출력형태》처럼 정렬하고, 어린이집명의 개수와 인원의 합계를 구하시오.

❷ 개요 – 지우시오.

❸ 나머지 사항은 《출력형태》에 맞게 작성하시오.

분류코드	어린이집명	지역	분류	등록률(%)	정원(단위:명)	인원
GA3014	영재 어린이집	강원	직장	96	145	139명
BA6036	쩅쩅 어린이집	부산	직장	96	139	134명
			직장 요약			273명
	2		직장 개수			
SA1003	서울숲속 어린이집	서울	국공립	98	123	121명
GB6015	간성 어린이집	강원	국공립	83	118	98명
			국공립 요약			219명
	2		국공립 개수			
BB9002	아이꿈 어린이집	부산	가정	72	25	20명
DD4023	고운 어린이집	대구	가정	74	23	17명
			가정 요약			37명
	2		가정 개수			
			총합계			529명
	6		전체 개수			

[제4작업] 그래프

⊘ 실습파일 : 07차시(문제).xlsx　　⊘ 완성파일 : 07차시(완성).xlsx

[배점] 100점 (500점 만점)

☞ "제1작업" 시트를 이용하여 조건에 따라 《출력형태》와 같이 작업하시오.

《조건》

⑴ 차트 종류 ⇒ <묶은 세로 막대형>으로 작업하시오.
⑵ 데이터 범위 ⇒ "제1작업" 시트의 내용을 이용하여 작업하시오.
⑶ 위치 ⇒ "새 시트"로 이동하고, "제4작업"으로 시트 이름을 바꾸시오.
⑷ 차트 디자인 도구 ⇒ 레이아웃 3, 스타일 1을 선택하여 《출력형태》에 맞게 작업하시오.
⑸ 영역 서식 ⇒ 차트 : 글꼴(굴림, 11pt), 채우기 효과(질감-파랑 박엽지)
　　　　　　　 그림 : 채우기(흰색, 배경1)
⑹ 제목 서식 ⇒ 차트 제목 : 글꼴(굴림, 굵게, 20pt), 채우기(흰색, 배경1), 테두리
⑺ 서식 ⇒ 요금 계열의 차트 종류를 <표식이 있는 꺾은선형>으로 변경한 후 보조 축으로 지정하시오.
　　　　　 계열 : 《출력형태》를 참조하여 표식(네모, 크기 10)과 레이블 값을 표시하시오.
　　　　　 눈금선 : 선 스타일-파선
　　　　　 축 : 《출력형태》를 참조하시오.
⑻ 범례 ⇒ 범례명을 변경하고 《출력형태》를 참조하시오.
⑼ 도형 ⇒ '말풍선: 모서리가 둥근 사각형 설명선'을 삽입한 후 《출력형태》와 같이 내용을 입력하시오.
⑽ 나머지 사항은 《출력형태》에 맞게 작성하시오.

《출력형태》

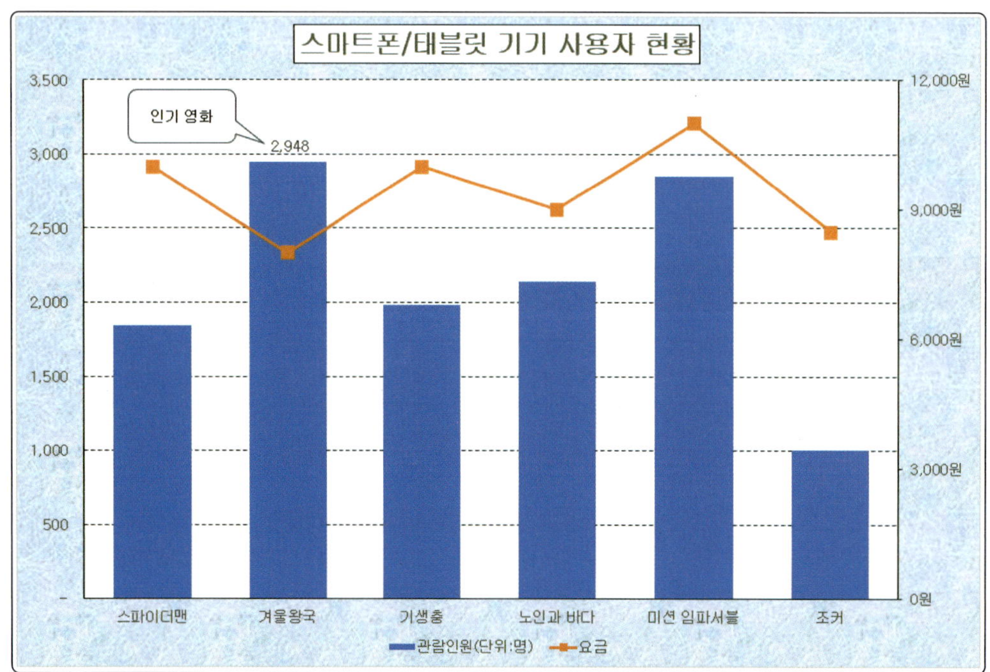

주의 ☞ 시트명 순서가 차례대로 "제1작업", "제2작업", "제3작업", "제4작업"이 되도록 할 것.

범위 지정 › 차트 삽입 › 시트명 변경 및 이동 › 레이아웃 및 스타일 지정 ›

세부 구성 요소(제목, 영역, 축, 범례 등) 작업 › 도형 삽입

Check 01 범위 지정 및 차트 삽입 : 범위를 지정한 후 차트를 삽입해요.

차트 작성 범위 지정

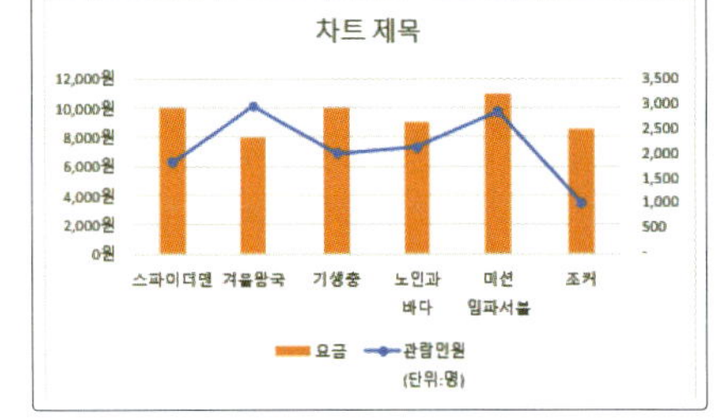

혼합형 차트 삽입

Check 02 레이아웃 및 스타일 지정 : [제4작업] 시트를 이동시킨 후 레이아웃 및 스타일을 지정해요.

제1작업 제2작업 제3작업 제4작업

시트 이름 변경 및 위치 이동

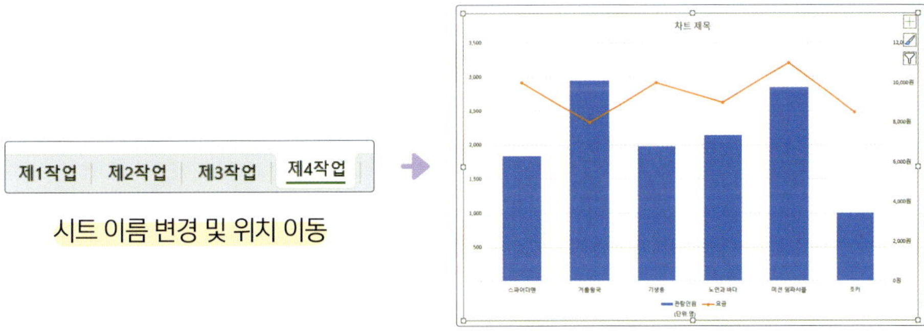

차트 레이아웃 및 스타일 지정

Check 03 세부 구성 요소 변경 및 도형 삽입 : 차트 세부 구성 요소를 변경한 후 도형을 삽입해요!

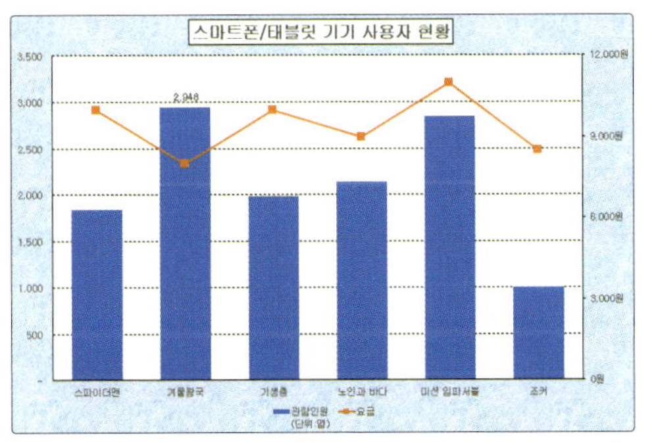

세부 구성 요소(제목, 영역, 축, 범례 등) 변경

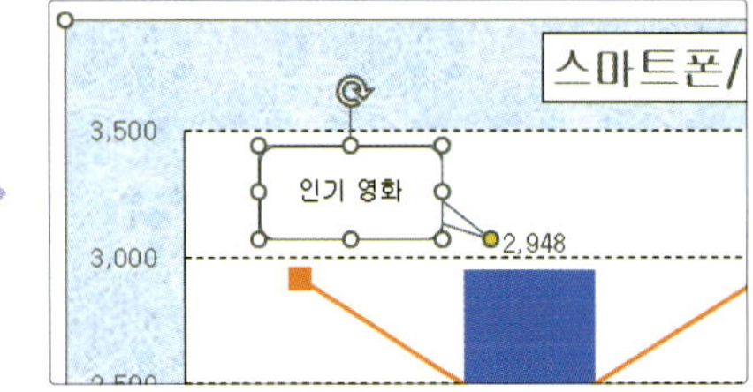

도형 삽입 후 서식 지정

STEP 01 데이터 범위 지정 및 차트 삽입하기

(1) 차트 종류 ➡ <묶은 세로 막대형>으로 작업하시오.
(2) 데이터 범위 ➡ "제1작업" 시트의 내용을 이용하여 작업하시오.
(3) 위치 ➡ "새 시트"로 이동하고, "제4작업"으로 시트 이름을 바꾸시오.

1 07차시(문제).xlsx 파일을 실행한 후 [제1작업] 시트를 선택합니다.

2 영화명, 관람인원(단위:명), 요금 열에서 차트 작성에 필요한 데이터를 범위로 지정한 후 [삽입] 탭에서 [추천 차트]를 클릭합니다.

✦ [C4:C6], [C8], [C10:C12] 선택 → [F4:F6], [F8], [F10:F12] 선택 → [H4:H6], [H8], [H10:H12] 선택
✦ Ctrl 을 누른 채 셀을 드래그하면 떨어져 있는 셀들을 연속으로 선택할 수 있어요.

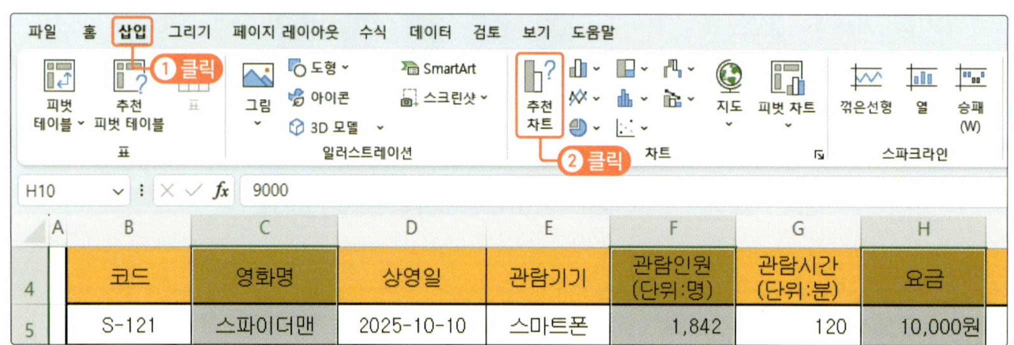

	코드	영화명	상영일	관람기기	관람인원(단위:명)	관람시간(단위:분)	요금
5	S-121	스파이더맨	2025-10-10	스마트폰	1,842	120	10,000원
6	T-231	겨울왕국	2025-11-11	태블릿	2,948	100	8,000원
7	N-341	인셉션	2025-10-12	노트북	1,120	150	12,000원
8		기생충	2025-10-16	스마트폰	1,984	14	10,000원
9	N-312	타이타닉	2025-10-12	노트북	1,450	160	15,000원
10	T-214	노인과 바다	2025-10-15	태블릿	2,140	90	9,000원
11		미션 임파서블	2025-11-15	스마트폰	2,848	13	11,000원
12	T-242	조커	2025-10-12	태블릿	1,002	110	8,500원

▲ 차트 범위 지정(Ctrl 이용)

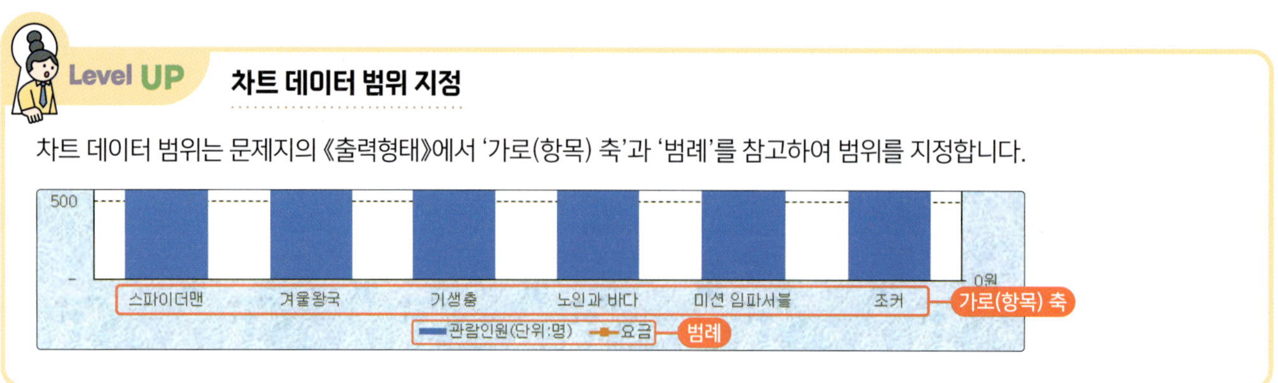

H10 | 9000

	코드	영화명	상영일	관람기기	관람인원(단위:명)	관람시간(단위:분)	요금
5	S-121	스파이더맨	2025-10-10	스마트폰	1,842	120	10,000원

Level UP 차트 데이터 범위 지정

차트 데이터 범위는 문제지의 《출력형태》에서 '가로(항목) 축'과 '범례'를 참고하여 범위를 지정합니다.

3 [차트 삽입] 대화상자의 [모든 차트] 탭에서 **[혼합]**을 선택합니다.

4 **요금** 계열의 차트 종류를 **표식이 있는 꺾은선형**으로 변경한 후 **보조 축**을 선택(✓)합니다.

> ✿ 계열별 차트 종류는 《출력형태》를 참고하여 선택해요.

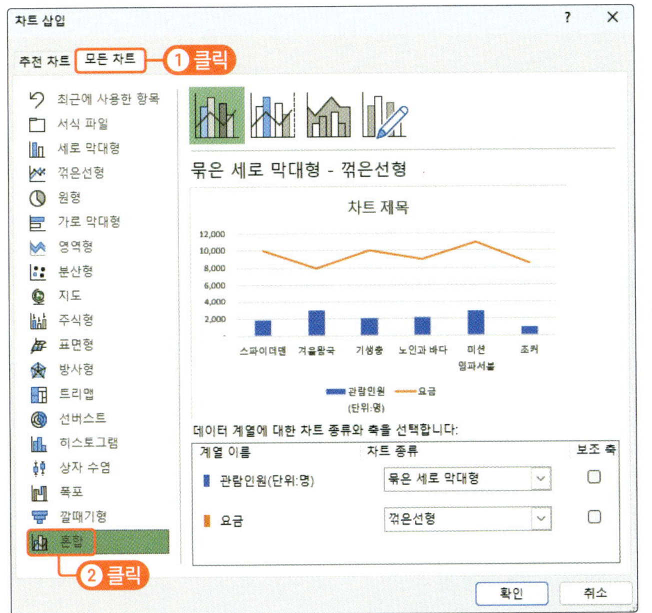
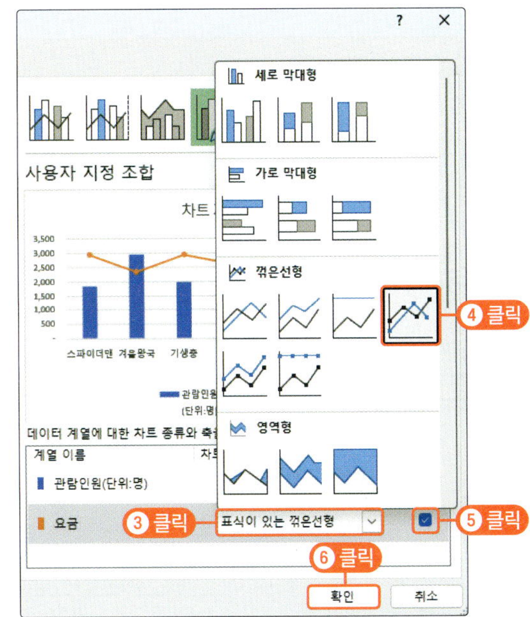

Level UP   **차트 모양이 다른 경우**

❶ 혼합 차트를 만들 때 차트 모양이 《출력형태》와 다르면 계열별로 차트 종류를 변경합니다.

❷ 차트 종류 변경 : 관람인원(단위:명) → 표식이 있는 꺾은선형(보조 축), 요금 → 묶은 세로 막대형

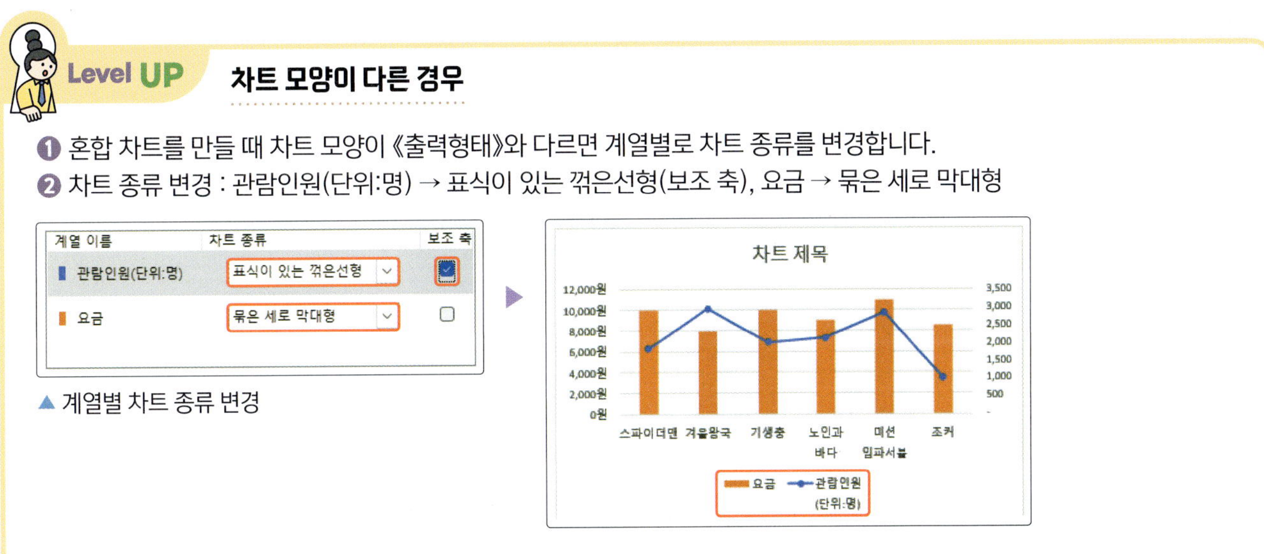

▲ 계열별 차트 종류 변경

---

5 차트가 삽입되면 [차트 디자인] 탭에서 **[차트 이동]**을 클릭합니다.

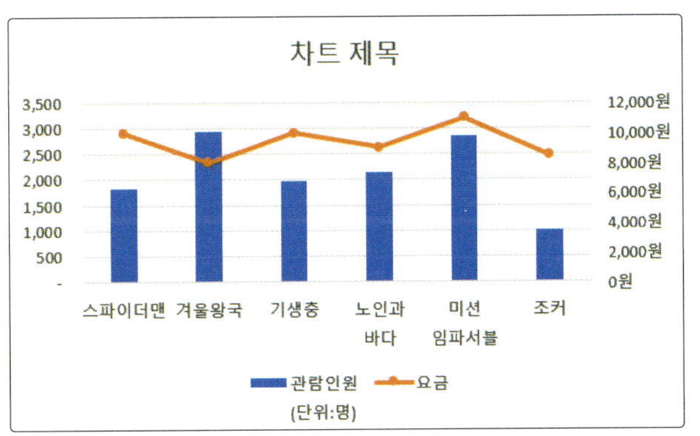
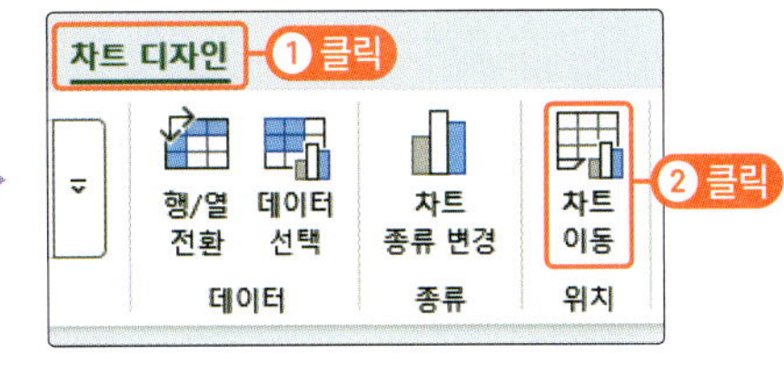

6 [차트 이동] 대화상자에서 **새 시트**를 선택한 후 시트 이름을 **제4작업**으로 변경합니다.

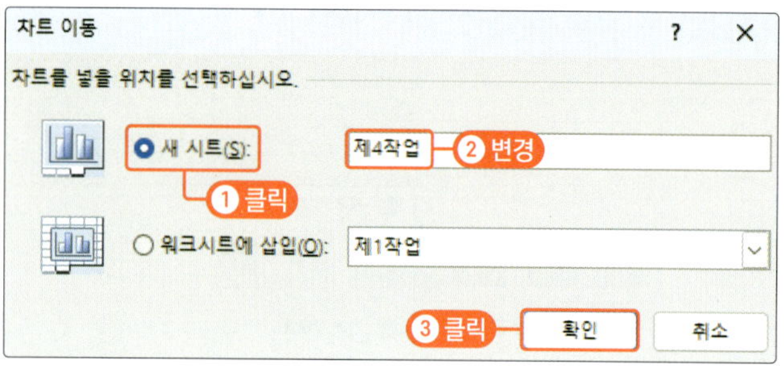

7 [제4작업] 시트가 생성되면 시트를 드래그하여 맨 끝으로 이동시킵니다.

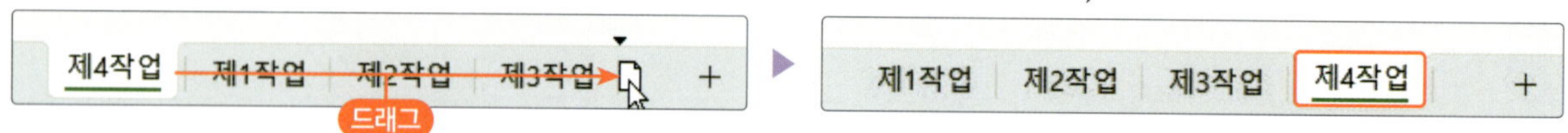

Level UP   차트 구성 요소

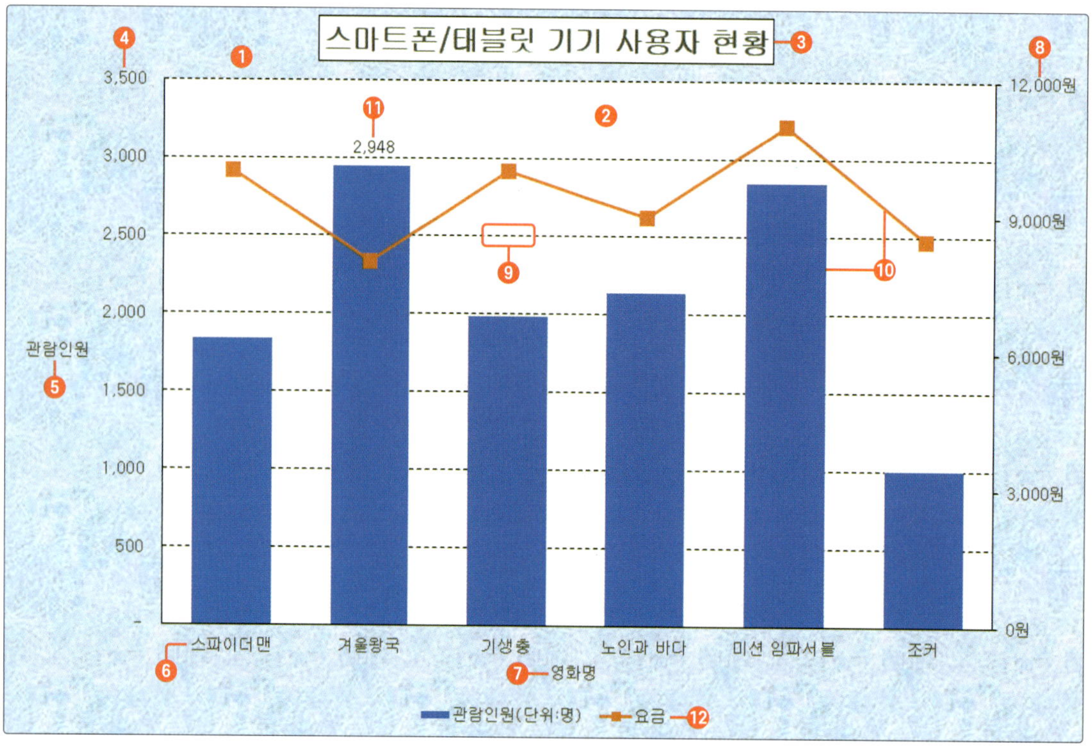

❶ 차트 영역   ❷ 그림 영역   ❸ 차트 제목   ❹ 세로(값) 축   ❺ 세로(값) 축 제목
❻ 가로(항목) 축   ❼ 가로(항목) 축 제목   ❽ 보조 세로(값) 축   ❾ 눈금선   ❿ 데이터 계열
⓫ 데이터 레이블   ⓬ 범례

차트 디자인 및 영역 서식 변경하기

(4) 차트 디자인 도구 ➡ 레이아웃 3, 스타일 1을 선택하여 《출력형태》에 맞게 작업하시오.
(5) 영역 서식 ➡ 차트 : 글꼴(굴림, 11pt), 채우기 효과(질감-파랑 박엽지), 그림 : 채우기(흰색, 배경1)

1 차트가 선택된 상태에서 [차트 디자인] 탭의 [빠른 레이아웃]-**[레이아웃 3]**을 선택한 후 [차트 스타일] 그룹에서 **[스타일 1]**을 선택합니다.

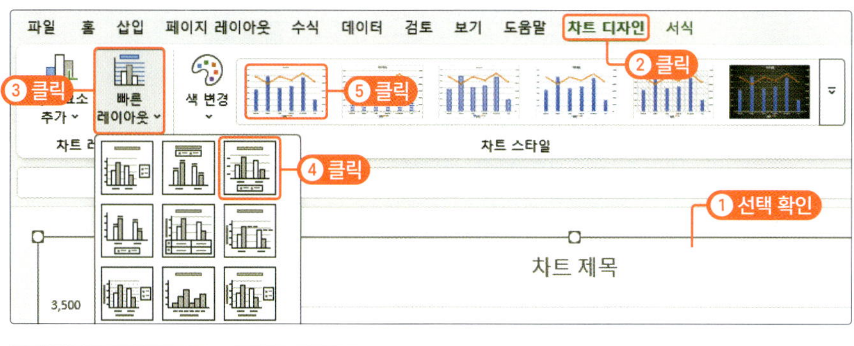

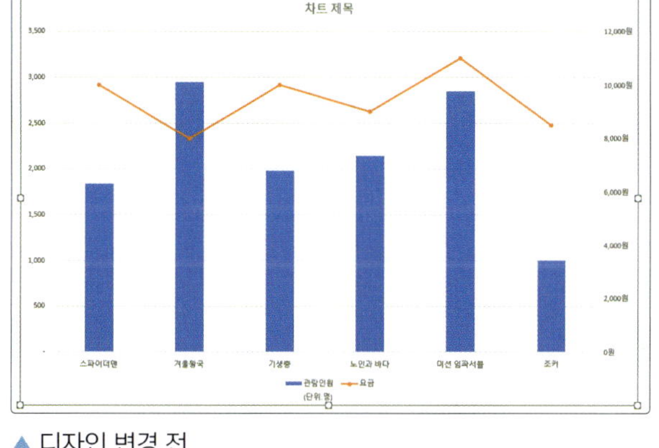
▲ 디자인 변경 전

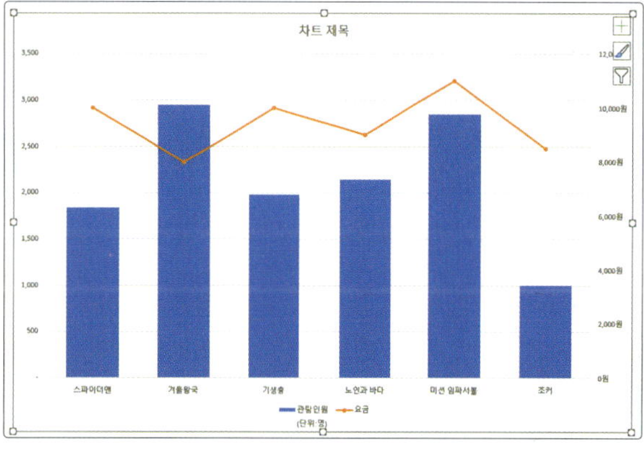
▲ 디자인 변경 후

ITQ 꿀팁

차트 디자인에서 '레이아웃 3'과 '스타일 1'을 지정하는 문제가 고정적으로 출제되고 있어요.

2 차트 영역을 클릭한 후 [홈] 탭에서 **글꼴(굴림)**과 **글꼴 크기(11)**를 지정합니다.

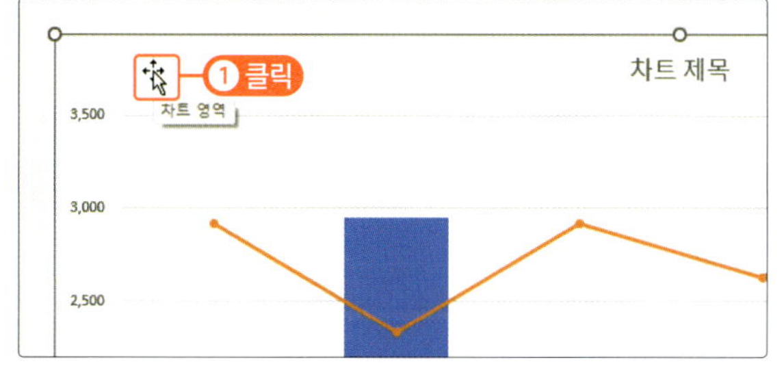

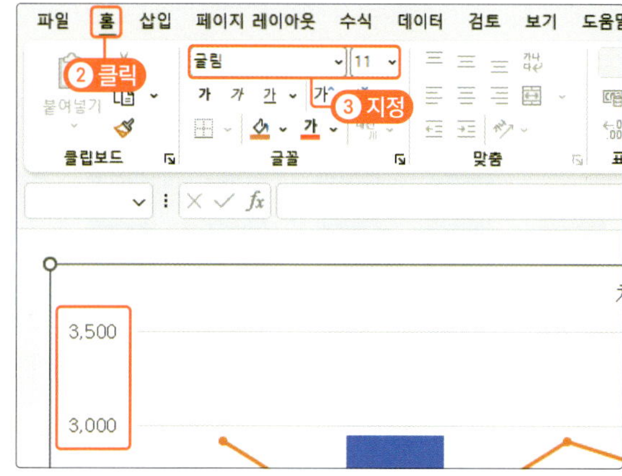

3 차트 영역을 더블클릭한 후 오른쪽 [차트 영역 서식] 작업 창에서 [채우기]-[그림 또는 질감 채우기]-[질감]을 클릭하여 **[파랑 박엽지]**를 선택합니다.

4 그림 영역을 클릭한 후 오른쪽 [그림 영역 서식] 작업 창에서 [채우기]-[단색 채우기]-[색]을 클릭하여 **[흰색, 배경 1]**을 선택합니다.

★ 오른쪽 서식 작업 창이 닫혔을 때는 '그림 영역'을 더블클릭해요.

차트 제목 작성하기

1 차트 제목을 선택한 후 다시 **제목 안쪽을 클릭**합니다. 텍스트 상자 안쪽에서 커서가 깜빡거리면 Delete 또는 Back Space 를 눌러 내용(차트 제목)을 삭제합니다.

✿ 차트 제목을 선택한 후 텍스트를 드래그(차트 제목)하여 새로운 제목을 바로 입력할 수도 있어요.

2 문제지의 《출력형태》를 참고하여 제목(**스마트폰/태블릿 기기 사용자 현황**)을 입력한 후 Esc 를 누릅니다.

✿ 차트 제목을 입력한 후 텍스트 상자의 테두리를 클릭해도 돼요.

3 [홈] 탭에서 **글꼴(굴림)**, **글꼴 크기(20)**, **굵게**, **채우기 색(흰색, 배경 1)**을 각각 지정합니다.

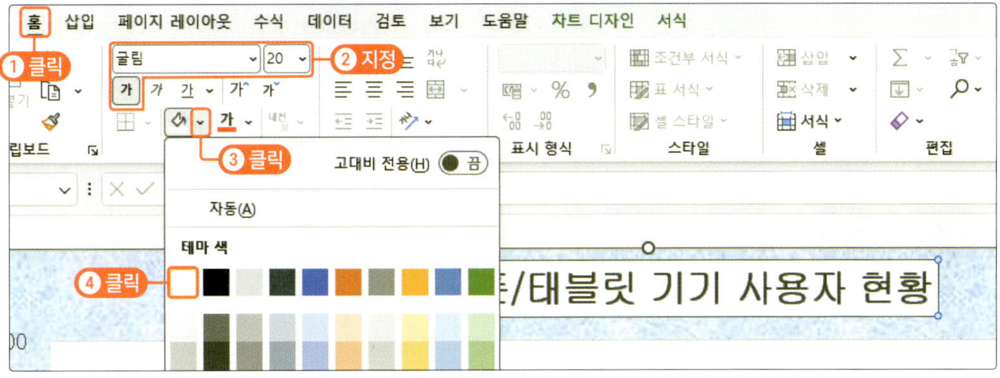

4 차트 제목이 선택된 상태에서 [서식] 탭-[도형 윤곽선]-[**검정, 텍스트 1**]을 클릭하여 테두리를 적용합니다.

차트 서식 지정하기-1(표식 및 레이블 값)

(7) 서식 ⇒ 계열 : 《출력형태》를 참조하여 표식(네모, 크기 10)과 레이블 값을 표시하시오.

1 **요금** 계열을 클릭한 후 오른쪽 [데이터 계열 서식] 작업 창에서 [채우기 및 선]–[표식]–[표식 옵션]–[기본 제공]에서 **형식(네모)**과 **크기(10)**를 변경합니다.

★ 계열 선택이 어렵다면 화면을 확대하여 작업하며, 오른쪽 서식 작업 창이 닫혔을 때는 '요금' 계열을 더블클릭해요.

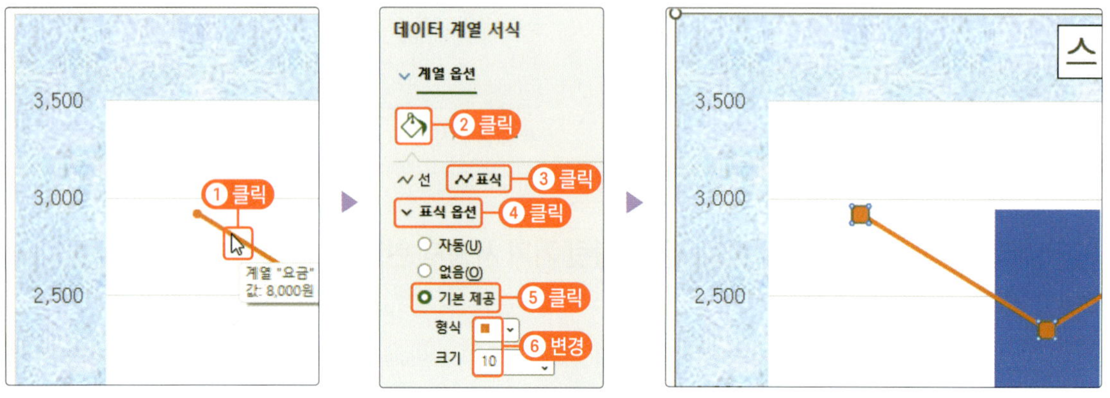

2 데이터 레이블을 표시하기 위해 **관람인원(단위:명)** 계열을 선택한 후 **겨울왕국** 요소만 다시 클릭합니다.

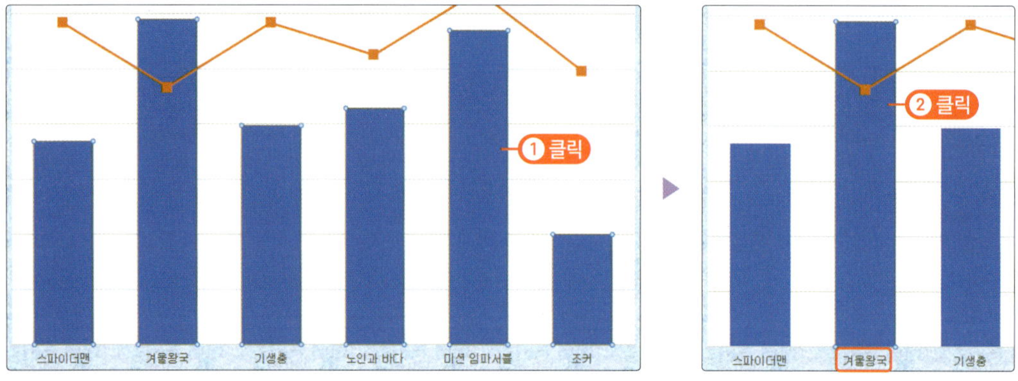

3 [차트 디자인] 탭–[차트 요소 추가]에서 [데이터 레이블]–**[바깥쪽 끝에]**를 선택합니다.

★ 데이터 레이블 위치는 문제지의 《출력형태》를 참고해 주세요.

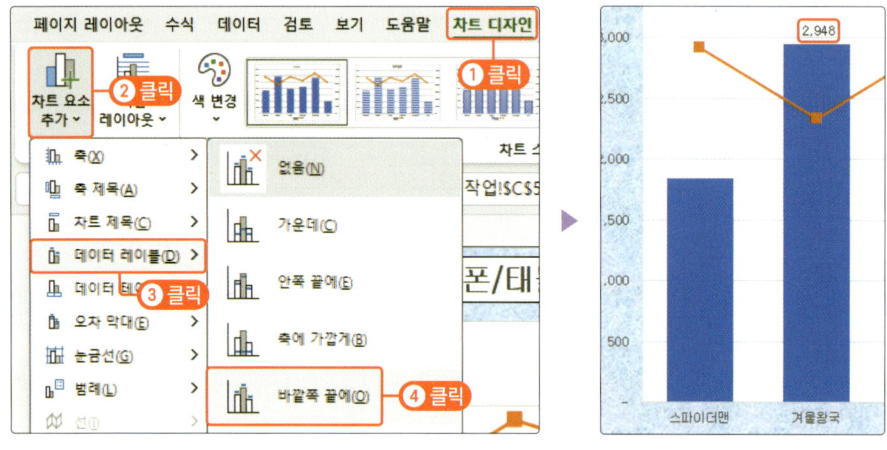

표식이 있는 꺾은선형 계열에 데이터 레이블 추가

❶ 표식이 있는 꺾은선형 계열을 선택한 후 특정 요소만 다시 클릭합니다.
❷ [차트 요소 추가]-[데이터 레이블]을 클릭하여 레이블이 표시될 위치를 지정합니다.

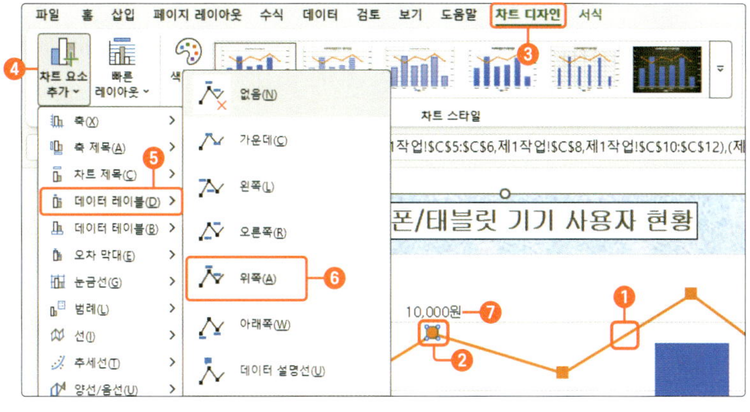

STEP 05 차트 서식 지정하기-2(눈금선 및 축)

(7) 서식 ➡ 눈금선 : 선 스타일-파선, 축 : 《출력형태》를 참조하시오.

1 눈금선을 클릭한 후 오른쪽 [주 눈금선 서식] 작업 창에서 [선]-**[실선]**, [색]-**[검정, 텍스트1]**, [대시 종류]-**[파선]**으로 각각 지정합니다.

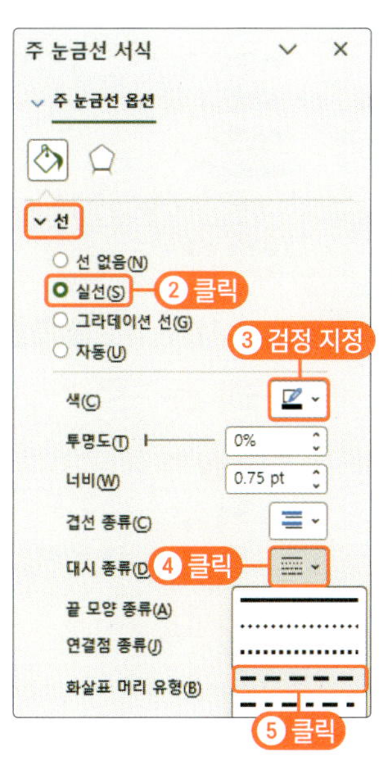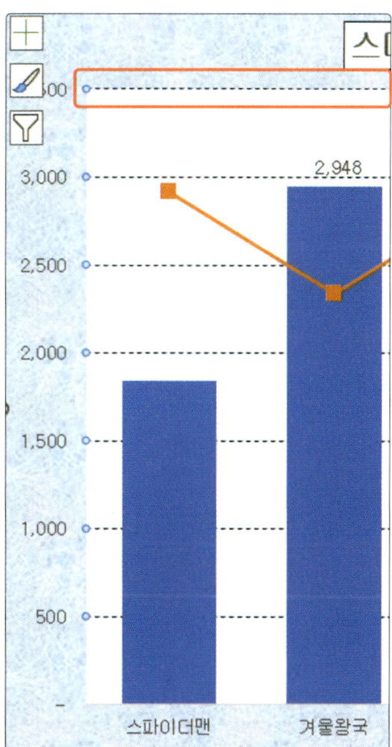

ITQ 꿀팁

눈금선의 색은 《조건》에 없기 때문에 '검정' 또는 '진한 회색' 계열로 지정해 주세요.

2 오른쪽 **보조 세로(값) 축**을 클릭한 후 화면 오른쪽 [축 서식] 작업 창에서 [축 옵션]-[축 옵션]을 선택하여 [단위]-[**기본(3000)**], [눈금]-[주 눈금]-[**바깥쪽**]으로 지정합니다.

✦ 축의 최소값, 최대값, 단위, 눈금은 문제지의 《출력형태》를 참고해 주세요.

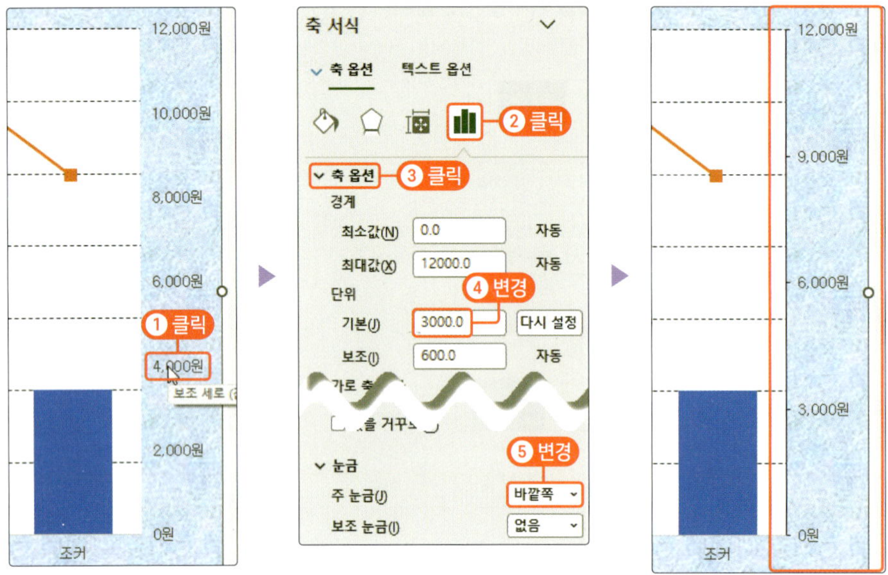

Level UP **축 서식[표시 형식]**

❶ 축의 최소값(0 또는 –)이 《출력형태》와 다를 경우에는 오른쪽 [축 서식] 작업 창에서 [축 옵션]-[표시 형식]을 클릭하여 '회계' 또는 '숫자'로 지정합니다.

❷ 축의 최소값이 '–'이면 범주를 '회계'로 지정한 후 기호(없음 또는 ₩)를 확인하여 선택합니다.

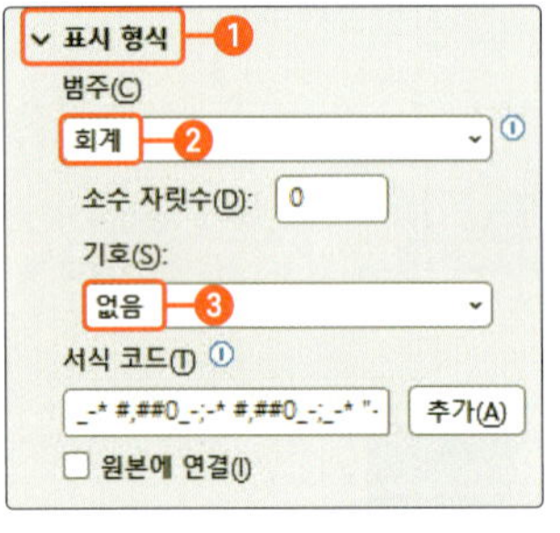
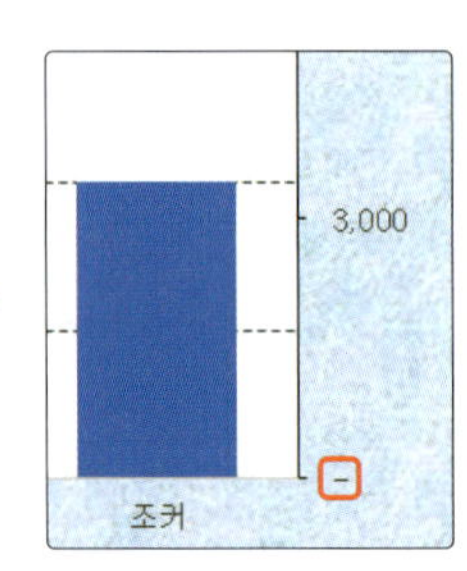
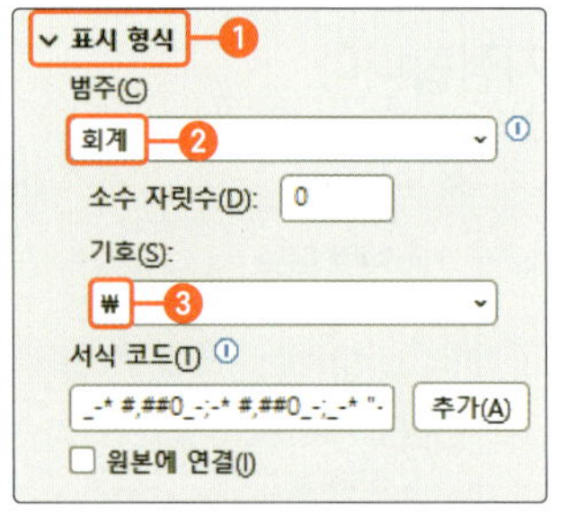
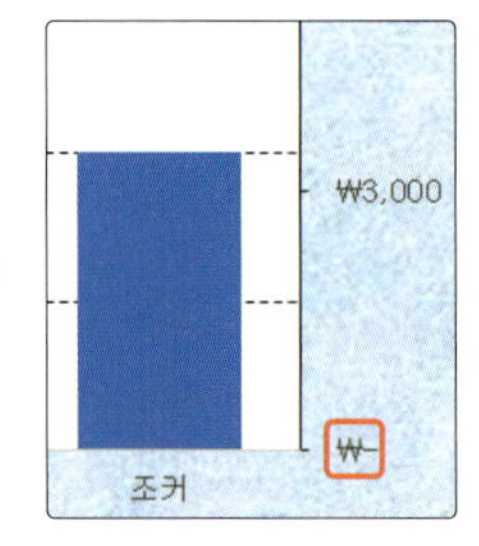

❸ 축의 최소값이 '0'이면 범주를 '숫자'로 지정한 후 '1000 단위 구분 기호 사용' 유무를 확인하여 선택합니다.

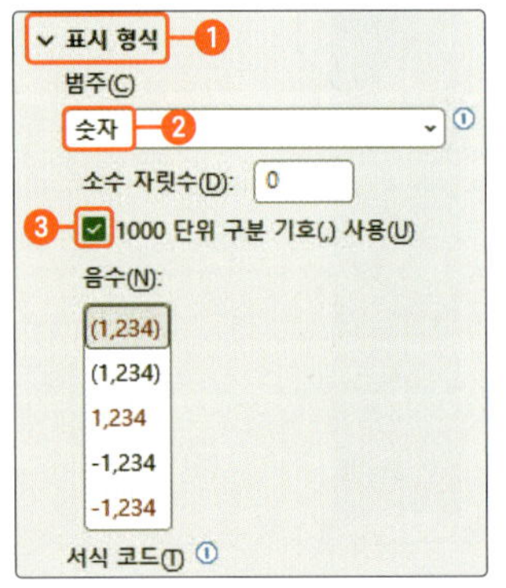
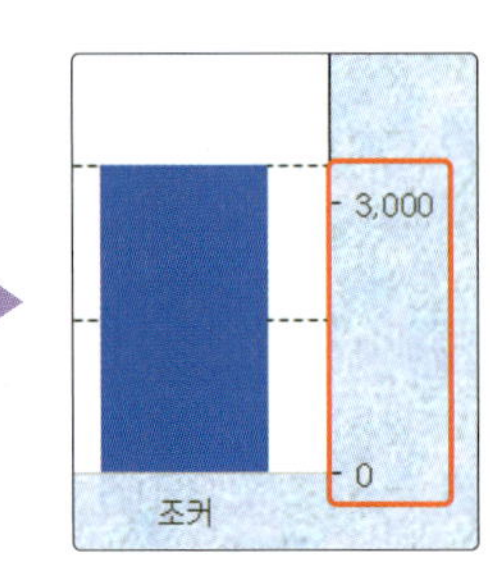
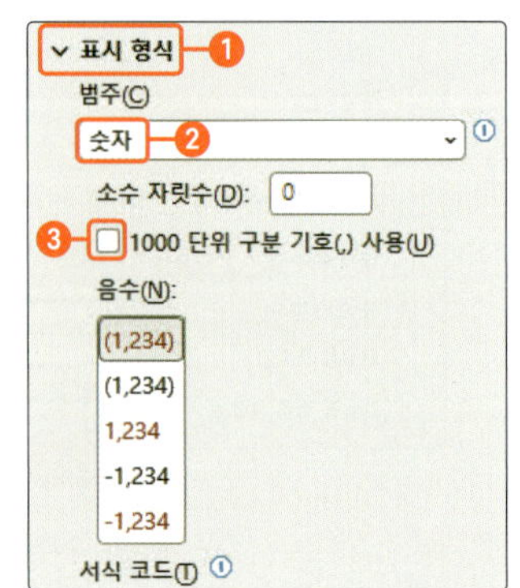
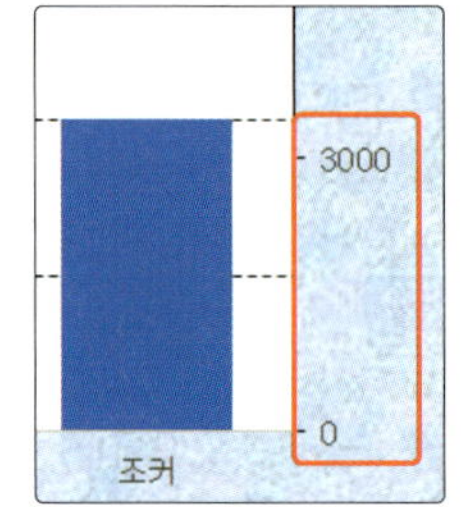

3 왼쪽 **세로(값) 축**을 선택한 후 오른쪽 [축 서식] 작업 창에서 [채우기 및 선]을 선택한 후 [선]–**[실선]**을 클릭합니다.

★ 실선이 검정색이 아닐 경우에는 색을 '검정' 또는 '진한 회색' 계열로 변경해 주세요.

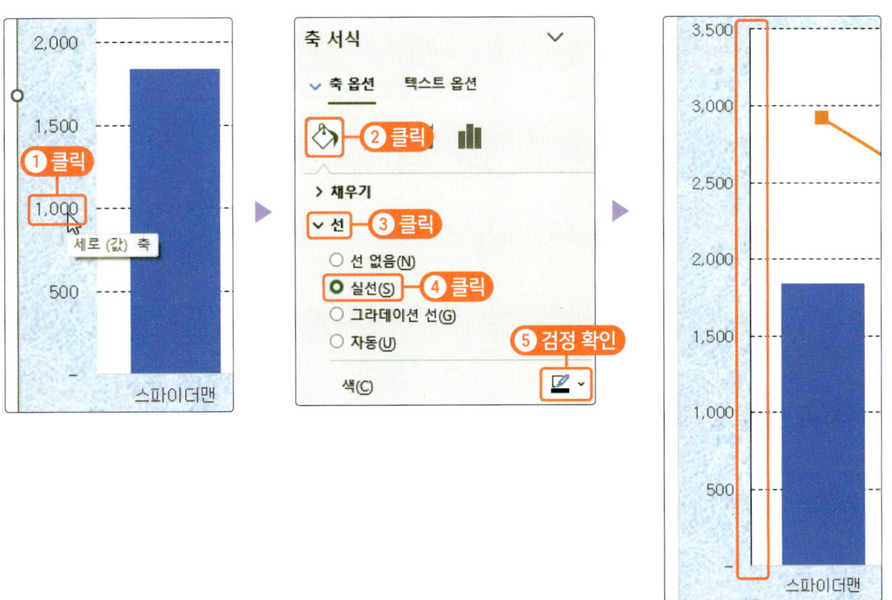

4 아래쪽 **가로(항목) 축**을 선택한 후 오른쪽 [축 서식] 작업 창에서 [채우기 및 선]을 선택한 후 [선]–**[실선]**을 클릭합니다.

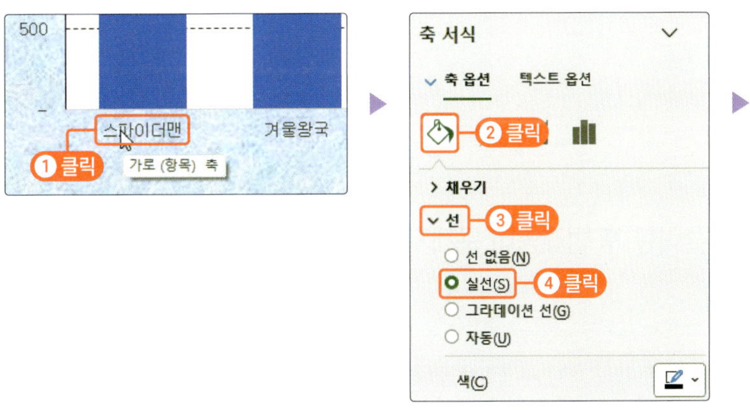

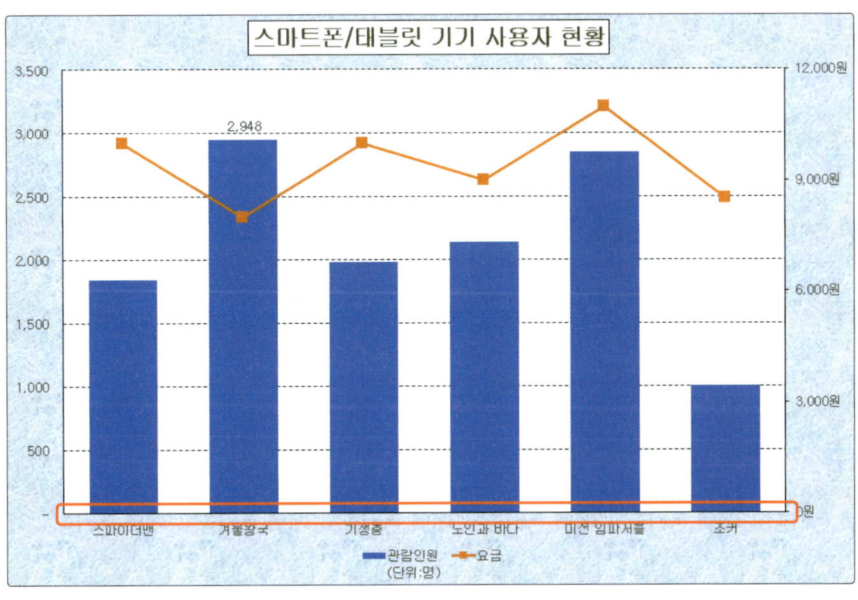

범례명 변경하기

(8) 범례 ⇒ 범례명을 변경하고 《출력형태》를 참조하시오.

1 차트 위에서 우클릭하여 **[데이터 선택]**을 클릭해요. [데이터 원본 선택] 대화상자에서 **관람인원(단위:명)**을 선택하고 <편집>를 클릭합니다.

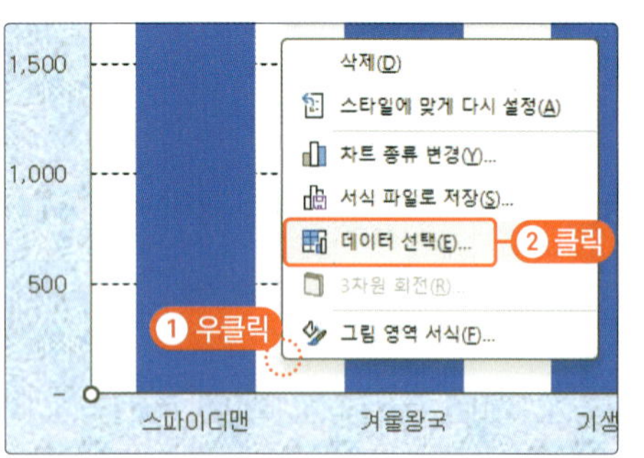
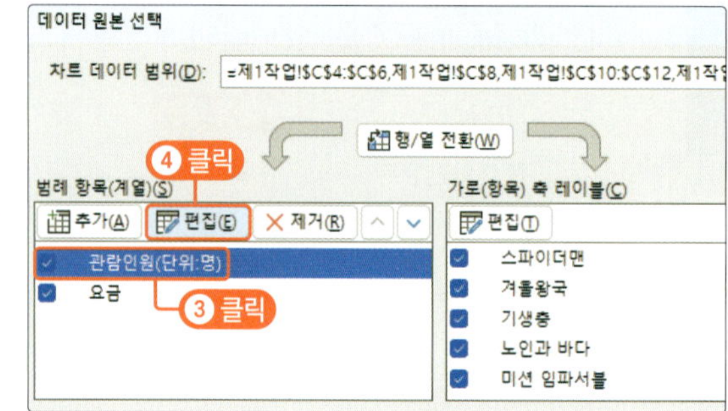

2 [계열 편집] 대화상자에서 계열 이름을 **관람인원(단위:명)**으로 변경한 후 <확인>을 클릭합니다.

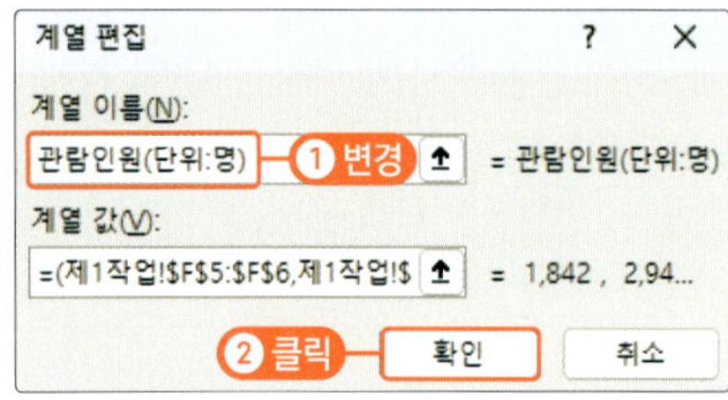

3 [데이터 원본 선택] 대화상자에서 <확인>을 클릭한 후 범례명이 문제지의 《출력형태》와 동일한지 확인합니다.

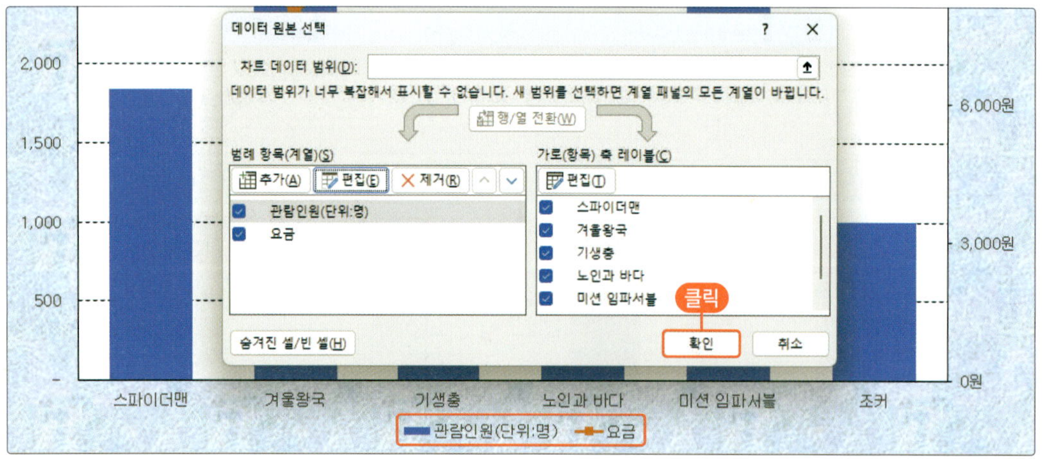

Level UP **범례 위치 변경**

범례를 선택한 후 [차트 디자인] 탭-[차트 요소 추가]-[범례]에서 원하는 위치(오른쪽, 위쪽, 왼쪽, 아래쪽)를 선택합니다.

(9) 도형 ⇒ '말풍선: 모서리가 둥근 사각형 설명선'을 삽입한 후 《출력형태》와 같이 내용을 입력하시오.

1 [삽입] 탭-[도형]에서 [설명선]-[말풍선: 모서리가 둥근 사각형(◻)]을 선택합니다.

✿ 차트 선택이 해제되었다면 차트를 클릭한 후 도형을 삽입해야 해요.

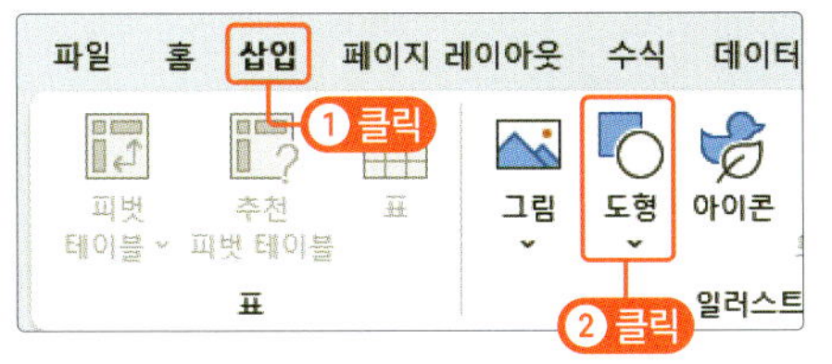

2 적당한 위치에 드래그하여 도형을 삽입한 후 **인기 영화**를 입력하고 `Esc`를 누릅니다.

✿ 내용을 입력한 후 도형의 테두리를 클릭해도 돼요.

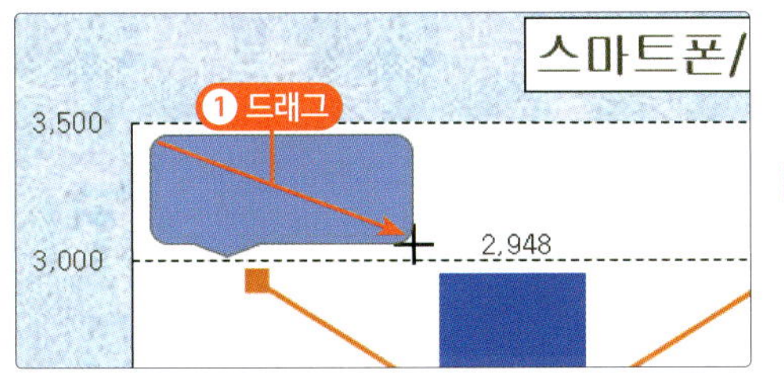
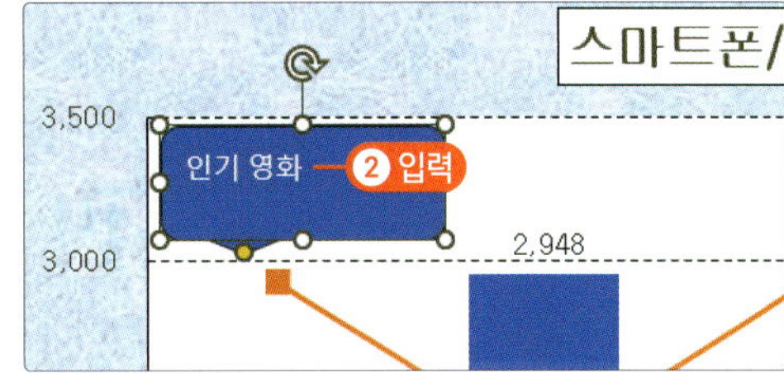

3 [홈] 탭에서 **글꼴(굴림), 글꼴 크기(11), 글꼴 색(검정, 텍스트 1), 채우기 색(흰색, 배경 1)**을 각각 지정합니다.

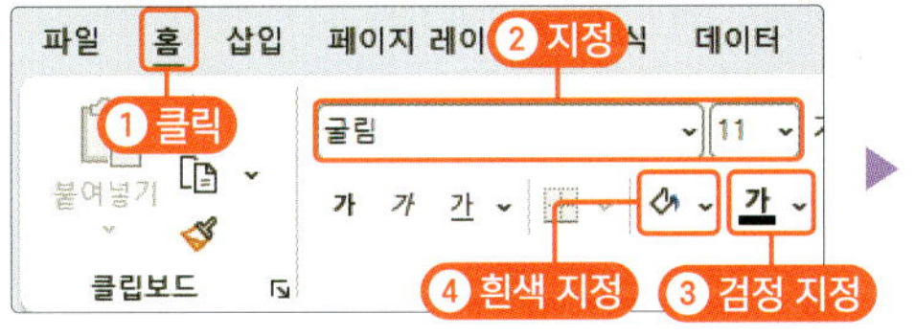
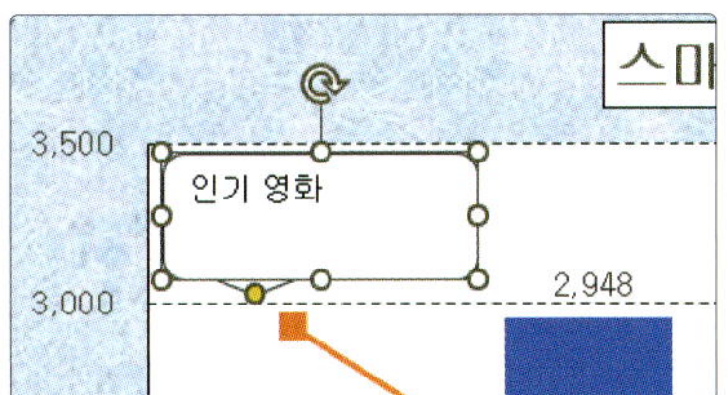

ITQ 꿀팁

도형의 '글꼴'과 '글꼴 크기'는 별도의 조건이 없어 채점 항목에 포함되지는 않지만 영역 서식(굴림, 11pt)에 맞추어 변경해 주세요.

4 도형이 선택된 상태에서 [홈] 탭의 세로 [가운데 맞춤]과 가로 [가운데 맞춤]을 각각 클릭하여 정렬합니다.

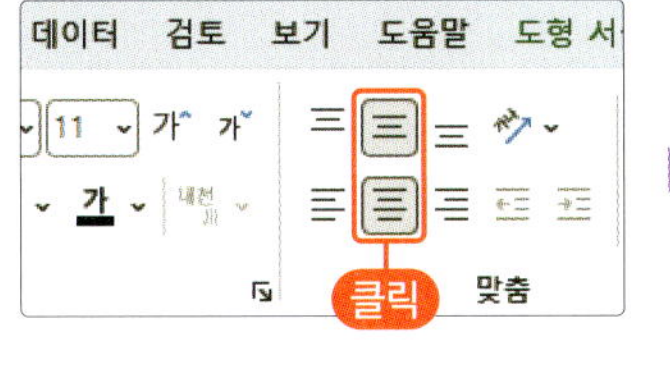
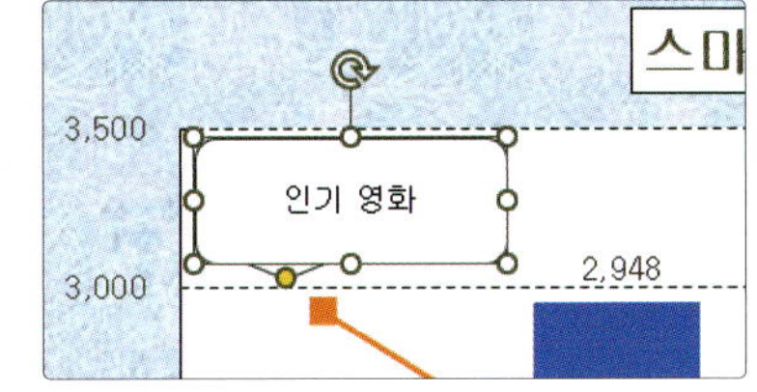

5 서식 지정이 끝나면 문제지의 《출력형태》를 참고하여 도형의 크기 및 위치를 변경한 후 모양을 변형합니다.

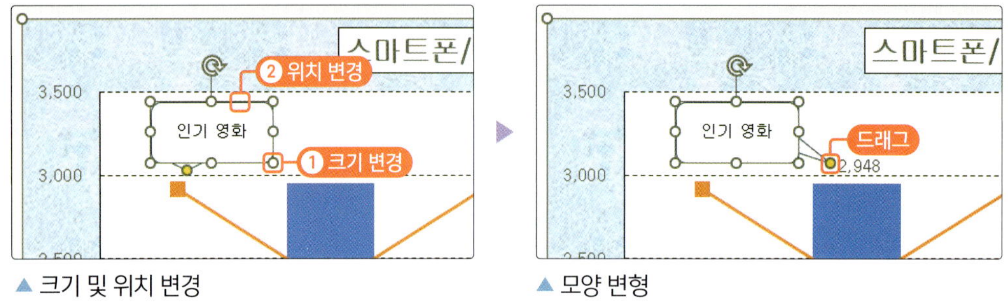

▲ 크기 및 위치 변경   ▲ 모양 변형

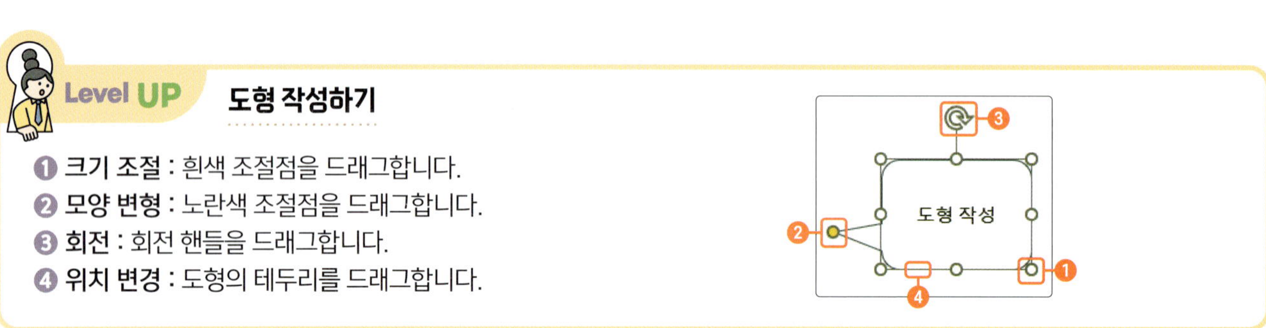

6 작업이 완료되면 [저장(📘)]을 클릭하거나, Ctrl + S 를 눌러 답안 파일을 저장합니다.

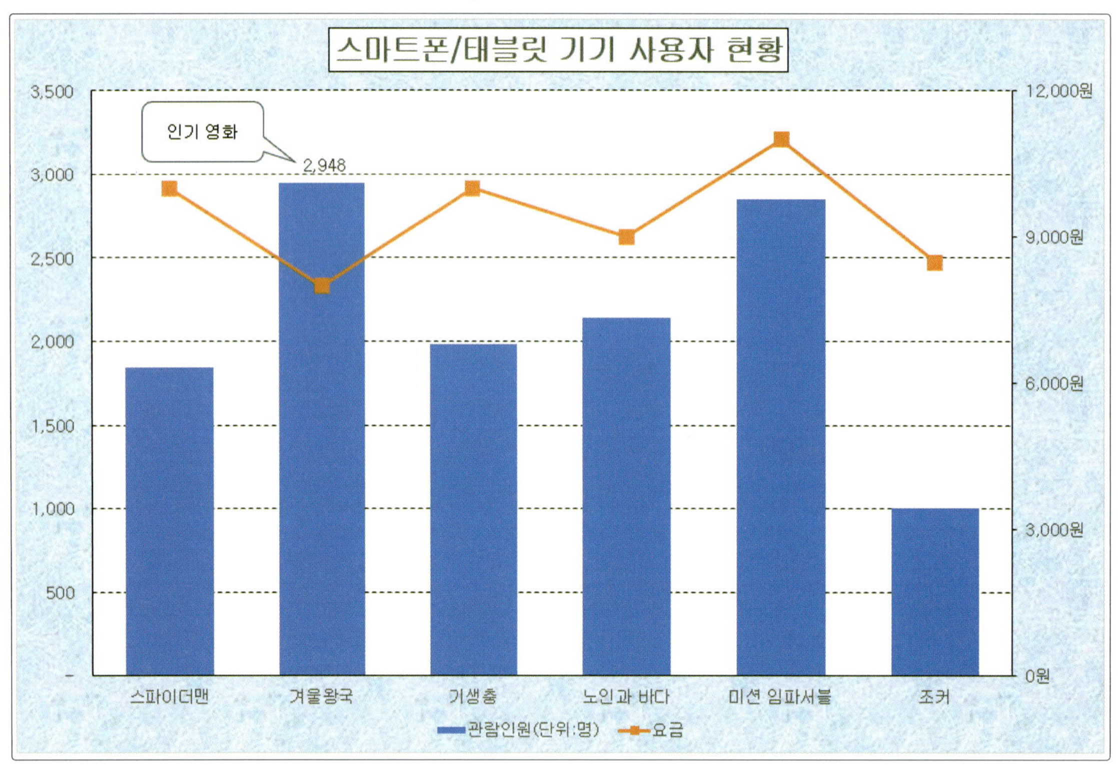

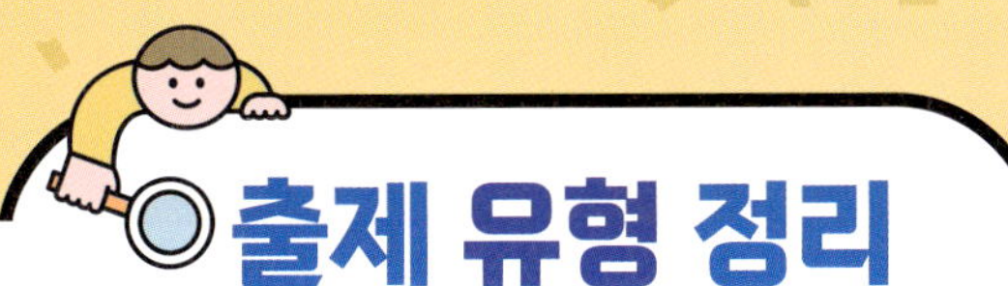

출제 유형 정리

1 **"제1작업" 시트를 이용하여 조건에 따라 《출력형태》와 같이 작업하시오.**

⊘ **실습파일** : 유형07-1(문제).xlsx   ⊘ **완성파일** : 유형07-1(완성).xlsx

《조건》

(1) 차트 종류 ⇒ <묶은 세로 막대형>으로 작업하시오.

(2) 데이터 범위 ⇒ "제1작업" 시트의 내용을 이용하여 작업하시오.

(3) 위치 ⇒ "새 시트"로 이동하고, "제4작업"으로 시트 이름을 바꾸시오.

(4) 차트 디자인 도구 ⇒ 레이아웃 3, 스타일 1을 선택하여 《출력형태》에 맞게 작업하시오.

(5) 영역 서식 ⇒ 차트 : 글꼴(굴림, 11pt), 채우기 효과(질감-분홍 박엽지)

　　　　　　　그림 : 채우기(흰색, 배경1)

(6) 제목 서식 ⇒ 차트 제목 : 글꼴(굴림, 굵게, 20pt), 채우기(흰색, 배경1), 테두리

(7) 서식 ⇒ 연간 누적 사용자 수 계열의 차트 종류를 <표식이 있는 꺾은선형>으로 변경한 후 보조 축으로 지정하시오.

　　　　계열 : 《출력형태》를 참조하여 표식(세모, 크기 10)과 레이블 값을 표시하시오.

　　　　눈금선 : 선 스타일-파선

　　　　축 : 《출력형태》를 참조하시오.

(8) 범례 ⇒ 범례명을 변경하고 《출력형태》를 참조하시오.

(9) 도형 ⇒ '말풍선: 모서리가 둥근 사각형 설명선'을 삽입한 후 《출력형태》와 같이 내용을 입력하시오.

(10) 나머지 사항은 《출력형태》에 맞게 작성하시오.

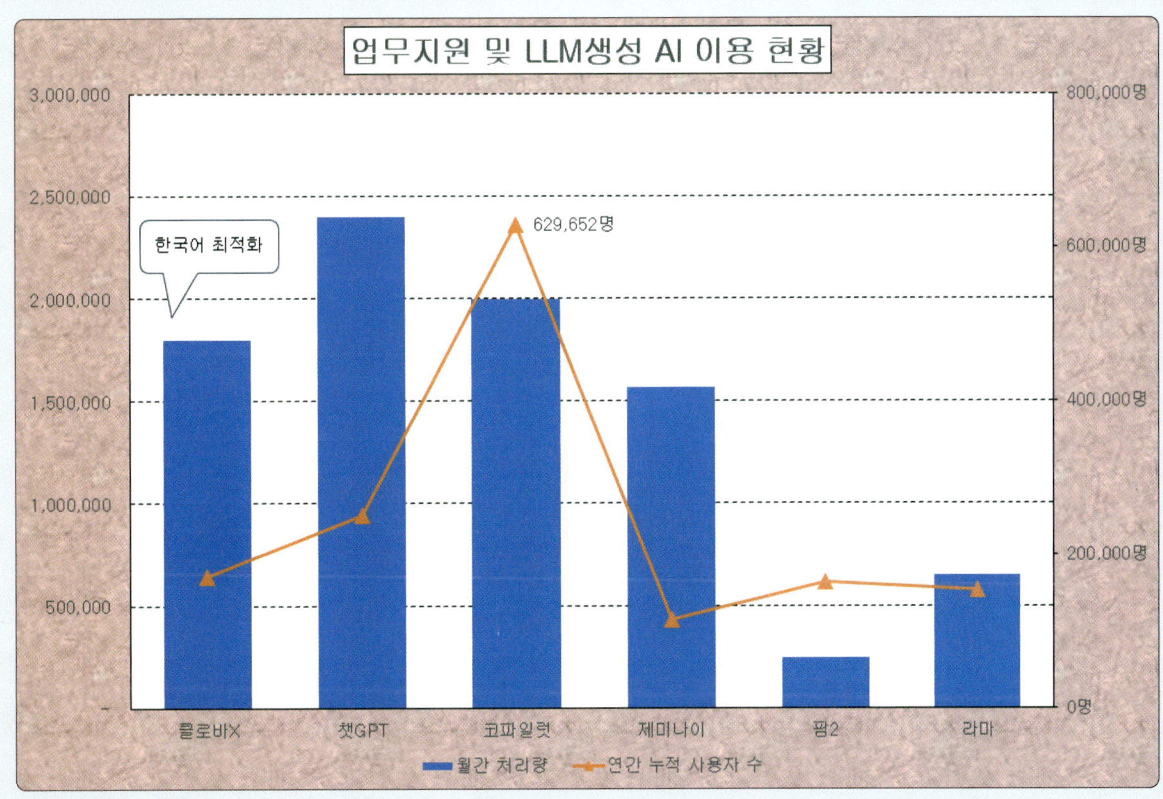

주의 ☞ 시트명 순서가 차례대로 "제1작업", "제2작업", "제3작업", "제4작업"이 되도록 할 것.

2 "제1작업" 시트를 이용하여 조건에 따라《출력형태》와 같이 작업하시오.

⊘ **실습파일** : 유형07-2(문제).xlsx ⊘ **완성파일** : 유형07-2(완성).xlsx

《조건》

(1) 차트 종류 ⇒ <묶은 세로 막대형>으로 작업하시오.

(2) 데이터 범위 ⇒ "제1작업" 시트의 내용을 이용하여 작업하시오.

(3) 위치 ⇒ "새 시트"로 이동하고, "제4작업"으로 시트 이름을 바꾸시오.

(4) 차트 디자인 도구 ⇒ 레이아웃 3, 스타일 1을 선택하여《출력형태》에 맞게 작업하시오.

(5) 영역 서식 ⇒ 차트 : 글꼴(굴림, 11pt), 채우기 효과(질감-분홍 박엽지)

　　　　　　　　그림 : 채우기(흰색, 배경1)

(6) 제목 서식 ⇒ 차트 제목 : 글꼴(굴림, 굵게, 20pt), 채우기(흰색, 배경1), 테두리

(7) 서식 ⇒ 등록횟수 계열의 차트 종류를 <표식이 있는 꺾은선형>으로 변경한 후 보조 축으로 지정하시오.

　　　　계열 :《출력형태》를 참조하여 표식(마름모, 크기 10)과 레이블 값을 표시하시오.

　　　　눈금선 : 선 스타일-파선

　　　　축 :《출력형태》를 참조하시오.

(8) 범례 ⇒ 범례명을 변경하고《출력형태》를 참조하시오.

(9) 도형 ⇒ '말풍선: 모서리가 둥근 사각형 설명선'을 삽입한 후《출력형태》와 같이 내용을 입력하시오.

(10) 나머지 사항은《출력형태》에 맞게 작성하시오.

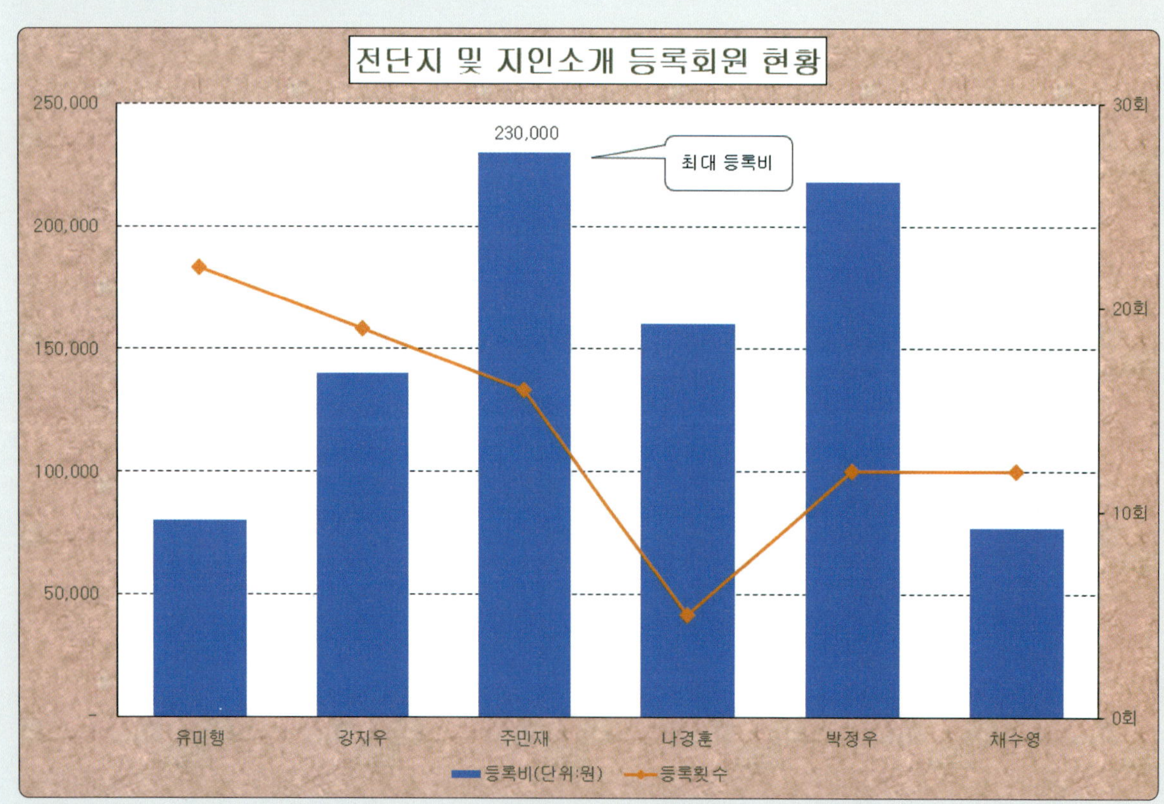

주의 ☞ 시트명 순서가 차례대로 "제1작업", "제2작업", "제3작업", "제4작업"이 되도록 할 것.

3 "제1작업" 시트를 이용하여 조건에 따라 《출력형태》와 같이 작업하시오.

⊘ **실습파일** : 유형07-3(문제).xlsx ⊘ **완성파일** : 유형07-3(완성).xlsx

《조건》

⑴ 차트 종류 ⇒ <묶은 세로 막대형>으로 작업하시오.

⑵ 데이터 범위 ⇒ "제1작업" 시트의 내용을 이용하여 작업하시오.

⑶ 위치 ⇒ "새 시트"로 이동하고, "제4작업"으로 시트 이름을 바꾸시오.

⑷ 차트 디자인 도구 ⇒ 레이아웃 3, 스타일 1을 선택하여 《출력형태》에 맞게 작업하시오.

⑸ 영역 서식 ⇒ 차트 : 글꼴(굴림, 11pt), 채우기 효과(질감-파랑 박엽지)

　　　　　　　그림 : 채우기(흰색, 배경1)

⑹ 제목 서식 ⇒ 차트 제목 : 글꼴(굴림, 굵게, 20pt), 채우기(흰색, 배경1), 테두리

⑺ 서식 ⇒ 상품가격(단위:원) 계열의 차트 종류를 <표식이 있는 꺾은선형>으로 변경한 후 보조 축으로 지정하시오.

　　　계열 : 《출력형태》를 참조하여 표식(세모, 크기 10)과 레이블 값을 표시하시오.

　　　눈금선 : 선 스타일-파선

　　　축 : 《출력형태》를 참조하시오.

⑻ 범례 ⇒ 범례명을 변경하고 《출력형태》를 참조하시오.

⑼ 도형 ⇒ '말풍선: 모서리가 둥근 사각형 설명선'을 삽입한 후 《출력형태》와 같이 내용을 입력하시오.

⑽ 나머지 사항은 《출력형태》에 맞게 작성하시오.

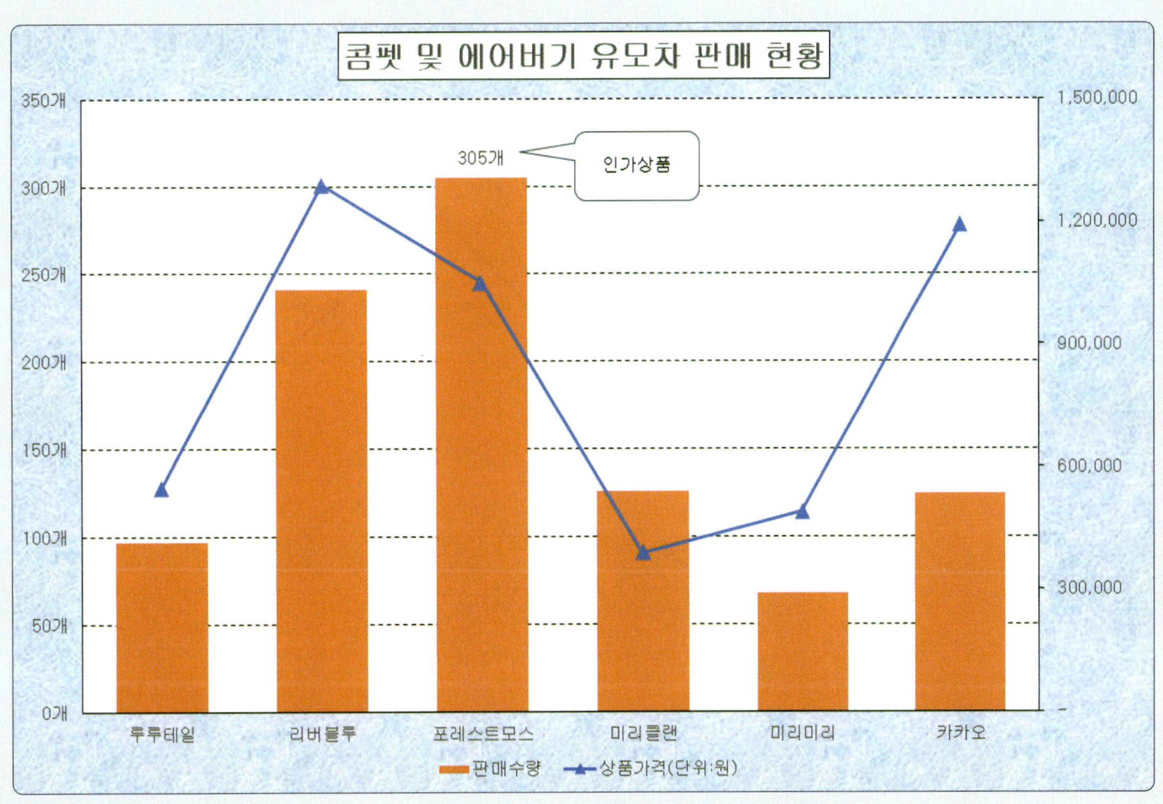

주의 ☞ 시트명 순서가 차례대로 "제1작업", "제2작업", "제3작업", "제4작업"이 되도록 할 것.

4 "제1작업" 시트를 이용하여 조건에 따라 《출력형태》와 같이 작업하시오.

⊙ **실습파일** : 유형07-4(문제).xlsx ⊙ **완성파일** : 유형07-4(완성).xlsx

《조건》

(1) 차트 종류 ⇒ <묶은 세로 막대형>으로 작업하시오.

(2) 데이터 범위 ⇒ "제1작업" 시트의 내용을 이용하여 작업하시오.

(3) 위치 ⇒ "새 시트"로 이동하고, "제4작업"으로 시트 이름을 바꾸시오.

(4) 차트 디자인 도구 ⇒ 레이아웃 3, 스타일 1을 선택하여 《출력형태》에 맞게 작업하시오.

(5) 영역 서식 ⇒ 차트 : 글꼴(굴림, 11pt), 채우기 효과(질감-파랑 박엽지)

　　　　　　　 그림 : 채우기(흰색, 배경1)

(6) 제목 서식 ⇒ 차트 제목 : 글꼴(굴림, 굵게, 20pt), 채우기(흰색, 배경1), 테두리

(7) 서식 ⇒ 최고일매출(단위:만원) 계열의 차트 종류를 <표식이 있는 꺾은선형>으로 변경한 후 보조 축으로 지정하시오.

　　　　 계열 : 《출력형태》를 참조하여 표식(세모, 크기 10)과 레이블 값을 표시하시오.

　　　　 눈금선 : 선 스타일-파선

　　　　 축 : 《출력형태》를 참조하시오.

(8) 범례 ⇒ 범례명을 변경하고 《출력형태》를 참조하시오.

(9) 도형 ⇒ '말풍선: 모서리가 둥근 사각형 설명선'을 삽입한 후 《출력형태》와 같이 내용을 입력하시오.

(10) 나머지 사항은 《출력형태》에 맞게 작성하시오.

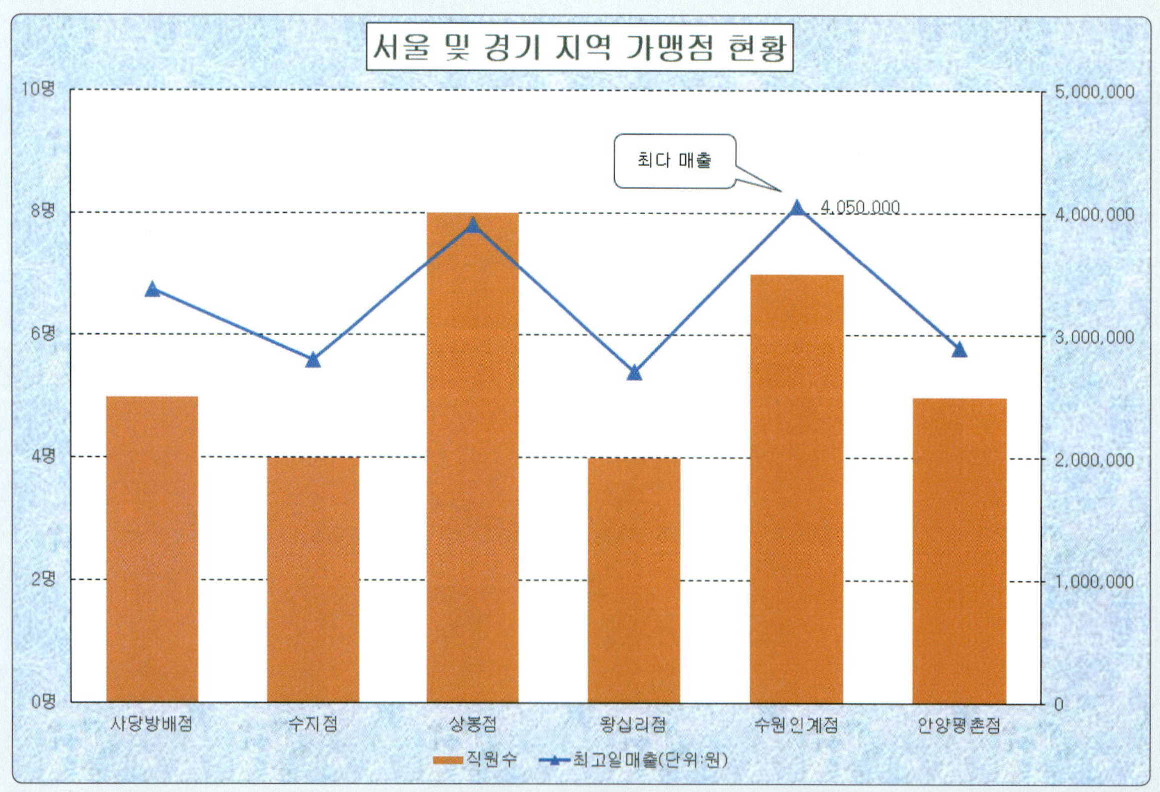

주의 ☞ 시트명 순서가 차례대로 "제1작업", "제2작업", "제3작업", "제4작업"이 되도록 할 것.

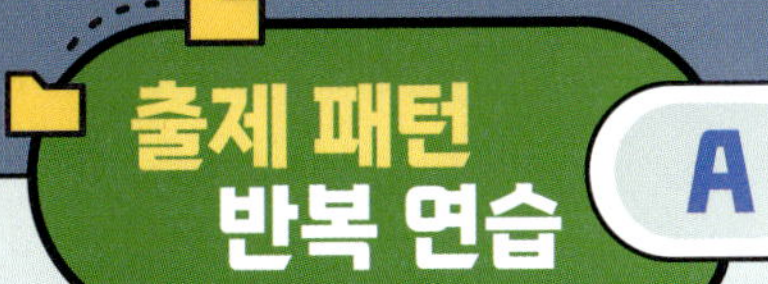

A 조건에 맞추어 각 시트의 차트를 편집해 보세요.

✅ **실습파일** : 패턴07-1(문제).xlsx ✅ **완성파일** : 패턴07-2(완성).xlsx

패턴 01 차트 선택 후 [삽입]-[도형]

❶ 영역 서식 ⇒ 채우기 효과(질감-분홍 박엽지), 그림 : 채우기(흰색, 배경1)
❷ 계열 : 《출력형태》를 참조하여 표식(세모, 크기 10)과 레이블 값을 표시하시오.
❸ 눈금선 : 선 스타일-파선, 축 : 《출력형태》를 참조하시오.
❹ 범례 ⇒ 범례명을 변경하고 《출력형태》를 참조하시오.
❺ 도형 ⇒ '말풍선: 모서리가 둥근 사각형 설명선'을 삽입한 후 《출력형태》와 같이 내용을 입력하시오.

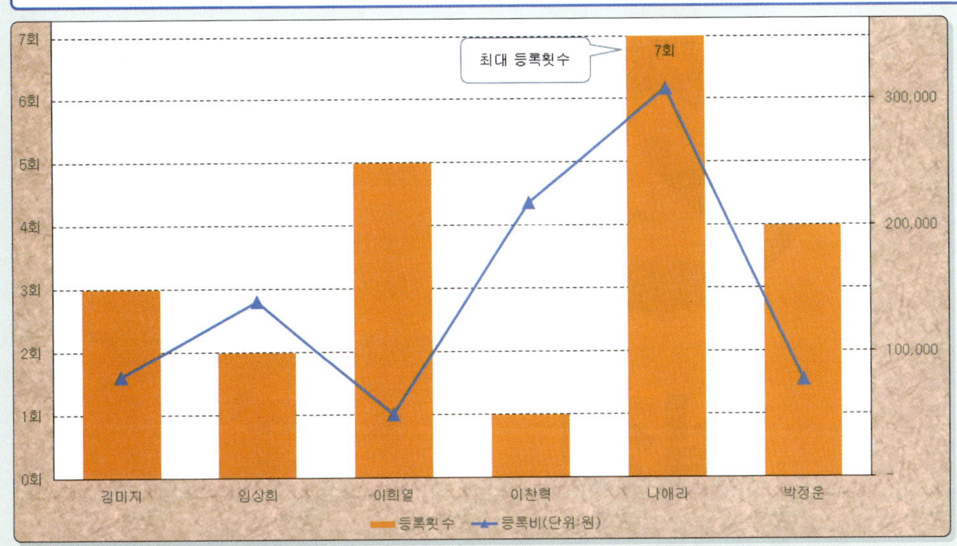

패턴 02 차트 선택 후 [삽입]-[도형]

❶ 영역 서식 ⇒ 채우기 효과(질감-파랑 박엽지), 그림 : 채우기(흰색, 배경1)
❷ 계열 : 《출력형태》를 참조하여 표식(마름모, 크기 10)과 레이블 값을 표시하시오.
❸ 눈금선 : 선 스타일-파선, 축 : 《출력형태》를 참조하시오.
❹ 범례 ⇒ 범례명을 변경하고 《출력형태》를 참조하시오.
❺ 도형 ⇒ '말풍선: 모서리가 둥근 사각형 설명선'을 삽입한 후 《출력형태》와 같이 내용을 입력하시오.

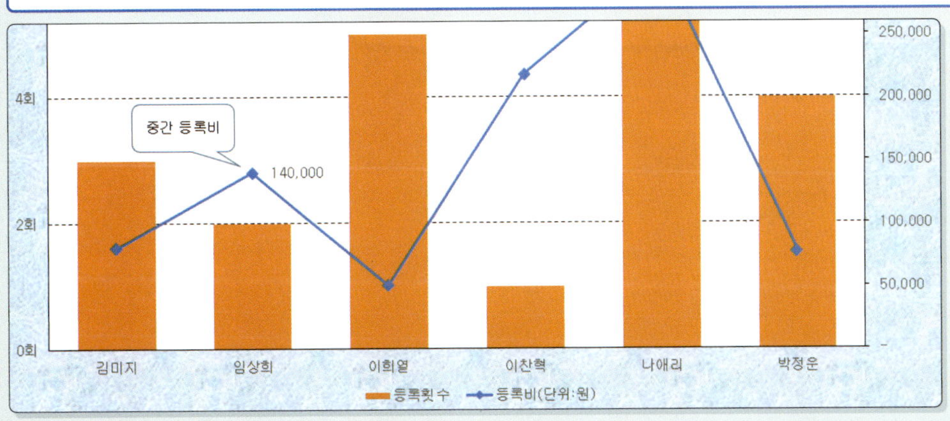

PART
2
실전
모의고사
실전모의고사를 통해 시험을 완벽하게
대비할 수 있습니다.

정보기술자격(ITQ) 실전모의고사

과 목	코 드	문제유형	시험시간	수험번호	성 명
한글엑셀	1122	A	60분		

수험자 유의사항

◎ 수험자는 문제지를 받는 즉시 문제지와 **수험표상의 시험과목(프로그램)이 동일한지 반드시 확인**하여야 합니다.

◎ 파일명은 본인의 "수험번호−성명"으로 입력하여 답안폴더(내 PC₩문서₩ITQ)에 하나의 파일로 저장해야 하며, 답안문서 파일명이 "수험번호−성명"과 일치하지 않거나, 답안파일을 전송하지 않아 미제출로 처리될 경우 실격 처리합니다 (예:12345678−홍길동.xlsx).

◎ 답안 작성을 마치면 파일을 저장하고, '답안 전송' 버튼을 선택하여 감독위원 PC로 답안을 전송하십시오. 수험생 정보와 저장한 파일명이 다를 경우 전송되지 않으므로 주의하시기 바랍니다.

◎ 답안 작성 중에도 **주기적으로 저장하고, '답안 전송'**하여야 문제 발생을 줄일 수 있습니다. 작업한 내용을 저장하지 않고 전송할 경우 이전에 저장된 내용이 전송되오니 이점 유의하시기 바랍니다.

◎ 답안문서는 지정된 경로 외의 다른 보조기억장치에 저장하는 경우, 지정된 시험 시간 외에 작성된 파일을 활용할 경우, 기타 통신수단(이메일, 메신저, 네트워크 등)을 이용하여 타인에게 전달 또는 외부 반출하는 경우는 부정 처리합니다.

◎ 시험 중 부주의 또는 고의로 시스템을 파손한 경우는 수험자가 변상해야 하며, <수험자 유의사항>에 기재된 방법대로 이행하지 않아 생기는 불이익은 수험생 당사자의 책임임을 알려 드립니다.

◎ 문제의 조건은 MS오피스 2021 버전으로 설정되어 있으니 유의하시기 바랍니다.

◎ 시험을 완료한 수험자는 답안파일이 전송되었는지 확인한 후 감독위원의 지시에 따라 문제지를 제출하고 퇴실합니다.

답안 작성요령

◎ 온라인 답안 작성 절차

  수험자 등록 ⇒ 시험 시작 ⇒ 답안파일 저장 ⇒ 답안 전송 ⇒ 시험 종료

◎ 문제는 총 4단계, 즉 제1작업부터 제4작업까지 구성되어 있으며 반드시 제1작업부터 순서대로 작성하고 조건대로 작업하시오.

◎ 모든 작업시트의 A열은 열 너비 '1'로, 나머지 열은 적당하게 조절하시오.

◎ 모든 작업시트의 테두리(굵은선, 가는선 등)는 《출력형태》와 같이 작업하시오.

◎ 해당 작업란에서는 각각 제시된 조건에 따라 《출력형태》와 같이 작업하시오.

◎ 답안 시트 이름은 "제1작업", "제2작업", "제3작업", "제4작업"이어야 하며 답안 시트 이외의 것은 감점 처리됩니다.

◎ 각 시트를 파일로 나누어 작업해서 저장할 경우 실격 처리됩니다.

kpc 한국생산성본부

☞ 다음은 '2023년 피트니스 센터 회원등록 현황'에 대한 자료이다. 자료를 입력하고 조건에 맞도록 작업하시오.

《출력형태》

회원코드	회원명	등록일	담당자	등록경로	등록비 (단위:원)	등록횟수	운동종류	등록월
H2834	김미지	2023-06-03	이하늘	카톡채널	80,000	3	(1)	(2)
P2543	임상희	2023-09-14	김미래	홈페이지	140,000	2	(1)	(2)
H1296	이희열	2023-10-05	이정혁	홈페이지	50,000	5	(1)	(2)
Y4621	고현욱	2023-02-07	김미래	카톡채널	230,000	4	(1)	(2)
Y3705	박성찬	2023-03-25	이하늘	카톡채널	160,000	3	(1)	(2)
H6019	이찬혁	2023-08-16	이정혁	밴드	218,000	1	(1)	(2)
P4572	나애리	2023-05-26	이하늘	홈페이지	308,000	7	(1)	(2)
P1367	박정운	2023-09-16	김미래	홈페이지	77,000	4	(1)	(2)
밴드를 통해 등록한 회원명			(3)		카톡채널을 통해 등록한 회원의 총 등록비(단위:원)			(5)
홈페이지를 통해 등록한 회원수			(4)		회원코드	H2834	등록비 (단위:원)	(6)

결재　담당　과장　차장

《조건》

○ 모든 데이터의 서식에는 글꼴(굴림, 11pt), 정렬은 숫자 및 회계 서식은 오른쪽 정렬, 나머지 서식은 가운데 정렬로 작성하며 예외적인 것은 《출력형태》를 참조하시오.

○ 제 목 ⇒ 도형(직사각형)과 그림자(오프셋 오른쪽)를 이용하여 작성하고 "2023년 피트니스 센터 회원등록 현황"을 입력한 후 다음 서식을 적용하시오

　　　　　(글꼴-굴림, 24pt, 검정, 굵게, 채우기-노랑).

○ 임의의 셀에 결재란을 작성하여 그림으로 복사 기능을 이용하여 붙이기 하시오(단, 원본 삭제).

○ 「B4:J4, G14, I14」 영역은 '주황'으로 채우기 하시오.

○ 유효성 검사를 이용하여 「H14」 셀에 회원코드(「B5:B12」 영역)가 선택 표시되도록 하시오.

○ 셀 서식 ⇒ 「H5:H12」 영역에 셀 서식을 이용하여 숫자 뒤에 '회'를 표시하시오(예 : 1회).

○ 「G5:G12」 영역에 대해 '등록비'로 이름정의를 하시오.

☞ (1)~(6) 셀은 반드시 **주어진 함수를 이용**하여 값을 구하시오(결과값을 직접 입력하면 해당 셀은 0점 처리됨).

(1) 운동종류 ⇒ 회원코드의 첫 번째 값이 H이면 '헬스', P이면 'PT', 그 외에는 '스피닝'으로 표시하시오(IF, LEFT 함수).

(2) 등록월 ⇒ 등록일의 월을 추출한 결과값에 '월'을 붙이시오(MONTH 함수, & 연산자)(예 : 1월).

(3) 밴드를 통해 등록한 회원명 ⇒ 등록경로가 밴드인 회원명을 구하시오(INDEX, MATCH 함수).

(4) 홈페이지를 통해 등록한 회원수 ⇒ 등록경로가 홈페이지인 회원의 수를 구하시오(COUNTIF 함수).

(5) 카톡채널을 통해 등록한 회원의 총 등록비(단위:원) ⇒ 정의된 이름(등록비)을 이용하여 구하시오(SUMIF 함수).

(6) 등록비(단위:원) ⇒ 「H14」 셀에서 선택한 회원코드에 대한 등록비(단위:원)를 구하시오(VLOOKUP 함수).

(7) 조건부 서식의 수식을 이용하여 등록횟수가 '4' 이상인 행 전체에 다음의 서식을 적용하시오(글꼴 : 파랑, 굵게).

☞ **"제1작업"** 시트의 「B4:H12」 영역을 복사하여 **"제2작업"** 시트의 「B2」 셀부터 모두 붙여넣기를 한 후 다음의 조건과 같이 작업하시오.

《조건》

(1) 고급 필터 - 등록일이 '2023-05-31' 이전(해당일 포함)이거나, 등록횟수가 '4' 이상인 자료의 회원코드, 회원명, 담당자, 등록비(단위:원) 데이터만 추출하시오.
　　　- 조건 범위 : 「B14」 셀부터 입력하시오.
　　　- 복사 위치 : 「B18」 셀부터 나타나도록 하시오.

(2) 표 서식 - 고급필터의 결과셀을 채우기 없음으로 설정한 후 '파랑, 표 스타일 보통 2'의 서식을 적용하시오.
　　　- 머리글 행, 줄무늬 행을 적용하시오.

☞ **"제1작업"** 시트를 이용하여 **"제3작업"** 시트에 조건에 따라 《출력형태》와 같이 작업하시오.

《조건》

(1) 등록일 및 등록경로별 회원명의 개수와 등록비(단위:원)의 평균을 구하시오.
(2) 등록일을 그룹화하고, 등록경로를 《출력형태》와 같이 정렬하시오.
(3) 레이블이 있는 셀 병합 및 가운데 맞춤 적용 및 빈 셀은 '***'로 표시하시오.
(4) 행의 총합계는 지우고, 나머지 사항은 《출력형태》에 맞게 작성하시오.

《출력형태》

등록경로	홈페이지		카톡채널		밴드	
등록일	개수 : 회원명	평균 : 등록비(단위:원)	개수 : 회원명	평균 : 등록비(단위:원)	개수 : 회원명	평균 : 등록비(단위:원)
1사분기	***	***	2	195,000	***	***
2사분기	1	308,000	1	80,000	***	***
3사분기	2	108,500	***	***	1	218,000
4사분기	1	50,000	***	***	***	***
총합계	4	143,750	3	156,667	1	218,000

☞ **"제1작업"** 시트를 이용하여 조건에 따라《출력형태》와 같이 작업하시오.

《조건》

(1) 차트 종류 ⇒ <묶은 세로 막대형>으로 작업하시오.

(2) 데이터 범위 ⇒ "제1작업" 시트의 내용을 이용하여 작업하시오.

(3) 위치 ⇒ "새 시트"로 이동하고, "제4작업"으로 시트 이름을 바꾸시오.

(4) 차트 디자인 도구 ⇒ 레이아웃 3, 스타일 1을 선택하여《출력형태》에 맞게 작업하시오.

(5) 영역 서식 ⇒ 차트 : 글꼴(굴림, 11pt), 채우기 효과(질감-분홍 박엽지)

　　　　　　　그림 : 채우기(흰색, 배경 1)

(6) 제목 서식 ⇒ 차트 제목 : 글꼴(굴림, 굵게, 20pt), 채우기(흰색, 배경 1), 테두리

(7) 서식 ⇒ 등록비(단위:원) 계열의 차트 종류를 <표식이 있는 꺾은선형>으로 변경한 후 보조 축으로 지정하시오.

　　　　계열 :《출력형태》를 참조하여 표식(세모, 크기 10)과 레이블 값을 표시하시오.

　　　　눈금선 : 선 스타일-파선

　　　　축 :《출력형태》를 참조하시오.

(8) 범례 ⇒ 범례명을 변경하고《출력형태》를 참조하시오.

(9) 도형 ⇒ '말풍선: 모서리가 둥근 사각형 설명선'을 삽입한 후《출력형태》와 같이 내용을 입력하시오.

(10) 나머지 사항은《출력형태》에 맞게 작성하시오.

《출력형태》

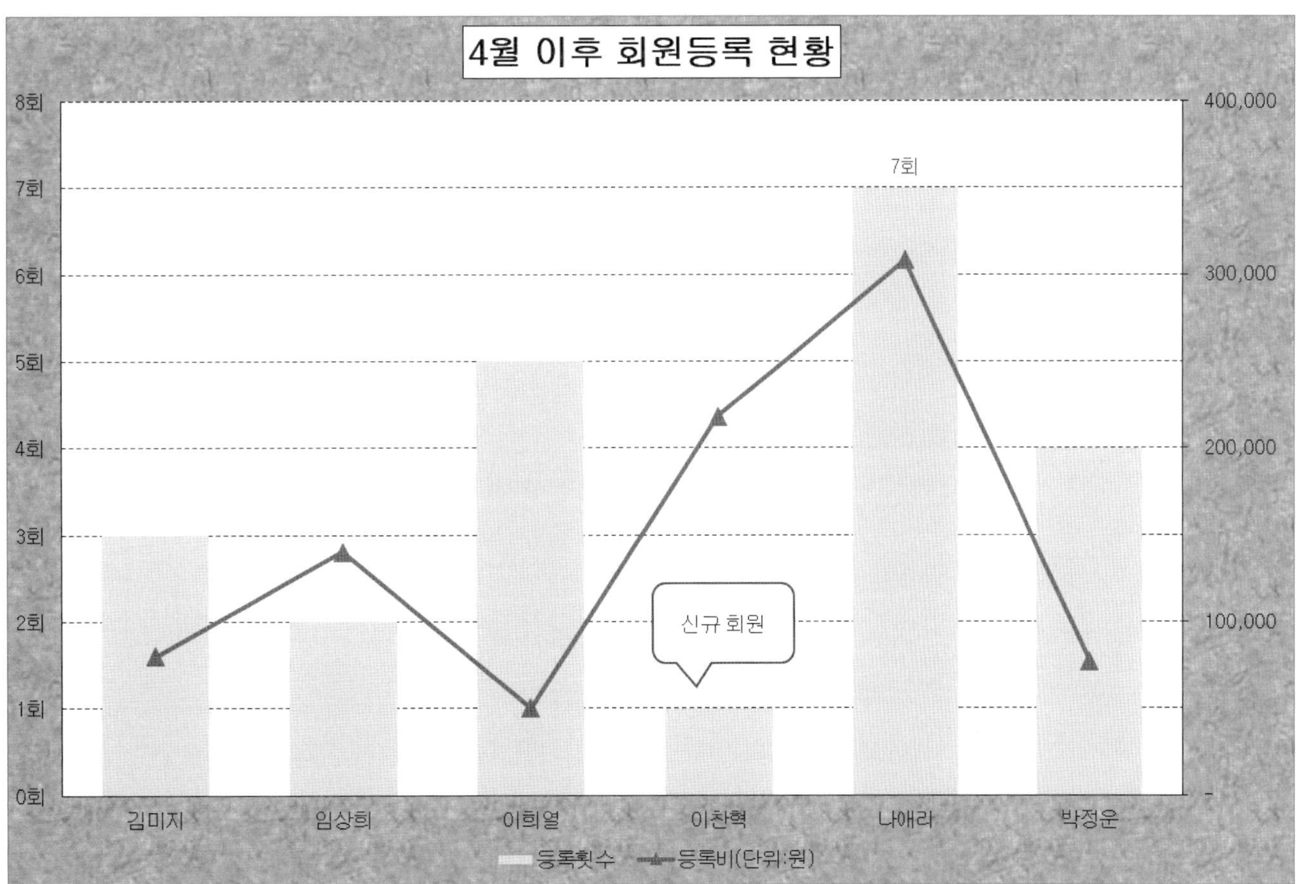

주의 ☞ 시트명 순서가 차례대로 "제1작업", "제2작업", "제3작업", "제4작업"이 되도록 할 것.

정보기술자격(ITQ) 실전모의고사

과　목	코　드	문제유형	시험시간	수험번호	성　명
한글엑셀	1122	A	60분		

수험자 유의사항

◎ 수험자는 문제지를 받는 즉시 문제지와 **수험표상의 시험과목(프로그램)이 동일한지 반드시 확인**하여야 합니다.

◎ 파일명은 본인의 "수험번호–성명"으로 입력하여 답안폴더(내 PC₩문서₩ITQ)에 하나의 파일로 저장해야 하며, 답안문서 파일명이 "수험번호–성명"과 일치하지 않거나, 답안파일을 전송하지 않아 미제출로 처리될 경우 실격 처리합니다 (예:12345678-홍길동.xlsx).

◎ 답안 작성을 마치면 파일을 저장하고, '답안 전송' 버튼을 선택하여 감독위원 PC로 답안을 전송하십시오. 수험생 정보와 저장한 파일명이 다를 경우 전송되지 않으므로 주의하시기 바랍니다.

◎ 답안 작성 중에도 **주기적으로 저장하고, '답안 전송'**하여야 문제 발생을 줄일 수 있습니다. 작업한 내용을 저장하지 않고 전송할 경우 이전에 저장된 내용이 전송되오니 이점 유의하시기 바랍니다.

◎ 답안문서는 지정된 경로 외의 다른 보조기억장치에 저장하는 경우, 지정된 시험 시간 외에 작성된 파일을 활용할 경우, 기타 통신수단(이메일, 메신저, 네트워크 등)을 이용하여 타인에게 전달 또는 외부 반출하는 경우는 부정 처리합니다.

◎ 시험 중 부주의 또는 고의로 시스템을 파손한 경우는 수험자가 변상해야 하며, <수험자 유의사항>에 기재된 방법대로 이행하지 않아 생기는 불이익은 수험생 당사자의 책임임을 알려 드립니다.

◎ 문제의 조건은 MS오피스 2021 버전으로 설정되어 있으니 유의하시기 바랍니다.

◎ 시험을 완료한 수험자는 답안파일이 전송되었는지 확인한 후 감독위원의 지시에 따라 문제지를 제출하고 퇴실합니다.

답안 작성요령

◎ 온라인 답안 작성 절차

수험자 등록 ⇒ 시험 시작 ⇒ 답안파일 저장 ⇒ 답안 전송 ⇒ 시험 종료

◎ 문제는 총 4단계, 즉 제1작업부터 제4작업까지 구성되어 있으며 반드시 제1작업부터 순서대로 작성하고 조건대로 작업하시오.

◎ 모든 작업시트의 A열은 열 너비 '1'로, 나머지 열은 적당하게 조절하시오.

◎ 모든 작업시트의 테두리(굵은선, 가는선 등)는 《출력형태》와 같이 작업하시오.

◎ 해당 작업란에서는 각각 제시된 조건에 따라 《출력형태》와 같이 작업하시오.

◎ 답안 시트 이름은 "제1작업", "제2작업", "제3작업", "제4작업"이어야 하며 답안 시트 이외의 것은 감점 처리됩니다.

◎ 각 시트를 파일로 나누어 작업해서 저장할 경우 실격 처리됩니다.

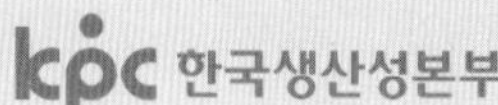

☞ 다음은 '**겨울가전 최신 상품 목록**'에 대한 자료이다. 자료를 입력하고 조건에 맞도록 작업하시오.

《출력형태》

	담당	팀장	본부장
결재			

겨울가전 최신 상품 목록

제품코드	모델명	방식	제조사	가격	소비전력(W)	등록일	순위	비고
BK1-021	프리그 전기요	전기요	대진전자	83,300	90	2022-10-23	(1)	(2)
RA2-019	라셀트리	전기매트	액세트리	151,260	190	2023-04-15	(1)	(2)
HL3-099	더 케어 슬림	온수매트	대성셀틱	220,760	350	2023-10-15	(1)	(2)
RD1-035	라디라이트	전기매트	신일전자	210,000	75	2023-09-05	(1)	(2)
OE1-082	에어로 실버	온수매트	경동나비엔	80,860	240	2022-09-03	(1)	(2)
OE1-076	샤오미 슬림	전기매트	샤오미	139,860	180	2023-11-21	(1)	(2)
BE2-073	보이로 전기요	전기요	이메텍	163,800	120	2022-10-08	(1)	(2)
HE2-052	무자계 전기요	전기요	대원전자	95,000	135	2023-09-19	(1)	(2)
온수매트 가격 평균			(3)		두 번째로 높은 소비전력			(5)
전기요 최고 가격			(4)		제품코드	BK1-021	소비전력(W)	(6)

《조건》

○ 모든 데이터의 서식에는 글꼴(굴림, 11pt), 정렬은 숫자 및 회계 서식은 오른쪽 정렬, 나머지 서식은 가운데 정렬로 작성하며 예외적인 것은 《출력형태》를 참조하시오.

○ 제 목 ⇒ 도형(사다리꼴)과 그림자(오프셋 가운데)를 이용하여 작성하고 "겨울가전 최신 상품 목록"을 입력한 후 다음 서식을 적용하시오

　　　　(글꼴-굴림, 24pt, 검정, 굵게, 채우기-노랑).

○ 임의의 셀에 결재란을 작성하여 그림으로 복사 기능을 이용하여 붙이기 하시오(단, 원본 삭제).

○ 「B4:J4, G14, I14」 영역은 '주황'으로 채우기 하시오.

○ 유효성 검사를 이용하여 「H14」 셀에 제품코드(「B5:B12」 영역)가 선택 표시되도록 하시오.

○ 셀 서식 ⇒ 「F5:F12」 영역에 셀 서식을 이용하여 숫자 뒤에 '원'을 표시하시오(예 : 83,300원).

○ 「G5:G12」 영역에 대해 '소비전력'으로 이름정의를 하시오.

☞ (1)~(6) 셀은 반드시 **주어진 함수를 이용**하여 값을 구하시오(결과값을 직접 입력하면 해당 셀은 0점 처리됨).

(1) 순위 ⇒ 정의된 이름(소비전력)을 이용하여 내림차순 순위를 구한 결과값에 '위'를 붙이시오(RANK.EQ 함수, & 연산자)
　　　　(예 : 1위).

(2) 비고 ⇒ 제품코드의 세 번째 글자가 1이면 '싱글', 2이면 '슈퍼 싱글', 그 외에는 '더블'로 구하시오(IF, MID 함수).

(3) 온수매트 가격 평균 ⇒ (SUMIF, COUNTIF 함수)

(4) 전기요 최고 가격 ⇒ 조건은 입력데이터를 이용하시오(DMAX 함수).

(5) 두 번째로 높은 소비전력 ⇒ 정의된 이름(소비전력)을 이용하여 구하시오(LARGE 함수).

(6) 소비전력(W) ⇒ 「H14」 셀에서 선택한 제품코드에 대한 소비전력(W)을 구하시오(VLOOKUP 함수).

(7) 조건부 서식의 수식을 이용하여 소비전력(W)이 '150' 이하인 행 전체에 다음의 서식을 적용하시오(글꼴 : 파랑, 굵게).

☞ **"제1작업"** 시트의 「B4:H12」 영역을 복사하여 **"제2작업"** 시트의 「B2」 셀부터 모두 붙여넣기를 한 후 다음의 조건과 같이 작업하시오.

《조건》

(1) 목표값 찾기 – 「B11:G11」 셀을 병합하여 "전기요의 가격 평균"을 입력한 후 「H11」 셀에 전기요의 가격 평균을 구하시오. 단, 조건은 입력데이터를 이용하시오(DAVERAGE 함수, 테두리).
- '전기요의 가격 평균'이 '120,000'이 되려면 무자계 전기요의 가격이 얼마가 되어야 하는지 목표값을 구하시오.

(2) 고급필터 – 제품코드가 'B'로 시작하거나, 소비전력(W)이 '100' 이하인 자료의 모델명, 방식, 제조사, 가격 데이터만 추출하시오.
- 조건 범위 : 「B14」 셀부터 입력하시오.
- 복사 위치 : 「B18」 셀부터 나타나도록 하시오.

☞ **"제1작업"** 시트의 「B4:H12」 영역을 복사하여 **"제3작업"** 시트의 「B2」 셀부터 모두 붙여넣기를 한 후 다음의 조건과 같이 작업하시오.

《조건》

(1) 부분합 – 《출력형태》처럼 정렬하고, 가격의 최대값과 소비전력의 평균을 구하시오.
(2) 개요 – 지우시오.
(3) 나머지 사항은 《출력형태》에 맞게 작성하시오.

《출력형태》

	A	B	C	D	E	F	G	H
1								
2		제품코드	모델명	방식	제조사	가격	소비전력(W)	등록일
3		HL3-099	더 케어 슬림	온수매트	대성셀틱	220,760원	350	2023-10-15
4		OE1-082	에어로 실버	온수매트	경동나비엔	80,860원	240	2022-09-03
5				온수매트 평균			295	
6				온수매트 최대		220,760원		
7		RA2-019	라셀트리	전기매트	액세트리	151,260원	190	2023-04-15
8		RD1-035	라디라이트	전기매트	신일전자	210,000원	75	2023-09-05
9		OE1-076	샤오미 슬림	전기매트	샤오미	139,860원	180	2023-11-21
10				전기매트 평균			148	
11				전기매트 최대		210,000원		
12		BK1-021	프리그 전기요	전기요	대진전자	83,300원	90	2022-10-23
13		BE2-073	보이로 전기요	전기요	이메틱	163,800원	120	2022-10-08
14		HE2-052	무자계 전기요	전기요	대원전자	95,000원	135	2023-09-19
15				전기요 평균			115	
16				전기요 최대		163,800원		
17				전체 평균			173	
18				전체 최대값		220,760원		

☞ **"제1작업"** 시트를 이용하여 조건에 따라《출력형태》와 같이 작업하시오.

《조건》

(1) 차트 종류 ⇒ <묶은 세로 막대형>으로 작업하시오.

(2) 데이터 범위 ⇒ "제1작업" 시트의 내용을 이용하여 작업하시오.

(3) 위치 ⇒ "새 시트"로 이동하고, "제4작업"으로 시트 이름을 바꾸시오.

(4) 차트 디자인 도구 ⇒ 레이아웃 3, 스타일 1을 선택하여 《출력형태》에 맞게 작업하시오.

(5) 영역 서식 ⇒ 차트 : 글꼴(굴림, 11pt), 채우기 효과(질감-파랑 박엽지)

           그림 : 채우기(흰색, 배경 1)

(6) 제목 서식 ⇒ 차트 제목 : 글꼴(굴림, 굵게, 20pt), 채우기(흰색, 배경 1), 테두리

(7) 서식 ⇒ 가격 계열의 차트 종류를 <표식이 있는 꺾은선형>으로 변경한 후 보조 축으로 지정하시오.

        계열 :《출력형태》를 참조하여 표식(마름모, 크기 10)과 레이블 값을 표시하시오.

        눈금선 : 선 스타일-파선

        축 :《출력형태》를 참조하시오.

(8) 범례 ⇒ 범례명을 변경하고《출력형태》를 참조하시오.

(9) 도형 ⇒ '말풍선: 모서리가 둥근 사각형 설명선'을 삽입한 후《출력형태》와 같이 내용을 입력하시오.

(10) 나머지 사항은《출력형태》에 맞게 작성하시오.

《출력형태》

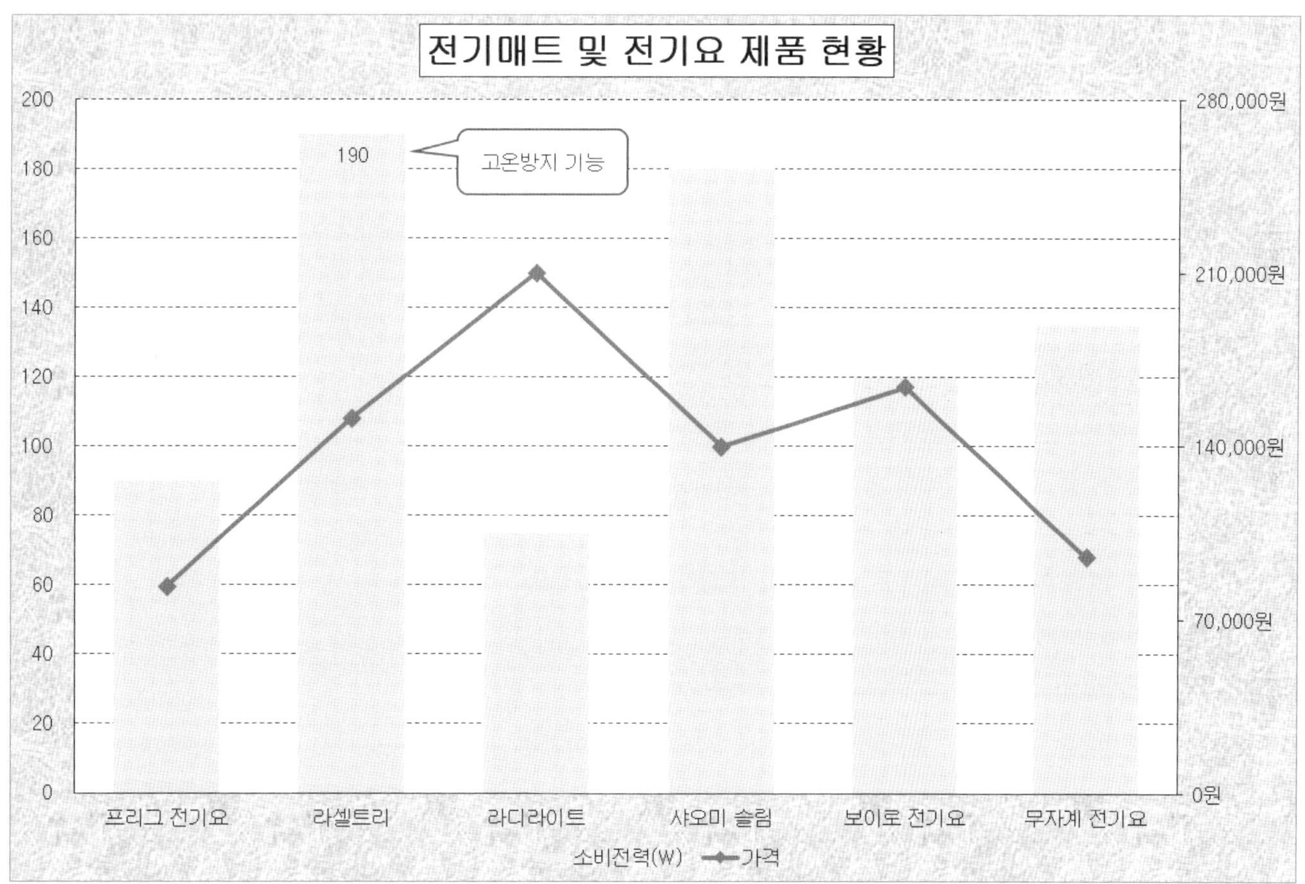

주의 ☞ 시트명 순서가 차례대로 "제1작업", "제2작업", "제3작업", "제4작업"이 되도록 할 것.

정보기술자격(ITQ) 실전모의고사

과　목	코　드	문제유형	시험시간	수험번호	성　명
한글엑셀	1122	A	60분		

수험자 유의사항

◎ 수험자는 문제지를 받는 즉시 문제지와 **수험표상의 시험과목(프로그램)이 동일한지 반드시 확인**하여야 합니다.

◎ 파일명은 본인의 "수험번호–성명"으로 입력하여 답안폴더(내 PC\문서\ITQ)에 하나의 파일로 저장해야 하며, 답안문서 파일명이 "수험번호–성명"과 일치하지 않거나, 답안파일을 전송하지 않아 미제출로 처리될 경우 실격 처리합니다 (예:12345678-홍길동.xlsx).

◎ 답안 작성을 마치면 파일을 저장하고, '답안 전송' 버튼을 선택하여 감독위원 PC로 답안을 전송하십시오. 수험생 정보와 저장한 파일명이 다를 경우 전송되지 않으므로 주의하시기 바랍니다.

◎ 답안 작성 중에도 **주기적으로 저장하고, '답안 전송'**하여야 문제 발생을 줄일 수 있습니다. 작업한 내용을 저장하지 않고 전송할 경우 이전에 저장된 내용이 전송되오니 이점 유의하시기 바랍니다.

◎ 답안문서는 지정된 경로 외의 다른 보조기억장치에 저장하는 경우, 지정된 시험 시간 외에 작성된 파일을 활용할 경우, 기타 통신수단(이메일, 메신저, 네트워크 등)을 이용하여 타인에게 전달 또는 외부 반출하는 경우는 부정 처리합니다.

◎ 시험 중 부주의 또는 고의로 시스템을 파손한 경우는 수험자가 변상해야 하며, <수험자 유의사항>에 기재된 방법대로 이행하지 않아 생기는 불이익은 수험생 당사자의 책임임을 알려 드립니다.

◎ 문제의 조건은 MS오피스 2021 버전으로 설정되어 있으니 유의하시기 바랍니다.

◎ 시험을 완료한 수험자는 답안파일이 전송되었는지 확인한 후 감독위원의 지시에 따라 문제지를 제출하고 퇴실합니다.

답안 작성요령

◎ 온라인 답안 작성 절차

　수험자 등록 ⇒ 시험 시작 ⇒ 답안파일 저장 ⇒ 답안 전송 ⇒ 시험 종료

◎ 문제는 총 4단계, 즉 제1작업부터 제4작업까지 구성되어 있으며 반드시 제1작업부터 순서대로 작성하고 조건대로 작업하시오.

◎ 모든 작업시트의 A열은 열 너비 '1'로, 나머지 열은 적당하게 조절하시오.

◎ 모든 작업시트의 테두리(굵은선, 가는선 등)는 《출력형태》와 같이 작업하시오.

◎ 해당 작업란에서는 각각 제시된 조건에 따라 《출력형태》와 같이 작업하시오.

◎ 답안 시트 이름은 "제1작업", "제2작업", "제3작업", "제4작업"이어야 하며 답안 시트 이외의 것은 감점 처리됩니다.

◎ 각 시트를 파일로 나누어 작업해서 저장할 경우 실격 처리됩니다.

☞ 다음은 '**우리 홈쇼핑 가전 제품 판매 현황**'에 대한 자료이다. 자료를 입력하고 조건에 맞도록 작업하시오.

《출력형태》

상품코드	상품명	방송일	분류	판매가격	판매수량 (단위:대)	상품평 (단위:건)	방송요일	배송비
W2113	워시타워 드럼 세탁기	2023-02-08	세탁기	1,298	4,456	356	(1)	(2)
R1210	비스포크 김치 냉장고	2023-04-01	냉장고	2,799	1,822	1,657	(1)	(2)
R1213	캐리어 클라윈드 냉장고	2023-03-10	냉장고	1,899	2,344	875	(1)	(2)
C3115	스마트 벽걸이 TV	2023-01-12	TV	3,500	854	34	(1)	(2)
W2117	그랑데 드럼 세탁기	2023-03-15	세탁기	1,798	3,012	1,125	(1)	(2)
R1215	오브제컬렉션 냉장고	2023-04-12	냉장고	2,425	987	67	(1)	(2)
C3119	QLED 벽걸이 TV	2023-02-20	TV	3,985	2,167	1,785	(1)	(2)
R1218	인공지능 냉장고	2023-01-17	냉장고	1,750	1,788	895	(1)	(2)
세탁기 판매수량(단위:대) 평균			(3)			최다 상품평(단위:건)		(5)
비스포크 김치 냉장고 판매순위			(4)			상품코드	W2113 분류	(6)

결재 / 담당 / 팀장 / 부장

《조건》

○ 모든 데이터의 서식에는 글꼴(굴림, 11pt), 정렬은 숫자 및 회계 서식은 오른쪽 정렬, 나머지 서식은 가운데 정렬로 작성하며 예외적인 것은 《출력형태》를 참조하시오.

○ 제 목 ⇒ 도형(사각형 잘린 위쪽 모서리)과 그림자(오프셋 아래쪽)를 이용하여 작성하고 "우리 홈쇼핑 가전 제품 판매 현황"을 입력한 후 다음 서식을 적용하시오(글꼴-굴림, 24pt, 검정, 굵게, 채우기-노랑).

○ 임의의 셀에 결재란을 작성하여 그림으로 복사 기능을 이용하여 붙이기 하시오(단, 원본 삭제).

○ 「B4:J4, G14, I14」 영역은 '주황'으로 채우기 하시오.

○ 유효성 검사를 이용하여 「H14」 셀에 상품코드(「B5:B12」 영역)가 선택 표시되도록 하시오.

○ 셀 서식 ⇒ 「F5:F12」 영역에 셀 서식을 이용하여 숫자 뒤에 '천원'을 표시하시오(예 : 3,525천원).

○ 「H5:H12」 영역에 대해 '상품평'으로 이름정의를 하시오.

☞ (1)~(6) 셀은 반드시 **주어진 함수를 이용**하여 값을 구하시오(결과값을 직접 입력하면 해당 셀은 0점 처리됨).

(1) 방송요일 ⇒ 방송일에 대한 요일을 구하시오(CHOOSE, WEEKDAY 함수)(예 : 월).

(2) 배송비 ⇒ 판매가격이 2,500 이상이면 '무료배송', 그 외에는 '30,000원'으로 표시하시오(IF 함수).

(3) 세탁기 판매수량(단위:대) 평균 ⇒ 반올림하여 정수로 표시하시오. 단, 조건은 입력데이터를 이용하시오(ROUND, DAVERAGE 함수).

(4) 비스포크 김치 냉장고 판매순위 ⇒ 비스포크 김치 냉장고 판매수량(단위:대)의 내림차순 순위를 구한 후 결과값에 '위'를 붙이시오(RANK.EQ 함수, & 연산자)(예 : 3위).

(5) 최다 상품평(단위:건) ⇒ 정의된 이름(상품평)을 이용하여 구하시오(LARGE 함수).

(6) 분류 ⇒ 「H14」 셀에서 선택한 상품코드에 대한 분류를 구하시오(VLOOKUP 함수).

(7) 조건부 서식의 수식을 이용하여 상품평(단위:건)이 '1,000' 이상인 행 전체에 다음의 서식을 적용하시오
   (글꼴 : 파랑, 굵은 기울임꼴).

☞ **"제1작업"** 시트의 「B4:H12」 영역을 복사하여 **"제2작업"** 시트의 「B2」 셀부터 모두 붙여넣기를 한 후 다음의 조건과 같이 작업하시오.

《조건》

(1) 고급 필터 – 상품코드가 'R'로 시작하면서 판매수량(단위:대)이 '1,800' 초과인 자료의 데이터만 추출하시오.
     – 조건 범위 : 「B14」 셀부터 입력하시오.
     – 복사 위치 : 「B18」 셀부터 나타나도록 하시오.

(2) 표 서식 – 고급필터의 결과셀을 채우기 없음으로 설정한 후 '녹색, 표 스타일 보통 7'의 서식을 적용하시오.
     – 머리글 행, 줄무늬 행을 적용하시오.

제3작업   피벗 테이블   (80점)

☞ **"제1작업"** 시트를 이용하여 **"제3작업"** 시트에 조건에 따라 《출력형태》와 같이 작업하시오.

《조건》

(1) 방송일 및 분류별 상품명의 개수와 판매수량(단위:대)의 평균을 구하시오.
(2) 방송일을 그룹화하고, 분류를 《출력형태》와 같이 정렬하시오.
(3) 레이블이 있는 셀 병합 및 가운데 맞춤 적용 및 빈 셀은 '***'로 표시하시오.
(4) 행의 총합계는 지우고, 나머지 사항은 《출력형태》에 맞게 작성하시오.

《출력형태》

방송일	분류					
	냉장고		TV		세탁기	
	개수 : 상품명	평균 : 판매수량(단위:대)	개수 : 상품명	평균 : 판매수량(단위:대)	개수 : 상품명	평균 : 판매수량(단위:대)
1월	1	1,788	1	854	***	***
2월	***	***	1	2,167	1	4,456
3월	1	2,344	***	***	1	3,012
4월	2	1,405	***	***	***	***
총합계	4	1,735	2	1,511	2	3,734

☞ **"제1작업"** 시트를 이용하여 조건에 따라 《출력형태》와 같이 작업하시오.

《조건》

(1) 차트 종류 ⇒ <묶은 세로 막대형>으로 작업하시오.

(2) 데이터 범위 ⇒ "제1작업" 시트의 내용을 이용하여 작업하시오.

(3) 위치 ⇒ "새 시트"로 이동하고, "제4작업"으로 시트 이름을 바꾸시오.

(4) 차트 디자인 도구 ⇒ 레이아웃 3, 스타일 1을 선택하여 《출력형태》에 맞게 작업하시오.

(5) 영역 서식 ⇒ 차트 : 글꼴(굴림, 11pt), 채우기 효과(질감-양피지)

　　　　　　　　 그림 : 채우기(흰색, 배경 1)

(6) 제목 서식 ⇒ 차트 제목 : 글꼴(굴림, 굵게, 20pt), 채우기(흰색, 배경 1), 테두리

(7) 서식 ⇒ 판매가격 계열의 차트 종류를 <표식이 있는 꺾은선형>으로 변경한 후 보조 축으로 지정하시오.

　　　　　 계열 : 《출력형태》를 참조하여 표식(네모, 크기 10)과 레이블 값을 표시하시오.

　　　　　 눈금선 : 선 스타일-파선

　　　　　 축 : 《출력형태》를 참조하시오.

(8) 범례 ⇒ 범례명을 변경하고 《출력형태》를 참조하시오.

(9) 도형 ⇒ '말풍선: 타원형 설명선'을 삽입한 후 《출력형태》와 같이 내용을 입력하시오.

(10) 나머지 사항은 《출력형태》에 맞게 작성하시오.

《출력형태》

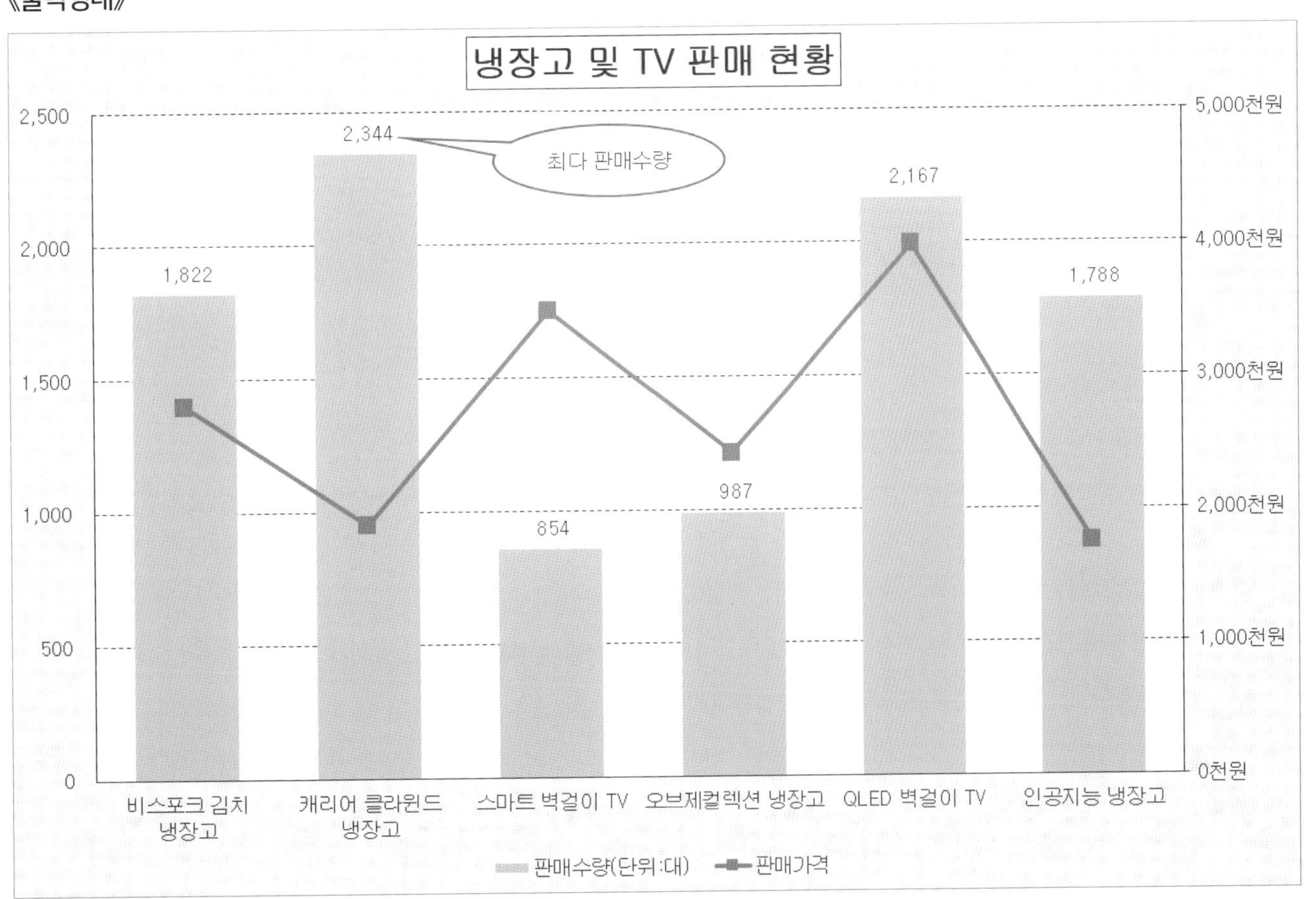

주의 ☞ 시트명 순서가 차례대로 "제1작업", "제2작업", "제3작업", "제4작업"이 되도록 할 것.

정보기술자격(ITQ) 실전모의고사

과 목	코 드	문제유형	시험시간	수험번호	성 명
한글엑셀	1122	A	60분		

수험자 유의사항

◎ 수험자는 문제지를 받는 즉시 문제지와 **수험표상의 시험과목(프로그램)이 동일한지 반드시 확인**하여야 합니다.

◎ 파일명은 본인의 "수험번호-성명"으로 입력하여 답안폴더(내 PC₩문서₩ITQ)에 하나의 파일로 저장해야 하며, 답안문서 파일명이 "수험번호-성명"과 일치하지 않거나, 답안파일을 전송하지 않아 미제출로 처리될 경우 실격 처리합니다 (예:12345678-홍길동.xlsx).

◎ 답안 작성을 마치면 파일을 저장하고, '답안 전송' 버튼을 선택하여 감독위원 PC로 답안을 전송하십시오. 수험생 정보와 저장한 파일명이 다를 경우 전송되지 않으므로 주의하시기 바랍니다.

◎ 답안 작성 중에도 **주기적으로 저장하고, '답안 전송'**하여야 문제 발생을 줄일 수 있습니다. 작업한 내용을 저장하지 않고 전송할 경우 이전에 저장된 내용이 전송되오니 이점 유의하시기 바랍니다.

◎ 답안문서는 지정된 경로 외의 다른 보조기억장치에 저장하는 경우, 지정된 시험 시간 외에 작성된 파일을 활용할 경우, 기타 통신수단(이메일, 메신저, 네트워크 등)을 이용하여 타인에게 전달 또는 외부 반출하는 경우는 부정 처리합니다.

◎ 시험 중 부주의 또는 고의로 시스템을 파손한 경우는 수험자가 변상해야 하며, <수험자 유의사항>에 기재된 방법대로 이행하지 않아 생기는 불이익은 수험생 당사자의 책임임을 알려 드립니다.

◎ 문제의 조건은 MS오피스 2021 버전으로 설정되어 있으니 유의하시기 바랍니다.

◎ 시험을 완료한 수험자는 답안파일이 전송되었는지 확인한 후 감독위원의 지시에 따라 문제지를 제출하고 퇴실합니다.

답안 작성요령

◎ 온라인 답안 작성 절차

   수험자 등록 ⇒ 시험 시작 ⇒ 답안파일 저장 ⇒ 답안 전송 ⇒ 시험 종료

◎ 문제는 총 4단계, 즉 제1작업부터 제4작업까지 구성되어 있으며 반드시 제1작업부터 순서대로 작성하고 조건대로 작업하시오.

◎ 모든 작업시트의 A열은 열 너비 '1'로, 나머지 열은 적당하게 조절하시오.

◎ 모든 작업시트의 테두리(굵은선, 가는선 등)는《출력형태》와 같이 작업하시오.

◎ 해당 작업란에서는 각각 제시된 조건에 따라《출력형태》와 같이 작업하시오.

◎ 답안 시트 이름은 "제1작업", "제2작업", "제3작업", "제4작업"이어야 하며 답안 시트 이외의 것은 감점 처리됩니다.

◎ 각 시트를 파일로 나누어 작업해서 저장할 경우 실격 처리됩니다.

kpc 한국생산성본부

☞ 다음은 '**전국 어린이집 주요 현황**'에 대한 자료이다. 자료를 입력하고 조건에 맞도록 작업하시오.

《출력형태》

	분류코드	어린이집명	지역	분류	등록률(%)	정원 (단위:명)	인원	순위	평가 등급
								담당	팀장	부장
결재									
BB9002	아이꿈 어린이집	부산	가정	72	25	20	(1)	(2)
SA1003	서울숲속 어린이집	서울	국공립	98	123	121	(1)	(2)
DN6007	아이터 어린이집	대구	국공립	97	138	134	(1)	(2)
GA3014	영재 어린이집	강원	직장	96	145	139	(1)	(2)
GB6015	간성 어린이집	강원	국공립	83	118	98	(1)	(2)
BA6036	쨍쨍 어린이집	부산	직장	96	139	134	(1)	(2)
DD4023	고운 어린이집	대구	가정	74	23	17	(1)	(2)
SN8163	ABC 어린이집	서울	가정	63	32	20	(1)	(2)
직장 어린이집의 인원 평균			(3)		가장 많은 인원			(5)
가정 어린이집의 인원 합계			(4)		분류코드	BB9002	지역	(6)

《조건》

○ 모든 데이터의 서식에는 글꼴(굴림, 11pt), 정렬은 숫자 및 회계 서식은 오른쪽 정렬, 나머지 서식은 가운데 정렬로 작성하며 예외적인 것은 《출력형태》를 참조하시오.

○ 제 목 ⇒ 도형(평행 사변형)과 그림자(오프셋 왼쪽)를 이용하여 작성하고 "전국 어린이집 주요 현황"을 입력한 후 다음 서식을 적용하시오
　　　　(글꼴-굴림, 24pt, 검정, 굵게, 채우기-노랑).

○ 임의의 셀에 결재란을 작성하여 그림으로 복사 기능을 이용하여 붙이기 하시오(단, 원본 삭제).

○ 「B4:J4, G14, I14」 영역은 '주황'으로 채우기 하시오.

○ 유효성 검사를 이용하여 「H14」 셀에 분류코드(「B5:B12」 영역)가 선택 표시되도록 하시오.

○ 셀 서식 ⇒ 「H5:H12」 영역에 셀 서식을 이용하여 숫자 뒤에 '명'을 표시하시오(예 : 121명).

○ 「E5:E12」 영역에 대해 '분류'로 이름정의를 하시오.

☞ (1)~(6) 셀은 반드시 **주어진 함수를 이용**하여 값을 구하시오(결과값을 직접 입력하면 해당 셀은 0점 처리됨).

(1) 순위 ⇒ 인원의 내림차순 순위를 구한 결과값에 '위'를 붙이시오(RANK.EQ 함수, & 연산자)(예 : 1위).

(2) 평가 등급 ⇒ 분류코드의 두 번째 글자가 A이면, 'A등급', B이면 'B등급', 그 외에는 공백으로 구하시오(IF, MID 함수).

(3) 직장 어린이집의 인원 평균 ⇒ 정의된 이름(분류)을 이용하여 분류가 '직장'인 어린이집의 인원 평균을 구하시오 (SUMIF, COUNTIF 함수).

(4) 가정 어린이집의 인원 합계 ⇒ 분류가 '가정'인 어린이집의 인원 합계를 구하시오. 단, 조건은 입력데이터를 이용하시오 (DSUM 함수).

(5) 가장 많은 인원 ⇒ (MAX 함수)

(6) 지역 ⇒ 「H14」 셀에서 선택한 분류코드에 대한 지역을 구하시오(VLOOKUP 함수).

(7) 조건부 서식의 수식을 이용하여 인원이 '100' 이상인 행 전체에 다음의 서식을 적용하시오(글꼴 : 파랑, 굵게).

☞ **"제1작업"** 시트의 「B4:H12」 영역을 복사하여 **"제2작업"** 시트의 「B2」 셀부터 모두 붙여넣기를 한 후 다음의 조건과 같이 작업하시오.

《조건》

(1) 목표값 찾기 - 「B11:G11」 셀을 병합하여 "가정 어린이집의 인원 평균"을 입력한 후 「H11」 셀에 가정 어린이집의 인원 평균을 구하시오. 단, 조건은 입력데이터를 이용하시오(DAVERAGE 함수, 테두리).
　　　　　　 - 가정 어린이집의 인원 평균이 '20'이 되려면 ABC 어린이집의 인원이 얼마가 되어야 하는지 목표값을 구하시오.

(2) 고급필터 - 지역이 '서울'이거나 정원(단위:명)이 '50' 이하인 자료의 데이터만 추출하시오.
　　　　　 - 조건 범위 : 「B14」 셀부터 입력하시오.
　　　　　 - 복사 위치 : 「B18」 셀부터 나타나도록 하시오.

☞ **"제1작업"** 시트의 「B4:H12」 영역을 복사하여 **"제3작업"** 시트의 「B2」 셀부터 모두 붙여넣기를 한 후 다음의 조건과 같이 작업하시오.

《조건》

(1) 부분합 -《출력형태》처럼 정렬하고, 어린이집명의 개수와 인원의 합계를 구하시오.
(2) 개요 - 지우시오.
(3) 나머지 사항은《출력형태》에 맞게 작성하시오.

《출력형태》

A	B	C	D	E	F	G	H
1							
2	분류코드	어린이집명	지역	분류	등록률(%)	정원 (단위:명)	인원
3	GA3014	영재 어린이집	강원	직장	96	145	139명
4	BA6036	쩡쩡 어린이집	부산	직장	96	139	134명
5				직장 요약			273명
6		2		직장 개수			
7	SA1003	서울숲속 어린이집	서울	국공립	98	123	121명
8	DN6007	아이터 어린이집	대구	국공립	97	138	134명
9	GB6015	간성 어린이집	강원	국공립	83	118	98명
10				국공립 요약			353명
11		3		국공립 개수			
12	BB9002	아이꿈 어린이집	부산	가정	72	25	20명
13	DD4023	고운 어린이집	대구	가정	74	23	17명
14	SN8163	ABC 어린이집	서울	가정	63	32	20명
15				가정 요약			57명
16		3		가정 개수			
17				총합계			683명
18		8		전체 개수			

☞ **"제1작업"** 시트를 이용하여 조건에 따라 《출력형태》와 같이 작업하시오.

《조건》

(1) 차트 종류 ⇒ <묶은 세로 막대형>으로 작업하시오.

(2) 데이터 범위 ⇒ "제1작업" 시트의 내용을 이용하여 작업하시오.

(3) 위치 ⇒ "새 시트"로 이동하고, "제4작업"으로 시트 이름을 바꾸시오.

(4) 차트 디자인 도구 ⇒ 레이아웃 3, 스타일 1을 선택하여 《출력형태》에 맞게 작업하시오.

(5) 영역 서식 ⇒ 차트 : 글꼴(굴림, 11pt), 채우기 효과(질감-꽃다발)

　　　　　　　　그림 : 채우기(흰색, 배경 1)

(6) 제목 서식 ⇒ 차트 제목 : 글꼴(굴림, 굵게, 20pt), 채우기(흰색, 배경 1), 테두리

(7) 서식 ⇒ 정원(단위:명) 계열의 차트 종류를 <표식이 있는 꺾은선형>으로 변경한 후 보조 축으로 지정하시오.

　　　　계열 :《출력형태》를 참조하여 표식(세모, 크기 10)과 레이블 값을 표시하시오.

　　　　눈금선 : 선 스타일-파선

　　　　축 :《출력형태》를 참조하시오.

(8) 범례 ⇒ 범례명을 변경하고《출력형태》를 참조하시오.

(9) 도형 ⇒ '말풍선: 사각형 설명선'을 삽입한 후《출력형태》와 같이 내용을 입력하시오.

(10) 나머지 사항은《출력형태》에 맞게 작성하시오.

《출력형태》

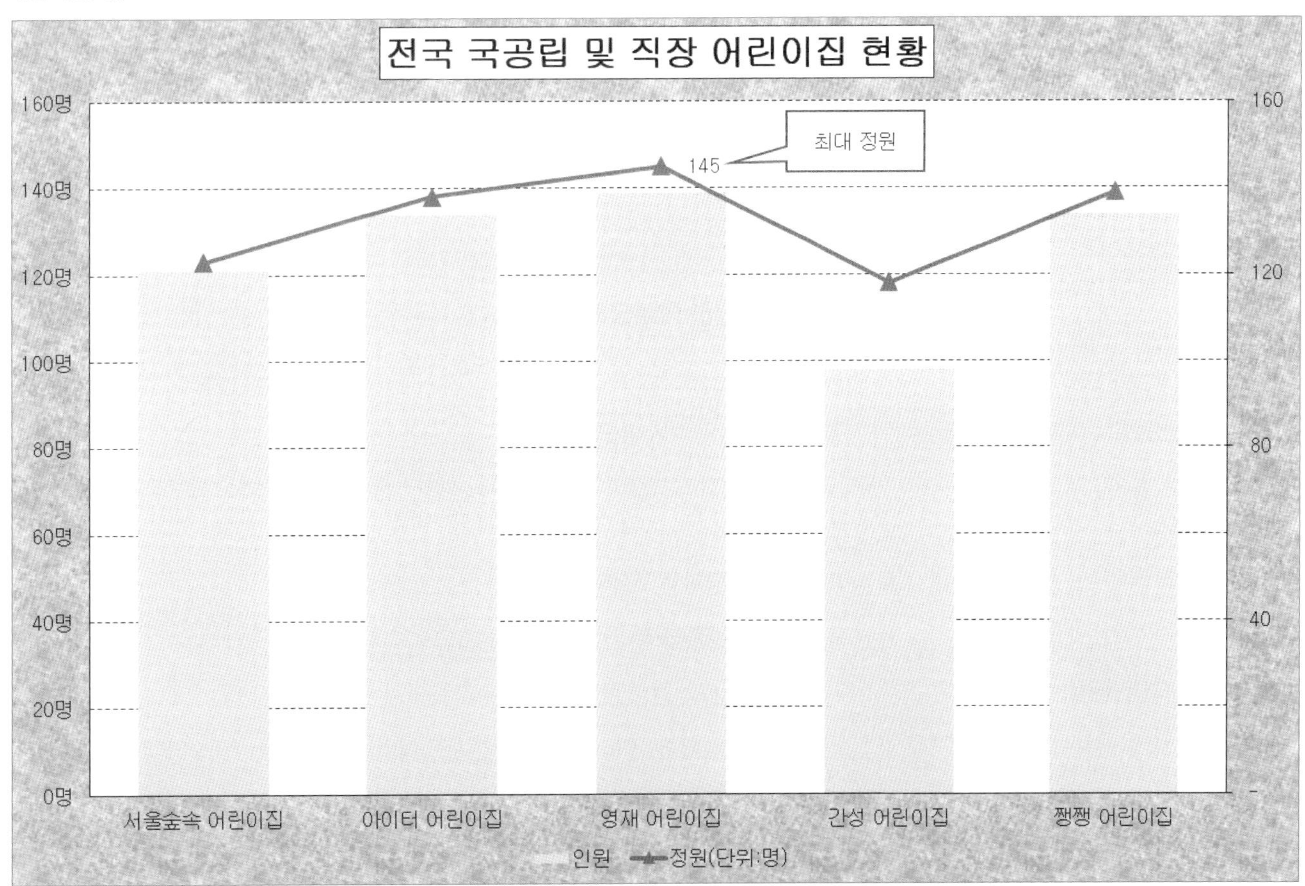

주의 ☞ 시트명 순서가 차례대로 "제1작업", "제2작업", "제3작업", "제4작업"이 되도록 할 것.

정보기술자격(ITQ) 실전모의고사

과 목	코 드	문제유형	시험시간	수험번호	성 명
한글엑셀	1122	A	60분		

수험자 유의사항

◎ 수험자는 문제지를 받는 즉시 문제지와 **수험표상의 시험과목(프로그램)이 동일한지 반드시 확인**하여야 합니다.

◎ 파일명은 본인의 "수험번호-성명"으로 입력하여 답안폴더(내 PC₩문서₩ITQ)에 하나의 파일로 저장해야 하며, 답안문서 파일명이 "수험번호-성명"과 일치하지 않거나, 답안파일을 전송하지 않아 미제출로 처리될 경우 실격 처리합니다 (예:12345678-홍길동.xlsx).

◎ 답안 작성을 마치면 파일을 저장하고, '답안 전송' 버튼을 선택하여 감독위원 PC로 답안을 전송하십시오. 수험생 정보와 저장한 파일명이 다를 경우 전송되지 않으므로 주의하시기 바랍니다.

◎ 답안 작성 중에도 **주기적으로 저장하고, '답안 전송'**하여야 문제 발생을 줄일 수 있습니다. 작업한 내용을 저장하지 않고 전송할 경우 이전에 저장된 내용이 전송되오니 이점 유의하시기 바랍니다.

◎ 답안문서는 지정된 경로 외의 다른 보조기억장치에 저장하는 경우, 지정된 시험 시간 외에 작성된 파일을 활용할 경우, 기타 통신수단(이메일, 메신저, 네트워크 등)을 이용하여 타인에게 전달 또는 외부 반출하는 경우는 부정 처리합니다.

◎ 시험 중 부주의 또는 고의로 시스템을 파손한 경우는 수험자가 변상해야 하며, <수험자 유의사항>에 기재된 방법대로 이행하지 않아 생기는 불이익은 수험생 당사자의 책임임을 알려 드립니다.

◎ 문제의 조건은 MS오피스 2021 버전으로 설정되어 있으니 유의하시기 바랍니다.

◎ 시험을 완료한 수험자는 답안파일이 전송되었는지 확인한 후 감독위원의 지시에 따라 문제지를 제출하고 퇴실합니다.

답안 작성요령

◎ 온라인 답안 작성 절차

　수험자 등록 ⇒ 시험 시작 ⇒ 답안파일 저장 ⇒ 답안 전송 ⇒ 시험 종료

◎ 문제는 총 4단계, 즉 제1작업부터 제4작업까지 구성되어 있으며 반드시 제1작업부터 순서대로 작성하고 조건대로 작업 하시오.

◎ 모든 작업시트의 A열은 열 너비 '1'로, 나머지 열은 적당하게 조절하시오.

◎ 모든 작업시트의 테두리(굵은선, 가는선 등)는 《출력형태》와 같이 작업하시오.

◎ 해당 작업란에서는 각각 제시된 조건에 따라 《출력형태》와 같이 작업하시오.

◎ 답안 시트 이름은 "제1작업", "제2작업", "제3작업", "제4작업"이어야 하며 답안 시트 이외의 것은 감점 처리됩니다.

◎ 각 시트를 파일로 나누어 작업해서 저장할 경우 실격 처리됩니다.

☞ 다음은 '유아 전동자동차 판매 현황'에 대한 자료이다. 자료를 입력하고 조건에 맞도록 작업하시오.

《출력형태》

상품코드	상품명	분류	제조사	탑승 가능 무게(kg)	상품가격 (단위:원)	판매수량	사은품	판매 순위
DC02-2	아우디 Z8	3인승	몬스터	30	623,000	285	(1)	(2)
HG02-1	벤츠 Z3	1인승	붕붕카	15	420,000	281	(1)	(2)
HG01-2	그릭블루 L2	1인승	몬스터	18	357,000	321	(1)	(2)
TC01-3	판도라 S9	2인승	몬스터	15	534,000	93	(1)	(2)
TC04-3	트윈 L5	2인승	베베카	16	652,000	126	(1)	(2)
DF03-1	제프 V3	3인승	베베카	25	724,000	98	(1)	(2)
HW02-2	볼보 V5	1인승	붕붕카	17	392,000	150	(1)	(2)
DE01-1	랭귤러 V8	3인승	붕붕카	28	445,000	351	(1)	(2)
분류가 3인승인 제품의 판매수량 평균		(3)			최대 탑승 가능 무게(kg)			(5)
분류가 1인승인 제품의 판매수량 합계		(4)			상품코드	DC02-2	판매금액	(6)

결재 / 담당 / 팀장 / 본부장

《조건》

○ 모든 데이터의 서식에는 글꼴(굴림, 11pt), 정렬은 숫자 및 회계 서식은 오른쪽 정렬, 나머지 서식은 가운데 정렬로 작성하며 예외적인 것은 《출력형태》를 참조하시오.

○ 제 목 ⇒ 도형(육각형)과 그림자(오프셋 아래쪽)를 이용하여 작성하고 "유아 전동자동차 판매 현황"을 입력한 후 다음 서식을 적용하시오
　　　　　(글꼴-굴림, 24pt, 검정, 굵게, 채우기-노랑).

○ 임의의 셀에 결재란을 작성하여 그림으로 복사 기능을 이용하여 붙이기 하시오(단, 원본 삭제).

○ 「B4:J4, G14, I14」 영역은 '주황'으로 채우기 하시오.

○ 유효성 검사를 이용하여 「H14」 셀에 상품코드(「B5:B12」 영역)가 선택 표시되도록 하시오.

○ 셀 서식 ⇒ 「H5:H12」 영역에 셀 서식을 이용하여 숫자 뒤에 '대'를 표시하시오(예 : 93대).

○ 「F5:F12」 영역에 대해 '무게'로 이름정의를 하시오.

☞ (1)~(6) 셀은 반드시 **주어진 함수를 이용**하여 값을 구하시오(결과값을 직접 입력하면 해당 셀은 0점 처리됨).

(1) 사은품 ⇒ 상품코드의 마지막 글자가 1이면 '배터리 충전킷', 2이면 '보조 리모컨', 3이면 '쿨시트'로 구하시오(CHOOSE, RIGHT 함수).

(2) 판매 순위 ⇒ 판매수량의 내림차순 순위를 구하시오(RANK.EQ 함수).

(3) 분류가 3인승인 제품의 판매수량 평균 ⇒ 반올림하여 정수로 구하시오. 단, 조건은 입력데이터를 이용하시오(ROUND, DAVERAGE 함수)(예 : 451.6 → 452).

(4) 분류가 1인승인 제품의 판매수량 합계 ⇒ 결과값 뒤에 '대'를 붙이시오(SUMIF 함수, & 연산자)(예 : 224대).

(5) 최대 탑승 가능 무게(kg) ⇒ 정의된 이름(무게)을 이용하여 구하시오(MAX 함수).

(6) 판매금액 ⇒ 「H14」 셀에서 선택한 상품코드에 대한 「상품가격(단위:원) × 판매수량」을 구하시오(VLOOKUP 함수).

(7) 조건부 서식의 수식을 이용하여 판매수량이 '300' 이상인 행 전체에 다음의 서식을 적용하시오(글꼴 : 빨강, 굵게).

☞ **"제1작업"** 시트의 「B4:H12」 영역을 복사하여 **"제2작업"** 시트의 「B2」 셀부터 모두 붙여넣기를 한 후 다음의 조건과 같이 작업하시오.

《조건》

(1) 고급 필터 – 분류가 '3인승'이면서 판매수량이 '200' 이상인 자료의 데이터만 추출하시오.
　　　　　　 – 조건 범위 : 「B14」 셀부터 입력하시오.
　　　　　　 – 복사 위치 : 「B18」 셀부터 나타나도록 하시오.

(2) 표 서식 – 고급필터의 결과셀을 채우기 없음으로 설정한 후 '파랑, 표 스타일 보통 6'의 서식을 적용하시오.
　　　　　　 – 머리글 행, 줄무늬 행을 적용하시오.

☞ **"제1작업"** 시트를 이용하여 **"제3작업"** 시트에 조건에 따라 《출력형태》와 같이 작업하시오.

《조건》

(1) 탑승 가능 무게(kg) 및 분류별 상품명의 개수와 상품가격(단위:원)의 평균을 구하시오.
(2) 탑승 가능 무게(kg)를 그룹화하고, 분류를 《출력형태》와 같이 정렬하시오.
(3) 레이블이 있는 셀 병합 및 가운데 맞춤 적용 및 빈 셀은 '*'로 표시하시오.
(4) 행의 총합계는 지우고, 나머지 사항은 《출력형태》에 맞게 작성하시오.

《출력형태》

탑승 가능 무게(kg)	분류					
	3인승		2인승		1인승	
	개수 : 상품명	평균 : 상품가격(단위:원)	개수 : 상품명	평균 : 상품가격(단위:원)	개수 : 상품명	평균 : 상품가격(단위:원)
15-21	*	*	2	593,000	3	389,667
22-28	2	584,500	*	*	*	*
29-35	1	623,000	*	*	*	*
총합계	3	597,333	2	593,000	3	389,667

☞ **"제1작업"** 시트를 이용하여 조건에 따라 《출력형태》와 같이 작업하시오.

《조건》

(1) 차트 종류 ⇒ <묶은 세로 막대형>으로 작업하시오.

(2) 데이터 범위 ⇒ "제1작업" 시트의 내용을 이용하여 작업하시오.

(3) 위치 ⇒ "새 시트"로 이동하고, "제4작업"으로 시트 이름을 바꾸시오.

(4) 차트 디자인 도구 ⇒ 레이아웃 3, 스타일 1을 선택하여 《출력형태》에 맞게 작업하시오.

(5) 영역 서식 ⇒ 차트 : 글꼴(굴림, 11pt), 채우기 효과(질감-파피루스)

　　　　　　　　 그림 : 채우기(흰색, 배경 1)

(6) 제목 서식 ⇒ 차트 제목 : 글꼴(굴림, 굵게, 20pt), 채우기(흰색, 배경 1), 테두리

(7) 서식 ⇒ 상품가격(단위:원) 계열의 차트 종류를 <표식이 있는 꺾은선형>으로 변경한 후 보조 축으로 지정하시오.

　　　　 계열 : 《출력형태》를 참조하여 표식(마름모, 크기 10)과 레이블 값을 표시하시오.

　　　　 눈금선 : 선 스타일-파선

　　　　 축 : 《출력형태》를 참조하시오.

(8) 범례 ⇒ 범례명을 변경하고 《출력형태》를 참조하시오.

(9) 도형 ⇒ '말풍선: 모서리가 둥근 사각형 설명선'을 삽입한 후 《출력형태》와 같이 내용을 입력하시오.

(10) 나머지 사항은 《출력형태》에 맞게 작성하시오.

《출력형태》

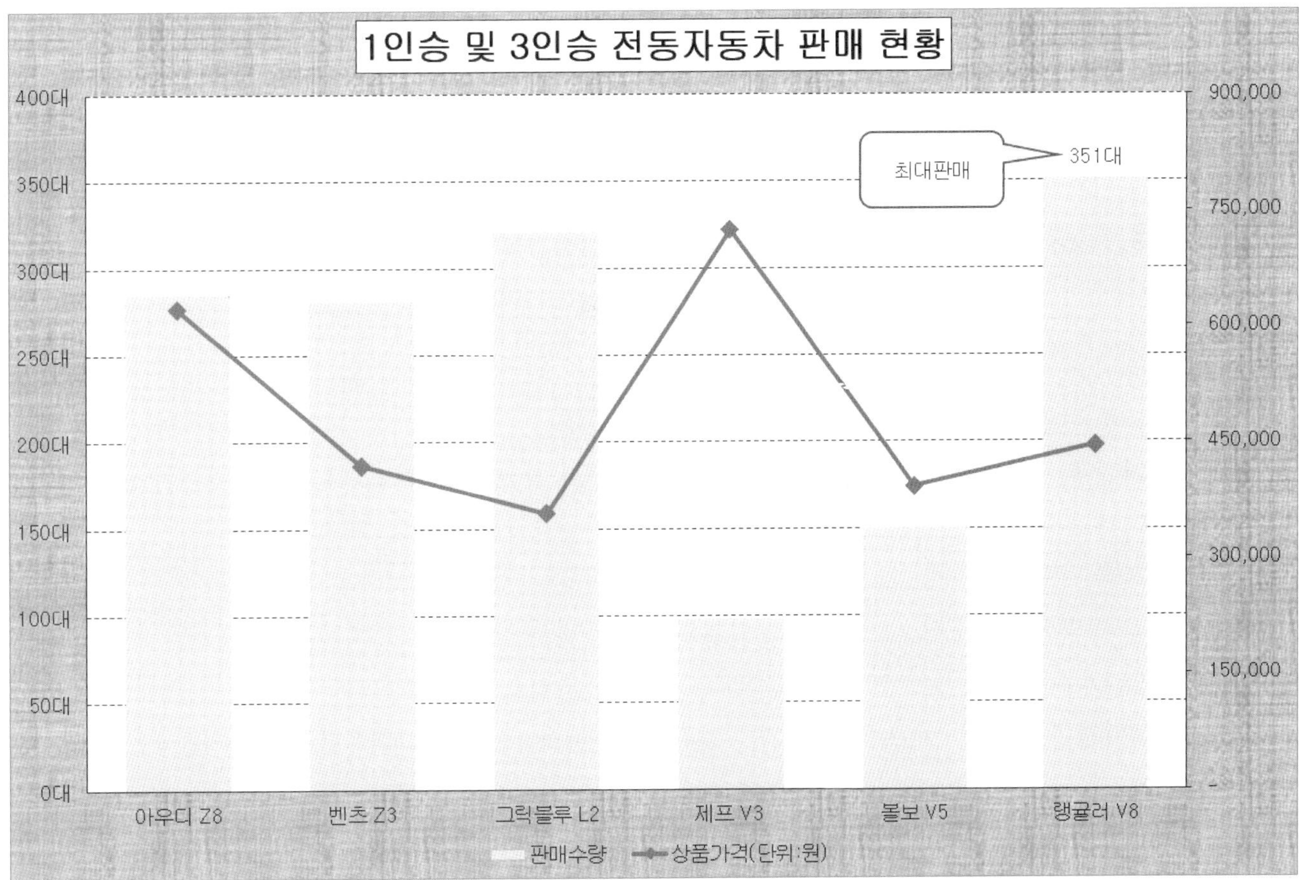

주의 ☞ 시트명 순서가 차례대로 "제1작업", "제2작업", "제3작업", "제4작업"이 되도록 할 것.

정보기술자격(ITQ) 실전모의고사

과　목	코　드	문제유형	시험시간	수험번호	성　명
한글엑셀	1122	A	60분		

수험자 유의사항

◎ 수험자는 문제지를 받는 즉시 문제지와 **수험표상의 시험과목(프로그램)이 동일한지 반드시 확인**하여야 합니다.

◎ 파일명은 본인의 "수험번호-성명"으로 입력하여 답안폴더(내 PC₩문서₩ITQ)에 하나의 파일로 저장해야 하며, 답안문서 파일명이 "수험번호-성명"과 일치하지 않거나, 답안파일을 전송하지 않아 미제출로 처리될 경우 실격 처리합니다 (예:12345678-홍길동.xlsx).

◎ 답안 작성을 마치면 파일을 저장하고, '답안 전송' 버튼을 선택하여 감독위원 PC로 답안을 전송하십시오. 수험생 정보와 저장한 파일명이 다를 경우 전송되지 않으므로 주의하시기 바랍니다.

◎ 답안 작성 중에도 **주기적으로 저장하고, '답안 전송'**하여야 문제 발생을 줄일 수 있습니다. 작업한 내용을 저장하지 않고 전송할 경우 이전에 저장된 내용이 전송되오니 이점 유의하시기 바랍니다.

◎ 답안문서는 지정된 경로 외의 다른 보조기억장치에 저장하는 경우, 지정된 시험 시간 외에 작성된 파일을 활용할 경우, 기타 통신수단(이메일, 메신저, 네트워크 등)을 이용하여 타인에게 전달 또는 외부 반출하는 경우는 부정 처리합니다.

◎ 시험 중 부주의 또는 고의로 시스템을 파손한 경우는 수험자가 변상해야 하며, <수험자 유의사항>에 기재된 방법대로 이행하지 않아 생기는 불이익은 수험생 당사자의 책임임을 알려 드립니다.

◎ 문제의 조건은 MS오피스 2021 버전으로 설정되어 있으니 유의하시기 바랍니다.

◎ 시험을 완료한 수험자는 답안파일이 전송되었는지 확인한 후 감독위원의 지시에 따라 문제지를 제출하고 퇴실합니다.

답안 작성요령

◎ 온라인 답안 작성 절차

　　수험자 등록 ⇒ 시험 시작 ⇒ 답안파일 저장 ⇒ 답안 전송 ⇒ 시험 종료

◎ 문제는 총 4단계, 즉 제1작업부터 제4작업까지 구성되어 있으며 반드시 제1작업부터 순서대로 작성하고 조건대로 작업하시오.

◎ 모든 작업시트의 A열은 열 너비 '1'로, 나머지 열은 적당하게 조절하시오.

◎ 모든 작업시트의 테두리(굵은선, 가는선 등)는 《출력형태》와 같이 작업하시오.

◎ 해당 작업란에서는 각각 제시된 조건에 따라 《출력형태》와 같이 작업하시오.

◎ 답안 시트 이름은 "제1작업", "제2작업", "제3작업", "제4작업"이어야 하며 답안 시트 이외의 것은 감점 처리됩니다.

◎ 각 시트를 파일로 나누어 작업해서 저장할 경우 실격 처리됩니다.

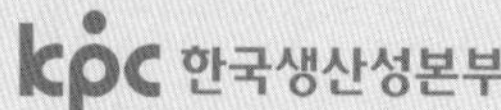

☞ 다음은 '**마린상가 임대관리 현황**'에 대한 자료이다. 자료를 입력하고 조건에 맞도록 작업하시오.

《출력형태》

	임대코드	입주상가	구분	실평수	월임대료 (단위:원)	입주일	임대 계약기간	보증금 (단위:만원)	위치
								과장 / 팀장 / 대표 결재	
	LC12-2	GS25	편의시설	17	900,000	2023-03-20	2	(1)	(2)
	LR13-1	우리분식	음식점	19	1,000,000	2023-01-20	5	(1)	(2)
	LA11-3	코딩영재교실	학원	33	1,350,000	2023-02-25	3	(1)	(2)
	LR22-2	굽네치킨	음식점	15	850,000	2023-02-20	4	(1)	(2)
	LA23-2	고릴라미술	학원	19	950,000	2023-01-10	2	(1)	(2)
	LA31-3	GNB영어	학원	25	1,050,000	2023-03-10	3	(1)	(2)
	LC22-1	알파문고	편의시설	13	1,000,000	2023-03-25	5	(1)	(2)
	LC33-1	크린토피아	편의시설	11	930,000	2023-02-10	3	(1)	(2)
	편의시설 월임대료(단위:원) 평균			(3)			최대 임대 계약기간		(5)
	2023-03-01 이후 입주한 입주상가 수			(4)		임대코드	LC12-2	임대 계약기간	(6)

《조건》

○ 모든 데이터의 서식에는 글꼴(굴림, 11pt), 정렬은 숫자 및 회계 서식은 오른쪽 정렬, 나머지 서식은 가운데 정렬로 작성하며 예외적인 것은《출력형태》를 참조하시오.

○ 제 목 ⇒ 도형(배지)과 그림자(오프셋 오른쪽)를 이용하여 작성하고 "마린상가 임대관리 현황"을 입력한 후 다음 서식을 적용하시오
    (글꼴-굴림, 24pt, 검정, 굵게, 채우기-노랑).

○ 임의의 셀에 결재란을 작성하여 그림으로 복사 기능을 이용하여 붙이기 하시오(단, 원본 삭제).

○「B4:J4, G14, I14」영역은 '주황'으로 채우기 하시오.

○ 유효성 검사를 이용하여「H14」셀에 임대코드(「B5:B12」영역)가 선택 표시되도록 하시오.

○ 셀 서식 ⇒「H5:H12」영역에 셀 서식을 이용하여 숫자 뒤에 '년'을 표시하시오(예 : 3년).

○「G5:G12」영역에 대해 '입주일'로 이름정의를 하시오.

☞ (1)~(6) 셀은 반드시 **주어진 함수를 이용**하여 값을 구하시오(결과값을 직접 입력하면 해당 셀은 0점 처리됨).

(1) 보증금(단위:만원) ⇒ 임대코드 4번째 글자가 1이면 '5,000', 2이면 '3,000' 3이면 '2,000'으로 구하시오(CHOOSE, MID 함수).

(2) 위치 ⇒ 임대코드 마지막 글자를 구한 결과값에 '층'을 붙이시오(RIGHT 함수, & 연산자)(예 : 1층).

(3) 편의시설 월임대료(단위:원) 평균 ⇒ 조건은 입력 데이터를 이용하고, 반올림하여 천원 단위까지 구하시오(ROUND, DAVERAGE 함수)(예 : 1,234,567 → 1,235,000).

(4) 2023-03-01 이후 입주한 입주상가 수 ⇒ 해당일(2023-03-01)을 포함하여 그 이후 입주한 입주상가 수를 정의된 이름(입주일)을 이용하여 구하시오(COUNTIF 함수).

(5) 최대 임대 계약기간 ⇒ (MAX 함수)

(6) 임대 계약기간 ⇒「H14」셀에서 선택한 임대코드에 대한 임대 계약기간을 구하시오(VLOOKUP 함수).

(7) 조건부 서식의 수식을 이용하여 임대 계약기간이 '4년' 이상인 행 전체에 다음의 서식을 적용하시오(글꼴 : 파랑, 굵게).

☞ **"제1작업"** 시트의 「B4:H12」 영역을 복사하여 **"제2작업"** 시트의 「B2」 셀부터 모두 붙여넣기를 한 후 다음의 조건 과 같이 작업하시오.

《조건》

(1) 목표값 찾기 - 「B11:G11」 셀을 병합하여 "월임대료(단위:원)의 전체 평균"을 입력한 후 「H11」 셀에 월임대료(단위:원)의 전체 평균을 구하시오(AVERAGE 함수, 테두리).
　　　　　- '월임대료(단위:원)의 전체 평균'이 '1,000,000'이 되려면 GNB영어의 월임대료(단위:원)가 얼마가 되어 야 하는지 목표값을 구하시오.

(2) 고급필터 - 구분이 '편의시설'이거나, 실평수가 '15' 미만인 자료의 임대코드, 입주상가, 월임대료(단위:원), 입주일 데이 터만 추출하시오.
　　　　　- 조건 범위 : 「B14」 셀부터 입력하시오.
　　　　　- 복사 위치 : 「B18」 셀부터 나타나도록 하시오.

☞ **"제1작업"** 시트의 「B4:H12」 영역을 복사하여 **"제3작업"** 시트의 「B2」 셀부터 모두 붙여넣기를 한 후 다음의 조건 과 같이 작업하시오.

《조건》

(1) 부분합 -《출력형태》처럼 정렬하고, 입주상가의 개수와 월임대료(단위:원)의 평균을 구하시오.
(2) 개요 - 지우시오.
(3) 나머지 사항은《출력형태》에 맞게 작성하시오.

《출력형태》

	A	B	C	D	E	F	G	H
1								
2		임대코드	입주상가	구분	실평수	월임대료 (단위:원)	입주일	임대 계약기간
3		LR13-1	우리분식	음식점	19	1,000,000	2023-01-20	5년
4		LR22-2	굽네치킨	음식점	15	850,000	2023-02-20	4년
5				음식점 평균		925,000		
6			2	음식점 개수				
7		LC12-2	GS25	편의시설	17	900,000	2023-03-20	2년
8		LC22-1	알파문고	편의시설	13	1,000,000	2023-03-25	5년
9		LC33-1	크린토피아	편의시설	11	930,000	2023-02-10	3년
10				편의시설 평균		943,333		
11			3	편의시설 개수				
12		LA11-3	코딩영재교실	학원	33	1,350,000	2023-02-25	3년
13		LA23-2	고릴라미술	학원	19	950,000	2023-01-10	2년
14		LA31-3	GNB영어	학원	25	1,050,000	2023-03-10	3년
15				학원 평균		1,116,667		
16			3	학원 개수				
17				전체 평균		1,003,750		
18			8	전체 개수				

☞ **"제1작업"** 시트를 이용하여 조건에 따라 《출력형태》와 같이 작업하시오.

《조건》

(1) 차트 종류 ⇒ <묶은 세로 막대형>으로 작업하시오.

(2) 데이터 범위 ⇒ "제1작업" 시트의 내용을 이용하여 작업하시오.

(3) 위치 ⇒ "새 시트"로 이동하고, "제4작업"으로 시트 이름을 바꾸시오.

(4) 차트 디자인 도구 ⇒ 레이아웃 3, 스타일 1을 선택하여 《출력형태》에 맞게 작업하시오.

(5) 영역 서식 ⇒ 차트 : 글꼴(굴림, 11pt), 채우기 효과(질감-꽃다발)

　　　　　　　그림 : 채우기(흰색, 배경 1)

(6) 제목 서식 ⇒ 차트 제목 : 글꼴(굴림, 굵게, 20pt), 채우기(흰색, 배경 1), 테두리

(7) 서식 ⇒ 임대 계약기간 계열의 차트 종류를 <표식이 있는 꺾은선형>으로 변경한 후 보조 축으로 지정하시오.

　　　계열 : 《출력형태》를 참조하여 표식(마름모, 크기 10)과 레이블 값을 표시하시오.

　　　눈금선 : 선 스타일-파선

　　　축 : 《출력형태》를 참조하시오.

(8) 범례 ⇒ 범례명을 변경하고 《출력형태》를 참조하시오.

(9) 도형 ⇒ '말풍선: 모서리가 둥근 사각형 설명선'을 삽입한 후 《출력형태》와 같이 내용을 입력하시오.

(10) 나머지 사항은 《출력형태》에 맞게 작성하시오.

《출력형태》

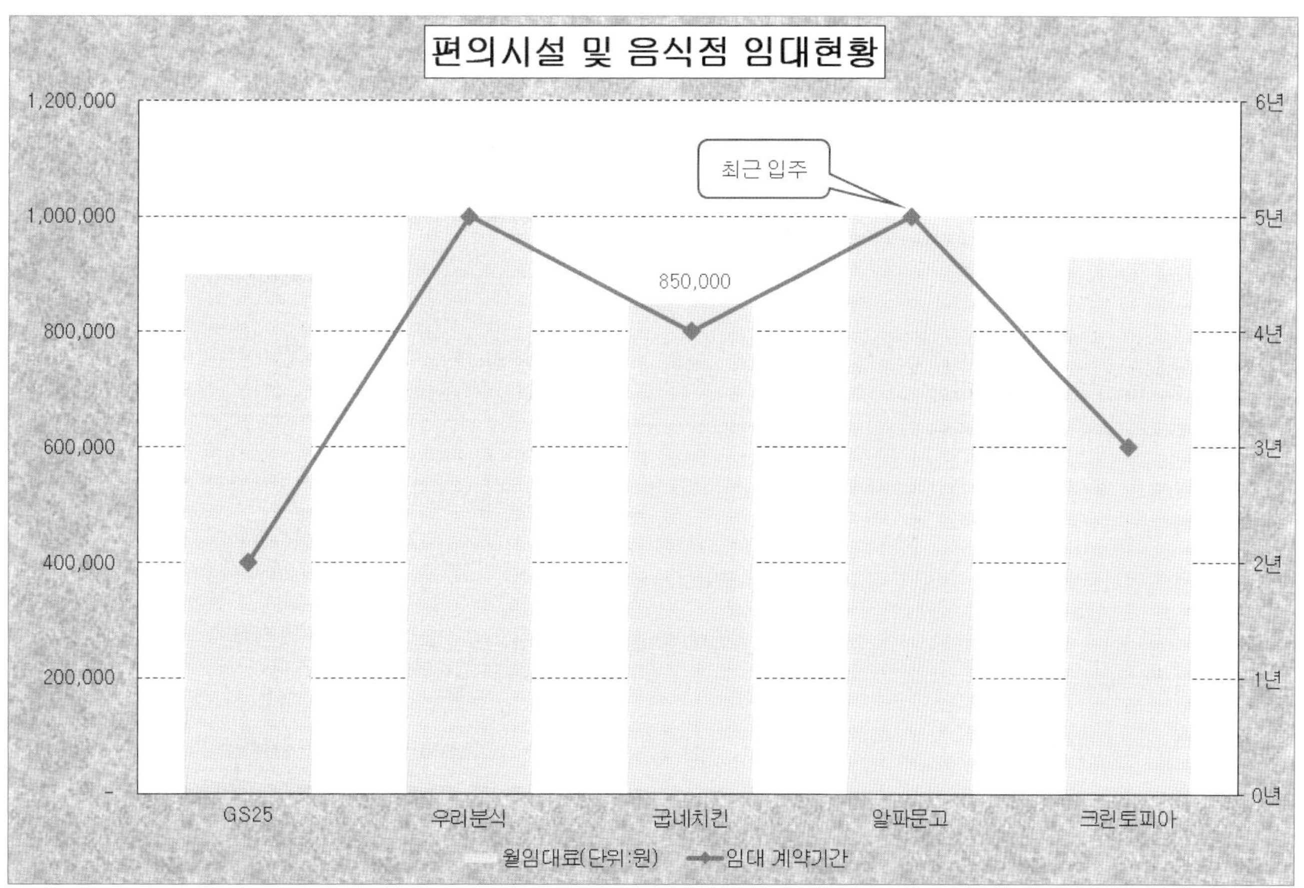

주의 ☞ 시트명 순서가 차례대로 "제1작업", "제2작업", "제3작업", "제4작업"이 되도록 할 것.

정보기술자격(ITQ) 실전모의고사

과 목	코 드	문제유형	시험시간	수험번호	성 명
한글엑셀	1122	A	60분		

수험자 유의사항

◎ 수험자는 문제지를 받는 즉시 문제지와 **수험표상의 시험과목(프로그램)이 동일한지 반드시 확인**하여야 합니다.

◎ 파일명은 본인의 "수험번호-성명"으로 입력하여 답안폴더(내 PC₩문서₩ITQ)에 하나의 파일로 저장해야 하며, 답안문서 파일명이 "수험번호-성명"과 일치하지 않거나, 답안파일을 전송하지 않아 미제출로 처리될 경우 실격 처리합니다 (예:12345678-홍길동.xlsx).

◎ 답안 작성을 마치면 파일을 저장하고, '답안 전송' 버튼을 선택하여 감독위원 PC로 답안을 전송하십시오. 수험생 정보와 저장한 파일명이 다를 경우 전송되지 않으므로 주의하시기 바랍니다.

◎ 답안 작성 중에도 **주기적으로 저장하고, '답안 전송'**하여야 문제 발생을 줄일 수 있습니다. 작업한 내용을 저장하지 않고 전송할 경우 이전에 저장된 내용이 전송되오니 이점 유의하시기 바랍니다.

◎ 답안문서는 지정된 경로 외의 다른 보조기억장치에 저장하는 경우, 지정된 시험 시간 외에 작성된 파일을 활용할 경우, 기타 통신수단(이메일, 메신저, 네트워크 등)을 이용하여 타인에게 전달 또는 외부 반출하는 경우는 부정 처리합니다.

◎ 시험 중 부주의 또는 고의로 시스템을 파손한 경우는 수험자가 변상해야 하며, <수험자 유의사항>에 기재된 방법대로 이행하지 않아 생기는 불이익은 수험생 당사자의 책임임을 알려 드립니다.

◎ 문제의 조건은 MS오피스 2021 버전으로 설정되어 있으니 유의하시기 바랍니다.

◎ 시험을 완료한 수험자는 답안파일이 전송되었는지 확인한 후 감독위원의 지시에 따라 문제지를 제출하고 퇴실합니다.

답안 작성요령

◎ 온라인 답안 작성 절차

　　수험자 등록 ⇒ 시험 시작 ⇒ 답안파일 저장 ⇒ 답안 전송 ⇒ 시험 종료

◎ 문제는 총 4단계, 즉 제1작업부터 제4작업까지 구성되어 있으며 반드시 제1작업부터 순서대로 작성하고 조건대로 작업하시오.

◎ 모든 작업시트의 A열은 열 너비 '1'로, 나머지 열은 적당하게 조절하시오.

◎ 모든 작업시트의 테두리(굵은선, 가는선 등)는 《출력형태》와 같이 작업하시오.

◎ 해당 작업란에서는 각각 제시된 조건에 따라 《출력형태》와 같이 작업하시오.

◎ 답안 시트 이름은 "제1작업", "제2작업", "제3작업", "제4작업"이어야 하며 답안 시트 이외의 것은 감점 처리됩니다.

◎ 각 시트를 파일로 나누어 작업해서 저장할 경우 실격 처리됩니다.

☞ 다음은 '**캠핑아 놀자! 닷컴 대여 현황**'에 대한 자료이다. 자료를 입력하고 조건에 맞도록 작업하시오.

《출력형태》

결재			담당	팀장	본부장

캠핑아 놀자! 닷컴 대여

대여코드	제품명	제조사	분류	판매가격 (단위:원)	대여 수량	대여가격 (단위:원)	배송지	대여 순위
M-215	오토6 윈도우	패스트캠프	원터치텐트	108,900	850	16,500	(1)	(2)
T-127	우드무늬 롤	다니고	테이블	49,000	346	36,000	(1)	(2)
D-214	실타프 메쉬 스크린	힐맨	타프	75,500	1,020	25,000	(1)	(2)
J-321	팀버리지 롤링	코스트코	테이블	63,900	1,342	21,000	(1)	(2)
P-346	원터치 육각형	로티캠프	원터치텐트	99,900	289	33,000	(1)	(2)
C-121	접이식 오토캠핑	쿨맨	테이블	43,540	1,821	14,500	(1)	(2)
P-145	티클라 원터치	빈슨메시프	원터치텐트	38,900	1,678	12,500	(1)	(2)
D-362	렉타 사각 그늘막	유니앤유	타프	30,540	2,312	10,000	(1)	(2)
원터치텐트 제품의 대여 수량 합계			(3)		최다 대여 수량			(5)
타프 제품의 대여가격(단위:원) 평균			(4)		제품명	오토6 윈도우	대여가격 (단위:원)	(6)

《조건》

○ 모든 데이터의 서식에는 글꼴(굴림, 11pt), 정렬은 숫자 및 회계 서식은 오른쪽 정렬, 나머지 서식은 가운데 정렬로 작성하며 예외적인 것은 《출력형태》를 참조하시오.

○ 제 목 ⇒ 도형(눈물 방울)과 그림자(오프셋 위쪽)를 이용하여 작성하고 "캠핑아 놀자! 닷컴 대여 현황"을 입력한 후 다음 서식을 적용하시오

　　　(글꼴-굴림, 24pt, 검정, 굵게, 채우기-노랑).

○ 임의의 셀에 결재란을 작성하여 그림으로 복사 기능을 이용하여 붙이기 하시오(단, 원본 삭제).

○ 「B4:J4, G14, I14」 영역은 '주황'으로 채우기 하시오.

○ 유효성 검사를 이용하여 「H14」 셀에 제품명(「C5:C12」 영역)이 선택 표시되도록 하시오.

○ 셀 서식 ⇒ 「G5:G12」 영역에 셀 서식을 이용하여 숫자 뒤에 '개'를 표시하시오(예 : 1,020개).

○ 「H5:H12」 영역에 대해 '대여가격'으로 이름정의를 하시오.

☞ (1)~(6) 셀은 반드시 **주어진 함수를 이용**하여 값을 구하시오(결과값을 직접 입력하면 해당 셀은 0점 처리됨).

(1) 배송지 ⇒ 대여코드 세 번째 글자가 1이면 '서울', 2이면 '인천', 3이면 '부산'으로 표시하시오(CHOOSE, MID 함수).

(2) 대여 순위 ⇒ 대여 수량의 내림차순 순위를 구한 후 결과값에 '위'를 붙이시오(RANK.EQ 함수, & 연산자)(예 : 1위).

(3) 원터치텐트 제품의 대여 수량 합계 ⇒ 조건은 입력데이터를 이용하시오(DSUM 함수).

(4) 타프 제품의 대여가격(단위:원) 평균 ⇒ 정의된 이름(대여가격)을 이용하여 구하시오(SUMIF, COUNTIF 함수).

(5) 최다 대여 수량 ⇒ (LARGE 함수)

(6) 대여가격(단위:원) ⇒ 「H14」 셀에서 선택한 제품명에 대한 대여가격(단위:원)을 구하시오(VLOOKUP 함수).

(7) 조건부 서식의 수식을 이용하여 대여가격(단위:원)이 '15,000' 이하인 행 전체에 다음의 서식을 적용하시오

　　　(글꼴 : 파랑, 굵은 기울임꼴).

☞ **"제1작업"** 시트의 「B4:H12」 영역을 복사하여 **"제2작업"** 시트의 「B2」 셀부터 모두 붙여넣기를 한 후 다음의 조건과 같이 작업하시오.

《조건》

(1) 고급 필터 – 분류가 '테이블'이거나 대여 수량이 '1500' 이상인 자료의 제품명, 제조사, 판매가격(단위:원), 대여 수량 데이터만 추출하시오.
　　　　　 – 조건 범위 : 「B14」 셀부터 입력하시오.
　　　　　 – 복사 위치 : 「B18」 셀부터 나타나도록 하시오.

(2) 표 서식 – 고급필터의 결과셀을 채우기 없음으로 설정한 후 '녹색, 표 스타일 보통 7'의 서식을 적용하시오.
　　　　　 – 머리글 행, 줄무늬 행을 적용하시오.

☞ **"제1작업"** 시트를 이용하여 **"제3작업"** 시트에 조건에 따라 《출력형태》와 같이 작업하시오.

《조건》

(1) 대여 수량 및 분류별 제품명의 개수와 대여가격(단위:원)의 최대값을 구하시오.
(2) 대여 수량을 그룹화하고, 분류를 《출력형태》와 같이 정렬하시오.
(3) 레이블이 있는 셀 병합 및 가운데 맞춤 적용 및 빈 셀은 '***'로 표시하시오.
(4) 행의 총합계는 지우고, 나머지 사항은 《출력형태》에 맞게 작성하시오.

《출력형태》

분류 ▼	테이블		워터치텐트		타프	
대여 수량 ▼	개수 : 제품명	최대값 : 대여가격(단위:원)	개수 : 제품명	최대값 : 대여가격(단위:원)	개수 : 제품명	최대값 : 대여가격(단위:원)
1-600	1	36,000	1	33,000	***	***
601-1200	***	***	1	16,500	1	25,000
1201-1800	1	21,000	1	12,500	***	***
1801-2400	1	14,500	***	***	1	10,000
총합계	3	36,000	3	33,000	2	25,000

☞ **"제1작업"** 시트를 이용하여 조건에 따라 《출력형태》와 같이 작업하시오.

《조건》

(1) 차트 종류 ⇒ <묶은 세로 막대형>으로 작업하시오.

(2) 데이터 범위 ⇒ "제1작업" 시트의 내용을 이용하여 작업하시오.

(3) 위치 ⇒ "새 시트"로 이동하고, "제4작업"으로 시트 이름을 바꾸시오.

(4) 차트 디자인 도구 ⇒ 레이아웃 3, 스타일 1을 선택하여 《출력형태》에 맞게 작업하시오.

(5) 영역 서식 ⇒ 차트 : 글꼴(굴림, 11pt), 채우기 효과(질감-분홍 박엽지)

　　　　　　　　 그림 : 채우기(흰색, 배경 1)

(6) 제목 서식 ⇒ 차트 제목 : 글꼴(굴림, 굵게, 20pt), 채우기(흰색, 배경 1), 테두리

(7) 서식 ⇒ 대여가격(단위:원) 계열의 차트 종류를 <표식이 있는 꺾은선형>으로 변경한 후 보조 축으로 지정하시오.

　　　　계열 : 《출력형태》를 참조하여 표식(세모, 크기 10)과 레이블 값을 표시하시오.

　　　　눈금선 : 선 스타일-파선

　　　　축 : 《출력형태》를 참조하시오.

(8) 범례 ⇒ 범례명을 변경하고 《출력형태》를 참조하시오.

(9) 도형 ⇒ '말풍선: 모서리가 둥근 사각형 설명선'을 삽입한 후 《출력형태》와 같이 내용을 입력하시오.

(10) 나머지 사항은 《출력형태》에 맞게 작성하시오.

《출력형태》

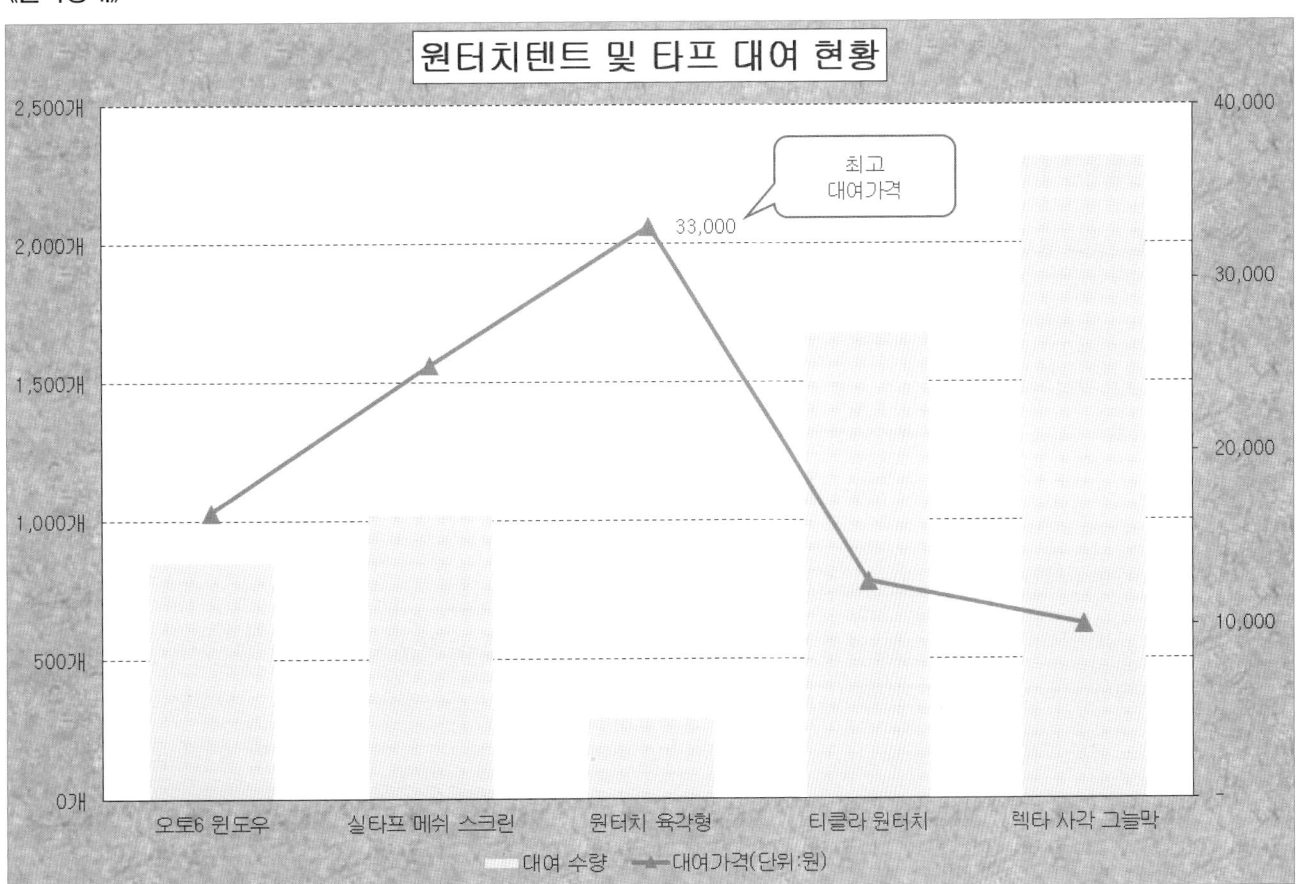

주의 ☞ 시트명 순서가 차례대로 "제1작업", "제2작업", "제3작업", "제4작업"이 되도록 할 것.

정보기술자격(ITQ) 실전모의고사

과 목	코 드	문제유형	시험시간	수험번호	성 명
한글엑셀	1122	A	60분		

수험자 유의사항

◎ 수험자는 문제지를 받는 즉시 문제지와 **수험표상의 시험과목(프로그램)이 동일한지 반드시 확인**하여야 합니다.

◎ 파일명은 본인의 "수험번호-성명"으로 입력하여 답안폴더(내 PC\문서\ITQ)에 하나의 파일로 저장해야 하며, 답안문서 파일명이 "수험번호-성명"과 일치하지 않거나, 답안파일을 전송하지 않아 미제출로 처리될 경우 실격 처리합니다 (예:12345678-홍길동.xlsx).

◎ 답안 작성을 마치면 파일을 저장하고, '답안 전송' 버튼을 선택하여 감독위원 PC로 답안을 전송하십시오. 수험생 정보와 저장한 파일명이 다를 경우 전송되지 않으므로 주의하시기 바랍니다.

◎ 답안 작성 중에도 **주기적으로 저장하고, '답안 전송'**하여야 문제 발생을 줄일 수 있습니다. 작업한 내용을 저장하지 않고 전송할 경우 이전에 저장된 내용이 전송되오니 이점 유의하시기 바랍니다.

◎ 답안문서는 지정된 경로 외의 다른 보조기억장치에 저장하는 경우, 지정된 시험 시간 외에 작성된 파일을 활용할 경우, 기타 통신수단(이메일, 메신저, 네트워크 등)을 이용하여 타인에게 전달 또는 외부 반출하는 경우는 부정 처리합니다.

◎ 시험 중 부주의 또는 고의로 시스템을 파손한 경우는 수험자가 변상해야 하며, <수험자 유의사항>에 기재된 방법대로 이행하지 않아 생기는 불이익은 수험생 당사자의 책임임을 알려 드립니다.

◎ 문제의 조건은 MS오피스 2021 버전으로 설정되어 있으니 유의하시기 바랍니다.

◎ 시험을 완료한 수험자는 답안파일이 전송되었는지 확인한 후 감독위원의 지시에 따라 문제지를 제출하고 퇴실합니다.

답안 작성요령

◎ 온라인 답안 작성 절차

　수험자 등록 ⇒ 시험 시작 ⇒ 답안파일 저장 ⇒ 답안 전송 ⇒ 시험 종료

◎ 문제는 총 4단계, 즉 제1작업부터 제4작업까지 구성되어 있으며 반드시 제1작업부터 순서대로 작성하고 조건대로 작업하시오.

◎ 모든 작업시트의 A열은 열 너비 '1'로, 나머지 열은 적당하게 조절하시오.

◎ 모든 작업시트의 테두리(굵은선, 가는선 등)는 《출력형태》와 같이 작업하시오.

◎ 해당 작업란에서는 각각 제시된 조건에 따라 《출력형태》와 같이 작업하시오.

◎ 답안 시트 이름은 "제1작업", "제2작업", "제3작업", "제4작업"이어야 하며 답안 시트 이외의 것은 감점 처리됩니다.

◎ 각 시트를 파일로 나누어 작업해서 저장할 경우 실격 처리됩니다.

kpc 한국생산성본부

☞ 다음은 '성수옥 아궁지 가맹점 현황'에 대한 자료이다. 자료를 입력하고 조건에 맞도록 작업하시오.

《출력형태》

	담당	본부장	대표
결재			

성수옥 아궁지 가맹점 현황

관리번호	매장명	지역	매장규모 (제곱미터)	개점일	개설비용 (단위:십만원)	전월매출	매장유형	개점연도
CH-201	상동점	경기	30	2022-02-20	485	8,230	(1)	(2)
CH-101	강남점	서울	45	2021-07-10	678	7,557	(1)	(2)
GH-102	성수본점	서울	50	2020-03-10	783	11,350	(1)	(2)
GH-202	분당점	경기	32	2020-12-20	477	7,237	(1)	(2)
GH-301	흥덕점	청주	29	2021-07-10	398	9,336	(1)	(2)
CH-103	송파점	서울	28	2023-02-20	588	8,755	(1)	(2)
CH-203	배곧점	경기	48	2021-09-10	523	10,205	(1)	(2)
CH-302	서원점	청주	43	2020-05-20	403	9,450	(1)	(2)
서울 매장규모(제곱미터) 평균			(3)		최대 전월매출			(5)
경기 전월매출 합계			(4)		매장명	상동점	전월매출	(6)

《조건》

○ 모든 데이터의 서식에는 글꼴(굴림, 11pt), 정렬은 숫자 및 회계 서식은 오른쪽 정렬, 나머지 서식은 가운데 정렬로 작성
하며 예외적인 것은 《출력형태》를 참조하시오.

○ 제 목 ⇒ 도형(사다리꼴)과 그림자(오프셋 위쪽)를 이용하여 작성하고 "성수옥 아궁지 가맹점 현황"을 입력한 후 다음
서식을 적용하시오
(글꼴-굴림, 24pt, 검정, 굵게, 채우기-노랑).

○ 임의의 셀에 결재란을 작성하여 그림으로 복사 기능을 이용하여 붙이기 하시오(단, 원본 삭제).

○ 「B4:J4, G14, I14」 영역은 '주황'으로 채우기 하시오.

○ 유효성 검사를 이용하여 「H14」 셀에 매장명(「C5:C12」 영역)이 선택 표시되도록 하시오.

○ 셀 서식 ⇒ 「H5:H12」 영역에 셀 서식을 이용하여 숫자 뒤에 '천원'을 표시하시오(예 : 8,230천원).

○ 「D5:D12」 영역에 대해 '지역'으로 이름정의를 하시오.

☞ (1)~(6) 셀은 반드시 **주어진 함수를 이용**하여 값을 구하시오(결과값을 직접 입력하면 해당 셀은 0점 처리됨).

(1) 매장유형 ⇒ 관리번호의 첫 번째 글자가 G이면 '직영점', 그 외에는 '가맹점'으로 구하시오(IF, LEFT 함수).

(2) 개점연도 ⇒ 개점일의 연도를 구한 결과에 '년'을 붙이시오(YEAR 함수, & 연산자)(예 : 2020년).

(3) 서울 매장규모(제곱미터) 평균 ⇒ 정의된 이름(지역)을 이용하여 구하시오(SUMIF, COUNTIF 함수).

(4) 경기 전월매출 합계 ⇒ 지역이 경기인 매장의 전월매출 합계를 구하시오. 단, 조건은 입력데이터를 이용하시오(DSUM
함수).

(5) 최대 전월매출 ⇒ (MAX 함수)

(6) 전월매출 ⇒ 「H14」 셀에서 선택한 매장명에 대한 전월매출을 구하시오(VLOOKUP 함수).

(7) 조건부 서식의 수식을 이용하여 지역이 '서울'인 행 전체에 다음의 서식을 적용하시오(글꼴 : 빨강, 굵게).

☞ **"제1작업"** 시트의 「B4:H12」 영역을 복사하여 **"제2작업"** 시트의 「B2」 셀부터 모두 붙여넣기를 한 후 다음의 조건과 같이 작업하시오.

《조건》

(1) 목표값 찾기 – 「B11:G11」 셀을 병합하여 "전월매출 전체 평균"을 입력한 후 「H11」 셀에 전월매출의 전체 평균을 구하시오(AVERAGE 함수, 테두리).

　　　– '전월매출 전체 평균'이 '9,100'이 되려면 상동점의 전월매출이 얼마가 되어야 하는지 목표값을 구하시오.

(2) 고급필터 – 지역이 '서울'이 아니면서 매장규모(제곱미터)가 '40' 이하인 자료의 매장명, 개점일, 개설비용(단위:십만원), 전월매출 데이터만 추출하시오.

　　　– 조건 범위 : 「B14」 셀부터 입력하시오.

　　　– 복사 위치 : 「B18」 셀부터 나타나도록 하시오.

☞ **"제1작업"** 시트의 「B4:H12」 영역을 복사하여 **"제3작업"** 시트의 「B2」 셀부터 모두 붙여넣기를 한 후 다음의 조건과 같이 작업하시오.

《조건》

(1) 부분합 – 《출력형태》처럼 정렬하고, 매장명의 개수와 전월매출의 평균을 구하시오.

(2) 개요 – 지우시오.

(3) 나머지 사항은 《출력형태》에 맞게 작성하시오.

《출력형태》

	A	B	C	D	E	F	G	H
1								
2		관리번호	매장명	지역	매장규모 (제곱미터)	개점일	개설비용 (단위:십만원)	전월매출
3		CH-201	상동점	경기	30	2022-02-20	485	8,230천원
4		GH-202	분당점	경기	32	2020-12-20	477	7,237천원
5		CH-203	배곧점	경기	48	2021-09-10	523	10,205천원
6				경기 평균				8,557천원
7			3	경기 개수				
8		CH-101	강남점	서울	45	2021-07-10	678	7,557천원
9		GH-102	성수본점	서울	50	2020-03-10	783	11,350천원
10		CH-103	송파점	서울	28	2023-02-20	588	9,755천원
11				서울 평균				9,221천원
12			3	서울 개수				
13		GH-301	흥덕점	청주	29	2021-07-10	398	9,336천원
14		CH-302	서원점	청주	43	2020-05-20	403	9,450천원
15				청주 평균				9,393천원
16			2	청주 개수				
17				전체 평균				9,015천원
18			8	전체 개수				

☞ **"제1작업"** 시트를 이용하여 조건에 따라《출력형태》와 같이 작업하시오.

《조건》

(1) 차트 종류 ⇒ <묶은 세로 막대형>으로 작업하시오.

(2) 데이터 범위 ⇒ "제1작업" 시트의 내용을 이용하여 작업하시오.

(3) 위치 ⇒ "새 시트"로 이동하고, "제4작업"으로 시트 이름을 바꾸시오.

(4) 차트 디자인 도구 ⇒ 레이아웃 3, 스타일 1을 선택하여《출력형태》에 맞게 작업하시오.

(5) 영역 서식 ⇒ 차트 : 글꼴(굴림, 11pt), 채우기 효과(질감-파랑 박엽지)

　　　　　　　　그림 : 채우기(흰색, 배경 1)

(6) 제목 서식 ⇒ 차트 제목 : 글꼴(굴림, 굵게, 20pt), 채우기(흰색, 배경 1), 테두리

(7) 서식 ⇒ 개설비용(단위:십만원) 계열의 차트 종류를 <표식이 있는 꺾은선형>으로 변경한 후 보조 축으로 지정하시오.

　　　　계열 :《출력형태》를 참조하여 표식(마름모, 크기 10)과 레이블 값을 표시하시오.

　　　　눈금선 : 선 스타일-파선

　　　　축 :《출력형태》를 참조하시오.

(8) 범례 ⇒ 범례명을 변경하고《출력형태》를 참조하시오.

(9) 도형 ⇒ '말풍선: 타원형 설명선'을 삽입한 후《출력형태》와 같이 내용을 입력하시오.

(10) 나머지 사항은《출력형태》에 맞게 작성하시오.

《출력형태》

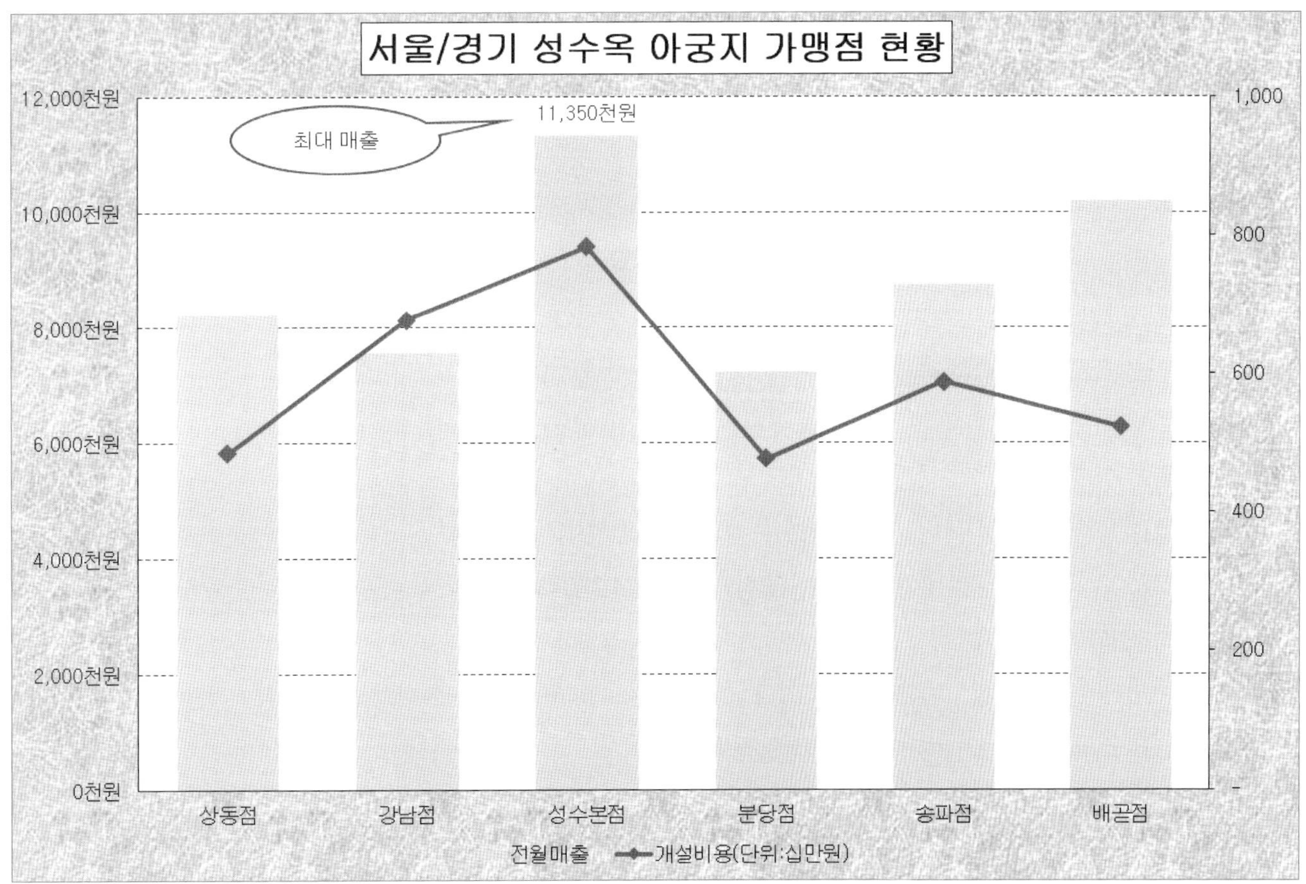

주의 ☞ 시트명 순서가 차례대로 "제1작업", "제2작업", "제3작업", "제4작업"이 되도록 할 것.

정보기술자격(ITQ) 실전모의고사

과 목	코 드	문제유형	시험시간	수험번호	성 명
한글엑셀	1122	A	60분		

수험자 유의사항

◎ 수험자는 문제지를 받는 즉시 문제지와 **수험표상의 시험과목(프로그램)이 동일한지 반드시 확인**하여야 합니다.

◎ 파일명은 본인의 "수험번호-성명"으로 입력하여 답안폴더(내 PC₩문서₩ITQ)에 하나의 파일로 저장해야 하며, 답안문서 파일명이 "수험번호-성명"과 일치하지 않거나, 답안파일을 전송하지 않아 미제출로 처리될 경우 실격 처리합니다 (예:12345678-홍길동.xlsx).

◎ 답안 작성을 마치면 파일을 저장하고, '답안 전송' 버튼을 선택하여 감독위원 PC로 답안을 전송하십시오. 수험생 정보와 저장한 파일명이 다를 경우 전송되지 않으므로 주의하시기 바랍니다.

◎ 답안 작성 중에도 **주기적으로 저장하고, '답안 전송'**하여야 문제 발생을 줄일 수 있습니다. 작업한 내용을 저장하지 않고 전송할 경우 이전에 저장된 내용이 전송되오니 이점 유의하시기 바랍니다.

◎ 답안문서는 지정된 경로 외의 다른 보조기억장치에 저장하는 경우, 지정된 시험 시간 외에 작성된 파일을 활용할 경우, 기타 통신수단(이메일, 메신저, 네트워크 등)을 이용하여 타인에게 전달 또는 외부 반출하는 경우는 부정 처리합니다.

◎ 시험 중 부주의 또는 고의로 시스템을 파손한 경우는 수험자가 변상해야 하며, <수험자 유의사항>에 기재된 방법대로 이행하지 않아 생기는 불이익은 수험생 당사자의 책임임을 알려 드립니다.

◎ 문제의 조건은 MS오피스 2021 버전으로 설정되어 있으니 유의하시기 바랍니다.

◎ 시험을 완료한 수험자는 답안파일이 전송되었는지 확인한 후 감독위원의 지시에 따라 문제지를 제출하고 퇴실합니다.

답안 작성요령

◎ 온라인 답안 작성 절차

　　수험자 등록 ⇒ 시험 시작 ⇒ 답안파일 저장 ⇒ 답안 전송 ⇒ 시험 종료

◎ 문제는 총 4단계, 즉 제1작업부터 제4작업까지 구성되어 있으며 반드시 제1작업부터 순서대로 작성하고 조건대로 작업하시오.

◎ 모든 작업시트의 A열은 열 너비 '1'로, 나머지 열은 적당하게 조절하시오.

◎ 모든 작업시트의 테두리(굵은선, 가는선 등)는《출력형태》와 같이 작업하시오.

◎ 해당 작업란에서는 각각 제시된 조건에 따라《출력형태》와 같이 작업하시오.

◎ 답안 시트 이름은 "제1작업", "제2작업", "제3작업", "제4작업"이어야 하며 답안 시트 이외의 것은 감점 처리됩니다.

◎ 각 시트를 파일로 나누어 작업해서 저장할 경우 실격 처리됩니다.

☞ 다음은 '**평생학습관 요리 수강 현황**'에 대한 자료이다. 자료를 입력하고 조건에 맞도록 작업하시오.

《출력형태》

	담당	팀장	부장
결재			

평생학습관 요리 수강 현황

코드	과목	분류	담당자	댓글개수	수강인원 (단위:명)	수강료	결제방법	순위
K279	궁중요리	한식	문강희	462	56	140,000	(1)	(2)
B164	크림브륄레	제과제빵	서지호	272	31	120,000	(1)	(2)
B170	티라미슈	제과제빵	이송이	340	27	155,000	(1)	(2)
B168	마카롱	제과제빵	이기영	319	39	150,000	(1)	(2)
C282	드립커피	음료	홍순희	298	25	85,000	(1)	(2)
B377	크림케이크	제과제빵	김진수	423	49	160,000	(1)	(2)
K180	갈비찜	한식	송효정	390	50	170,000	(1)	(2)
C390	칵테일	음료	임서경	307	24	90,000	(1)	(2)
한식 수강료 합계			(3)			최다 댓글개수		(5)
제과제빵 수강인원(단위:명) 평균			(4)			과목	궁중요리	담당자	(6)

《조건》

○ 모든 데이터의 서식에는 글꼴(굴림, 11pt), 정렬은 숫자 및 회계 서식은 오른쪽 정렬, 나머지 서식은 가운데 정렬로 작성하며 예외적인 것은《출력형태》를 참조하시오.

○ 제 목 ⇒ 도형(팔각형)과 그림자(오프셋 아래쪽)를 이용하여 작성하고 "평생학습관 요리 수강 현황"을 입력한 후 다음 서식을 적용하시오
　　　　　(글꼴-굴림, 24pt, 검정, 굵게, 채우기-노랑).

○ 임의의 셀에 결재란을 작성하여 그림으로 복사 기능을 이용하여 붙이기 하시오(단, 원본 삭제).

○「B4:J4, G14, I14」영역은 '주황'으로 채우기 하시오.

○ 유효성 검사를 이용하여「H14」셀에 과목(「C5:C12」영역)이 선택 표시되도록 하시오.

○ 셀 서식 ⇒「H5:H12」영역에 셀 서식을 이용하여 숫자 뒤에 '원'을 표시하시오(예 : 155,000원).

○「F5:F12」영역에 대해 '댓글개수'로 이름정의를 하시오.

☞ (1)~(6) 셀은 반드시 **주어진 함수를 이용**하여 값을 구하시오(결과값을 직접 입력하면 해당 셀은 0점 처리됨).

(1) 결제방법 ⇒ 코드의 두 번째 값이 1이면 '신용카드', 2이면 '체크카드', 3이면 '현금'으로 표시하시오(CHOOSE, MID 함수).

(2) 순위 ⇒ 수강인원(단위:명)의 내림차순 순위를 구한 결과값에 '위'를 붙이시오(RANK.EQ 함수, & 연산자)(예 : 1위).

(3) 한식 수강료 합계 ⇒ 단, 조건은 입력데이터를 이용하시오(DSUM 함수).

(4) 제과제빵 수강인원(단위:명) 평균 ⇒ (SUMIF, COUNTIF 함수).

(5) 최다 댓글개수 ⇒ 정의된 이름(댓글개수)을 이용하여 구하시오(MAX 함수).

(6) 담당자 ⇒「H14」셀에서 선택한 과목에 대한 담당자를 구하시오(VLOOKUP 함수).

(7) 조건부 서식의 수식을 이용하여 수강인원(단위:명)이 '50' 이상인 행 전체에 다음의 서식을 적용하시오.
　　(글꼴 : 파랑, 굵은 기울임꼴).

☞ **"제1작업"** 시트의 「B4:H12」 영역을 복사하여 **"제2작업"** 시트의 「B2」 셀부터 모두 붙여넣기를 한 후 다음의 조건과 같이 작업하시오.

《조건》

(1) 고급 필터 – 코드가 'B'로 시작하면서, 수강인원(단위:명)이 '30' 이상인 자료의 과목, 분류, 담당자, 수강료 데이터만
　　　　　　　추출하시오.
　　　　　　　– 조건 범위 : 「B14」 셀부터 입력하시오.
　　　　　　　– 복사 위치 : 「B18」 셀부터 나타나도록 하시오.

(2) 표 서식 – 고급필터의 결과셀을 채우기 없음으로 설정한 후 '황금색, 표 스타일 보통 5'의 서식을 적용하시오.
　　　　　　　– 머리글 행, 줄무늬 행을 적용하시오.

☞ **"제1작업"** 시트를 이용하여 **"제3작업"** 시트에 조건에 따라 《출력형태》와 같이 작업하시오.

《조건》

(1) 댓글개수 및 분류별 과목의 개수와 수강인원(단위:명)의 평균을 구하시오.
(2) 댓글개수를 그룹화하고, 분류를 《출력형태》와 같이 정렬하시오.
(3) 레이블이 있는 셀 병합 및 가운데 맞춤 적용 및 빈 셀은 '**'로 표시하시오.
(4) 행의 총합계는 지우고, 나머지 사항은 《출력형태》에 맞게 작성하시오.

《출력형태》

◢A	B	C	D	E	F	G	H
1							
2		분류 ↲					
3		한식		제과제빵		음료	
4	댓글개수 ▾	개수 : 과목	평균 : 수강인원(단위:명)	개수 : 과목	평균 : 수강인원(단위:명)	개수 : 과목	평균 : 수강인원(단위:명)
5	201-300	**	**	1	31	1	25
6	301-400	1	50	2	33	1	24
7	401-500	1	56	1	49	**	**
8	총합계	2	53	4	37	2	25

☞ **"제1작업"** 시트를 이용하여 조건에 따라《출력형태》와 같이 작업하시오.

《조건》

(1) 차트 종류 ⇒ <묶은 세로 막대형>으로 작업하시오.

(2) 데이터 범위 ⇒ "제1작업" 시트의 내용을 이용하여 작업하시오.

(3) 위치 ⇒ "새 시트"로 이동하고, "제4작업"으로 시트 이름을 바꾸시오.

(4) 차트 디자인 도구 ⇒ 레이아웃 3, 스타일 1을 선택하여《출력형태》에 맞게 작업하시오.

(5) 영역 서식 ⇒ 차트 : 글꼴(굴림, 11pt), 채우기 효과(질감-파피루스)

　　　　　　　　그림 : 채우기(흰색, 배경 1)

(6) 제목 서식 ⇒ 차트 제목 : 글꼴(굴림, 굵게, 20pt), 채우기(흰색, 배경 1), 테두리

(7) 서식 ⇒ 수강인원(단위:명) 계열의 차트 종류를 <표식이 있는 꺾은선형>으로 변경한 후 보조 축으로 지정하시오.

　　　계열 :《출력형태》를 참조하여 표식(마름모, 크기 10)과 레이블 값을 표시하시오.

　　　눈금선 : 선 스타일-파선

　　　축 :《출력형태》를 참조하시오.

(8) 범례 ⇒ 범례명을 변경하고《출력형태》를 참조하시오.

(9) 도형 ⇒ '말풍선: 모서리가 둥근 사각형 설명선'을 삽입한 후《출력형태》와 같이 내용을 입력하시오.

(10) 나머지 사항은《출력형태》에 맞게 작성하시오.

《출력형태》

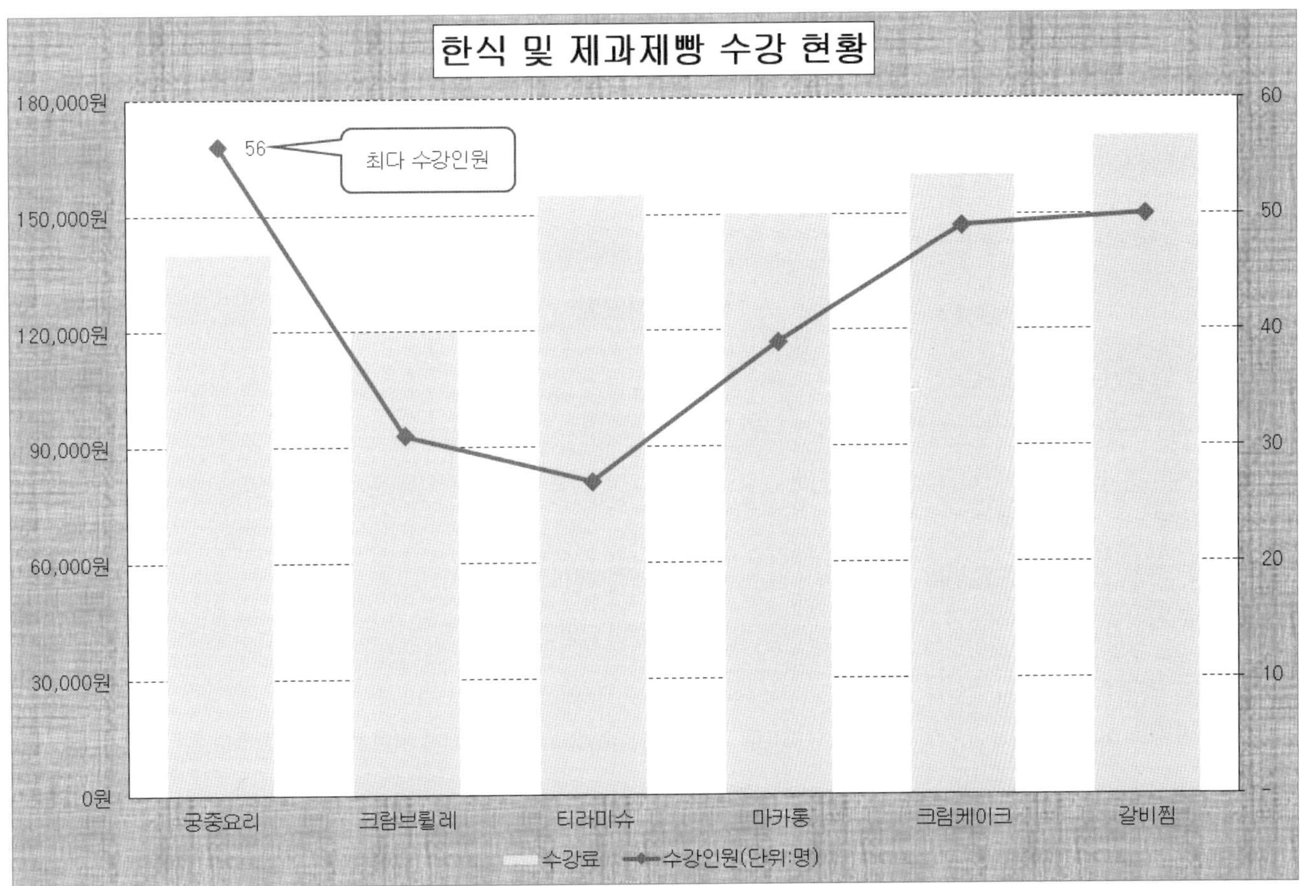

☞ 시트명 순서가 차례대로 "제1작업", "제2작업", "제3작업", "제4작업"이 되도록 할 것.

정보기술자격(ITQ) 실전모의고사

과 목	코 드	문제유형	시험시간	수험번호	성 명
한글엑셀	1122	A	60분		

수험자 유의사항

◎ 수험자는 문제지를 받는 즉시 문제지와 **수험표상의 시험과목(프로그램)이 동일한지 반드시 확인**하여야 합니다.

◎ 파일명은 본인의 "수험번호-성명"으로 입력하여 답안폴더(내 PC₩문서₩ITQ)에 하나의 파일로 저장해야 하며, 답안문서 파일명이 "수험번호-성명"과 일치하지 않거나, 답안파일을 전송하지 않아 미제출로 처리될 경우 실격 처리합니다 (예:12345678-홍길동.xlsx).

◎ 답안 작성을 마치면 파일을 저장하고, '답안 전송' 버튼을 선택하여 감독위원 PC로 답안을 전송하십시오. 수험생 정보와 저장한 파일명이 다를 경우 전송되지 않으므로 주의하시기 바랍니다.

◎ 답안 작성 중에도 **주기적으로 저장하고, '답안 전송'**하여야 문제 발생을 줄일 수 있습니다. 작업한 내용을 저장하지 않고 전송할 경우 이전에 저장된 내용이 전송되오니 이점 유의하시기 바랍니다.

◎ 답안문서는 지정된 경로 외의 다른 보조기억장치에 저장하는 경우, 지정된 시험 시간 외에 작성된 파일을 활용할 경우, 기타 통신수단(이메일, 메신저, 네트워크 등)을 이용하여 타인에게 전달 또는 외부 반출하는 경우는 부정 처리합니다.

◎ 시험 중 부주의 또는 고의로 시스템을 파손한 경우는 수험자가 변상해야 하며, <수험자 유의사항>에 기재된 방법대로 이행하지 않아 생기는 불이익은 수험생 당사자의 책임임을 알려 드립니다.

◎ 문제의 조건은 MS오피스 2021 버전으로 설정되어 있으니 유의하시기 바랍니다.

◎ 시험을 완료한 수험자는 답안파일이 전송되었는지 확인한 후 감독위원의 지시에 따라 문제지를 제출하고 퇴실합니다.

답안 작성요령

◎ 온라인 답안 작성 절차

　수험자 등록 ⇒ 시험 시작 ⇒ 답안파일 저장 ⇒ 답안 전송 ⇒ 시험 종료

◎ 문제는 총 4단계, 즉 제1작업부터 제4작업까지 구성되어 있으며 반드시 제1작업부터 순서대로 작성하고 조건대로 작업 하시오.

◎ 모든 작업시트의 A열은 열 너비 '1'로, 나머지 열은 적당하게 조절하시오.

◎ 모든 작업시트의 테두리(굵은선, 가는선 등)는 《출력형태》와 같이 작업하시오.

◎ 해당 작업란에서는 각각 제시된 조건에 따라 《출력형태》와 같이 작업하시오.

◎ 답안 시트 이름은 "제1작업", "제2작업", "제3작업", "제4작업"이어야 하며 답안 시트 이외의 것은 감점 처리됩니다.

◎ 각 시트를 파일로 나누어 작업해서 저장할 경우 실격 처리됩니다.

☞ 다음은 '**온라인 반찬 매출 현황**'에 대한 자료이다. 자료를 입력하고 조건에 맞도록 작업하시오.

《출력형태》

반찬코드	반찬명	분류	검색태그	마진율	판매수량	판매금액 (단위:원)	인기 순위	조리방법
E121	진미채볶음	밑반찬	인기	32%	250	750,000	(1)	(2)
K242	열무김치	김치	저장	28%	116	580,000	(1)	(2)
C121	감자스팸볶음	어린이	아이	35%	320	1,280,000	(1)	(2)
K252	총각김치	김치	저장	27%	162	1,296,000	(1)	(2)
E122	오이무침	밑반찬	제철	30%	190	570,500	(1)	(2)
C213	햄계란찜	어린이	아이	36%	225	900,000	(1)	(2)
E211	우엉조림	밑반찬	부모님	25%	167	501,000	(1)	(2)
K262	깍두기	김치	저장	32%	147	808,500	(1)	(2)
밑반찬의 개수			(3)		최대 마진율			(5)
김치 판매금액(단위:원)의 합계			(4)		반찬코드	E121	판매수량	(6)

결재 / 담당 / 팀장 / 이사

《조건》

○ 모든 데이터의 서식에는 글꼴(굴림, 11pt), 정렬은 숫자 및 회계 서식은 오른쪽 정렬, 나머지 서식은 가운데 정렬로 작성하며 예외적인 것은 《출력형태》를 참조하시오.

○ 제 목 ⇒ 도형(사각형 잘린 한쪽 모서리)과 그림자(오프셋 오른쪽)를 이용하여 작성하고 "온라인 반찬 매출 현황"을 입력한 후 다음 서식을 적용하시오(글꼴-돋움, 24pt, 검정, 굵게, 채우기-노랑).

○ 임의의 셀에 결재란을 작성하여 그림으로 복사 기능을 이용하여 붙이기 하시오(단, 원본 삭제).

○ 「B4:J4, G14, I14」 영역은 '주황'으로 채우기 하시오.

○ 유효성 검사를 이용하여 「H14」 셀에 반찬코드(「B5:B12」 영역)가 선택 표시되도록 하시오.

○ 셀 서식 ⇒ 「G5:G12」 영역에 셀 서식을 이용하여 숫자 뒤에 '개'를 표시하시오(예 : 116개).

○ 「F5:F12」 영역에 대해 '마진율'로 이름정의를 하시오.

☞ (1)~(6) 셀은 반드시 **주어진 함수를 이용**하여 값을 구하시오(결과값을 직접 입력하면 해당 셀은 0점 처리됨).

(1) 인기 순위 ⇒ 판매수량의 내림차순 순위를 구한 결과값에 '위'를 붙이시오(RANK.EQ 함수, & 연산자)(예 : 1위).

(2) 조리방법 ⇒ 반찬코드의 마지막 글자가 1이면 '볶음/조림', 2이면 '무침', 그 외에는 '찜'으로 구하시오(IF, RIGHT 함수).

(3) 밑반찬의 개수 ⇒ 분류가 밑반찬인 반찬의 개수를 구하시오(COUNTIF 함수).

(4) 김치 판매금액(단위:원)의 합계 ⇒ 반올림하여 천원 단위까지 구하시오(ROUND, SUMIF 함수)

(예 : 1,723,500 → 1,724,000).

(5) 최대 마진율 ⇒ 정의된 이름(마진율)을 이용하여 구하시오(MAX 함수).

(6) 판매수량 ⇒ 「H14」 셀에서 선택한 반찬코드에 대한 판매수량을 구하시오(VLOOKUP 함수).

(7) 조건부 서식의 수식을 이용하여 마진율이 '35%' 이상인 행 전체에 다음의 서식을 적용하시오(글꼴 : 파랑, 굵게).

☞ **"제1작업"** 시트의 「B4:H12」 영역을 복사하여 **"제2작업"** 시트의 「B2」 셀부터 모두 붙여넣기를 한 후 다음의 조건과 같이 작업하시오.

《조건》

(1) 목표값 찾기 - 「B11:G11」 셀을 병합하여 "밑반찬의 판매수량 평균"을 입력한 후 「H11」 셀에 밑반찬의 판매수량 평균을 구하시오. 단, 조건은 입력데이터를 이용하시오(DAVERAGE 함수, 테두리).
　　　　　 - '밑반찬의 판매수량 평균'이 '205'가 되려면 우엉조림의 판매수량이 얼마가 되어야 하는지 목표값을 구하시오.

(2) 고급필터 - 분류가 '김치'가 아니면서 마진율이 '35%' 미만인 자료의 데이터만 추출하시오.
　　　　 - 조건 범위 : 「B14」 셀부터 입력하시오.
　　　　 - 복사 위치 : 「B18」 셀부터 나타나도록 하시오.

☞ **"제1작업"** 시트의 「B4:H12」 영역을 복사하여 **"제3작업"** 시트의 「B2」 셀부터 모두 붙여넣기를 한 후 다음의 조건과 같이 작업하시오.

《조건》

(1) 부분합 -《출력형태》처럼 정렬하고, 반찬명의 개수와 판매금액(단위:원)의 합계를 구하시오.
(2) 개요 - 지우시오.
(3) 나머지 사항은《출력형태》에 맞게 작성하시오.

《출력형태》

	A	B	C	D	E	F	G	H
1								
2		반찬코드	반찬명	분류	검색태그	마진율	판매수량	판매금액 (단위:원)
3		C121	감자스팸볶음	어린이	아이	35%	320개	1,280,000
4		C213	햄계란찜	어린이	아이	36%	225개	900,000
5				어린이 요약				2,180,000
6			2	어린이 개수				
7		E121	진미채볶음	밑반찬	인기	32%	250개	750,000
8		E122	오이무침	밑반찬	제철	30%	190개	570,500
9		E211	우엉조림	밑반찬	부모님	25%	167개	501,000
10				밑반찬 요약				1,821,500
11			3	밑반찬 개수				
12		K242	열무김치	김치	저장	28%	116개	580,000
13		K252	총각김치	김치	저장	27%	162개	1,296,000
14		K262	깍두기	김치	저장	32%	147개	808,500
15				김치 요약				2,684,500
16			3	김치 개수				
17				총합계				6,686,000
18			8	전체 개수				

☞ **"제1작업"** 시트를 이용하여 조건에 따라 《출력형태》와 같이 작업하시오.

《조건》

(1) 차트 종류 ⇒ <묶은 세로 막대형>으로 작업하시오.

(2) 데이터 범위 ⇒ "제1작업" 시트의 내용을 이용하여 작업하시오.

(3) 위치 ⇒ "새 시트"로 이동하고, "제4작업"으로 시트 이름을 바꾸시오.

(4) 차트 디자인 도구 ⇒ 레이아웃 3, 스타일 1을 선택하여 《출력형태》에 맞게 작업하시오.

(5) 영역 서식 ⇒ 차트 : 글꼴(굴림, 11pt), 채우기 효과(질감-양피지)

                 그림 : 채우기(흰색, 배경 1)

(6) 제목 서식 ⇒ 차트 제목 : 글꼴(돋움, 굵게, 20pt), 채우기(흰색, 배경 1), 테두리

(7) 서식 ⇒ 판매수량 계열의 차트 종류를 <표식이 있는 꺾은선형>으로 변경한 후 보조 축으로 지정하시오.

      계열 :《출력형태》를 참조하여 표식(세모, 크기 10)과 레이블 값을 표시하시오.

      눈금선 : 선 스타일-파선

      축 :《출력형태》를 참조하시오.

(8) 범례 ⇒ 범례명을 변경하고《출력형태》를 참조하시오.

(9) 도형 ⇒ '말풍선: 사각형 설명선'을 삽입한 후《출력형태》와 같이 내용을 입력하시오.

(10) 나머지 사항은《출력형태》에 맞게 작성하시오.

《출력형태》

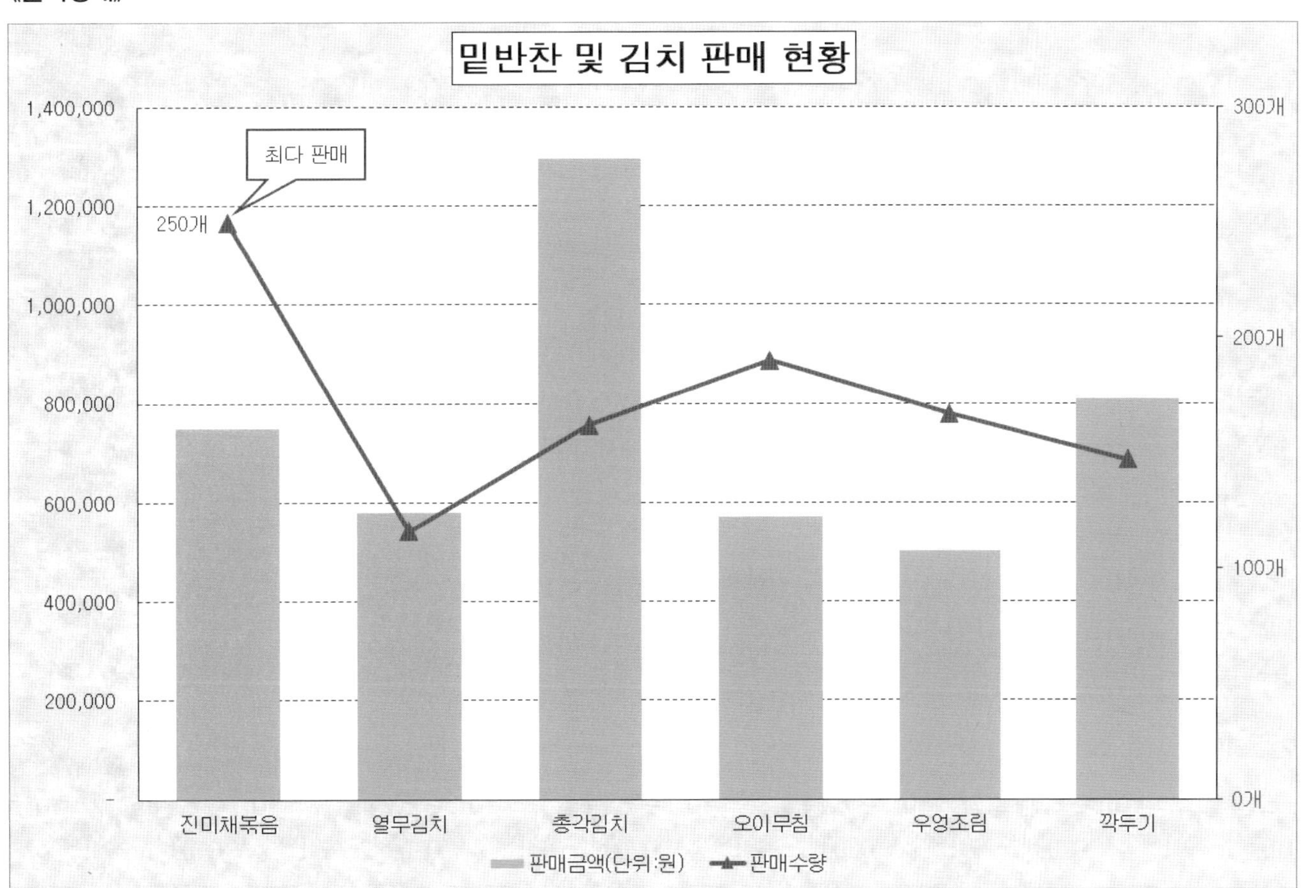

주의 ☞ 시트명 순서가 차례대로 "제1작업", "제2작업", "제3작업", "제4작업"이 되도록 할 것.

정보기술자격(ITQ) 실전모의고사

과 목	코 드	문제유형	시험시간	수험번호	성 명
한글엑셀	1122	A	60분		

수험자 유의사항

◎ 수험자는 문제지를 받는 즉시 문제지와 **수험표상의 시험과목(프로그램)이 동일한지 반드시 확인**하여야 합니다.

◎ 파일명은 본인의 "수험번호-성명"으로 입력하여 답안폴더(내 PC₩문서₩ITQ)에 하나의 파일로 저장해야 하며, 답안문서 파일명이 "수험번호-성명"과 일치하지 않거나, 답안파일을 전송하지 않아 미제출로 처리될 경우 실격 처리합니다 (예:12345678-홍길동.xlsx).

◎ 답안 작성을 마치면 파일을 저장하고, '답안 전송' 버튼을 선택하여 감독위원 PC로 답안을 전송하십시오. 수험생 정보와 저장한 파일명이 다를 경우 전송되지 않으므로 주의하시기 바랍니다.

◎ 답안 작성 중에도 **주기적으로 저장하고, '답안 전송'**하여야 문제 발생을 줄일 수 있습니다. 작업한 내용을 저장하지 않고 전송할 경우 이전에 저장된 내용이 전송되오니 이점 유의하시기 바랍니다.

◎ 답안문서는 지정된 경로 외의 다른 보조기억장치에 저장하는 경우, 지정된 시험 시간 외에 작성된 파일을 활용할 경우, 기타 통신수단(이메일, 메신저, 네트워크 등)을 이용하여 타인에게 전달 또는 외부 반출하는 경우는 부정 처리합니다.

◎ 시험 중 부주의 또는 고의로 시스템을 파손한 경우는 수험자가 변상해야 하며, <수험자 유의사항>에 기재된 방법대로 이행하지 않아 생기는 불이익은 수험생 당사자의 책임임을 알려 드립니다.

◎ 문제의 조건은 MS오피스 2021 버전으로 설정되어 있으니 유의하시기 바랍니다.

◎ 시험을 완료한 수험자는 답안파일이 전송되었는지 확인한 후 감독위원의 지시에 따라 문제지를 제출하고 퇴실합니다.

답안 작성요령

◎ 온라인 답안 작성 절차

　　수험자 등록 ⇒ 시험 시작 ⇒ 답안파일 저장 ⇒ 답안 전송 ⇒ 시험 종료

◎ 문제는 총 4단계, 즉 제1작업부터 제4작업까지 구성되어 있으며 반드시 제1작업부터 순서대로 작성하고 조건대로 작업하시오.

◎ 모든 작업시트의 A열은 열 너비 '1'로, 나머지 열은 적당하게 조절하시오.

◎ 모든 작업시트의 테두리(굵은선, 가는선 등)는 《출력형태》와 같이 작업하시오.

◎ 해당 작업란에서는 각각 제시된 조건에 따라 《출력형태》와 같이 작업하시오.

◎ 답안 시트 이름은 "제1작업", "제2작업", "제3작업", "제4작업"이어야 하며 답안 시트 이외의 것은 감점 처리됩니다.

◎ 각 시트를 파일로 나누어 작업해서 저장할 경우 실격 처리됩니다.

☞ 다음은 '**원룸 공기청정기 추천 모델**'에 대한 자료이다. 자료를 입력하고 조건에 맞도록 작업하시오.

《출력형태》

제품코드	제품명	제조사	가격	사용면적 (제곱미터)	소비전력 (W)	등록일자	제조국	비고
						담당	팀장	부장
LQ-115	인스퓨어	LG전자	482,880	48	330	2022-03-05	(1)	(2)
WN-316	제로S	위닉스	322,140	31	270	2021-01-10	(1)	(2)
SQ-414	디코웰	삼성전자	444,610	40	320	2022-03-10	(1)	(2)
SX-215	네추럴퓨어	삼성전자	353,270	53	350	2021-04-01	(1)	(2)
WC-225	퓨리웨이	위닉스	222,030	31	290	2023-04-10	(1)	(2)
LX-113	에어로타워	LG전자	541,030	48	330	2023-04-01	(1)	(2)
SC-121	블루스카이	삼성전자	250,960	60	360	2022-07-01	(1)	(2)
LQ-215	미에어 스마트	LG전자	453,380	48	340	2022-02-10	(1)	(2)
LG전자의 제품 개수			(3)			최대 사용면적(제곱미터)		(5)
2023년 이후 등록 제품의 소비전력(W) 평균			(4)			제품코드	LQ-115 가격	(6)

결재 / 담당 / 팀장 / 부장 (결재란)

《조건》

○ 모든 데이터의 서식에는 글꼴(굴림, 11pt), 정렬은 숫자 및 회계 서식은 오른쪽 정렬, 나머지 서식은 가운데 정렬로 작성하며 예외적인 것은 《출력형태》를 참조하시오.

○ 제 목 ⇒ 도형(육각형)과 그림자(오프셋 위쪽)를 이용하여 작성하고 "원룸 공기청정기 추천 모델"을 입력한 후 다음 서식을 적용하시오
　　　　(글꼴-궁서, 24pt, 검정, 굵게, 채우기-노랑).

○ 임의의 셀에 결재란을 작성하여 그림으로 복사 기능을 이용하여 붙이기 하시오(단, 원본 삭제).

○ 「B4:J4, G14, I14」 영역은 '주황'으로 채우기 하시오.

○ 유효성 검사를 이용하여 「H14」 셀에 제품코드(「B5:B12」 영역)가 선택 표시되도록 하시오.

○ 셀 서식 ⇒ 「E5:E12」 영역에 셀 서식을 이용하여 숫자 뒤에 '원'을 표시하시오(예 : 482,880원).

○ 「H5:H12」 영역에 대해 '등록일자'로 이름정의를 하시오.

☞ (1)~(6) 셀은 반드시 **주어진 함수를 이용**하여 값을 구하시오(결과값을 직접 입력하면 해당 셀은 0점 처리됨).

(1) 제조국 ⇒ 제품코드의 네 번째 글자가 1이면 '한국', 2이면 '중국', 그 외에는 '베트남'으로 구하시오.(IF, MID 함수).

(2) 비고 ⇒ 소비전력(W)의 오름차순 순위를 구하시오(RANK.EQ 함수).

(3) LG전자의 제품 개수 ⇒ 결과값에 '개'를 붙이시오. 단, 조건은 입력데이터를 이용하시오(DCOUNTA 함수, & 연산자)
　　　　(예 : 1개).

(4) 2023년 이후 등록 제품의 소비전력(W) 평균 ⇒ 등록일자가 '2023-01-01' 이후(해당일 포함)인 제품의 소비전력(W) 평균을 구하시오. 단, 정의된 이름(등록일자)을 이용하여 구하시오 (SUMIF, COUNTIF 함수).

(5) 최대 사용면적(제곱미터) ⇒ (MAX 함수)

(6) 가격 ⇒ 「H14」 셀에서 선택한 제품코드에 대한 가격을 구하시오(VLOOKUP 함수).

(7) 조건부 서식의 수식을 이용하여 소비전력(W)이 '350' 이상인 행 전체에 다음의 서식을 적용하시오
　　(글꼴 : 빨강, 굵은 기울임꼴).

☞ **"제1작업"** 시트의 「B4:H12」 영역을 복사하여 **"제2작업"** 시트의 「B2」 셀부터 모두 붙여넣기를 한 후 다음의 조건과 같이 작업하시오.

《조건》

(1) 고급 필터 – 제품코드가 'W'로 시작하거나, 사용면적(제곱미터)이 '50' 초과인 자료의 제품명, 제조사, 가격, 소비전력(W) 데이터만 추출하시오.
　　　　　– 조건 범위 : 「B14」 셀부터 입력하시오.
　　　　　– 복사 위치 : 「B18」 셀부터 나타나도록 하시오.

(2) 표 서식 – 고급필터의 결과셀을 채우기 없음으로 설정한 후 '주황, 표 스타일 보통 3'의 서식을 적용하시오.
　　　　　– 머리글 행, 줄무늬 행을 적용하시오.

☞ **"제1작업"** 시트를 이용하여 **"제3작업"** 시트에 조건에 따라 《출력형태》와 같이 작업하시오.

《조건》

(1) 소비전력(W) 및 제조사별 제품명의 개수와 사용면적(제곱미터)의 평균을 구하시오.
(2) 소비전력(W)을 그룹화하고, 제조사를 《출력형태》와 같이 정렬하시오.
(3) 레이블이 있는 셀 병합 및 가운데 맞춤 적용 및 빈 셀은 '***'로 표시하시오.
(4) 행의 총합계는 지우고, 나머지 사항은 《출력형태》에 맞게 작성하시오.

《출력형태》

	A	B	C	D	E	F	G	H
1								
2			제조사 ▼					
3				LG전자		위닉스		삼성전자
4		소비전력(W) ▼	개수 : 제품명	평균 : 사용면적(제곱미터)	개수 : 제품명	평균 : 사용면적(제곱미터)	개수 : 제품명	평균 : 사용면적(제곱미터)
5		201-270	***	***	1	31	***	***
6		271-340	3	48	1	31	1	40
7		341-410	***	***	***	***	2	57
8		총합계	3	48	2	31	3	51

☞ **"제1작업"** 시트를 이용하여 조건에 따라《출력형태》와 같이 작업하시오.

《조건》

(1) 차트 종류 ⇒ <묶은 세로 막대형>으로 작업하시오.

(2) 데이터 범위 ⇒ "제1작업" 시트의 내용을 이용하여 작업하시오.

(3) 위치 ⇒ "새 시트"로 이동하고, "제4작업"으로 시트 이름을 바꾸시오.

(4) 차트 디자인 도구 ⇒ 레이아웃 3, 스타일 1을 선택하여《출력형태》에 맞게 작업하시오.

(5) 영역 서식 ⇒ 차트 : 글꼴(굴림, 11pt), 채우기 효과(질감-분홍 박엽지)

                  그림 : 채우기(흰색, 배경 1)

(6) 제목 서식 ⇒ 차트 제목 : 글꼴(궁서, 굵게, 20pt), 채우기(흰색, 배경 1), 테두리

(7) 서식 ⇒ 가격 계열의 차트 종류를 <표식이 있는 꺾은선형>으로 변경한 후 보조 축으로 지정하시오.

          계열 :《출력형태》를 참조하여 표식(세모, 크기 10)과 레이블 값을 표시하시오.

          눈금선 : 선 스타일-파선

          축 :《출력형태》를 참조하시오.

(8) 범례 ⇒ 범례명을 변경하고《출력형태》를 참조하시오.

(9) 도형 ⇒ '말풍선: 모서리가 둥근 사각형 설명선'을 삽입한 후《출력형태》와 같이 내용을 입력하시오.

(10) 나머지 사항은《출력형태》에 맞게 작성하시오.

《출력형태》

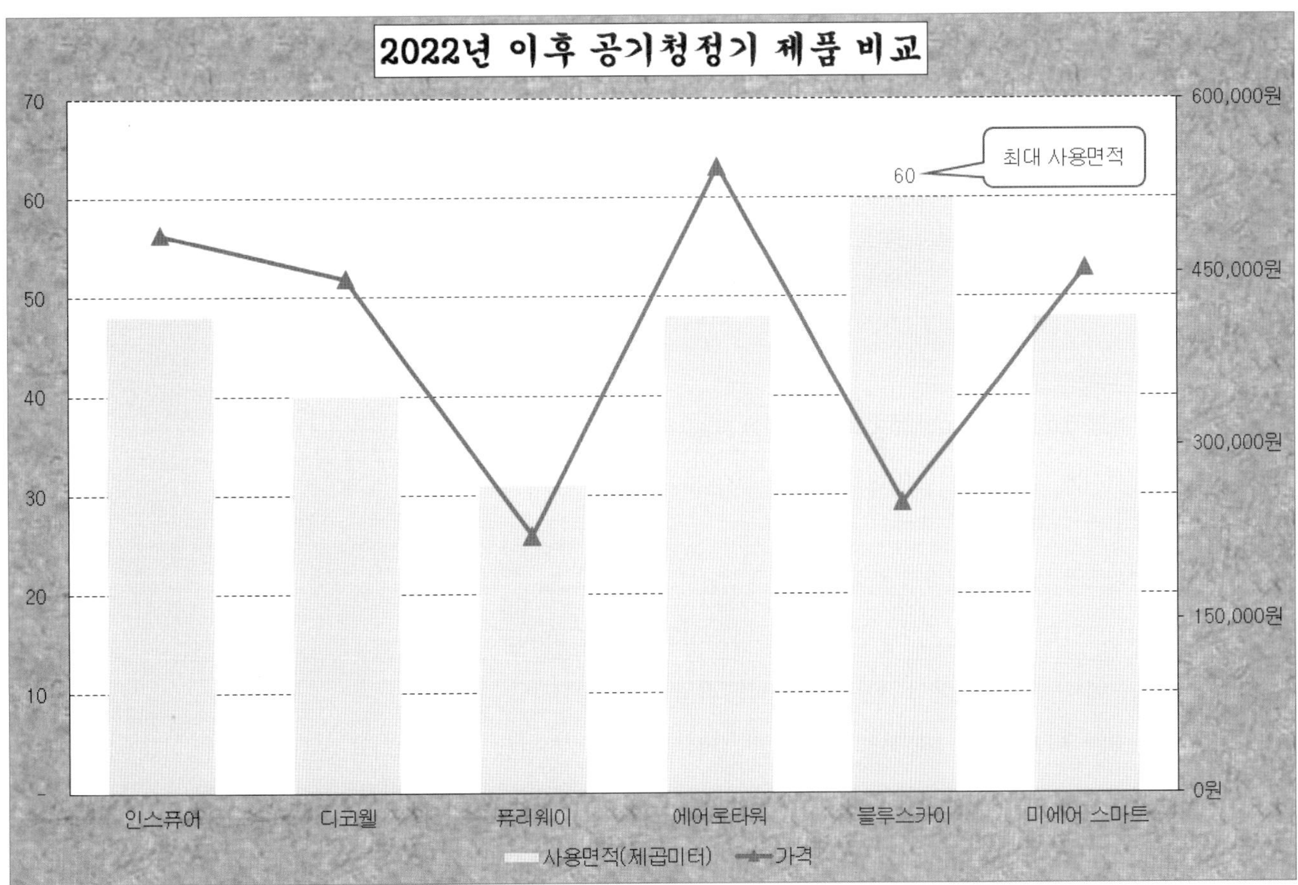

주의 ☞ 시트명 순서가 차례대로 "제1작업", "제2작업", "제3작업", "제4작업"이 되도록 할 것.

정보기술자격(ITQ) 실전모의고사

과 목	코 드	문제유형	시험시간	수험번호	성 명
한글엑셀	1122	A	60분		

수험자 유의사항

◎ 수험자는 문제지를 받는 즉시 문제지와 **수험표상의 시험과목(프로그램)이 동일한지 반드시 확인**하여야 합니다.

◎ 파일명은 본인의 "수험번호-성명"으로 입력하여 답안폴더(내 PC₩문서₩ITQ)에 하나의 파일로 저장해야 하며, 답안문서 파일명이 "수험번호-성명"과 일치하지 않거나, 답안파일을 전송하지 않아 미제출로 처리될 경우 실격 처리합니다 (예:12345678-홍길동.xlsx).

◎ 답안 작성을 마치면 파일을 저장하고, '답안 전송' 버튼을 선택하여 감독위원 PC로 답안을 전송하십시오. 수험생 정보와 저장한 파일명이 다를 경우 전송되지 않으므로 주의하시기 바랍니다.

◎ 답안 작성 중에도 **주기적으로 저장하고, '답안 전송'**하여야 문제 발생을 줄일 수 있습니다. 작업한 내용을 저장하지 않고 전송할 경우 이전에 저장된 내용이 전송되오니 이점 유의하시기 바랍니다.

◎ 답안문서는 지정된 경로 외의 다른 보조기억장치에 저장하는 경우, 지정된 시험 시간 외에 작성된 파일을 활용할 경우, 기타 통신수단(이메일, 메신저, 네트워크 등)을 이용하여 타인에게 전달 또는 외부 반출하는 경우는 부정 처리합니다.

◎ 시험 중 부주의 또는 고의로 시스템을 파손한 경우는 수험자가 변상해야 하며, <수험자 유의사항>에 기재된 방법대로 이행하지 않아 생기는 불이익은 수험생 당사자의 책임임을 알려 드립니다.

◎ 문제의 조건은 MS오피스 2021 버전으로 설정되어 있으니 유의하시기 바랍니다.

◎ 시험을 완료한 수험자는 답안파일이 전송되었는지 확인한 후 감독위원의 지시에 따라 문제지를 제출하고 퇴실합니다.

답안 작성요령

◎ 온라인 답안 작성 절차

   수험자 등록 ⇒ 시험 시작 ⇒ 답안파일 저장 ⇒ 답안 전송 ⇒ 시험 종료

◎ 문제는 총 4단계, 즉 제1작업부터 제4작업까지 구성되어 있으며 반드시 제1작업부터 순서대로 작성하고 조건대로 작업 하시오.

◎ 모든 작업시트의 A열은 열 너비 '1'로, 나머지 열은 적당하게 조절하시오.

◎ 모든 작업시트의 테두리(굵은선, 가는선 등)는 《출력형태》와 같이 작업하시오.

◎ 해당 작업란에서는 각각 제시된 조건에 따라 《출력형태》와 같이 작업하시오.

◎ 답안 시트 이름은 "제1작업", "제2작업", "제3작업", "제4작업"이어야 하며 답안 시트 이외의 것은 감점 처리됩니다.

◎ 각 시트를 파일로 나누어 작업해서 저장할 경우 실격 처리됩니다.

kpc 한국생산성본부

☞ 다음은 '마린몰 코딩교구 판매 현황'에 대한 자료이다. 자료를 입력하고 조건에 맞도록 작업하시오.

《출력형태》

상품코드	상품명	분류	브랜드	판매금액	판매수량 (단위:개)	적립률	판매 순위	배송기간
G-1423	불꽃 감지	센서	어썸봇	6,800	3,456	10%	(1)	(2)
U-2131	마이크로비트	보드	RJ테크	22,000	1,123	15%	(1)	(2)
S-1323	사운드 감지	센서	어썸봇	1,200	2,450	5%	(1)	(2)
B-3181	스위치	모듈	마린코딩	4,800	688	10%	(1)	(2)
T-2431	디지털 온도	센서	RJ테크	2,500	650	8%	(1)	(2)
A-1422	어썸보드	보드	어썸봇	12,800	1,082	10%	(1)	(2)
J-3243	듀얼 LED	모듈	마린코딩	3,500	967	8%	(1)	(2)
M-2412	적외선 송수신	센서	RJ테크	15,500	2,549	10%	(1)	(2)
센서 판매수량(단위:개) 합계			(3)			최대 판매금액		(5)
보드 상품의 개수			(4)		상품명	불꽃 감지	판매금액	(6)

결재 / 담당 / 대리 / 팀장

《조건》

○ 모든 데이터의 서식에는 글꼴(굴림, 11pt), 정렬은 숫자 및 회계 서식은 오른쪽 정렬, 나머지 서식은 가운데 정렬로 작성하며 예외적인 것은 《출력형태》를 참조하시오.

○ 제 목 ⇒ 도형(평행 사변형)과 그림자(오프셋 오른쪽)를 이용하여 작성하고 "마린몰 코딩교구 판매 현황"을 입력한 후 다음 서식을 적용하시오
  (글꼴-굴림, 24pt, 검정, 굵게, 채우기-노랑).

○ 임의의 셀에 결재란을 작성하여 그림으로 복사 기능을 이용하여 붙이기 하시오(단, 원본 삭제).

○ 「B4:J4, G14, I14」 영역은 '주황'으로 채우기 하시오.

○ 유효성 검사를 이용하여 「H14」 셀에 상품명(「C5:C12」 영역)이 선택 표시되도록 하시오.

○ 셀 서식 ⇒ 「F5:F12」 영역에 셀 서식을 이용하여 숫자 뒤에 '원'을 표시하시오(예 : 6,800원).

○ 「F5:F12」 영역에 대해 '판매금액'으로 이름정의를 하시오.

☞ (1)~(6) 셀은 반드시 **주어진 함수를 이용**하여 값을 구하시오(결과값을 직접 입력하면 해당 셀은 0점 처리됨).

(1) 판매 순위 ⇒ 판매수량(단위:개)의 내림차순 순위를 1~3까지 구하고, 그 외에는 공백으로 표시하시오(IF, RANK.EQ 함수).

(2) 배송기간 ⇒ 상품코드의 마지막 글자가 1이면 '1일 이내', 2이면 '2일 이내', 3이면 '3일 이상'으로 표시하시오(CHOOSE, RIGHT 함수).

(3) 센서 판매수량(단위:개) 합계 ⇒ 단, 조건은 입력데이터를 이용하시오(DSUM 함수).

(4) 보드 상품의 개수 ⇒ 구한 결과값에 '개'를 붙이시오(COUNTIF 함수, & 연산자)(예 : 1개).

(5) 최대 판매금액 ⇒ 정의된 이름(판매금액)을 이용하여 구하시오(LARGE 함수).

(6) 판매금액 ⇒ 「H14」 셀에서 선택한 상품명에 대한 판매금액을 구하시오(VLOOKUP 함수).

(7) 조건부 서식의 수식을 이용하여 판매수량(단위:개)이 '1,000' 이하인 행 전체에 다음의 서식을 적용하시오
  (글꼴 : 녹색, 굵게).

☞ **"제1작업"** 시트의 「B4:H12」 영역을 복사하여 **"제2작업"** 시트의 「B2」 셀부터 모두 붙여넣기를 한 후 다음의 조건과 같이 작업하시오.

《조건》

(1) 목표값 찾기 – 「B11:G11」 셀을 병합하여 "어썸봇 브랜드의 판매수량(단위:개) 평균"을 입력한 후 「H11」 셀에 어썸봇 브랜드의 판매수량(단위:개) 평균을 구하시오. 단, 조건은 입력데이터를 이용하시오(DAVERAGE 함수, 테두리).

　　　　　　– '어썸봇 브랜드의 판매수량(단위:개) 평균'이 '2,400'이 되려면 어썸보드의 판매수량(단위:개)이 얼마가 되어야 하는지 목표값을 구하시오.

(2) 고급필터 – 분류가 '센서' 이면서, 판매수량(단위:개)이 '2,500' 이하인 자료의 데이터만 추출하시오.
　　　　　　– 조건 범위 : 「B14」 셀부터 입력하시오.
　　　　　　– 복사 위치 : 「B18」 셀부터 나타나도록 하시오.

☞ **"제1작업"** 시트의 「B4:H12」 영역을 복사하여 **"제3작업"** 시트의 「B2」 셀부터 모두 붙여넣기를 한 후 다음의 조건과 같이 작업하시오.

《조건》

(1) 부분합 –《출력형태》처럼 정렬하고, 상품명의 개수와 판매수량(단위:개)의 최대값을 구하시오.
(2) 개요 – 지우시오.
(3) 나머지 사항은《출력형태》에 맞게 작성하시오.

《출력형태》

	A	B	C	D	E	F	G	H
1								
2		상품코드	상품명	분류	브랜드	판매금액	판매수량 (단위:개)	적립률
3		G-1423	불꽃 감지	센서	어썸봇	6,800원	3,456	10%
4		S-1323	사운드 감지	센서	어썸봇	1,200원	2,450	5%
5		T-2431	디지털 온도	센서	RJ테크	2,500원	650	8%
6		M-2412	적외선 송수신	센서	RJ테크	15,500원	2,549	10%
7				센서 최대			3,456	
8			4	센서 개수				
9		U-2131	마이크로비트	보드	RJ테크	22,000원	1,123	15%
10		A-1422	어썸보드	보드	어썸봇	12,800원	1,082	10%
11				보드 최대			1,123	
12			2	보드 개수				
13		B-3181	스위치	모듈	마린코딩	4,800원	688	10%
14		J-3243	듀얼 LED	모듈	마린코딩	3,500원	967	8%
15				모듈 최대			967	
16			2	모듈 개수				
17				전체 최대값			3,456	
18			8	전체 개수				

☞ **"제1작업"** 시트를 이용하여 조건에 따라《출력형태》와 같이 작업하시오.

《조건》

(1) 차트 종류 ⇒ <묶은 세로 막대형>으로 작업하시오.

(2) 데이터 범위 ⇒ "제1작업" 시트의 내용을 이용하여 작업하시오.

(3) 위치 ⇒ "새 시트"로 이동하고, "제4작업"으로 시트 이름을 바꾸시오.

(4) 차트 디자인 도구 ⇒ 레이아웃 3, 스타일 1을 선택하여《출력형태》에 맞게 작업하시오.

(5) 영역 서식 ⇒ 차트 : 글꼴(굴림, 11pt), 채우기 효과(질감-꽃다발)

　　　　　　　　　그림 : 채우기(흰색, 배경 1)

(6) 제목 서식 ⇒ 차트 제목 : 글꼴(굴림, 굵게, 20pt), 채우기(흰색, 배경 1), 테두리

(7) 서식 ⇒ 판매금액 계열의 차트 종류를 <표식이 있는 꺾은선형>으로 변경한 후 보조 축으로 지정하시오.

　　　　계열 :《출력형태》를 참조하여 표식(세모, 크기 10)과 레이블 값을 표시하시오.

　　　　눈금선 : 선 스타일-파선

　　　　축 :《출력형태》를 참조하시오.

(8) 범례 ⇒ 범례명을 변경하고《출력형태》를 참조하시오.

(9) 도형 ⇒ '생각 풍선: 구름 모양 설명선'을 삽입한 후《출력형태》와 같이 내용을 입력하시오.

(10) 나머지 사항은《출력형태》에 맞게 작성하시오.

《출력형태》

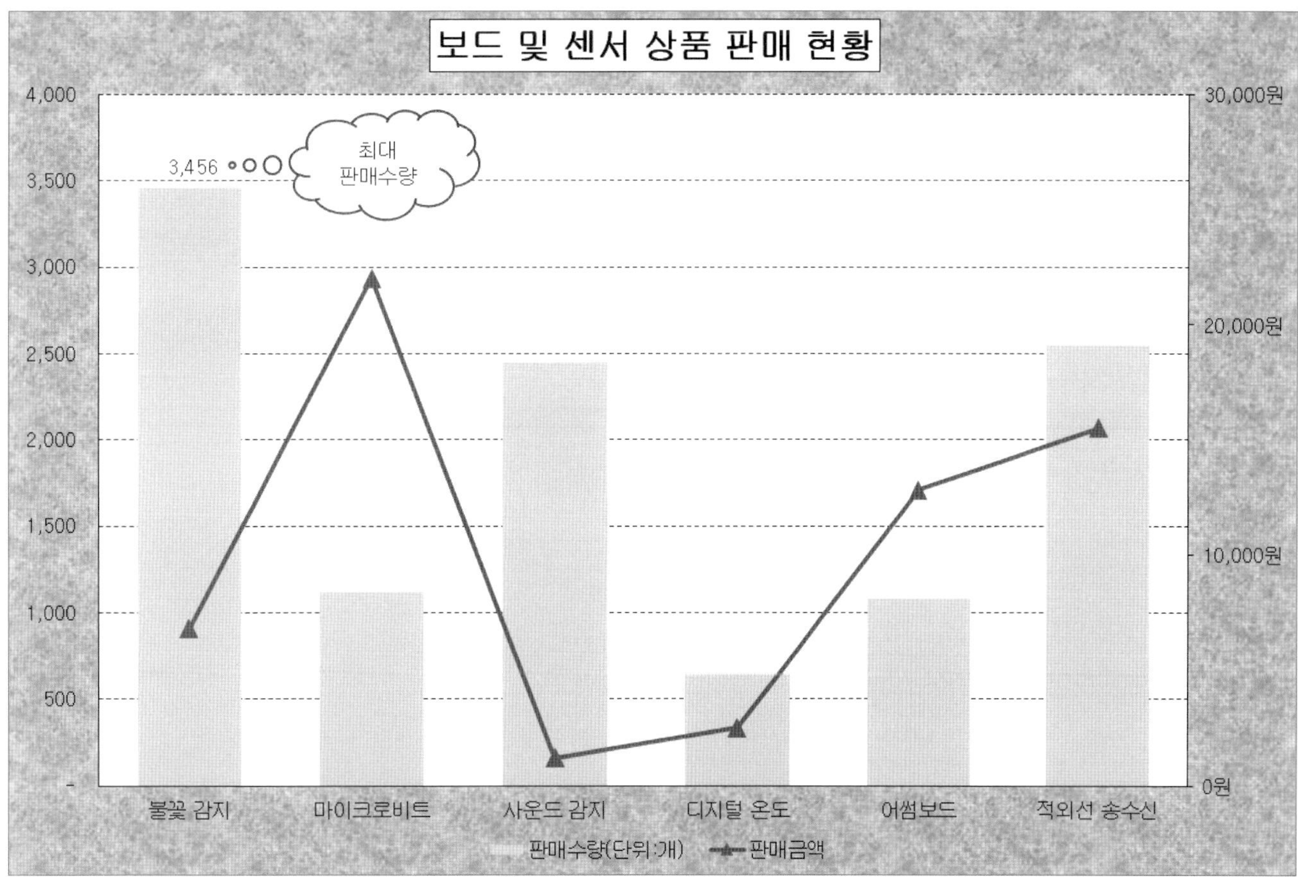

주의 ☞ 시트명 순서가 차례대로 "제1작업", "제2작업", "제3작업", "제4작업"이 되도록 할 것.

정보기술자격(ITQ) 실전모의고사

과 목	코 드	문제유형	시험시간	수험번호	성 명
한글엑셀	1122	A	60분		

수험자 유의사항

◎ 수험자는 문제지를 받는 즉시 문제지와 **수험표상의 시험과목(프로그램)이 동일한지 반드시 확인**하여야 합니다.

◎ 파일명은 본인의 "수험번호-성명"으로 입력하여 답안폴더(내 PC\문서\ITQ)에 하나의 파일로 저장해야 하며, 답안문서 파일명이 "수험번호-성명"과 일치하지 않거나, 답안파일을 전송하지 않아 미제출로 처리될 경우 실격 처리합니다 (예:12345678-홍길동.xlsx).

◎ 답안 작성을 마치면 파일을 저장하고, '답안 전송' 버튼을 선택하여 감독위원 PC로 답안을 전송하십시오. 수험생 정보와 저장한 파일명이 다를 경우 전송되지 않으므로 주의하시기 바랍니다.

◎ 답안 작성 중에도 **주기적으로 저장하고, '답안 전송'**하여야 문제 발생을 줄일 수 있습니다. 작업한 내용을 저장하지 않고 전송할 경우 이전에 저장된 내용이 전송되오니 이점 유의하시기 바랍니다.

◎ 답안문서는 지정된 경로 외의 다른 보조기억장치에 저장하는 경우, 지정된 시험 시간 외에 작성된 파일을 활용할 경우, 기타 통신수단(이메일, 메신저, 네트워크 등)을 이용하여 타인에게 전달 또는 외부 반출하는 경우는 부정 처리합니다.

◎ 시험 중 부주의 또는 고의로 시스템을 파손한 경우는 수험자가 변상해야 하며, <수험자 유의사항>에 기재된 방법대로 이행하지 않아 생기는 불이익은 수험생 당사자의 책임임을 알려 드립니다.

◎ 문제의 조건은 MS오피스 2021 버전으로 설정되어 있으니 유의하시기 바랍니다.

◎ 시험을 완료한 수험자는 답안파일이 전송되었는지 확인한 후 감독위원의 지시에 따라 문제지를 제출하고 퇴실합니다.

답안 작성요령

◎ 온라인 답안 작성 절차

　수험자 등록 ⇒ 시험 시작 ⇒ 답안파일 저장 ⇒ 답안 전송 ⇒ 시험 종료

◎ 문제는 총 4단계, 즉 제1작업부터 제4작업까지 구성되어 있으며 반드시 제1작업부터 순서대로 작성하고 조건대로 작업하시오.

◎ 모든 작업시트의 A열은 열 너비 '1'로, 나머지 열은 적당하게 조절하시오.

◎ 모든 작업시트의 테두리(굵은선, 가는선 등)는 《출력형태》와 같이 작업하시오.

◎ 해당 작업란에서는 각각 제시된 조건에 따라 《출력형태》와 같이 작업하시오.

◎ 답안 시트 이름은 "제1작업", "제2작업", "제3작업", "제4작업"이어야 하며 답안 시트 이외의 것은 감점 처리됩니다.

◎ 각 시트를 파일로 나누어 작업해서 저장할 경우 실격 처리됩니다.

kpc 한국생산성본부

☞ 다음은 'W마트 1분기 쇼핑 매출액'에 대한 자료이다. 자료를 입력하고 조건에 맞도록 작업하시오.

《출력형태》

상품코드	분류	상품	2023년 2분기 매출액	4월 매출액	5월 매출액	6월 매출액	운영형태	6월 매출액 순위
CF-826	패션	잡화	25,426	7,686,900	6,746,100	5,949,100	(1)	(2)
CL-354	생활	홈인테리어	7,525	2,321,900	2,914,500	3,503,220	(1)	(2)
BF-684	패션	의복	17,320	4,515,000	3,972,300	4,778,900	(1)	(2)
BF-629	패션	신발	3,722	1,004,100	1,075,100	1,169,700	(1)	(2)
AB-921	도서	참고서	1,691	637,000	762,100	868,740	(1)	(2)
CL-504	생활	주방용품	21,527	7,530,000	9,345,300	9,247,800	(1)	(2)
AB-312	도서	영어원서	2,115	617,700	710,300	715,800	(1)	(2)
CL-870	생활	반려동물	21,448	66,800	73,800	93,400	(1)	(2)
패션상품 2023년 2분기 매출액 합계			(3)			2023년 2분기 최소 쇼핑 매출액		(5)
도서상품 6월 매출액 평균			(4)			상품코드	CF-826 · 4월 매출액	(6)

《조건》

○ 모든 데이터의 서식에는 글꼴(굴림, 11pt), 정렬은 숫자 및 회계 서식은 오른쪽 정렬, 나머지 서식은 가운데 정렬로 작성하며 예외적인 것은 《출력형태》를 참조하시오.

○ 제 목 ⇒ 도형(배지)과 그림자(오프셋 오른쪽 아래)를 이용하여 작성하고 "W마트 1분기 쇼핑 매출액"을 입력한 후 다음 서식을 적용하시오(글꼴-돋움, 24pt, 검정, 굵게, 채우기-연한 녹색).

○ 임의의 셀에 결재란을 작성하여 그림으로 복사 기능을 이용하여 붙이기 하시오(단, 원본 삭제).

○ 「B4:J4, G14, I14」 영역은 '주황'으로 채우기 하시오.

○ 유효성 검사를 이용하여 「H14」 셀에 상품코드(「B5:B12」 영역)가 선택 표시되도록 하시오.

○ 셀 서식 ⇒ 「E5:E12」 영역에 셀 서식을 이용하여 숫자 뒤에 '천원'을 표시하시오(예 : 7,525천원).

○ 「C5:C12」 영역에 대해 '분류'로 이름정의를 하시오.

☞ (1)~(6) 셀은 반드시 **주어진 함수를 이용**하여 값을 구하시오(결과값을 직접 입력하면 해당 셀은 0점 처리됨).

(1) 운영형태 ⇒ 상품코드의 첫 번째 글자가 A이면 '온라인', B이면 '오프라인', 그 외에는 '온/오프라인'으로 표시하시오 (IF, LEFT 함수).

(2) 6월 매출액 순위 ⇒ 6월 매출액의 내림차순 순위를 구한 결과값에 '위'를 붙이시오(RANK.EQ 함수, & 연산자)(예 : 1위).

(3) 패션상품 2023년 2분기 매출액 합계 ⇒ 조건은 입력데이터를 이용하여 구하시오(DSUM 함수).

(4) 도서상품 6월 매출액 평균 ⇒ 정의된 이름(분류)을 이용하여 구하시오(SUMIF, COUNTIF 함수).

(5) 2023년 2분기 최소 쇼핑 매출액 ⇒ (MIN 함수)

(6) 4월 매출액 ⇒ 「H14」 셀에서 선택한 상품코드에 대한 4월 매출액을 구하시오(VLOOKUP 함수).

(7) 조건부 서식의 수식을 이용하여 6월 매출액이 '5,000,000' 이상인 행 전체에 다음의 서식을 적용하시오 (글꼴 : 파랑, 굵게).

☞ **"제1작업"** 시트의 「B4:H12」 영역을 복사하여 **"제2작업"** 시트의 「B2」 셀부터 모두 붙여넣기를 한 후 다음의 조건과 같이 작업하시오.

《조건》

(1) 고급 필터 – 분류가 '생활'이 아니면서, 6월 매출액이 '3,000,000' 이상인 자료의 상품코드, 2023년 2분기 매출액, 4월 매출액, 5월 매출액, 6월 매출액 데이터만 추출하시오.

　　　– 조건 범위 : 「B14」 셀부터 입력하시오.

　　　– 복사 위치 : 「B18」 셀부터 나타나도록 하시오.

(2) 표 서식 – 고급필터의 결과셀을 채우기 없음으로 설정한 후 '파랑, 표 스타일 보통 6'의 서식을 적용하시오.

　　　– 머리글 행, 줄무늬 행을 적용하시오.

☞ **"제1작업"** 시트를 이용하여 **"제3작업"** 시트에 조건에 따라 《출력형태》와 같이 작업하시오.

《조건》

(1) 2023년 2분기 매출액 및 분류별 상품의 개수와 6월 매출액의 평균을 구하시오.
(2) 2023년 2분기 매출액을 그룹화하고, 분류를 《출력형태》와 같이 정렬하시오.
(3) 레이블이 있는 셀 병합 및 가운데 맞춤 적용 및 빈 셀은 '**'로 표시하시오.
(4) 행의 총합계는 지우고, 나머지 사항은 《출력형태》에 맞게 작성하시오.

《출력형태》

2023년 2분기 매출액	분류 도서		생활		패션	
	개수 : 상품	평균 : 6월 매출액	개수 : 상품	평균 : 6월 매출액	개수 : 상품	평균 : 6월 매출액
1-10000	2	792,270	1	3,503,220	1	1,169,700
10001-20000	**	**	**	**	1	4,778,900
20001-30000	**	**	2	4,670,600	1	5,949,100
총합계	2	792,270	3	4,281,473	3	3,965,900

☞ **"제1작업"** 시트를 이용하여 조건에 따라《출력형태》와 같이 작업하시오.

《조건》

(1) 차트 종류 ⇒ <묶은 세로 막대형>으로 작업하시오.

(2) 데이터 범위 ⇒ "제1작업" 시트의 내용을 이용하여 작업하시오.

(3) 위치 ⇒ "새 시트"로 이동하고, "제4작업"으로 시트 이름을 바꾸시오.

(4) 차트 디자인 도구 ⇒ 레이아웃 3, 스타일 1을 선택하여《출력형태》에 맞게 작업하시오.

(5) 영역 서식 ⇒ 차트 : 글꼴(돋움, 11pt), 채우기 효과(질감-파랑 박엽지)

　　　　　　　그림 : 채우기(흰색, 배경 1)

(6) 제목 서식 ⇒ 차트 제목 : 글꼴(돋움, 굵게, 20pt), 채우기(흰색, 배경 1), 테두리

(7) 서식 ⇒ 2023년 2분기 매출액 계열의 차트 종류를 <표식이 있는 꺾은선형>으로 변경한 후 보조 축으로 지정하시오.

　　　　계열 :《출력형태》를 참조하여 표식(마름모, 크기 10)과 레이블 값을 표시하시오.

　　　　눈금선 : 선 스타일-파선

　　　　축 :《출력형태》를 참조하시오.

(8) 범례 ⇒ 범례명을 변경하고《출력형태》를 참조하시오.

(9) 도형 ⇒ '말풍선: 모서리가 둥근 사각형 설명선'을 삽입한 후《출력형태》와 같이 내용을 입력하시오.

(10) 나머지 사항은《출력형태》에 맞게 작성하시오.

《출력형태》

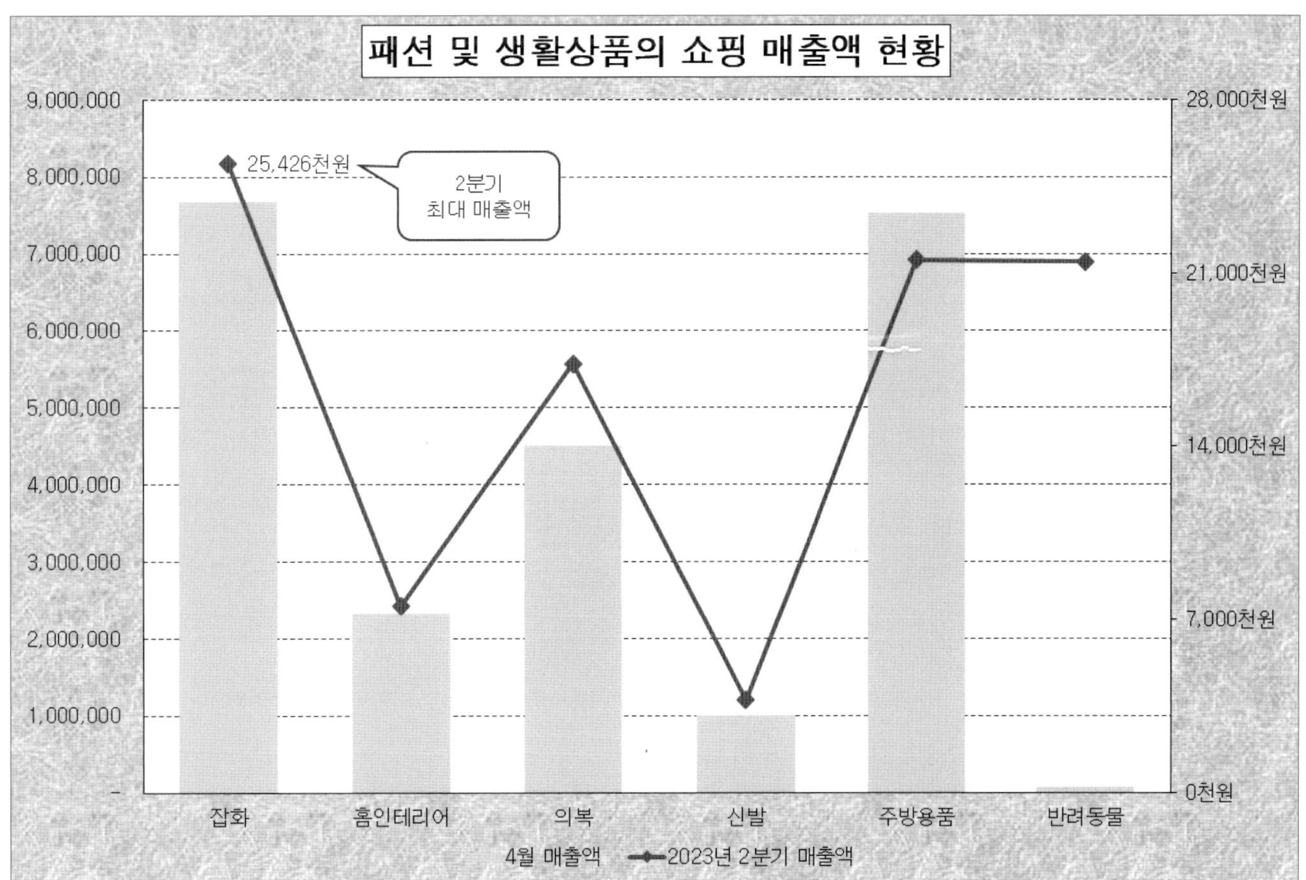

주의 ☞ 시트명 순서가 차례대로 "제1작업", "제2작업", "제3작업", "제4작업"이 되도록 할 것.

정보기술자격(ITQ) 실전모의고사

과 목	코 드	문제유형	시험시간	수험번호	성 명
한글엑셀	1122	A	60분		

수험자 유의사항

◎ 수험자는 문제지를 받는 즉시 문제지와 **수험표상의 시험과목(프로그램)이 동일한지 반드시 확인**하여야 합니다.

◎ 파일명은 본인의 "수험번호-성명"으로 입력하여 답안폴더(내 PC\문서\ITQ)에 하나의 파일로 저장해야 하며, 답안문서 파일명이 "수험번호-성명"과 일치하지 않거나, 답안파일을 전송하지 않아 미제출로 처리될 경우 실격 처리합니다 (예:12345678-홍길동.xlsx).

◎ 답안 작성을 마치면 파일을 저장하고, '답안 전송' 버튼을 선택하여 감독위원 PC로 답안을 전송하십시오. 수험생 정보와 저장한 파일명이 다를 경우 전송되지 않으므로 주의하시기 바랍니다.

◎ 답안 작성 중에도 **주기적으로 저장하고, '답안 전송'**하여야 문제 발생을 줄일 수 있습니다. 작업한 내용을 저장하지 않고 전송할 경우 이전에 저장된 내용이 전송되오니 이점 유의하시기 바랍니다.

◎ 답안문서는 지정된 경로 외의 다른 보조기억장치에 저장하는 경우, 지정된 시험 시간 외에 작성된 파일을 활용할 경우, 기타 통신수단(이메일, 메신저, 네트워크 등)을 이용하여 타인에게 전달 또는 외부 반출하는 경우는 부정 처리합니다.

◎ 시험 중 부주의 또는 고의로 시스템을 파손한 경우는 수험자가 변상해야 하며, <수험자 유의사항>에 기재된 방법대로 이행하지 않아 생기는 불이익은 수험생 당사자의 책임임을 알려 드립니다.

◎ 문제의 조건은 MS오피스 2021 버전으로 설정되어 있으니 유의하시기 바랍니다.

◎ 시험을 완료한 수험자는 답안파일이 전송되었는지 확인한 후 감독위원의 지시에 따라 문제지를 제출하고 퇴실합니다.

답안 작성요령

◎ 온라인 답안 작성 절차

수험자 등록 ⇒ 시험 시작 ⇒ 답안파일 저장 ⇒ 답안 전송 ⇒ 시험 종료

◎ 문제는 총 4단계, 즉 제1작업부터 제4작업까지 구성되어 있으며 반드시 제1작업부터 순서대로 작성하고 조건대로 작업하시오.

◎ 모든 작업시트의 A열은 열 너비 '1'로, 나머지 열은 적당하게 조절하시오.

◎ 모든 작업시트의 테두리(굵은선, 가는선 등)는 《출력형태》와 같이 작업하시오.

◎ 해당 작업란에서는 각각 제시된 조건에 따라 《출력형태》와 같이 작업하시오.

◎ 답안 시트 이름은 "제1작업", "제2작업", "제3작업", "제4작업"이어야 하며 답안 시트 이외의 것은 감점 처리됩니다.

◎ 각 시트를 파일로 나누어 작업해서 저장할 경우 실격 처리됩니다.

☞ 다음은 '**상반기 로봇 청소기 판매 현황**'에 대한 자료이다. 자료를 입력하고 조건에 맞도록 작업하시오.

《출력형태》

결재란 (우측 상단):

결재	담당	팀장	이사

상품코드	상품명	제조회사	방식	판매가격 (단위:원)	판매수량	상품리뷰 (단위:개)	리뷰 평점	순위
SH-129	로보스틱	삼성전자	흡입전용	270,000	810	120	(1)	(2)
RH-254	라이드스토 S1	샤오미	흡입+걸레	640,000	1,565	366	(1)	(2)
LG-176	로보킹 R76	LG전자	걸레전용	230,000	897	125	(1)	(2)
SH-124	제트봇AI	삼성전자	흡입+걸레	430,000	2,450	559	(1)	(2)
RH-125	트윈보스 S9	샤오미	흡입전용	290,000	1,200	283	(1)	(2)
SG-256	파워봇 V20	삼성전자	걸레전용	240,000	2,654	580	(1)	(2)
LH-265	코드제로 M9	LG전자	흡입+걸레	720,000	789	112	(1)	(2)
LH-123	코드제로 R9	LG전자	흡입전용	1,000,000	1,345	288	(1)	(2)
삼성전자 청소기의 판매수량 합계			(3)			최저 판매가격(단위:원)		(5)
흡입전용 청소기의 상품 수			(4)		상품코드	SH-129	판매수량	(6)

《조건》

○ 모든 데이터의 서식에는 글꼴(굴림, 11pt), 정렬은 숫자 및 회계 서식은 오른쪽 정렬, 나머지 서식은 가운데 정렬로 작성하며 예외적인 것은 《출력형태》를 참조하시오.

○ 제 목 ⇒ 도형(화살표 오각형)과 그림자(오프셋 오른쪽 위)를 이용하여 작성하고 "상반기 로봇 청소기 판매 현황"을 입력한 후 다음 서식을 적용하시오(글꼴-굴림, 24pt, 검정, 굵게, 채우기-노랑).

○ 임의의 셀에 결재란을 작성하여 그림으로 복사 기능을 이용하여 붙이기 하시오(단, 원본 삭제).

○ 「B4:J4, G14, I14」 영역은 '주황'으로 채우기 하시오.

○ 유효성 검사를 이용하여 「H14」 셀에 상품코드(「B5:B12」 영역)가 선택 표시되도록 하시오.

○ 셀 서식 ⇒ 「G5:G12」 영역에 셀 서식을 이용하여 숫자 뒤에 '대'를 표시하시오(예 : 1,345대).

○ 「F5:F12」 영역에 대해 '가격'으로 이름정의를 하시오.

☞ (1)~(6) 셀은 반드시 **주어진 함수를 이용**하여 값을 구하시오(결과값을 직접 입력하면 해당 셀은 0점 처리됨).

(1) 리뷰 평점 ⇒ 상품리뷰(단위:개)를 백의 단위 값만큼 '★'을 표시하시오(CHOOSE, INT 함수)(예 : 271 → ★★).

(2) 순위 ⇒ 판매수량의 내림차순 순위를 1~4까지 구한 결과값에 '위'를 붙이고, 그 외에는 공백으로 표시하시오 (IF, RANK.EQ 함수, & 연산자)(예 : 1위).

(3) 삼성전자 청소기의 판매수량 합계 ⇒ 단, 조건은 입력데이터를 이용하시오(DSUM 함수).

(4) 흡입전용 청소기의 상품 수 ⇒ (COUNTIF 함수)

(5) 최저 판매가격(단위:원) ⇒ 정의된 이름(가격)을 이용하여 구하시오(SMALL 함수).

(6) 판매수량 ⇒ 「H14」 셀에서 선택한 상품코드에 대한 판매수량을 구하시오(VLOOKUP 함수).

(7) 조건부 서식의 수식을 이용하여 판매수량이 '1,500' 이상인 행 전체에 다음의 서식을 적용하시오 (글꼴 : 빨강, 굵은 기울임꼴).

☞ **"제1작업"** 시트의 「B4:H12」 영역을 복사하여 **"제2작업"** 시트의 「B2」 셀부터 모두 붙여넣기를 한 후 다음의 조건과 같이 작업하시오.

《조건》

(1) 목표값 찾기 - 「B11:G11」 셀을 병합하여 "흡입전용의 판매가격(단위:원) 평균"을 입력한 후 「H11」 셀에 흡입전용의 판매가격(단위:원) 평균을 구하시오. 단, 조건은 입력데이터를 이용하시오(DAVERAGE 함수, 테두리).
　　　　　 - '흡입전용의 판매가격(단위:원) 평균이 '500,000'이 되려면 코드제로 R9의 판매가격(단위:원)이 얼마가 되어야 하는지 목표값을 구하시오.

(2) 고급필터 - 제조회사가 '샤오미'가 아니면서 상품리뷰(단위:개)가 '200' 이하인 자료의 데이터만 추출하시오.
　　　　 - 조건 범위 : 「B14」 셀부터 입력하시오.
　　　　 - 복사 위치 : 「B18」 셀부터 나타나도록 하시오.

☞ **"제1작업"** 시트의 「B4:H12」 영역을 복사하여 **"제3작업"** 시트의 「B2」 셀부터 모두 붙여넣기를 한 후 다음의 조건과 같이 작업하시오.

《조건》

(1) 부분합 -《출력형태》처럼 정렬하고, 상품명의 개수와 판매수량의 평균을 구하시오.
(2) 개요 - 지우시오.
(3) 나머지 사항은《출력형태》에 맞게 작성하시오.

《출력형태》

▲A	B	C	D	E	F	G	H
1							
2	상품코드	상품명	제조회사	방식	판매가격 (단위:원)	판매수량	상품리뷰 (단위:개)
3	LG-176	로보킹 R76	LG전자	걸레전용	230,000	897대	125
4	LH-265	코드제로 M9	LG전자	흡입+걸레	720,000	789대	112
5	LH-123	코드제로 R9	LG전자	흡입전용	1,000,000	1,345대	288
6			LG전자 평균			1,010대	
7		3	LG전자 개수				
8	SH-129	로보스틱	삼성전자	흡입전용	270,000	810대	120
9	SH-124	제트봇AI	삼성전자	흡입+걸레	430,000	2,450대	559
10	SG-256	파워봇 V20	삼성전자	걸레전용	240,000	2,654대	580
11			삼성전자 평균			1,971대	
12		3	삼성전자 개수				
13	RH-254	라이드스토 S1	샤오미	흡입+걸레	640,000	1,565대	366
14	RH-125	트윈보스 S9	샤오미	흡입전용	290,000	1,200대	283
15			샤오미 평균			1,383대	
16		2	샤오미 개수				
17			전체 평균			1,464대	
18		8	전체 개수				

☞ **"제1작업"** 시트를 이용하여 조건에 따라《출력형태》와 같이 작업하시오.

《조건》

(1) 차트 종류 ⇒ <묶은 세로 막대형>으로 작업하시오.

(2) 데이터 범위 ⇒ "제1작업" 시트의 내용을 이용하여 작업하시오.

(3) 위치 ⇒ "새 시트"로 이동하고, "제4작업"으로 시트 이름을 바꾸시오.

(4) 차트 디자인 도구 ⇒ 레이아웃 3, 스타일 1을 선택하여《출력형태》에 맞게 작업하시오.

(5) 영역 서식 ⇒ 차트 : 글꼴(굴림, 11pt), 채우기 효과(질감–양피지)
　　　　　　　　　 그림 : 채우기(흰색, 배경 1)

(6) 제목 서식 ⇒ 차트 제목 : 글꼴(굴림, 굵게, 20pt), 채우기(흰색, 배경 1), 테두리

(7) 서식 ⇒ 판매가격(단위:원) 계열의 차트 종류를 <표식이 있는 꺾은선형>으로 변경한 후 보조 축으로 지정하시오.
　　　 계열 :《출력형태》를 참조하여 표식(마름모, 크기 10)과 레이블 값을 표시하시오.
　　　 눈금선 : 선 스타일–파선
　　　 축 :《출력형태》를 참조하시오.

(8) 범례 ⇒ 범례명을 변경하고《출력형태》를 참조하시오.

(9) 도형 ⇒ '말풍선: 타원형 설명선'을 삽입한 후《출력형태》와 같이 내용을 입력하시오.

(10) 나머지 사항은《출력형태》에 맞게 작성하시오.

《출력형태》

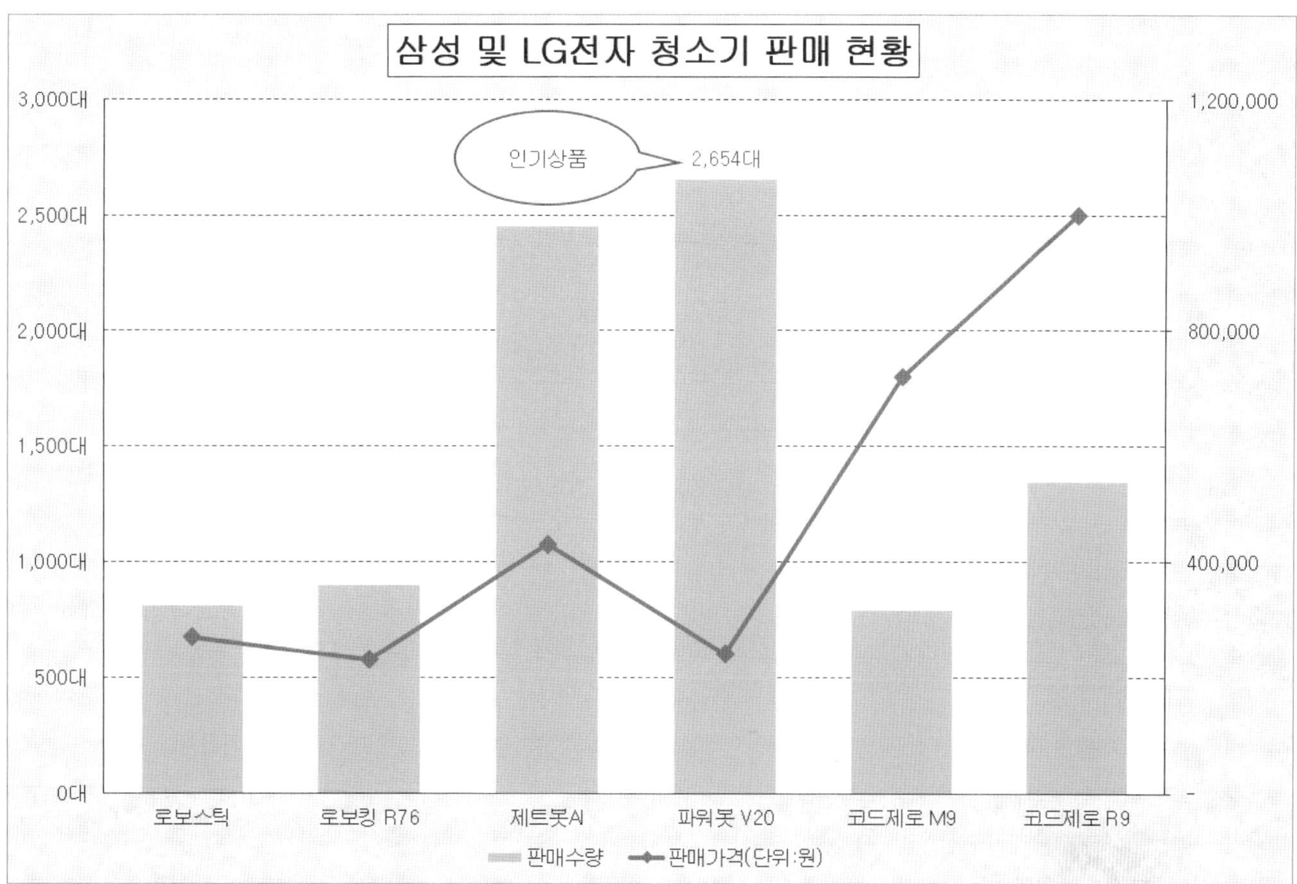

주의 ☞ 시트명 순서가 차례대로 "제1작업", "제2작업", "제3작업", "제4작업"이 되도록 할 것.

정보기술자격(ITQ) 실전모의고사

과 목	코 드	문제유형	시험시간	수험번호	성 명
한글엑셀	1122	A	60분		

수험자 유의사항

◎ 수험자는 문제지를 받는 즉시 문제지와 **수험표상의 시험과목(프로그램)이 동일한지 반드시 확인**하여야 합니다.

◎ 파일명은 본인의 "수험번호-성명"으로 입력하여 답안폴더(내 PC₩문서₩ITQ)에 하나의 파일로 저장해야 하며, 답안문서 파일명이 "수험번호-성명"과 일치하지 않거나, 답안파일을 전송하지 않아 미제출로 처리될 경우 실격 처리합니다 (예:12345678-홍길동.xlsx).

◎ 답안 작성을 마치면 파일을 저장하고, '답안 전송' 버튼을 선택하여 감독위원 PC로 답안을 전송하십시오. 수험생 정보와 저장한 파일명이 다를 경우 전송되지 않으므로 주의하시기 바랍니다.

◎ 답안 작성 중에도 **주기적으로 저장하고, '답안 전송'**하여야 문제 발생을 줄일 수 있습니다. 작업한 내용을 저장하지 않고 전송할 경우 이전에 저장된 내용이 전송되오니 이점 유의하시기 바랍니다.

◎ 답안문서는 지정된 경로 외의 다른 보조기억장치에 저장하는 경우, 지정된 시험 시간 외에 작성된 파일을 활용할 경우, 기타 통신수단(이메일, 메신저, 네트워크 등)을 이용하여 타인에게 전달 또는 외부 반출하는 경우는 부정 처리합니다.

◎ 시험 중 부주의 또는 고의로 시스템을 파손한 경우는 수험자가 변상해야 하며, <수험자 유의사항>에 기재된 방법대로 이행하지 않아 생기는 불이익은 수험생 당사자의 책임임을 알려 드립니다.

◎ 문제의 조건은 MS오피스 2021 버전으로 설정되어 있으니 유의하시기 바랍니다.

◎ 시험을 완료한 수험자는 답안파일이 전송되었는지 확인한 후 감독위원의 지시에 따라 문제지를 제출하고 퇴실합니다.

답안 작성요령

◎ 온라인 답안 작성 절차

   수험자 등록 ⇒ 시험 시작 ⇒ 답안파일 저장 ⇒ 답안 전송 ⇒ 시험 종료

◎ 문제는 총 4단계, 즉 제1작업부터 제4작업까지 구성되어 있으며 반드시 제1작업부터 순서대로 작성하고 조건대로 작업하시오.

◎ 모든 작업시트의 A열은 열 너비 '1'로, 나머지 열은 적당하게 조절하시오.

◎ 모든 작업시트의 테두리(굵은선, 가는선 등)는 《출력형태》와 같이 작업하시오.

◎ 해당 작업란에서는 각각 제시된 조건에 따라 《출력형태》와 같이 작업하시오.

◎ 답안 시트 이름은 "제1작업", "제2작업", "제3작업", "제4작업"이어야 하며 답안 시트 이외의 것은 감점 처리됩니다.

◎ 각 시트를 파일로 나누어 작업해서 저장할 경우 실격 처리됩니다.

kpc 한국생산성본부

☞ 다음은 '**마케팅팀 부서원 관리**'에 대한 자료이다. 자료를 입력하고 조건에 맞도록 작업하시오.

《출력형태》

	A	B	C	D	E	F	G	H	I	J
1								확인	담당	팀장	부장
2		마케팅팀 부서원 관리									
3											
4		사번	이름	직급	부서	연봉(단위:원)	매출액	담당업체수	입사년도	담당지역
5		D2131	이정혁	사원	마케팅3팀	28,400,000	58,480	8	(1)	(2)
6		B1425	이준호	대리	마케팅2팀	35,000,000	73,000	12	(1)	(2)
7		G2216	박찬욱	사원	마케팅1팀	28,000,000	57,120	7	(1)	(2)
8		S0711	최미선	부장	마케팅1팀	62,700,000	126,530	23	(1)	(2)
9		B1028	이가현	과장	마케팅2팀	45,000,000	94,480	16	(1)	(2)
10		S2332	채수원	사원	마케팅3팀	30,000,000	62,880	9	(1)	(2)
11		G1227	김영숙	과장	마케팅2팀	50,000,000	104,860	18	(1)	(2)
12		D1515	김미영	대리	마케팅1팀	36,000,000	74,250	15	(1)	(2)
13		마케팅3팀 인원수			(3)			최대 담당업체수		(5)
14		마케팅2팀 매출액 평균			(4)		이름	이정혁	담당업체수	(6)

《조건》

○ 모든 데이터의 서식에는 글꼴(굴림, 11pt), 정렬은 숫자 및 회계 서식은 오른쪽 정렬, 나머지 서식은 가운데 정렬로 작성하며 예외적인 것은 《출력형태》를 참조하시오.

○ 제 목 ⇒ 도형(사다리꼴)과 그림자(오프셋 가운데)를 이용하여 작성하고, "마케팅팀 부서원 관리"를 입력한 후 다음 서식을 적용하시오
　　　(글꼴-궁서, 24pt, 검정, 굵게, 채우기-노랑).

○ 임의의 셀에 결재란을 작성하여 그림으로 복사 기능을 이용하여 붙이기 하시오(단, 원본 삭제).

○ 「B4:J4, G14, I14」 영역은 '주황'으로 채우기 하시오.

○ 유효성 검사를 이용하여 「H14」 셀에 이름(「C5:C12」 영역)이 선택 표시되도록 하시오.

○ 셀 서식 ⇒ 「G5:G12」 영역에 셀 서식을 이용하여 숫자 뒤에 '천원'을 표시하시오(예 : 58,480천원).

○ 「E5:E12」 영역에 대해 '부서'로 이름정의를 하시오.

☞ (1)~(6) 셀은 반드시 주어진 함수를 이용하여 값을 구하시오(결과값을 직접 입력하면 해당 셀은 0점 처리됨).

(1) 입사년도 ⇒ 사번의 두 번째, 세 번째 값에 2,000을 더하여 표시하시오(MID 함수)(예 : S2332 → 2023).

(2) 담당지역 ⇒ 사번의 첫 번째 값이 B이면 '부산', D이면 '대구', G이면 '경기', 그 외에는 '서울'로 표시하시오
　　　　　(IF, LEFT 함수).

(3) 마케팅3팀 인원수 ⇒ 결과값에 '명'을 붙이시오. 단, 조건은 입력데이터를 이용하시오(DCOUNTA 함수, & 연산자)
　　　　　(예 : 1명).

(4) 마케팅2팀 매출액 평균 ⇒ 정의된 이름(부서)을 이용하여 구하시오(SUMIF, COUNTIF 함수).

(5) 최대 담당업체수 ⇒ (MAX 함수)

(6) 담당업체수 ⇒ 「H14」 셀에서 선택한 이름에 대한 담당업체수를 구하시오(VLOOKUP 함수).

(7) 조건부 서식의 수식을 이용하여 매출액이 '100,000' 이상인 행 전체에 다음의 서식을 적용하시오(글꼴 : 파랑, 굵게).

☞ **"제1작업"** 시트의 「B4:H12」 영역을 복사하여 **"제2작업"** 시트의 「B2」 셀부터 모두 붙여넣기를 한 후 다음의 조건과 같이 작업하시오.

《조건》

(1) 고급 필터 – 부서가 '마케팅2팀'이거나, 담당업체수가 '20' 이상인 자료의 데이터만 추출하시오.
　　　　　 – 조건 범위 : 「B14」 셀부터 입력하시오.
　　　　　 – 복사 위치 : 「B18」 셀부터 나타나도록 하시오.

(2) 표 서식 – 고급필터의 결과셀을 채우기 없음으로 설정한 후 '흰색, 표 스타일 보통 4'의 서식을 적용하시오.
　　　　　 – 머리글 행, 줄무늬 행을 적용하시오.

☞ **"제1작업"** 시트를 이용하여 **"제3작업"** 시트에 조건에 따라 《출력형태》와 같이 작업하시오.

《조건》

(1) 담당업체수 및 부서별 이름의 개수와 연봉(단위:원)의 평균을 구하시오.
(2) 담당업체수를 그룹화하고, 부서를 《출력형태》와 같이 정렬하시오.
(3) 레이블이 있는 셀 병합 및 가운데 맞춤 적용 및 빈 셀은 '**'로 표시하시오.
(4) 행의 총합계는 지우고, 나머지 사항은 《출력형태》에 맞게 작성하시오.

《출력형태》

A	B	C	D	E	F	G	H
		부서 ↓					
		마케팅3팀		마케팅2팀		마케팅1팀	
	담당업체수 ▼	개수 : 이름	평균 : 연봉(단위:원)	개수 : 이름	평균 : 연봉(단위:원)	개수 : 이름	평균 : 연봉(단위:원)
	7-13	2	29,200,000	1	35,000,000	1	28,000,000
	14-20	**	**	2	47,500,000	1	36,000,000
	21-27	**	**	**	**	1	62,700,000
	총합계	2	29,200,000	3	43,333,333	3	42,233,333

☞ **"제1작업"** 시트를 이용하여 조건에 따라 《출력형태》와 같이 작업하시오.

《조건》

(1) 차트 종류 ⇒ <묶은 세로 막대형>으로 작업하시오.

(2) 데이터 범위 ⇒ "제1작업" 시트의 내용을 이용하여 작업하시오.

(3) 위치 ⇒ "새 시트"로 이동하고, "제4작업"으로 시트 이름을 바꾸시오.

(4) 차트 디자인 도구 ⇒ 레이아웃 3, 스타일 1을 선택하여 《출력형태》에 맞게 작업하시오.

(5) 영역 서식 ⇒ 차트 : 글꼴(굴림, 11pt), 채우기 효과(질감-파피루스)

　　　　　　　　그림 : 채우기(흰색, 배경 1)

(6) 제목 서식 ⇒ 차트 제목 : 글꼴(궁서, 굵게, 20pt), 채우기(흰색, 배경 1), 테두리

(7) 서식 ⇒ 연봉(단위:원) 계열의 차트 종류를 <표식이 있는 꺾은선형>으로 변경한 후 보조 축으로 지정하시오.

　　　　계열 : 《출력형태》를 참조하여 표식(네모, 크기 10)과 레이블 값을 표시하시오.

　　　　눈금선 : 선 스타일-파선

　　　　축 : 《출력형태》를 참조하시오.

(8) 범례 ⇒ 범례명을 변경하고 《출력형태》를 참조하시오.

(9) 도형 ⇒ '말풍선: 사각형 설명선'을 삽입한 후 《출력형태》와 같이 내용을 입력하시오.

(10) 나머지 사항은 《출력형태》에 맞게 작성하시오.

《출력형태》

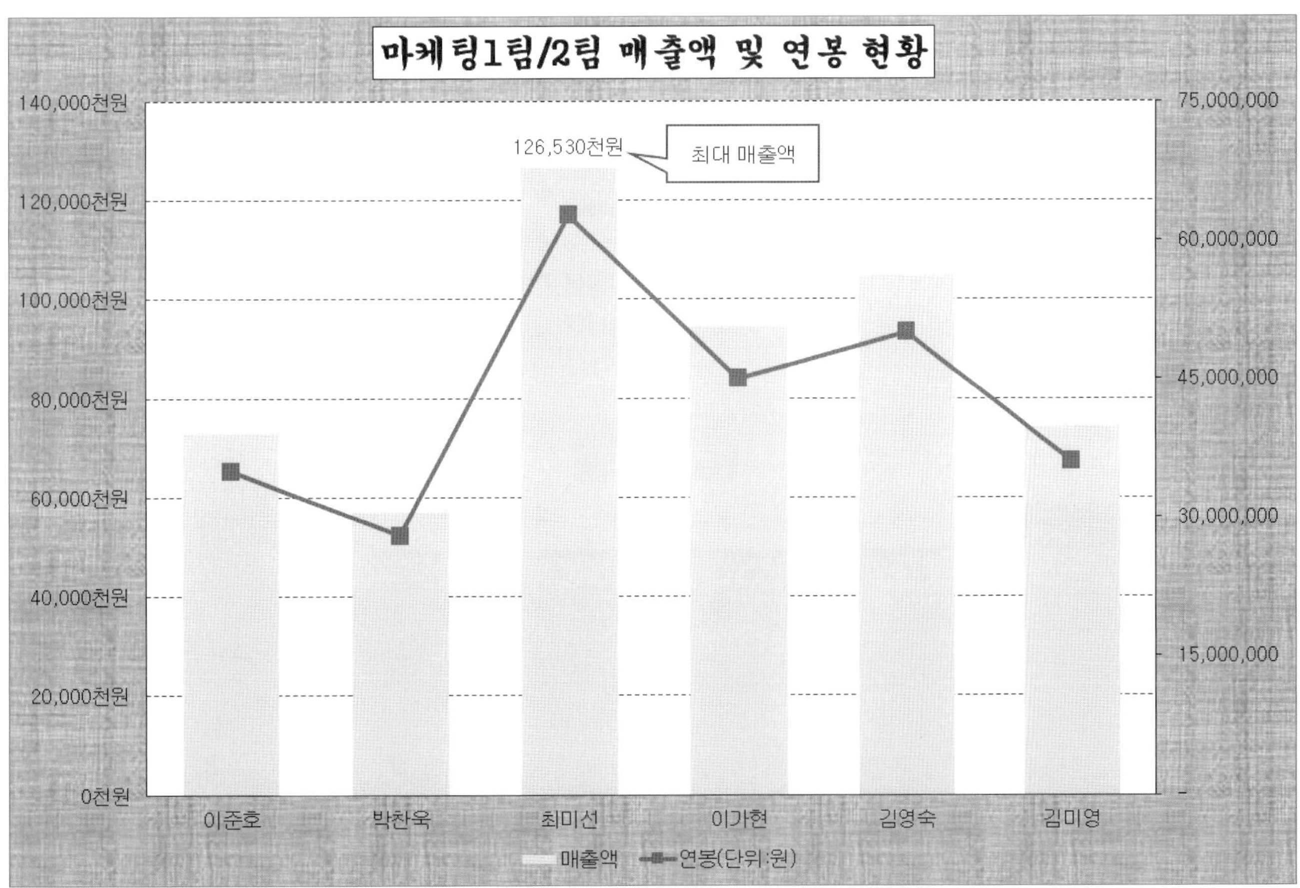

주의 ☞ 시트명 순서가 차례대로 "제1작업", "제2작업", "제3작업", "제4작업"이 되도록 할 것.

PART
3
최신
기출문제
최신기출문제를 통해 시험을 완벽하게
대비할 수 있습니다.

정보기술자격(ITQ) 최신기출문제

과　목	코　드	문제유형	시험시간	수험번호	성　명
한글엑셀	1122	A	60분		

수험자 유의사항

◎ 수험자는 문제지를 받는 즉시 문제지와 **수험표상의 시험과목(프로그램)이 동일한지 반드시 확인**하여야 합니다.

◎ 파일명은 본인의 "수험번호-성명"으로 입력하여 답안폴더(내 PC￦문서￦ITQ)에 하나의 파일로 저장해야 하며, 답안문서 파일명이 "수험번호-성명"과 일치하지 않거나, 답안파일을 전송하지 않아 미제출로 처리될 경우 실격 처리합니다 (예:12345678-홍길동.xlsx).

◎ 답안 작성을 마치면 파일을 저장하고, '답안 전송' 버튼을 선택하여 감독위원 PC로 답안을 전송하십시오. 수험생 정보와 저장한 파일명이 다를 경우 전송되지 않으므로 주의하시기 바랍니다.

◎ 답안 작성 중에도 **주기적으로 저장하고, '답안 전송'**하여야 문제 발생을 줄일 수 있습니다. 작업한 내용을 저장하지 않고 전송할 경우 이전에 저장된 내용이 전송되오니 이점 유의하시기 바랍니다.

◎ 답안문서는 지정된 경로 외의 다른 보조기억장치에 저장하는 경우, 지정된 시험 시간 외에 작성된 파일을 활용할 경우, 기타 통신수단(이메일, 메신저, 네트워크 등)을 이용하여 타인에게 전달 또는 외부 반출하는 경우는 부정 처리합니다.

◎ 시험 중 부주의 또는 고의로 시스템을 파손한 경우는 수험자가 변상해야 하며, <수험자 유의사항>에 기재된 방법대로 이행하지 않아 생기는 불이익은 수험생 당사자의 책임임을 알려 드립니다.

◎ 문제의 조건은 MS오피스 2021 버전으로 설정되어 있으니 유의하시기 바랍니다.

◎ 시험을 완료한 수험자는 답안파일이 전송되었는지 확인한 후 감독위원의 지시에 따라 문제지를 제출하고 퇴실합니다.

답안 작성요령

◎ 온라인 답안 작성 절차

　　수험자 등록 ⇒ 시험 시작 ⇒ 답안파일 저장 ⇒ 답안 전송 ⇒ 시험 종료

◎ 문제는 총 4단계, 즉 제1작업부터 제4작업까지 구성되어 있으며 반드시 제1작업부터 순서대로 작성하고 조건대로 작업하시오.

◎ 모든 작업시트의 A열은 열 너비 '1'로, 나머지 열은 적당하게 조절하시오.

◎ 모든 작업시트의 테두리(굵은선, 가는선 등)는《출력형태》와 같이 작업하시오.

◎ 해당 작업란에서는 각각 제시된 조건에 따라《출력형태》와 같이 작업하시오.

◎ 답안 시트 이름은 "제1작업", "제2작업", "제3작업", "제4작업"이어야 하며 답안 시트 이외의 것은 감점 처리됩니다.

◎ 각 시트를 파일로 나누어 작업해서 저장할 경우 실격 처리됩니다.

kpc 한국생산성본부

☞ 다음은 '**푸른중고나라 자동차 판매관리**'에 대한 자료이다. 자료를 입력하고 조건에 맞도록 작업하시오.

《출력형태》

	담당	대리	팀장
결재			

푸른중고나라 자동차 판매관리

관리코드	제조사	구분	차종	주행거리 (km)	연식	판매가	연료	판매가 순위
S1-001	현대	승용차	아반떼X	13,226	2020년	5,150,000	(1)	(2)
R2-001	쌍용	레저	렉스턴20	32,545	2019년	4,500,000	(1)	(2)
S3-002	기아	승용차	뉴K5	16,298	2021년	4,350,000	(1)	(2)
S1-003	쌍용	승용차	체어맨W	33,579	2020년	6,150,000	(1)	(2)
R1-002	현대	레저	싼타페S	51,232	2018년	3,200,000	(1)	(2)
S2-004	기아	승용차	더모닝	25,337	2020년	2,050,000	(1)	(2)
R2-003	기아	레저	카니발21	12,593	2021년	6,750,000	(1)	(2)
S3-005	현대	승용차	소나타V	27,352	2019년	3,950,000	(1)	(2)
승용차 평균 주행거리(km)		(3)			최저 주행거리(km)			(5)
연식이 2020년인 차종수		(4)		관리코드	S1-001	판매가		(6)

《조건》

○ 모든 데이터의 서식에는 글꼴(굴림, 11pt), 정렬은 숫자 및 회계 서식은 오른쪽 정렬, 나머지 서식은 가운데 정렬로 작성하며 예외적인 것은 《출력형태》를 참조하시오.

○ 제 목 ⇒ 도형(배지)과 그림자(오프셋 오른쪽)를 이용하여 작성하고 "푸른중고나라 자동차 판매관리"를 입력한 후 다음 서식을 적용하시오

　　　　　(글꼴-굴림, 24pt, 검정, 굵게, 채우기-노랑).

○ 임의의 셀에 결재란을 작성하여 그림으로 복사 기능을 이용하여 붙이기 하시오(단, 원본 삭제).

○ 「B4:J4, G14, I14」 영역은 '주황'으로 채우기 하시오.

○ 유효성 검사를 이용하여 「H14」 셀에 관리코드(「B5:B12」 영역)가 선택 표시되도록 하시오.

○ 셀 서식 ⇒ 「H5:H12」 영역에 셀 서식을 이용하여 숫자 뒤에 '원'을 표시하시오(예 : 5,150,000원).

○ 「G5:G12」 영역에 대해 '연식'으로 이름정의를 하시오.

☞ (1)~(6) 셀은 반드시 **주어진 함수를 이용**하여 값을 구하시오(결과값을 직접 입력하면 해당 셀은 0점 처리됨).

(1) 연료 ⇒ 관리코드의 두 번째 글자가 1이면 '가솔린', 2이면 '디젤', 3이면 '하이브리드'로 구하시오(CHOOSE, MID 함수).

(2) 판매가 순위 ⇒ 판매가의 내림차순 순위를 구한 결과값에 '위'를 붙이시오(RANK.EQ 함수, & 연산자)(예 : 1위).

(3) 승용차 평균 주행거리(km) ⇒ 조건은 입력 데이터를 이용하고, 반올림하여 십 단위까지 구하시오

　　　　　(ROUND, DAVERAGE 함수)(예 : 35,168 → 35,170).

(4) 연식이 2020년인 차종수 ⇒ 정의된 이름(연식)을 이용하여 구하시오(COUNTIF 함수).

(5) 최저 주행거리(km) ⇒ (MIN 함수)

(6) 판매가 ⇒ 「H14」 셀에서 선택한 관리코드에 대한 판매가를 구하시오(VLOOKUP 함수).

(7) 조건부 서식의 수식을 이용하여 판매가가 '5,000,000' 이상인 행 전체에 다음의 서식을 적용하시오(글꼴 : 파랑, 굵게).

☞ **"제1작업"** 시트의 「B4:H12」 영역을 복사하여 **"제2작업"** 시트의 「B2」 셀부터 모두 붙여넣기를 한 후 다음의 조건과 같이 작업하시오.

《조건》

(1) 목표값 찾기 - 「B11:G11」 셀을 병합하여 "판매가 전체 평균"을 입력한 후 「H11」 셀에 판매가 전체 평균을 구하시오 (AVERAGE 함수, 테두리).
 - '판매가 전체 평균'이 '4,600,000'이 되려면 아반떼X의 판매가가 얼마가 되어야 하는지 목표값을 구하시오.

(2) 고급필터 - 제조사가 '쌍용'이거나, 주행거리(km)가 '50,000' 이상인 자료의 관리코드, 차종, 주행거리(km), 판매가 데이터만 추출하시오.
 - 조건 범위 : 「B14」 셀부터 입력하시오.
 - 복사 위치 : 「B18」 셀부터 나타나도록 하시오.

☞ **"제1작업"** 시트의 「B4:H12」 영역을 복사하여 **"제3작업"** 시트의 「B2」 셀부터 모두 붙여넣기를 한 후 다음의 조건과 같이 작업하시오.

《조건》

(1) 부분합 - 《출력형태》처럼 정렬하고, 차종의 개수와 판매가의 평균을 구하시오.
(2) 개요 - 지우시오.
(3) 나머지 사항은 《출력형태》에 맞게 작성하시오.

《출력형태》

	A	B	C	D	E	F	G	H
1								
2		관리코드	제조사	구분	차종	주행거리 (km)	연식	판매가
3		S1-001	현대	승용차	아반떼X	13,226	2020년	5,150,000원
4		R1-002	현대	레저	싼타페S	51,232	2018년	3,200,000원
5		S3-005	현대	승용차	소나타V	27,352	2019년	3,950,000원
6			현대 평균					4,100,000원
7			현대 개수		3			
8		R2-001	쌍용	레저	렉스턴20	32,545	2019년	4,500,000원
9		S1-003	쌍용	승용차	체어맨W	33,579	2020년	6,150,000원
10			쌍용 평균					5,325,000원
11			쌍용 개수		2			
12		S3-002	기아	승용차	뉴K5	16,298	2021년	4,350,000원
13		S2-004	기아	승용차	더모닝	25,337	2020년	2,050,000원
14		R2-003	기아	레저	카니발21	12,593	2021년	6,750,000원
15			기아 평균					4,383,333원
16			기아 개수		3			
17			전체 평균					4,512,500원
18			전체 개수		8			

☞ **"제1작업"** 시트를 이용하여 조건에 따라《출력형태》와 같이 작업하시오.

《조건》

⑴ 차트 종류 ⇒ <묶은 세로 막대형>으로 작업하시오.

⑵ 데이터 범위 ⇒ "제1작업" 시트의 내용을 이용하여 작업하시오.

⑶ 위치 ⇒ "새 시트"로 이동하고, "제4작업"으로 시트 이름을 바꾸시오.

⑷ 차트 디자인 도구 ⇒ 레이아웃 3, 스타일 1을 선택하여《출력형태》에 맞게 작업하시오.

⑸ 영역 서식 ⇒ 차트 : 글꼴(굴림, 11pt), 채우기 효과(질감-분홍 박엽지)

　　　　　　　그림 : 채우기(흰색, 배경 1)

⑹ 제목 서식 ⇒ 차트 제목 : 글꼴(굴림, 굵게, 20pt), 채우기(흰색, 배경 1), 테두리

⑺ 서식 ⇒ 판매가 계열의 차트 종류를 <표식이 있는 꺾은선형>으로 변경한 후 보조 축으로 지정하시오.

　　　　계열 :《출력형태》를 참조하여 표식(마름모, 크기 10)과 레이블 값을 표시하시오.

　　　　눈금선 : 선 스타일-파선

　　　　축 :《출력형태》를 참조하시오.

⑻ 범례 ⇒ 범례명을 변경하고《출력형태》를 참조하시오.

⑼ 도형 ⇒ '말풍선: 모서리가 둥근 사각형 설명선'을 삽입한 후《출력형태》와 같이 내용을 입력하시오.

⑽ 나머지 사항은《출력형태》에 맞게 작성하시오.

《출력형태》

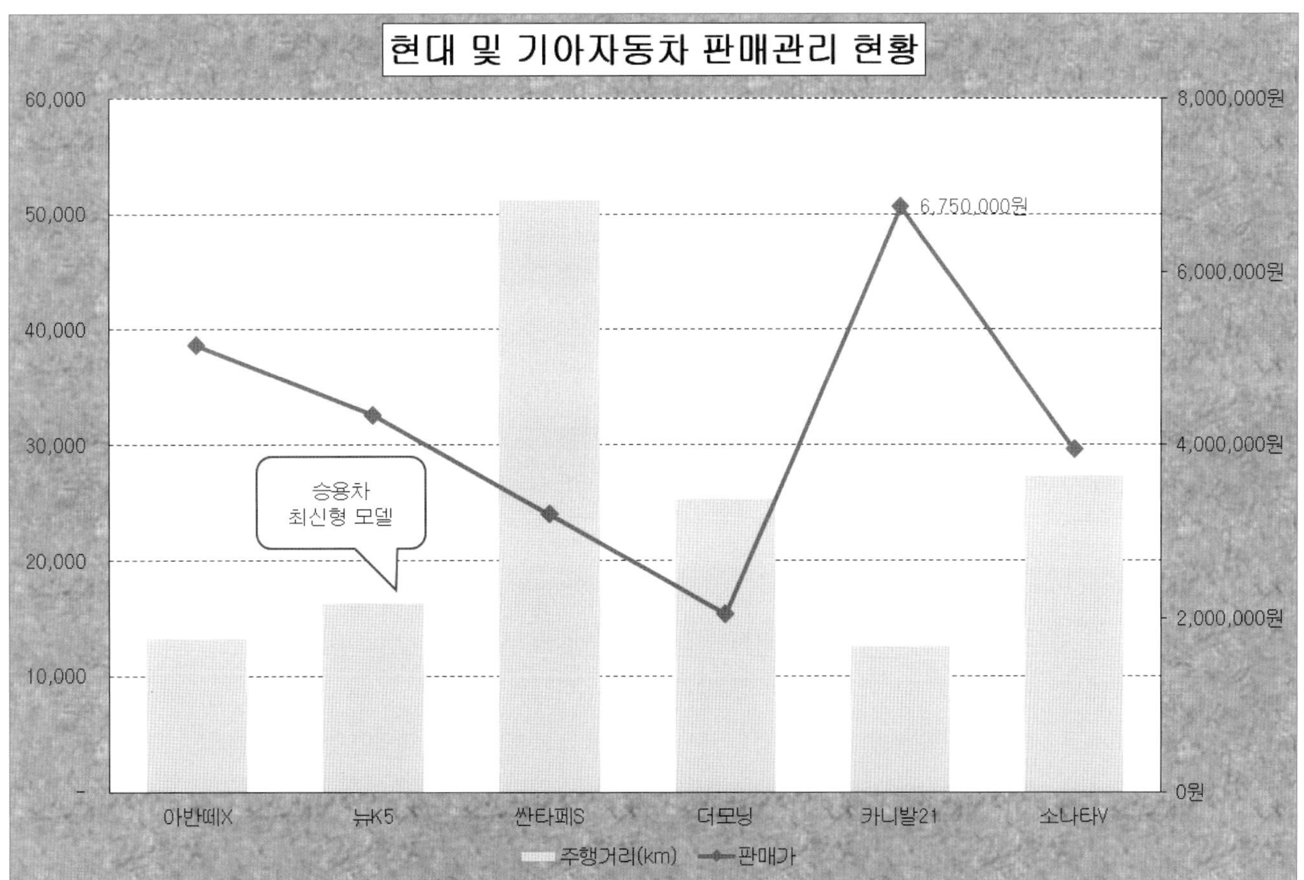

주의 ☞ 시트명 순서가 차례대로 "제1작업", "제2작업", "제3작업", "제4작업"이 되도록 할 것.

정보기술자격(ITQ) 최신기출문제

과 목	코 드	문제유형	시험시간	수험번호	성 명
한글엑셀	1122	A	60분		

수험자 유의사항

◎ 수험자는 문제지를 받는 즉시 문제지와 **수험표상의 시험과목(프로그램)이 동일한지 반드시 확인**하여야 합니다.

◎ 파일명은 본인의 "수험번호-성명"으로 입력하여 답안폴더(내 PC₩문서₩ITQ)에 하나의 파일로 저장해야 하며, 답안문서 파일명이 "수험번호-성명"과 일치하지 않거나, 답안파일을 전송하지 않아 미제출로 처리될 경우 실격 처리합니다 (예:12345678-홍길동.xlsx).

◎ 답안 작성을 마치면 파일을 저장하고, '답안 전송' 버튼을 선택하여 감독위원 PC로 답안을 전송하십시오. 수험생 정보와 저장한 파일명이 다를 경우 전송되지 않으므로 주의하시기 바랍니다.

◎ 답안 작성 중에도 **주기적으로 저장하고, '답안 전송'**하여야 문제 발생을 줄일 수 있습니다. 작업한 내용을 저장하지 않고 전송할 경우 이전에 저장된 내용이 전송되오니 이점 유의하시기 바랍니다.

◎ 답안문서는 지정된 경로 외의 다른 보조기억장치에 저장하는 경우, 지정된 시험 시간 외에 작성된 파일을 활용할 경우, 기타 통신수단(이메일, 메신저, 네트워크 등)을 이용하여 타인에게 전달 또는 외부 반출하는 경우는 부정 처리합니다.

◎ 시험 중 부주의 또는 고의로 시스템을 파손한 경우는 수험자가 변상해야 하며, <수험자 유의사항>에 기재된 방법대로 이행하지 않아 생기는 불이익은 수험생 당사자의 책임임을 알려 드립니다.

◎ 문제의 조건은 MS오피스 2021 버전으로 설정되어 있으니 유의하시기 바랍니다.

◎ 시험을 완료한 수험자는 답안파일이 전송되었는지 확인한 후 감독위원의 지시에 따라 문제지를 제출하고 퇴실합니다.

답안 작성요령

◎ 온라인 답안 작성 절차

수험자 등록 ⇒ 시험 시작 ⇒ 답안파일 저장 ⇒ 답안 전송 ⇒ 시험 종료

◎ 문제는 총 4단계, 즉 제1작업부터 제4작업까지 구성되어 있으며 반드시 제1작업부터 순서대로 작성하고 조건대로 작업하시오.

◎ 모든 작업시트의 A열은 열 너비 '1'로, 나머지 열은 적당하게 조절하시오.

◎ 모든 작업시트의 테두리(굵은선, 가는선 등)는 《출력형태》와 같이 작업하시오.

◎ 해당 작업란에서는 각각 제시된 조건에 따라 《출력형태》와 같이 작업하시오.

◎ 답안 시트 이름은 "제1작업", "제2작업", "제3작업", "제4작업"이어야 하며 답안 시트 이외의 것은 감점 처리됩니다.

◎ 각 시트를 파일로 나누어 작업해서 저장할 경우 실격 처리됩니다.

kpc 한국생산성본부

☞ 다음은 '**밀키트 베스트 판매 현황**'에 대한 자료이다. 자료를 입력하고 조건에 맞도록 작업하시오.

《출력형태》

	코드	제품명	분류	판매수량	출시일	가격 (단위·원)	전월대비 성장률(%)	제조공장	순위
							확인	MD	팀장	본부장
	K3237	시래기된장밥	채식	90,680	2020-10-25	12,400	15.7	(1)	(2)
	E2891	구운폴렌타	글루텐프리	7,366	2021-10-31	12,000	152.0	(1)	(2)
	E1237	감바스피칸테	저탄수화물	78,000	2020-12-01	19,000	55.0	(1)	(2)
	C2912	공심채볶음	채식	6,749	2021-07-08	6,900	25.0	(1)	(2)
	J1028	관서식스키야키	저탄수화물	5,086	2021-05-10	25,000	25.0	(1)	(2)
	E3019	비건버섯라자냐	글루텐프리	5,009	2021-10-05	15,000	102.5	(1)	(2)
	K1456	춘천식닭갈비	저탄수화물	94,650	2020-07-08	13,000	10.0	(1)	(2)
	K2234	산채나물비빔	채식	5,010	2021-01-05	8,600	30.5	(1)	(2)
	채식 제품 수			(3)			최대 판매수량		(5)
	저탄수화물 전월대비 성장률(%) 평균			(4)			코드	K3237	판매수량	(6)

《조건》

○ 모든 데이터의 서식에는 글꼴(굴림, 11pt), 정렬은 숫자 및 회계 서식은 오른쪽 정렬, 나머지 서식은 가운데 정렬로 작성하며 예외적인 것은 《출력형태》를 참조하시오.

○ 제 목 ⇒ 도형(순서도 화면 표시)과 그림자(오프셋 오른쪽)를 이용하여 작성하고 "밀키트 베스트 판매 현황"을 입력한 후 다음 서식을 적용하시오 (글꼴-굴림, 24pt, 검정, 굵게, 채우기-노랑).

○ 임의의 셀에 결재란을 작성하여 그림으로 복사 기능을 이용하여 붙이기 하시오(단, 원본 삭제).

○ 「B4:J4, G14, I14」 영역은 '주황'으로 채우기 하시오.

○ 유효성 검사를 이용하여 「H14」 셀에 코드(「B5:B12」 영역)가 선택 표시되도록 하시오.

○ 셀 서식 ⇒ 「E5:E12」 영역에 셀 서식을 이용하여 숫자 뒤에 '박스'를 표시하시오(예 : 90,680박스).

○ 「D5:D12」 영역에 대해 '분류'로 이름정의를 하시오.

☞ (1)~(6) 셀은 반드시 **주어진 함수를 이용**하여 값을 구하시오(결과값을 직접 입력하면 해당 셀은 0점 처리됨).

(1) 제조공장 ⇒ 코드의 두 번째 글자가 1이면 '평택', 2이면 '정읍', 3이면 '진천'으로 표시하시오(CHOOSE, MID 함수).

(2) 순위 ⇒ 전월대비 성장률(%)의 내림차순 순위를 구하시오(RANK.EQ 함수).

(3) 채식 제품 수 ⇒ 결과값에 '개'를 붙이시오. 단, 조건은 입력데이터를 이용하시오(DCOUNTA 함수, & 연산자)(예 : 1개).

(4) 저탄수화물 전월대비 성장률(%) 평균 ⇒ 정의된 이름(분류)을 이용하여 구하시오(SUMIF, COUNTIF 함수).

(5) 최대 판매수량 ⇒ (MAX 함수)

(6) 판매수량 ⇒ 「H14」 셀에서 선택한 코드에 대한 판매수량을 구하시오(VLOOKUP 함수).

(7) 조건부 서식의 수식을 이용하여 판매수량이 '90,000' 이상인 행 전체에 다음의 서식을 적용하시오(글꼴 : 파랑, 굵게).

☞ **"제1작업"** 시트의 「B4:H12」 영역을 복사하여 **"제2작업"** 시트의 「B2」 셀부터 모두 붙여넣기를 한 후 다음의 조건과 같이 작업하시오.

《조건》

(1) 고급 필터 - 코드가 'K'로 시작하거나, 판매수량이 '10,000' 이상인 자료의 코드, 제품명, 가격(단위:원), 전월대비 성장률(%) 데이터만 추출하시오.
- 조건 범위 : 「B14」 셀부터 입력하시오.
- 복사 위치 : 「B18」 셀부터 나타나도록 하시오.

(2) 표 서식 - 고급필터의 결과셀을 채우기 없음으로 설정한 후 '파랑, 표 스타일 보통 6'의 서식을 적용하시오.
- 머리글 행, 줄무늬 행을 적용하시오.

☞ **"제1작업"** 시트를 이용하여 **"제3작업"** 시트에 조건에 따라 《출력형태》와 같이 작업하시오.

《조건》

(1) 가격(단위:원) 및 분류별 제품명의 개수와 전월대비 성장률(%)의 평균을 구하시오.
(2) 가격(단위:원)을 그룹화하고, 분류를 《출력형태》와 같이 정렬하시오.
(3) 레이블이 있는 셀 병합 및 가운데 맞춤 적용 및 빈 셀은 '**'로 표시하시오.
(4) 행의 총합계는 지우고, 나머지 사항은 《출력형태》에 맞게 작성하시오.

《출력형태》

| 분류 ↵ | 채식 | | 저탄수화물 | | 글루텐프리 | |
가격(단위:원) ▾	개수 : 제품명	평균 : 전월대비 성장률(%)	개수 : 제품명	평균 : 전월대비 성장률(%)	개수 : 제품명	평균 : 전월대비 성장률(%)
1-10000	2	28	**	**	**	**
10001-20000	1	16	2	33	2	127
20001-30000	**	**	1	25	**	**
총합계	3	24	3	30	2	127

☞ **"제1작업"** 시트를 이용하여 조건에 따라 《출력형태》와 같이 작업하시오.

《조건》

(1) 차트 종류 ⇒ <묶은 세로 막대형>으로 작업하시오.

(2) 데이터 범위 ⇒ "제1작업" 시트의 내용을 이용하여 작업하시오.

(3) 위치 ⇒ "새 시트"로 이동하고, "제4작업"으로 시트 이름을 바꾸시오.

(4) 차트 디자인 도구 ⇒ 레이아웃 3, 스타일 1을 선택하여 《출력형태》에 맞게 작업하시오.

(5) 영역 서식 ⇒ 차트 : 글꼴(굴림, 11pt), 채우기 효과(질감-분홍 박엽지)

　　　　　　　　그림 : 채우기(흰색, 배경 1)

(6) 제목 서식 ⇒ 차트 제목 : 글꼴(굴림, 굵게, 20pt), 채우기(흰색, 배경 1), 테두리

(7) 서식 ⇒ 판매수량 계열의 차트 종류를 <표식이 있는 꺾은선형>으로 변경한 후 보조 축으로 지정하시오.

　　　　계열 : 《출력형태》를 참조하여 표식(세모, 크기 10)과 레이블 값을 표시하시오.

　　　　눈금선 : 선 스타일-파선

　　　　축 : 《출력형태》를 참조하시오.

(8) 범례 ⇒ 범례명을 변경하고 《출력형태》를 참조하시오.

(9) 도형 ⇒ '말풍선: 모서리가 둥근 사각형 설명선'을 삽입한 후 《출력형태》와 같이 내용을 입력하시오.

(10) 나머지 사항은 《출력형태》에 맞게 작성하시오.

《출력형태》

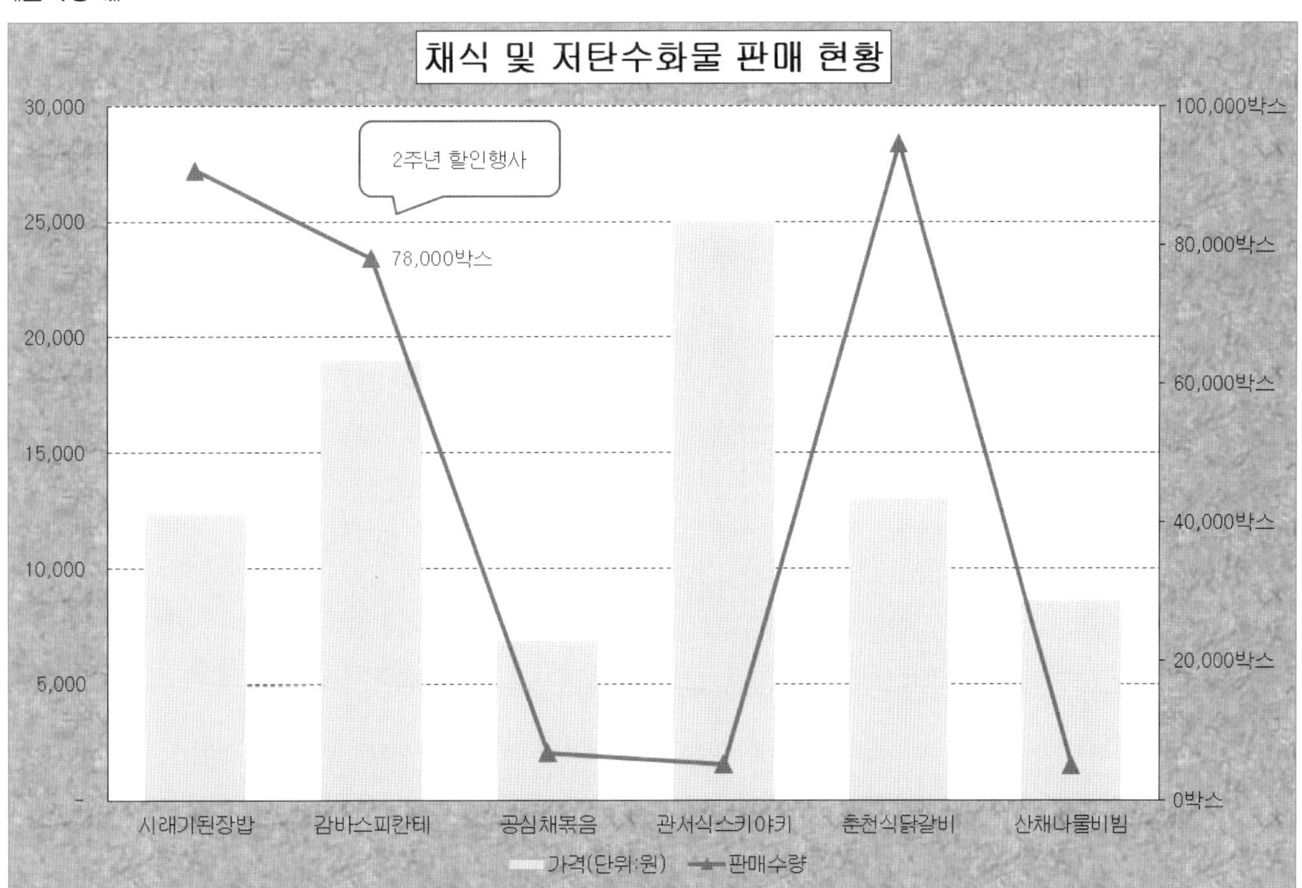

주의 ☞ 시트명 순서가 차례대로 "제1작업", "제2작업", "제3작업", "제4작업"이 되도록 할 것.

정보기술자격(ITQ) 최신기출문제

과 목	코 드	문제유형	시험시간	수험번호	성 명
한글엑셀	1122	A	60분		

수험자 유의사항

◎ 수험자는 문제지를 받는 즉시 문제지와 **수험표상의 시험과목(프로그램)이 동일한지 반드시 확인**하여야 합니다.

◎ 파일명은 본인의 "수험번호–성명"으로 입력하여 답안폴더(내 PC₩문서₩ITQ)에 하나의 파일로 저장해야 하며, 답안문서 파일명이 "수험번호–성명"과 일치하지 않거나, 답안파일을 전송하지 않아 미제출로 처리될 경우 실격 처리합니다 (예:12345678-홍길동.xlsx).

◎ 답안 작성을 마치면 파일을 저장하고, '답안 전송' 버튼을 선택하여 감독위원 PC로 답안을 전송하십시오. 수험생 정보와 저장한 파일명이 다를 경우 전송되지 않으므로 주의하시기 바랍니다.

◎ 답안 작성 중에도 **주기적으로 저장하고, '답안 전송'**하여야 문제 발생을 줄일 수 있습니다. 작업한 내용을 저장하지 않고 전송할 경우 이전에 저장된 내용이 전송되오니 이점 유의하시기 바랍니다.

◎ 답안문서는 지정된 경로 외의 다른 보조기억장치에 저장하는 경우, 지정된 시험 시간 외에 작성된 파일을 활용할 경우, 기타 통신수단(이메일, 메신저, 네트워크 등)을 이용하여 타인에게 전달 또는 외부 반출하는 경우는 부정 처리합니다.

◎ 시험 중 부주의 또는 고의로 시스템을 파손한 경우는 수험자가 변상해야 하며, <수험자 유의사항>에 기재된 방법대로 이행하지 않아 생기는 불이익은 수험생 당사자의 책임임을 알려 드립니다.

◎ 문제의 조건은 MS오피스 2021 버전으로 설정되어 있으니 유의하시기 바랍니다.

◎ 시험을 완료한 수험자는 답안파일이 전송되었는지 확인한 후 감독위원의 지시에 따라 문제지를 제출하고 퇴실합니다.

답안 작성요령

◎ 온라인 답안 작성 절차

　수험자 등록 ⇒ 시험 시작 ⇒ 답안파일 저장 ⇒ 답안 전송 ⇒ 시험 종료

◎ 문제는 총 4단계, 즉 제1작업부터 제4작업까지 구성되어 있으며 반드시 제1작업부터 순서대로 작성하고 조건대로 작업 하시오.

◎ 모든 작업시트의 A열은 열 너비 '1'로, 나머지 열은 적당하게 조절하시오.

◎ 모든 작업시트의 테두리(굵은선, 가는선 등)는 《출력형태》와 같이 작업하시오.

◎ 해당 작업란에서는 각각 제시된 조건에 따라 《출력형태》와 같이 작업하시오.

◎ 답안 시트 이름은 "제1작업", "제2작업", "제3작업", "제4작업"이어야 하며 답안 시트 이외의 것은 감점 처리됩니다.

◎ 각 시트를 파일로 나누어 작업해서 저장할 경우 실격 처리됩니다.

☞ 다음은 '**인기 빔 프로젝터 판매 정보**'에 대한 자료이다. 자료를 입력하고 조건에 맞도록 작업하시오.

《출력형태》

	제품코드	제품명	해상도	부가기능	소비자가 (원)	무게	밝기 (안시루멘)	밝기 순위	배송방법
								담당 / 책임 / 팀장 결재	
VS4-101	뷰소닉피제이	FHD	게임모드	679,150	2.5	3,800	(1)	(2)
LG2-002	시네빔오공케이	FHD	HDTV수신	575,990	1.0	600	(1)	(2)
SH1-102	샤오미엠프로	4K UHD	키스톤보정	234,970	2.3	220	(1)	(2)
PJ2-002	프로젝트매니아	FHD	내장스피커	385,900	0.3	700	(1)	(2)
LV1-054	레베타이포	HD	내장스피커	199,000	1.0	180	(1)	(2)
LG3-003	시네빔피에치	HD	키스톤보정	392,800	0.7	550	(1)	(2)
EP2-006	엡손이에치	FHD	게임모드	747,990	2.7	3,300	(1)	(2)
VQ4-001	벤큐더블유	4K UHD	게임모드	938,870	4.2	3,000	(1)	(2)
해상도 HD 제품의 소비자가(원) 평균			(3)		두 번째로 높은 소비자가(원)				(5)
게임모드 제품 중 최소 무게			(4)		제품코드	VS4-101	밝기 (안시루멘)		(6)

《조건》

○ 모든 데이터의 서식에는 글꼴(굴림, 11pt), 정렬은 숫자 및 회계 서식은 오른쪽 정렬, 나머지 서식은 가운데 정렬로 작성하며 예외적인 것은 《출력형태》를 참조하시오.

○ 제 목 ⇒ 도형(사각형 잘린 위쪽 모서리)과 그림자(오프셋 오른쪽)를 이용하여 작성하고 "인기 빔 프로젝터 판매 정보"를 입력한 후 다음 서식을 적용하시오(글꼴-굴림, 24pt, 검정, 굵게, 채우기-노랑).

○ 임의의 셀에 결재란을 작성하여 그림으로 복사 기능을 이용하여 붙이기 하시오(단, 원본 삭제).

○ 「B4:J4, G14, I14」 영역은 '주황'으로 채우기 하시오.

○ 유효성 검사를 이용하여 「H14」 셀에 제품코드(「B5:B12」 영역)가 선택 표시되도록 하시오.

○ 셀 서식 ⇒ 「G5:G12」 영역에 셀 서식을 이용하여 숫자 뒤에 'kg'을 표시하시오(예 : 2.5kg).

○ 「D5:D12」 영역에 대해 '해상도'로 이름정의를 하시오.

☞ (1)~(6) 셀은 반드시 **주어진 함수를 이용**하여 값을 구하시오(결과값을 직접 입력하면 해당 셀은 0점 처리됨).

(1) 밝기 순위 ⇒ 밝기(안시루멘)의 내림차순 순위를 구한 결과에 '위'를 붙이시오(RANK.EQ 함수, & 연산자)(예 : 1위).

(2) 배송방법 ⇒ 제품코드의 세 번째 글자가 1이면 '해외배송', 2이면 '직배송', 그 외에는 '기타'로 구하시오(IF, MID 함수).

(3) 해상도 HD 제품의 소비자가(원) 평균 ⇒ 정의된 이름(해상도)를 이용하여 구하시오(SUMIF, COUNTIF 함수).

(4) 게임모드 제품 중 최소 무게 ⇒ 부가기능이 게임모드인 제품 중 최소 무게를 구하시오. 단, 조건은 입력 데이터를 이용하시오(DMIN 함수).

(5) 두 번째로 높은 소비자가(원) ⇒ (LARGE 함수)

(6) 밝기(안시루멘) ⇒ 「H14」 셀에서 선택한 제품코드에 대한 밝기(안시루멘)를 구하시오(VLOOKUP 함수).

(7) 조건부 서식의 수식을 이용하여 무게가 '1.0' 이하인 행 전체에 다음의 서식을 적용하시오(글꼴 : 파랑, 굵게).

☞ **"제1작업"** 시트의 「**B4:H12**」 영역을 복사하여 **"제2작업"** 시트의 「**B2**」 셀부터 모두 붙여넣기를 한 후 다음의 조건과 같이 작업하시오.

《조건》

(1) 목표값 찾기 – 「B11:G11」 셀을 병합하여 "해상도 FHD 제품의 무게 평균"을 입력한 후 「H11」 셀에 해상도 FHD 제품의 무게 평균을 구하시오. 단, 조건은 입력데이터를 이용하시오(DAVERAGE 함수, 테두리).
　　　　　　　　 – '해상도 FHD 제품의 무게 평균'이 '1.6'이 되려면 뷰소닉피제이의 무게가 얼마가 되어야 하는지 목표값을 구하시오.

(2) 고급필터 – 제품코드가 'L'로 시작하거나 소비자가(원)가 '300,000' 이하인 자료의 제품명, 해상도, 소비자가(원), 밝기(안시루멘) 데이터만 추출하시오.
　　　　　　 – 조건 범위 : 「B14」 셀부터 입력하시오.
　　　　　　 – 복사 위치 : 「B18」 셀부터 나타나도록 하시오.

☞ **"제1작업"** 시트의 「**B4:H12**」 영역을 복사하여 **"제3작업"** 시트의 「**B2**」 셀부터 모두 붙여넣기를 한 후 다음의 조건과 같이 작업하시오.

《조건》

(1) 부분합 – 《출력형태》처럼 정렬하고, 제품명의 개수와 소비자가(원)의 평균을 구하시오.

(2) 개요 – 지우시오.

(3) 나머지 사항은 《출력형태》에 맞게 작성하시오.

《출력형태》

	A	B	C	D	E	F	G	H
1								
2		제품코드	제품명	해상도	부가기능	소비자가 (원)	무게	밝기 (안시루멘)
3		LV1-054	레베타이포	HD	내장스피커	199,000	1.0kg	180
4		LG3-003	시네빔피에치	HD	키스톤보정	392,800	0.7kg	550
5				HD 평균		295,900		
6			2	HD 개수				
7		VS4-101	뷰소닉피제이	FHD	게임모드	679,150	2.5kg	3,800
8		LG2-002	시네빔오공케이	FHD	HDTV수신	575,990	1.0kg	600
9		PJ2-002	프로젝트매니아	FHD	내장스피커	385,900	0.3kg	700
10		EP2-006	엡손이에치	FHD	게임모드	747,990	2.7kg	3,300
11				FHD 평균		597,258		
12			4	FHD 개수				
13		SH1-102	샤오미엠프로	4K UHD	키스톤보정	234,970	2.3kg	220
14		VQ4-001	벤큐더블유	4K UHD	게임모드	938,870	4.2kg	3,000
15				4K UHD 평균		586,920		
16			2	4K UHD 개수				
17				전체 평균		519,334		
18			8	전체 개수				

☞ **"제1작업"** 시트를 이용하여 조건에 따라《출력형태》와 같이 작업하시오.

《조건》

(1) 차트 종류 ⇒ <묶은 세로 막대형>으로 작업하시오.

(2) 데이터 범위 ⇒ "제1작업" 시트의 내용을 이용하여 작업하시오.

(3) 위치 ⇒ "새 시트"로 이동하고, "제4작업"으로 시트 이름을 바꾸시오.

(4) 차트 디자인 도구 ⇒ 레이아웃 3, 스타일 1을 선택하여《출력형태》에 맞게 작업하시오.

(5) 영역 서식 ⇒ 차트 : 글꼴(굴림, 11pt), 채우기 효과(질감-파랑 박엽지)

　　　　　　　 그림 : 채우기(흰색, 배경 1)

(6) 제목 서식 ⇒ 차트 제목 : 글꼴(굴림, 굵게, 20pt), 채우기(흰색, 배경 1), 테두리

(7) 서식 ⇒ 무게 계열의 차트 종류를 <표식이 있는 꺾은선형>으로 변경한 후 보조 축으로 지정하시오.

　　　　 계열 :《출력형태》를 참조하여 표식(세모, 크기 10)과 레이블 값을 표시하시오.

　　　　 눈금선 : 선 스타일-파선

　　　　 축 :《출력형태》를 참조하시오.

(8) 범례 ⇒ 범례명을 변경하고《출력형태》를 참조하시오.

(9) 도형 ⇒ '말풍선: 모서리가 둥근 사각형 설명선'을 삽입한 후《출력형태》와 같이 내용을 입력하시오.

(10) 나머지 사항은《출력형태》에 맞게 작성하시오.

《출력형태》

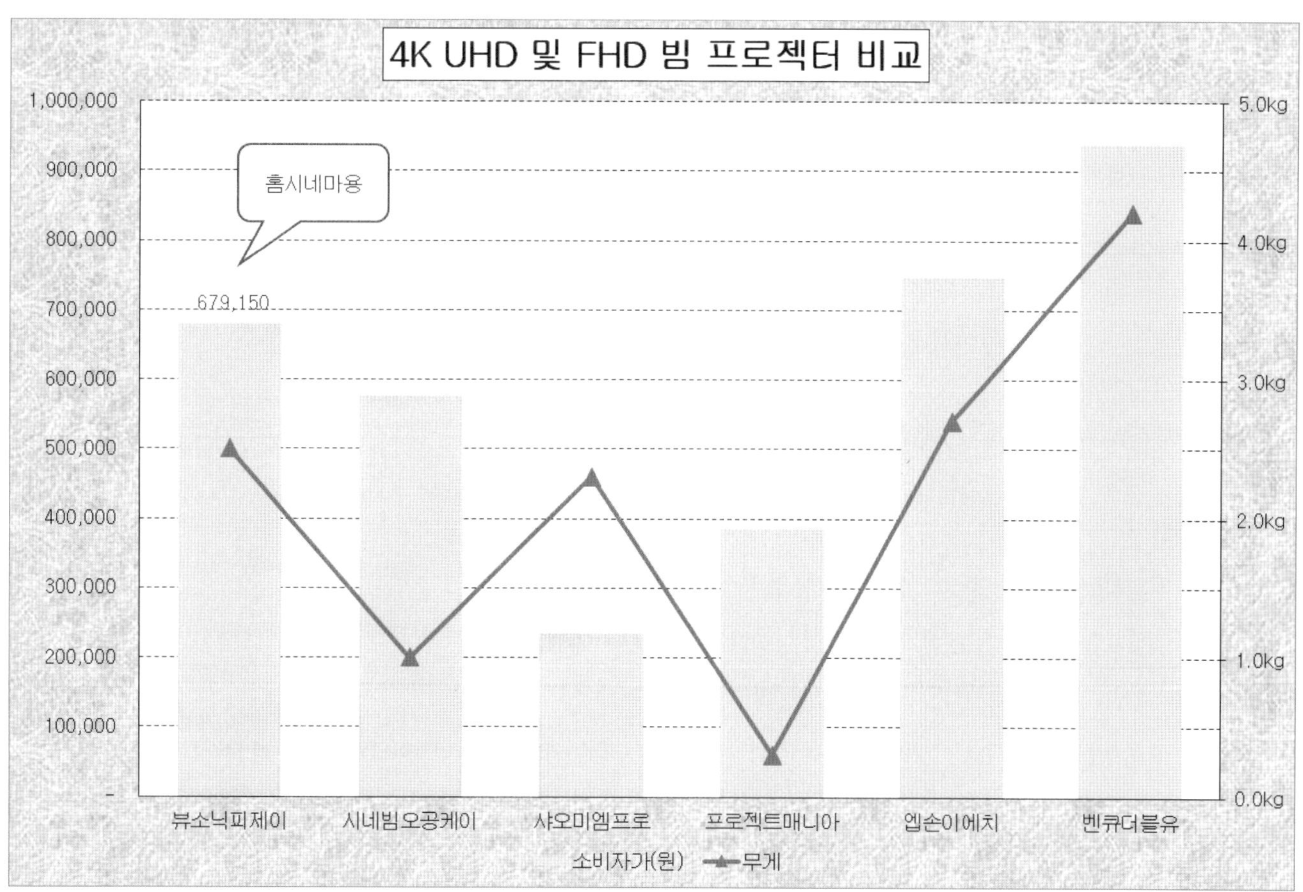

주의 ☞ 시트명 순서가 차례대로 "제1작업", "제2작업", "제3작업", "제4작업"이 되도록 할 것.

정보기술자격(ITQ) 최신기출문제

과 목	코 드	문제유형	시험시간	수험번호	성 명
한글엑셀	1122	A	60분		

수험자 유의사항

◎ 수험자는 문제지를 받는 즉시 문제지와 **수험표상의 시험과목(프로그램)이 동일한지 반드시 확인**하여야 합니다.

◎ 파일명은 본인의 "수험번호-성명"으로 입력하여 답안폴더(내 PC\문서\ITQ)에 하나의 파일로 저장해야 하며, 답안문서 파일명이 "수험번호-성명"과 일치하지 않거나, 답안파일을 전송하지 않아 미제출로 처리될 경우 실격 처리합니다 (예:12345678-홍길동.xlsx).

◎ 답안 작성을 마치면 파일을 저장하고, '답안 전송' 버튼을 선택하여 감독위원 PC로 답안을 전송하십시오. 수험생 정보와 저장한 파일명이 다를 경우 전송되지 않으므로 주의하시기 바랍니다.

◎ 답안 작성 중에도 **주기적으로 저장하고, '답안 전송'**하여야 문제 발생을 줄일 수 있습니다. 작업한 내용을 저장하지 않고 전송할 경우 이전에 저장된 내용이 전송되오니 이점 유의하시기 바랍니다.

◎ 답안문서는 지정된 경로 외의 다른 보조기억장치에 저장하는 경우, 지정된 시험 시간 외에 작성된 파일을 활용할 경우, 기타 통신수단(이메일, 메신저, 네트워크 등)을 이용하여 타인에게 전달 또는 외부 반출하는 경우는 부정 처리합니다.

◎ 시험 중 부주의 또는 고의로 시스템을 파손한 경우는 수험자가 변상해야 하며, <수험자 유의사항>에 기재된 방법대로 이행하지 않아 생기는 불이익은 수험생 당사자의 책임임을 알려 드립니다.

◎ 문제의 조건은 MS오피스 2021 버전으로 설정되어 있으니 유의하시기 바랍니다.

◎ 시험을 완료한 수험자는 답안파일이 전송되었는지 확인한 후 감독위원의 지시에 따라 문제지를 제출하고 퇴실합니다.

답안 작성요령

◎ 온라인 답안 작성 절차

　수험자 등록 ⇒ 시험 시작 ⇒ 답안파일 저장 ⇒ 답안 전송 ⇒ 시험 종료

◎ 문제는 총 4단계, 즉 제1작업부터 제4작업까지 구성되어 있으며 반드시 제1작업부터 순서대로 작성하고 조건대로 작업하시오.

◎ 모든 작업시트의 A열은 열 너비 '1'로, 나머지 열은 적당하게 조절하시오.

◎ 모든 작업시트의 테두리(굵은선, 가는선 등)는 《출력형태》와 같이 작업하시오.

◎ 해당 작업란에서는 각각 제시된 조건에 따라 《출력형태》와 같이 작업하시오.

◎ 답안 시트 이름은 "제1작업", "제2작업", "제3작업", "제4작업"이어야 하며 답안 시트 이외의 것은 감점 처리됩니다.

◎ 각 시트를 파일로 나누어 작업해서 저장할 경우 실격 처리됩니다.

kpc 한국생산성본부

☞ 다음은 '**우드크리닝 4월 작업 현황**'에 대한 자료이다. 자료를 입력하고 조건에 맞도록 작업하시오.

《출력형태》

	담당	팀장	부장
결재			

우드크리닝 4월 작업 현황

관리번호	고객명	구분	작업	작업일	파견인원	비용 (단위:원)	지역	작업 요일
H01-1	임동진	홈크리닝	입주청소	2022-04-11	3	450,000	(1)	(2)
F01-2	고인돌	사무실크리닝	인테리어청소	2022-04-27	2	520,000	(1)	(2)
S01-1	김나래	특수크리닝	전산실청소	2022-04-23	5	1,030,000	(1)	(2)
F02-1	이철수	사무실크리닝	계단청소	2022-04-14	4	330,000	(1)	(2)
H02-2	나영희	홈크리닝	에어컨청소	2022-04-19	1	150,000	(1)	(2)
H03-1	박달재	홈크리닝	줄눈시공	2022-04-09	3	240,000	(1)	(2)
S02-2	한우주	특수크리닝	건물외벽청소	2022-04-23	4	1,250,000	(1)	(2)
F03-1	최고봉	사무실크리닝	바닥왁스작업	2022-04-29	2	400,000	(1)	(2)
홈크리닝 비용(단위:원) 합계			(3)			가장 빠른 작업일		(5)
사무실크리닝 작업 개수			(4)		관리번호	H01-1	파견인원	(6)

《조건》

○ 모든 데이터의 서식에는 글꼴(굴림, 11pt), 정렬은 숫자 및 회계 서식은 오른쪽 정렬, 나머지 서식은 가운데 정렬로 작성하며 예외적인 것은 《출력형태》를 참조하시오.

○ 제 목 ⇒ 도형(십자형)과 그림자(오프셋 오른쪽)를 이용하여 작성하고 "우드크리닝 4월 작업 현황"을 입력한 후 다음 서식을 적용하시오
   (글꼴-굴림, 24pt, 검정, 굵게, 채우기-노랑).

○ 임의의 셀에 결재란을 작성하여 그림으로 복사 기능을 이용하여 붙이기 하시오(단, 원본 삭제).

○ 「B4:J4, G14, I14」 영역은 '주황'으로 채우기 하시오.

○ 유효성 검사를 이용하여 「H14」 셀에 관리번호(「B5:B12」 영역)가 선택 표시되도록 하시오.

○ 셀 서식 ⇒ 「G5:G12」 영역에 셀 서식을 이용하여 숫자 뒤에 '명'을 표시하시오(예 : 3명).

○ 「F5:F12」 영역에 대해 '작업일'로 이름정의를 하시오.

☞ (1)~(6) 셀은 반드시 **주어진 함수를 이용**하여 값을 구하시오(결과값을 직접 입력하면 해당 셀은 0점 처리됨).

(1) 지역 ⇒ 관리번호의 마지막 글자가 1이면 '서울', 그 외에는 '경기/인천'으로 표시하시오(IF, RIGHT 함수).

(2) 작업 요일 ⇒ 작업일의 요일을 구하시오(CHOOSE, WEEKDAY 함수)(예 : 월요일).

(3) 홈크리닝 비용(단위:원) 합계 ⇒ 조건은 입력데이터를 이용하시오(DSUM 함수).

(4) 사무실크리닝 작업 개수 ⇒ 결과값에 '개'를 붙이시오(COUNTIF 함수, & 연산자)(예 : 1개).

(5) 가장 빠른 작업일 ⇒ 정의된 이름(작업일)을 이용하여 구하시오(MIN 함수)(예 : 2022-04-01).

(6) 파견인원 ⇒ 「H14」 셀에서 선택한 관리번호에 대한 파견인원을 구하시오(VLOOKUP 함수).

(7) 조건부 서식의 수식을 이용하여 비용(단위:원)이 '1,000,000' 이상인 행 전체에 다음의 서식을 적용하시오
   (글꼴 : 파랑, 굵게).

☞ **"제1작업"** 시트의 「B4:H12」 영역을 복사하여 **"제2작업"** 시트의 「B2」 셀부터 모두 붙여넣기를 한 후 다음의 조건과 같이 작업하시오.

《조건》

(1) 고급 필터 – 구분이 '특수크리닝'이 아니면서 비용(단위:원)이 '400,000' 이상인 자료의 관리번호, 고객명, 작업, 작업일 데이터만 추출하시오.
　　　　　– 조건 범위 : 「B14」 셀부터 입력하시오.
　　　　　– 복사 위치 : 「B18」 셀부터 나타나도록 하시오.

(2) 표 서식 – 고급필터의 결과셀을 채우기 없음으로 설정한 후 '녹색, 표 스타일 보통 7'의 서식을 적용하시오.
　　　　　– 머리글 행, 줄무늬 행을 적용하시오.

☞ **"제1작업"** 시트를 이용하여 **"제3작업"** 시트에 조건에 따라 《출력형태》와 같이 작업하시오.

《조건》

(1) 작업일 및 구분별 고객명의 개수와 비용(단위:원)의 평균을 구하시오.
(2) 작업일을 그룹화하고, 구분을 《출력형태》와 같이 정렬하시오.
(3) 레이블이 있는 셀 병합 및 가운데 맞춤 적용 및 빈 셀은 '***'로 표시하시오.
(4) 행의 총합계는 지우고, 나머지 사항은 《출력형태》에 맞게 작성하시오.

《출력형태》

A	B	C	D	E	F	G	H
1							
2		구분					
3			홈크리닝		특수크리닝		사무실크리닝	
4	작업일	개수 : 고객명	평균 : 비용(단위:원)	개수 : 고객명	평균 : 비용(단위:원)	개수 : 고객명	평균 : 비용(단위:원)
5	2022-04-01 - 2022-04-10	1	240,000	***	***	***	***
6	2022-04-11 - 2022-04-20	2	300,000	***	***	1	330,000
7	2022-04-21 - 2022-04-30	***	***	2	1,140,000	2	460,000
8	총합계	3	280,000	2	1,140,000	3	416,667

☞ **"제1작업"** 시트를 이용하여 조건에 따라《출력형태》와 같이 작업하시오.

《조건》

(1) 차트 종류 ⇒ <묶은 세로 막대형>으로 작업하시오.

(2) 데이터 범위 ⇒ "제1작업" 시트의 내용을 이용하여 작업하시오.

(3) 위치 ⇒ "새 시트"로 이동하고, "제4작업"으로 시트 이름을 바꾸시오.

(4) 차트 디자인 도구 ⇒ 레이아웃 3, 스타일 1을 선택하여《출력형태》에 맞게 작업하시오.

(5) 영역 서식 ⇒ 차트 : 글꼴(굴림, 11pt), 채우기 효과(질감-파랑 박엽지)

         그림 : 채우기(흰색, 배경 1)

(6) 제목 서식 ⇒ 차트 제목 : 글꼴(굴림, 굵게, 20pt), 채우기(흰색, 배경 1), 테두리

(7) 서식 ⇒ 파견인원 계열의 차트 종류를 <표식이 있는 꺾은선형>으로 변경한 후 보조 축으로 지정하시오.

         계열 :《출력형태》를 참조하여 표식(마름모, 크기 10)과 레이블 값을 표시하시오.

         눈금선 : 선 스타일-파선

         축 :《출력형태》를 참조하시오.

(8) 범례 ⇒ 범례명을 변경하고《출력형태》를 참조하시오.

(9) 도형 ⇒ '말풍선: 모서리가 둥근 사각형 설명선'을 삽입한 후《출력형태》와 같이 내용을 입력하시오.

(10) 나머지 사항은《출력형태》에 맞게 작성하시오.

《출력형태》

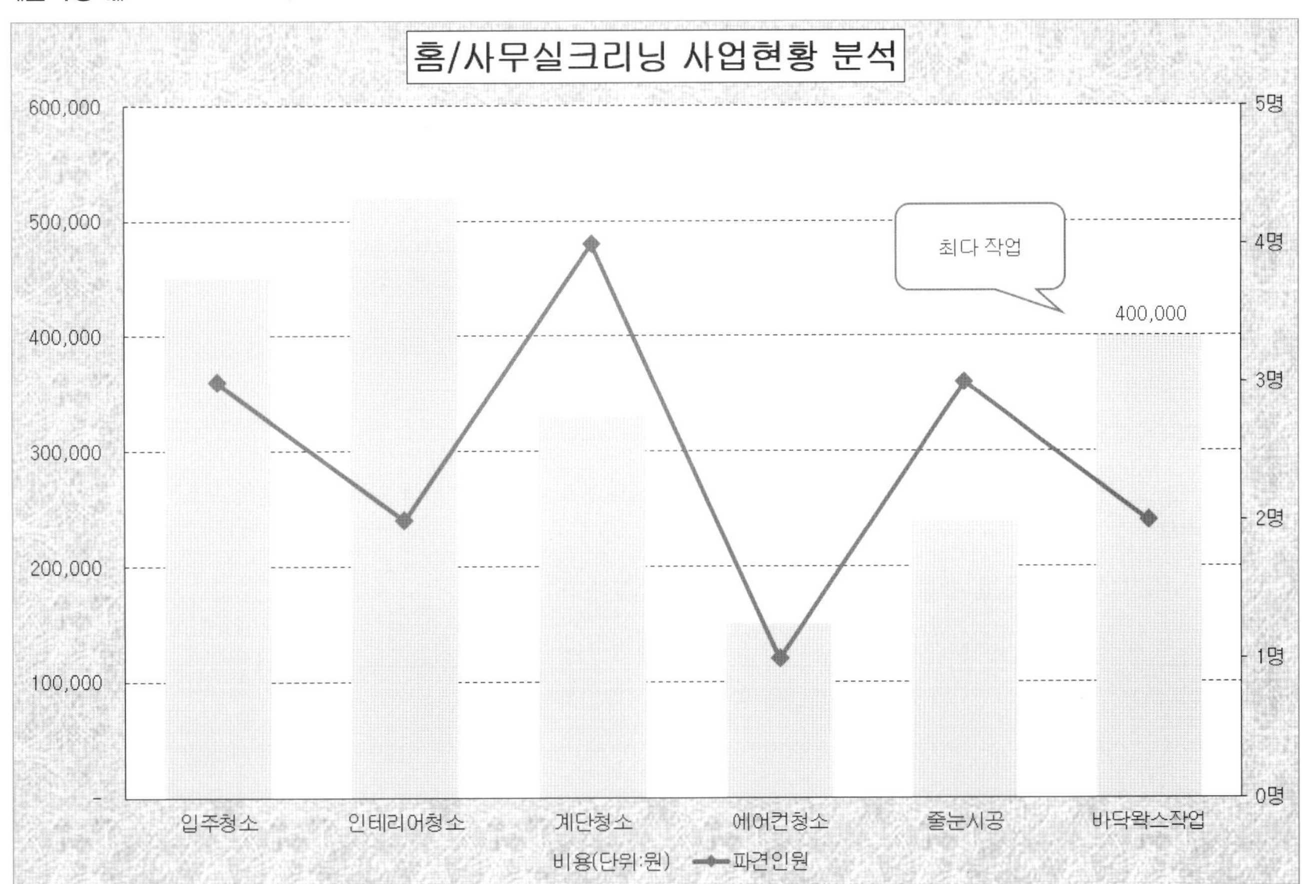

주의 ☞ 시트명 순서가 차례대로 "제1작업", "제2작업", "제3작업", "제4작업"이 되도록 할 것.

정보기술자격(ITQ) 최신기출문제

과 목	코 드	문제유형	시험시간	수험번호	성 명
한글엑셀	1122	A	60분		

수험자 유의사항

◎ 수험자는 문제지를 받는 즉시 문제지와 **수험표상의 시험과목(프로그램)이 동일한지 반드시 확인**하여야 합니다.

◎ 파일명은 본인의 "수험번호-성명"으로 입력하여 답안폴더(내 PC₩문서₩ITQ)에 하나의 파일로 저장해야 하며, 답안문서 파일명이 "수험번호-성명"과 일치하지 않거나, 답안파일을 전송하지 않아 미제출로 처리될 경우 실격 처리합니다 (예:12345678-홍길동.xlsx).

◎ 답안 작성을 마치면 파일을 저장하고, '답안 전송' 버튼을 선택하여 감독위원 PC로 답안을 전송하십시오. 수험생 정보와 저장한 파일명이 다를 경우 전송되지 않으므로 주의하시기 바랍니다.

◎ 답안 작성 중에도 **주기적으로 저장하고, '답안 전송'**하여야 문제 발생을 줄일 수 있습니다. 작업한 내용을 저장하지 않고 전송할 경우 이전에 저장된 내용이 전송되오니 이점 유의하시기 바랍니다.

◎ 답안문서는 지정된 경로 외의 다른 보조기억장치에 저장하는 경우, 지정된 시험 시간 외에 작성된 파일을 활용할 경우, 기타 통신수단(이메일, 메신저, 네트워크 등)을 이용하여 타인에게 전달 또는 외부 반출하는 경우는 부정 처리합니다.

◎ 시험 중 부주의 또는 고의로 시스템을 파손한 경우는 수험자가 변상해야 하며, <수험자 유의사항>에 기재된 방법대로 이행하지 않아 생기는 불이익은 수험생 당사자의 책임임을 알려 드립니다.

◎ 문제의 조건은 MS오피스 2021 버전으로 설정되어 있으니 유의하시기 바랍니다.

◎ 시험을 완료한 수험자는 답안파일이 전송되었는지 확인한 후 감독위원의 지시에 따라 문제지를 제출하고 퇴실합니다.

답안 작성요령

◎ 온라인 답안 작성 절차

　수험자 등록 ⇒ 시험 시작 ⇒ 답안파일 저장 ⇒ 답안 전송 ⇒ 시험 종료

◎ 문제는 총 4단계, 즉 제1작업부터 제4작업까지 구성되어 있으며 반드시 제1작업부터 순서대로 작성하고 조건대로 작업 하시오.

◎ 모든 작업시트의 A열은 열 너비 '1'로, 나머지 열은 적당하게 조절하시오.

◎ 모든 작업시트의 테두리(굵은선, 가는선 등)는 《출력형태》와 같이 작업하시오.

◎ 해당 작업란에서는 각각 제시된 조건에 따라 《출력형태》와 같이 작업하시오.

◎ 답안 시트 이름은 "제1작업", "제2작업", "제3작업", "제4작업"이어야 하며 답안 시트 이외의 것은 감점 처리됩니다.

◎ 각 시트를 파일로 나누어 작업해서 저장할 경우 실격 처리됩니다.

☞ 다음은 '데이터분석 교육 온라인 신청 현황'에 대한 자료이다. 자료를 입력하고 조건에 맞도록 작업하시오.

《출력형태》

	과목코드	강좌명	강사명	분류	개강일	신청인원	수강료 (단위:원)	수강기간	신청인원 순위
	A-1431	R 머신러닝	김혜지	데이터사이언스	2022-06-01	670	260,000	(1)	(2)
	C-3315	엑셀 통계	박정우	통계분석	2022-02-01	2,325	160,000	(1)	(2)
	P-2421	빅데이터기사 필기	강석원	자격증	2022-04-01	550	280,000	(1)	(2)
	T-1341	파이썬 딥러닝	홍길순	데이터사이언스	2022-03-02	1,455	380,000	(1)	(2)
	S-2432	빅데이터기사 실기	이경호	자격증	2022-03-02	458	300,000	(1)	(2)
	M-3145	다층선형모델분석	이덕수	통계분석	2022-05-02	125	420,000	(1)	(2)
	D-2514	R 데이터분석	임홍우	데이터사이언스	2022-07-01	450	275,000	(1)	(2)
	G-3234	시계열분석	정유진	통계분석	2022-05-02	1,280	350,000	(1)	(2)
	자격증 강좌 개수			(3)			최대 수강료(단위:원)		(5)
	데이터사이언스 강좌의 신청인원 합계			(4)			강좌명	R 머신러닝	신청인원	(6)

확인 / 담당 / 팀장 / 부장

제목: 데이터분석 교육 온라인 신청 현황

《조건》

○ 모든 데이터의 서식에는 글꼴(굴림, 11pt), 정렬은 숫자 및 회계 서식은 오른쪽 정렬, 나머지 서식은 가운데 정렬로 작성하며 예외적인 것은 《출력형태》를 참조하시오.

○ 제 목 ⇒ 도형(사다리꼴)과 그림자(오프셋 위쪽)를 이용하여 작성하고 "데이터분석 교육 온라인 신청 현황"을 입력한 후 다음 서식을 적용하시오

　　　　　　　(글꼴-굴림, 24pt, 검정, 굵게, 채우기-노랑).

○ 임의의 셀에 결재란을 작성하여 그림으로 복사 기능을 이용하여 붙이기 하시오(단, 원본 삭제).

○「B4:J4, G14, I14」영역은 '주황'으로 채우기 하시오.

○ 유효성 검사를 이용하여「H14」셀에 강좌명(「C5:C12」영역)이 선택 표시되도록 하시오.

○ 셀 서식 ⇒「G5:G12」영역에 셀 서식을 이용하여 숫자 뒤에 '명'을 표시하시오(예 : 670명).

○「H5:H12」영역에 대해 '수강료'로 이름정의를 하시오.

☞ (1)~(6) 셀은 반드시 **주어진 함수를 이용**하여 값을 구하시오(결과값을 직접 입력하면 해당 셀은 0점 처리됨).

(1) 수강기간 ⇒ 과목코드 세 번째 글자가 1이면 '240일', 2이면 '120일', 3이면 '90일'로 구하시오(CHOOSE, MID 함수).

(2) 신청인원 순위 ⇒ 신청인원의 내림차순 순위를 구한 결과에 '위'를 붙이시오(RANK.EQ 함수, & 연산자)(예 : 1위).

(3) 자격증 강좌 개수 ⇒ (COUNTIF 함수)

(4) 데이터사이언스 강좌의 신청인원 합계 ⇒ 반올림하여 십명 단위까지 구하시오. 단, 조건은 입력데이터를 이용하시오
　　　　　　　　　　　(ROUND, DSUM 함수)(예 : 5,327 → 5,330).

(5) 최대 수강료(단위:원) ⇒ 정의된 이름(수강료)을 이용하여 구하시오(LARGE 함수).

(6) 신청인원 ⇒「H14」셀에서 선택한 강좌명에 대한 신청인원을 구하시오(VLOOKUP 함수).

(7) 조건부 서식의 수식을 이용하여 신청인원이 '1,000' 이상인 행 전체에 다음의 서식을 적용하시오(글꼴 : 파랑, 굵게).

☞ **"제1작업"** 시트의 「B4:H12」 영역을 복사하여 **"제2작업"** 시트의 「B2」 셀부터 모두 붙여넣기를 한 후 다음의 조건과 같이 작업하시오.

《조건》

(1) 목표값 찾기 – 「B11:G11」 셀을 병합하여 "데이터사이언스의 수강료(단위:원) 평균"을 입력한 후 「H11」 셀에 데이터사이언스의 수강료(단위:원) 평균을 구하시오. 단, 조건은 입력데이터를 이용하시오(DAVERAGE 함수, 테두리).

   – '데이터사이언스의 수강료(단위:원) 평균'이 '310,000'이 되려면 R 머신러닝의 수강료(단위:원)가 얼마가 되어야 하는지 목표값을 구하시오.

(2) 고급필터 – 분류가 '통계분석'이거나 수강료(단위:원)가 '350,000' 이상인 자료의 데이터만 추출하시오.

   – 조건 범위 : 「B14」 셀부터 입력하시오.

   – 복사 위치 : 「B18」 셀부터 나타나도록 하시오.

☞ **"제1작업"** 시트의 「B4:H12」 영역을 복사하여 **"제3작업"** 시트의 「B2」 셀부터 모두 붙여넣기를 한 후 다음의 조건과 같이 작업하시오.

《조건》

(1) 부분합 –《출력형태》처럼 정렬하고, 강좌명의 개수와 신청인원의 평균을 구하시오.
(2) 개요 – 지우시오.
(3) 나머지 사항은《출력형태》에 맞게 작성하시오.

《출력형태》

	A	B	C	D	E	F	G	H
1								
2		과목코드	강좌명	강사명	분류	개강일	신청인원	수강료 (단위:원)
3		C-3315	엑셀 통계	박정우	통계분석	2022-02-01	2,325명	160,000
4		M-3145	다층선형모델분석	이덕수	통계분석	2022-05-02	125명	420,000
5		G-3234	시계열분석	정유진	통계분석	2022-05-02	1,280명	350,000
6					통계분석 평균		1,243명	
7			3		통계분석 개수			
8		P-2421	빅데이터기사 필기	강석원	자격증	2022-04-01	550명	280,000
9		S-2432	빅데이터기사 실기	이경호	자격증	2022-03-02	458명	300,000
10					자격증 평균		504명	
11			2		자격증 개수			
12		A-1431	R 머신러닝	김혜지	데이터사이언스	2022-06-01	670명	260,000
13		T-1341	파이썬 딥러닝	홍길순	데이터사이언스	2022-03-02	1,455명	380,000
14		D-2514	R 데이터분석	임홍우	데이터사이언스	2022-07-01	450명	275,000
15					데이터사이언스 평균		858명	
16			3		데이터사이언스 개수			
17					전체 평균		914명	
18			8		전체 개수			

☞ **"제1작업"** 시트를 이용하여 조건에 따라《출력형태》와 같이 작업하시오.

《조건》

(1) 차트 종류 ⇒ <묶은 세로 막대형>으로 작업하시오.

(2) 데이터 범위 ⇒ "제1작업" 시트의 내용을 이용하여 작업하시오.

(3) 위치 ⇒ "새 시트"로 이동하고, "제4작업"으로 시트 이름을 바꾸시오.

(4) 차트 디자인 도구 ⇒ 레이아웃 3, 스타일 1을 선택하여《출력형태》에 맞게 작업하시오.

(5) 영역 서식 ⇒ 차트 : 글꼴(굴림, 11pt), 채우기 효과(질감-분홍 박엽지)
　　　　　　　　　그림 : 채우기(흰색, 배경 1)

(6) 제목 서식 ⇒ 차트 제목 : 글꼴(굴림, 굵게, 20pt), 채우기(흰색, 배경 1), 테두리

(7) 서식 ⇒ 신청인원 계열의 차트 종류를 <표식이 있는 꺾은선형>으로 변경한 후 보조 축으로 지정하시오.
　　　　　계열 :《출력형태》를 참조하여 표식(세모, 크기 10)과 레이블 값을 표시하시오.
　　　　　눈금선 : 선 스타일-파선
　　　　　축 :《출력형태》를 참조하시오.

(8) 범례 ⇒ 범례명을 변경하고《출력형태》를 참조하시오.

(9) 도형 ⇒ '말풍선: 모서리가 둥근 사각형 설명선'을 삽입한 후《출력형태》와 같이 내용을 입력하시오.

(10) 나머지 사항은《출력형태》에 맞게 작성하시오.

《출력형태》

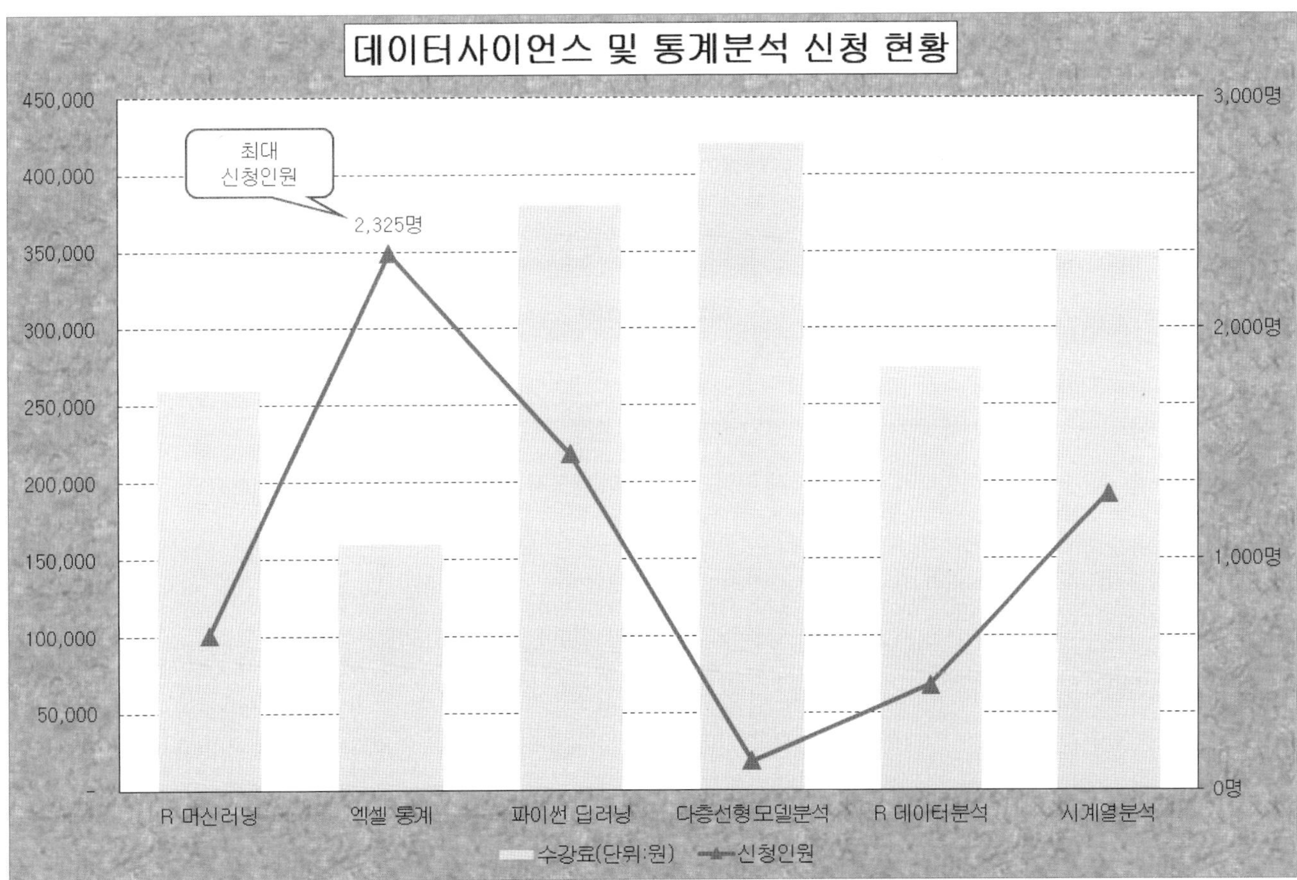

주의 ☞ 시트명 순서가 차례대로 "제1작업", "제2작업", "제3작업", "제4작업"이 되도록 할 것.

정보기술자격(ITQ) 최신기출문제

과 목	코 드	문제유형	시험시간	수험번호	성 명
한글엑셀	1122	A	60분		

수험자 유의사항

◎ 수험자는 문제지를 받는 즉시 문제지와 **수험표상의 시험과목(프로그램)이 동일한지 반드시 확인**하여야 합니다.

◎ 파일명은 본인의 "수험번호-성명"으로 입력하여 답안폴더(내 PC\문서\ITQ)에 하나의 파일로 저장해야 하며, 답안문서 파일명이 "수험번호-성명"과 일치하지 않거나, 답안파일을 전송하지 않아 미제출로 처리될 경우 실격 처리합니다 (예:12345678-홍길동.xlsx).

◎ 답안 작성을 마치면 파일을 저장하고, '답안 전송' 버튼을 선택하여 감독위원 PC로 답안을 전송하십시오. 수험생 정보와 저장한 파일명이 다를 경우 전송되지 않으므로 주의하시기 바랍니다.

◎ 답안 작성 중에도 **주기적으로 저장하고, '답안 전송'**하여야 문제 발생을 줄일 수 있습니다. 작업한 내용을 저장하지 않고 전송할 경우 이전에 저장된 내용이 전송되오니 이점 유의하시기 바랍니다.

◎ 답안문서는 지정된 경로 외의 다른 보조기억장치에 저장하는 경우, 지정된 시험 시간 외에 작성된 파일을 활용할 경우, 기타 통신수단(이메일, 메신저, 네트워크 등)을 이용하여 타인에게 전달 또는 외부 반출하는 경우는 부정 처리합니다.

◎ 시험 중 부주의 또는 고의로 시스템을 파손한 경우는 수험자가 변상해야 하며, <수험자 유의사항>에 기재된 방법대로 이행하지 않아 생기는 불이익은 수험생 당사자의 책임임을 알려 드립니다.

◎ 문제의 조건은 MS오피스 2021 버전으로 설정되어 있으니 유의하시기 바랍니다.

◎ 시험을 완료한 수험자는 답안파일이 전송되었는지 확인한 후 감독위원의 지시에 따라 문제지를 제출하고 퇴실합니다.

답안 작성요령

◎ 온라인 답안 작성 절차

  수험자 등록 ⇒ 시험 시작 ⇒ 답안파일 저장 ⇒ 답안 전송 ⇒ 시험 종료

◎ 문제는 총 4단계, 즉 제1작업부터 제4작업까지 구성되어 있으며 반드시 제1작업부터 순서대로 작성하고 조건대로 작업 하시오.

◎ 모든 작업시트의 A열은 열 너비 '1'로, 나머지 열은 적당하게 조절하시오.

◎ 모든 작업시트의 테두리(굵은선, 가는선 등)는 《출력형태》와 같이 작업하시오.

◎ 해당 작업란에서는 각각 제시된 조건에 따라 《출력형태》와 같이 작업하시오.

◎ 답안 시트 이름은 "제1작업", "제2작업", "제3작업", "제4작업"이어야 하며 답안 시트 이외의 것은 감점 처리됩니다.

◎ 각 시트를 파일로 나누어 작업해서 저장할 경우 실격 처리됩니다.

kpc 한국생산성본부

☞ 다음은 '**인증 중고 캠핑카 직거래 현황**'에 대한 자료이다. 자료를 입력하고 조건에 맞도록 작업하시오.

《출력형태》

매물번호	모델명	판매자	연료	출고일	주행거리 (단위:km)	판매 가격	출고일 순위	탑승인원
C-1240	포트2	손가은	전기	2019-10-07	16,537	3,500	(1)	(2)
S-1527	르벤투스	이지은	경유	2018-02-07	54,091	1,900	(1)	(2)
A-3841	레비	박정은	휘발유	2018-09-08	58,290	2,200	(1)	(2)
Q-3737	스타리아	서영희	전기	2020-02-12	17,280	3,200	(1)	(2)
K-2216	랙스턴스포츠	김철수	휘발유	2019-04-25	47,169	2,900	(1)	(2)
G-1109	카라반	김미정	경유	2019-12-11	89,500	1,950	(1)	(2)
B-1097	다온플러스	장정훈	휘발유	2020-06-14	23,000	4,450	(1)	(2)
A-2835	르노마스터 3밴	전철민	전기	2018-03-04	24,548	1,850	(1)	(2)
전기 캠핑카 판매 가격 평균			(3)		최소 주행거리(단위:km)			(5)
카라반 모델의 판매자			(4)		모델명	포트2	판매 가격	(6)

확인 | 담당 | 팀장 | 부장

《조건》

○ 모든 데이터의 서식에는 글꼴(굴림, 11pt), 정렬은 숫자 및 회계 서식은 오른쪽 정렬, 나머지 서식은 가운데 정렬로 작성하며 예외적인 것은 《출력형태》를 참조하시오.

○ 제 목 ⇒ 도형(육각형)과 그림자(오프셋 위쪽)를 이용하여 작성하고 "인증 중고 캠핑카 직거래 현황"을 입력한 후 다음 서식을 적용하시오
　　　　 (글꼴-굴림, 24pt, 검정, 굵게, 채우기-노랑).

○ 임의의 셀에 결재란을 작성하여 그림으로 복사 기능을 이용하여 붙이기 하시오(단, 원본 삭제).

○ 「B4:J4, G14, I14」 영역은 '주황'으로 채우기 하시오.

○ 유효성 검사를 이용하여 「H14」 셀에 모델명(「C5:C12」 영역)이 선택 표시되도록 하시오.

○ 셀 서식 ⇒ 「H5:H12」 영역에 셀 서식을 이용하여 숫자 뒤에 '만원'을 표시하시오(예 : 3,500만원).

○ 「G5:G12」 영역에 대해 '주행거리'로 이름정의를 하시오.

☞ (1)~(6) 셀은 반드시 **주어진 함수를 이용**하여 값을 구하시오(결과값을 직접 입력하면 해당 셀은 0점 처리됨).

(1) 출고일 순위 ⇒ 출고일의 내림차순 순위를 구한 결과값에 '위'를 붙이시오(RANK.EQ 함수, & 연산자)(예 : 1위).

(2) 탑승인원 ⇒ 매물번호의 세 번째 글자가 1이면 '5명', 2이면 '3명', 3이면 '2명'으로 구하시오(CHOOSE, MID 함수).

(3) 전기 캠핑카 판매 가격 평균 ⇒ 조건은 입력데이터를 이용하시오(DAVERAGE 함수).

(4) 카라반 모델의 판매자 ⇒ (INDEX, MATCH 함수)

(5) 최소 주행거리(단위:km) ⇒ 정의된 이름(주행거리)을 이용하여 구하시오(SMALL 함수).

(6) 판매 가격 ⇒ 「H14」 셀에서 선택한 모델명에 대한 판매 가격을 구하시오(VLOOKUP 함수).

(7) 조건부 서식의 수식을 이용하여 판매 가격이 '3,000' 이상인 행 전체에 다음의 서식을 적용하시오(글꼴 : 파랑, 굵게).

☞ **"제1작업"** 시트의 「B4:H12」 영역을 복사하여 **"제2작업"** 시트의 「B2」 셀부터 모두 붙여넣기를 한 후 다음의 조건과 같이 작업하시오.

《조건》

(1) 고급 필터 – 연료가 '전기'가 아니면서 주행거리(단위:km)가 '50,000' 이하인 자료의 모델명, 판매자, 출고일, 판매 가격 데이터만 추출하시오.
　　　　　 – 조건 범위 : 「B14」 셀부터 입력하시오.
　　　　　 – 복사 위치 : 「B18」 셀부터 나타나도록 하시오.

(2) 표 서식 – 고급필터의 결과셀을 채우기 없음으로 설정한 후 '파랑, 표 스타일 보통 6'의 서식을 적용하시오.
　　　　　 – 머리글 행, 줄무늬 행을 적용하시오.

☞ **"제1작업"** 시트를 이용하여 **"제3작업"** 시트에 조건에 따라 《출력형태》와 같이 작업하시오.

《조건》

(1) 출고일 및 연료별 모델명의 개수와 주행거리(단위:km)의 평균을 구하시오.
(2) 출고일을 그룹화하고, 연료를 《출력형태》와 같이 정렬하시오.
(3) 레이블이 있는 셀 병합 및 가운데 맞춤 적용 및 빈 셀은 '***'로 표시하시오.
(4) 행의 총합계는 지우고, 나머지 사항은 《출력형태》에 맞게 작성하시오.

《출력형태》

A	B	C	D	E	F	G	H
1							
2		연료					
3			휘발유		전기		경유
4	출고일	개수 : 모델명	평균 : 주행거리(단위:km)	개수 : 모델명	평균 : 주행거리(단위:km)	개수 : 모델명	평균 : 주행거리(단위:km)
5	2018년	1	58,290	1	24,548	1	54,091
6	2019년	1	47,169	1	16,537	1	89,500
7	2020년	1	23,000	1	17,280	***	***
8	총합계	3	42,820	3	19,455	2	71,796

☞ **"제1작업"** 시트를 이용하여 조건에 따라《출력형태》와 같이 작업하시오.

《조건》

(1) 차트 종류 ⇒ <묶은 세로 막대형>으로 작업하시오.

(2) 데이터 범위 ⇒ "제1작업" 시트의 내용을 이용하여 작업하시오.

(3) 위치 ⇒ "새 시트"로 이동하고, "제4작업"으로 시트 이름을 바꾸시오.

(4) 차트 디자인 도구 ⇒ 레이아웃 3, 스타일 1을 선택하여《출력형태》에 맞게 작업하시오.

(5) 영역 서식 ⇒ 차트 : 글꼴(굴림, 11pt), 채우기 효과(질감-분홍 박엽지)

　　　　　　　　그림 : 채우기(흰색, 배경 1)

(6) 제목 서식 ⇒ 차트 제목 : 글꼴(굴림, 굵게, 20pt), 채우기(흰색, 배경 1), 테두리

(7) 서식 ⇒ 판매 가격 계열의 차트 종류를 <표식이 있는 꺾은선형>으로 변경한 후 보조 축으로 지정하시오.

　　　　　계열 :《출력형태》를 참조하여 표식(마름모, 크기 10)과 레이블 값을 표시하시오.

　　　　　눈금선 : 선 스타일-파선

　　　　　축 :《출력형태》를 참조하시오.

(8) 범례 ⇒ 범례명을 변경하고《출력형태》를 참조하시오.

(9) 도형 ⇒ '말풍선: 모서리가 둥근 사각형 설명선'을 삽입한 후《출력형태》와 같이 내용을 입력하시오.

(10) 나머지 사항은《출력형태》에 맞게 작성하시오.

《출력형태》

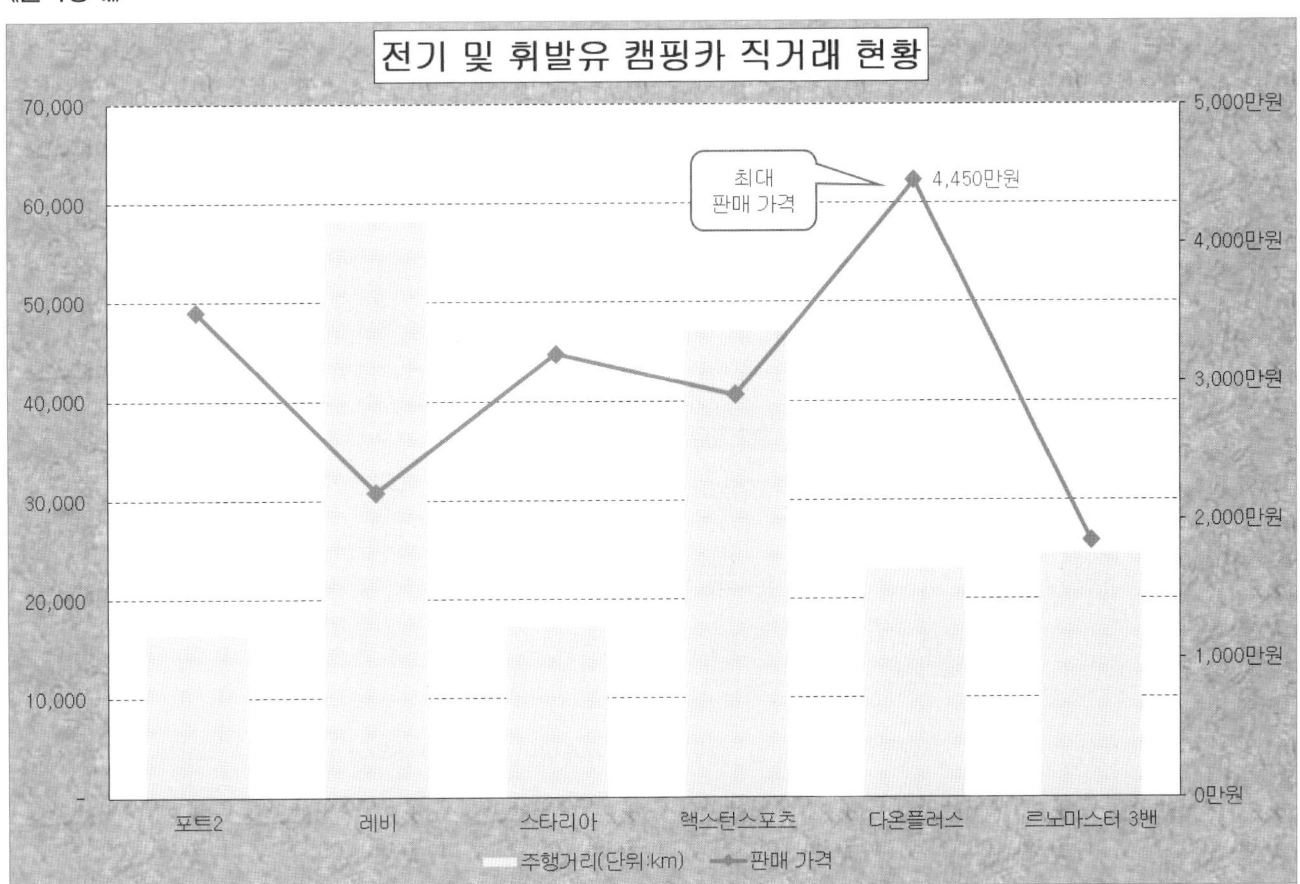

주의 ☞ 시트명 순서가 차례대로 "제1작업", "제2작업", "제3작업", "제4작업"이 되도록 할 것.

정보기술자격(ITQ) 최신기출문제

과　목	코　드	문제유형	시험시간	수험번호	성　명
한글엑셀	1122	A	60분		

수험자 유의사항

◎ 수험자는 문제지를 받는 즉시 문제지와 **수험표상의 시험과목(프로그램)이 동일한지 반드시 확인**하여야 합니다.

◎ 파일명은 본인의 "수험번호-성명"으로 입력하여 답안폴더(내 PC₩문서₩ITQ)에 하나의 파일로 저장해야 하며, 답안문서 파일명이 "수험번호-성명"과 일치하지 않거나, 답안파일을 전송하지 않아 미제출로 처리될 경우 실격 처리합니다 (예:12345678-홍길동.xlsx).

◎ 답안 작성을 마치면 파일을 저장하고, '답안 전송' 버튼을 선택하여 감독위원 PC로 답안을 전송하십시오. 수험생 정보와 저장한 파일명이 다를 경우 전송되지 않으므로 주의하시기 바랍니다.

◎ 답안 작성 중에도 **주기적으로 저장하고, '답안 전송'**하여야 문제 발생을 줄일 수 있습니다. 작업한 내용을 저장하지 않고 전송할 경우 이전에 저장된 내용이 전송되오니 이점 유의하시기 바랍니다.

◎ 답안문서는 지정된 경로 외의 다른 보조기억장치에 저장하는 경우, 지정된 시험 시간 외에 작성된 파일을 활용할 경우, 기타 통신수단(이메일, 메신저, 네트워크 등)을 이용하여 타인에게 전달 또는 외부 반출하는 경우는 부정 처리합니다.

◎ 시험 중 부주의 또는 고의로 시스템을 파손한 경우는 수험자가 변상해야 하며, <수험자 유의사항>에 기재된 방법대로 이행하지 않아 생기는 불이익은 수험생 당사자의 책임임을 알려 드립니다.

◎ 문제의 조건은 MS오피스 2021 버전으로 설정되어 있으니 유의하시기 바랍니다.

◎ 시험을 완료한 수험자는 답안파일이 전송되었는지 확인한 후 감독위원의 지시에 따라 문제지를 제출하고 퇴실합니다.

답안 작성요령

◎ 온라인 답안 작성 절차

　수험자 등록 ⇒ 시험 시작 ⇒ 답안파일 저장 ⇒ 답안 전송 ⇒ 시험 종료

◎ 문제는 총 4단계, 즉 제1작업부터 제4작업까지 구성되어 있으며 반드시 제1작업부터 순서대로 작성하고 조건대로 작업하시오.

◎ 모든 작업시트의 A열은 열 너비 '1'로, 나머지 열은 적당하게 조절하시오.

◎ 모든 작업시트의 테두리(굵은선, 가는선 등)는 《출력형태》와 같이 작업하시오.

◎ 해당 작업란에서는 각각 제시된 조건에 따라 《출력형태》와 같이 작업하시오.

◎ 답안 시트 이름은 "제1작업", "제2작업", "제3작업", "제4작업"이어야 하며 답안 시트 이외의 것은 감점 처리됩니다.

◎ 각 시트를 파일로 나누어 작업해서 저장할 경우 실격 처리됩니다.

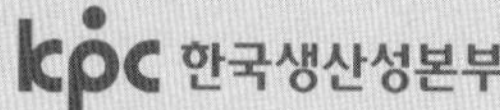

☞ 다음은 '**동일 냉방면적 에어컨 비교**'에 대한 자료이다. 자료를 입력하고 조건에 맞도록 작업하시오.

《출력형태》

제품코드	제품명	분류	브랜드	냉방능력	소비전력(kW)	가격(단위:원)	순위	비고
SPV-221	시원바람	스탠드	성공전자	6,900	2.10	979,830	(1)	(2)
AFF-119	무풍초절전	스탠드	삼별사	6,450	1.88	826,620	(1)	(2)
SMA-319	무빙에어컨	이동	신일사	6,162	2.20	1,597,970	(1)	(2)
CSV-421	시원캐리어	벽걸이	세계전자	6,550	2.25	407,570	(1)	(2)
EPV-120	위니스타워	스탠드	성공전자	6,500	2.10	1,029,270	(1)	(2)
SWE-120	회오리바람	벽걸이	엘프사	6,400	2.01	769,350	(1)	(2)
WRV-220	위터스월	벽걸이	성공전자	6,500	2.14	853,020	(1)	(2)
TPA-322	인디캠핑콘	이동	템피아	6,162	2.40	1,480,000	(1)	(2)
이동형 제품의 소비전력(kW) 평균			(3)		두 번째로 높은 소비전력(kW)			(5)
스탠드형 최소 가격(단위:원)			(4)		제품코드	SPV-221	냉방능력	(6)

결재: 담당 / 팀장 / 본부장

《조건》

○ 모든 데이터의 서식에는 글꼴(굴림, 11pt), 정렬은 숫자 및 회계 서식은 오른쪽 정렬, 나머지 서식은 가운데 정렬로 작성하며 예외적인 것은 《출력형태》를 참조하시오.

○ 제 목 ⇒ 도형(사각형 잘린 위쪽 모서리)과 그림자(오프셋 오른쪽)를 이용하여 작성하고 "동일 냉방면적 에어컨 비교"를 입력한 후 다음 서식을 적용하시오(글꼴-굴림, 24pt, 검정, 굵게, 채우기-노랑).

○ 임의의 셀에 결재란을 작성하여 그림으로 복사 기능을 이용하여 붙이기 하시오(단, 원본 삭제).

○ 「B4:J4, G14, I14」 영역은 '주황'으로 채우기 하시오.

○ 유효성 검사를 이용하여 「H14」 셀에 제품코드(「B5:B12」 영역)가 선택 표시되도록 하시오.

○ 셀 서식 ⇒ 「F5:F12」 영역에 셀 서식을 이용하여 숫자 뒤에 'W'를 표시하시오(예 : 6,900W).

○ 「G5:G12」 영역에 대해 '소비전력'으로 이름정의를 하시오.

☞ (1)~(6) 셀은 반드시 **주어진 함수를 이용**하여 값을 구하시오(결과값을 직접 입력하면 해당 셀은 0점 처리됨).

(1) 순위 ⇒ 냉방능력의 내림차순 순위를 구한 결과에 '위'를 붙이시오(RANK.EQ 함수, & 연산자)(예 : 1위).

(2) 비고 ⇒ 제품코드의 다섯 번째 글자가 1이면 '초절전', 2이면 '인버터', 그 외에는 '기타'로 구하시오(IF, MID 함수).

(3) 이동형 제품의 소비전력(kW) 평균 ⇒ 분류가 이동인 제품의 소비전력(kW) 평균을 구하시오(SUMIF, COUNTIF 함수).

(4) 스탠드형 최소 가격(단위:원) ⇒ 조건은 입력데이터를 이용하시오(DMIN 함수).

(5) 두 번째로 높은 소비전력(kW) ⇒ 정의된 이름(소비전력)을 이용하여 구하시오(LARGE 함수).

(6) 냉방능력 ⇒ 「H14」 셀에서 선택한 제품코드에 대한 냉방능력을 구하시오(VLOOKUP 함수).

(7) 조건부 서식의 수식을 이용하여 소비전력(kW)이 '2.10' 이하인 행 전체에 다음의 서식을 적용하시오(글꼴 : 파랑, 굵게).

☞ **"제1작업"** 시트의 「B4:H12」 영역을 복사하여 **"제2작업"** 시트의 「B2」 셀부터 모두 붙여넣기를 한 후 다음의 조건과 같이 작업하시오.

《조건》

(1) 목표값 찾기 - 「B11:G11」 셀을 병합하여 "성공전자의 냉방능력 평균"을 입력한 후 「H11」 셀에 성공전자의 냉방능력 평균을 구하시오. 단, 조건은 입력데이터를 이용하시오(DAVERAGE 함수, 테두리).
- '성공전자의 냉방능력 평균'이 '6,634'가 되려면 시원바람의 냉방능력이 얼마가 되어야 하는지 목표값을 구하시오.

(2) 고급필터 - 분류가 '벽걸이'이거나 소비전력(kW)이 '2' 이하인 자료의 제품명, 분류, 브랜드, 가격(단위:원) 데이터만 추출하시오.
- 조건 범위 : 「B14」 셀부터 입력하시오.
- 복사 위치 : 「B18」 셀부터 나타나도록 하시오.

☞ **"제1작업"** 시트의 「B4:H12」 영역을 복사하여 **"제3작업"** 시트의 「B2」 셀부터 모두 붙여넣기를 한 후 다음의 조건과 같이 작업하시오.

《조건》

(1) 부분합 - 《출력형태》처럼 정렬하고, 제품명의 개수와 가격(단위:원)의 평균을 구하시오.
(2) 개요 - 지우시오.
(3) 나머지 사항은 《출력형태》에 맞게 작성하시오.

《출력형태》

A	B	C	D	E	F	G	H
1							
2	제품코드	제품명	분류	브랜드	냉방능력	소비전력 (kW)	가격 (단위:원)
3	SMA-319	무빙에어컨	이동	신일사	6,162W	2.20	1,597,970
4	TPA-322	인디캠핑콘	이동	템피아	6,162W	2.40	1,480,000
5			이동 평균				1,538,985
6		2	이동 개수				
7	SPV-221	시원바람	스탠드	성공전자	6,900W	2.10	979,830
8	AFF-119	무풍초절전	스탠드	삼별사	6,450W	1.88	826,620
9	EPV-120	위니스타워	스탠드	성공전자	6,500W	2.10	1,029,270
10			스탠드 평균				945,240
11		3	스탠드 개수				
12	CSV-421	시원캐리어	벽걸이	세계전자	6,550W	2.25	407,570
13	SWE-120	회오리바람	벽걸이	엘프사	6,400W	2.01	769,350
14	WRV-220	위터스윌	벽걸이	성공전자	6,500W	2.14	853,020
15			벽걸이 평균				676,647
16		3	벽걸이 개수				
17			전체 평균				992,954
18		8	전체 개수				

☞ **"제1작업"** 시트를 이용하여 조건에 따라《출력형태》와 같이 작업하시오.

《조건》

(1) 차트 종류 ⇒ <묶은 세로 막대형>으로 작업하시오.

(2) 데이터 범위 ⇒ "제1작업" 시트의 내용을 이용하여 작업하시오.

(3) 위치 ⇒ "새 시트"로 이동하고, "제4작업"으로 시트 이름을 바꾸시오.

(4) 차트 디자인 도구 ⇒ 레이아웃 3, 스타일 1을 선택하여《출력형태》에 맞게 작업하시오.

(5) 영역 서식 ⇒ 차트 : 글꼴(굴림, 11pt), 채우기 효과(질감-파랑 박엽지)

                   그림 : 채우기(흰색, 배경 1)

(6) 제목 서식 ⇒ 차트 제목 : 글꼴(굴림, 굵게, 20pt), 채우기(흰색, 배경 1), 테두리

(7) 서식 ⇒ 냉방능력 계열의 차트 종류를 <표식이 있는 꺾은선형>으로 변경한 후 보조 축으로 지정하시오.

         계열 :《출력형태》를 참조하여 표식(마름모, 크기 10)과 레이블 값을 표시하시오.

         눈금선 : 선 스타일-파선

         축 :《출력형태》를 참조하시오.

(8) 범례 ⇒ 범례명을 변경하고《출력형태》를 참조하시오.

(9) 도형 ⇒ '말풍선: 모서리가 둥근 사각형 설명선'을 삽입한 후《출력형태》와 같이 내용을 입력하시오.

(10) 나머지 사항은《출력형태》에 맞게 작성하시오.

《출력형태》

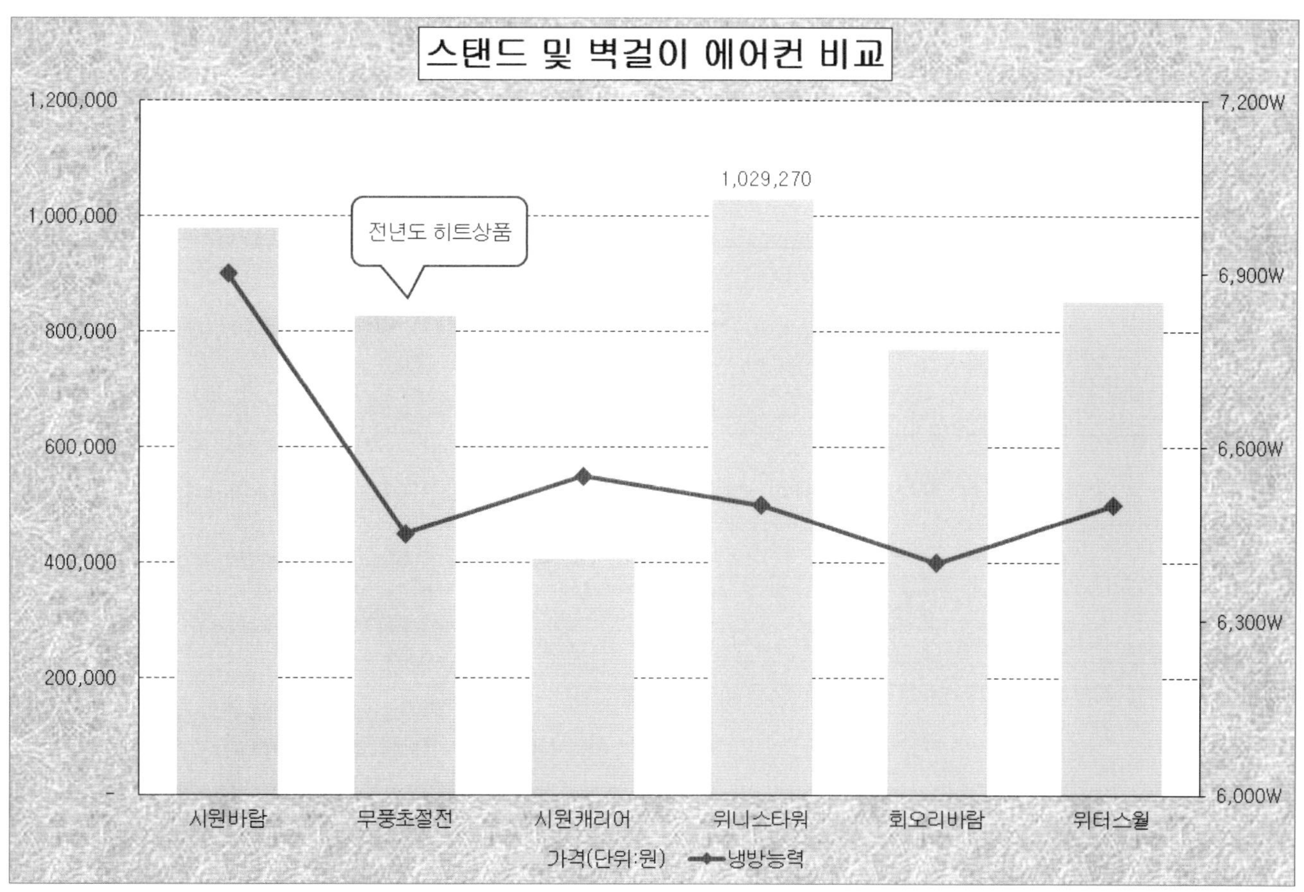

주의 ☞ 시트명 순서가 차례대로 "제1작업", "제2작업", "제3작업", "제4작업"이 되도록 할 것.

정보기술자격(ITQ) 최신기출문제

과 목	코 드	문제유형	시험시간	수험번호	성 명
한글엑셀	1122	A	60분		

수험자 유의사항

◎ 수험자는 문제지를 받는 즉시 문제지와 **수험표상의 시험과목(프로그램)이 동일한지 반드시 확인**하여야 합니다.

◎ 파일명은 본인의 "수험번호-성명"으로 입력하여 답안폴더(내 PC₩문서₩ITQ)에 하나의 파일로 저장해야 하며, 답안문서 파일명이 "수험번호-성명"과 일치하지 않거나, 답안파일을 전송하지 않아 미제출로 처리될 경우 실격 처리합니다 (예:12345678-홍길동.xlsx).

◎ 답안 작성을 마치면 파일을 저장하고, '답안 전송' 버튼을 선택하여 감독위원 PC로 답안을 전송하십시오. 수험생 정보와 저장한 파일명이 다를 경우 전송되지 않으므로 주의하시기 바랍니다.

◎ 답안 작성 중에도 **주기적으로 저장하고, '답안 전송'**하여야 문제 발생을 줄일 수 있습니다. 작업한 내용을 저장하지 않고 전송할 경우 이전에 저장된 내용이 전송되오니 이점 유의하시기 바랍니다.

◎ 답안문서는 지정된 경로 외의 다른 보조기억장치에 저장하는 경우, 지정된 시험 시간 외에 작성된 파일을 활용할 경우, 기타 통신수단(이메일, 메신저, 네트워크 등)을 이용하여 타인에게 전달 또는 외부 반출하는 경우는 부정 처리합니다.

◎ 시험 중 부주의 또는 고의로 시스템을 파손한 경우는 수험자가 변상해야 하며, <수험자 유의사항>에 기재된 방법대로 이행하지 않아 생기는 불이익은 수험생 당사자의 책임임을 알려 드립니다.

◎ 문제의 조건은 MS오피스 2021 버전으로 설정되어 있으니 유의하시기 바랍니다.

◎ 시험을 완료한 수험자는 답안파일이 전송되었는지 확인한 후 감독위원의 지시에 따라 문제지를 제출하고 퇴실합니다.

답안 작성요령

◎ 온라인 답안 작성 절차

　　수험자 등록 ⇒ 시험 시작 ⇒ 답안파일 저장 ⇒ 답안 전송 ⇒ 시험 종료

◎ 문제는 총 4단계, 즉 제1작업부터 제4작업까지 구성되어 있으며 반드시 제1작업부터 순서대로 작성하고 조건대로 작업하시오.

◎ 모든 작업시트의 A열은 열 너비 '1'로, 나머지 열은 적당하게 조절하시오.

◎ 모든 작업시트의 테두리(굵은선, 가는선 등)는 《출력형태》와 같이 작업하시오.

◎ 해당 작업란에서는 각각 제시된 조건에 따라 《출력형태》와 같이 작업하시오.

◎ 답안 시트 이름은 "제1작업", "제2작업", "제3작업", "제4작업"이어야 하며 답안 시트 이외의 것은 감점 처리됩니다.

◎ 각 시트를 파일로 나누어 작업해서 저장할 경우 실격 처리됩니다.

☞ 다음은 '**튼튼정형외과 5월 진료 현황**'에 대한 자료이다. 자료를 입력하고 조건에 맞도록 작업하시오.

《출력형태》

진료코드	환자명	진료날짜	진료실	치료부위	진료비 (단위:원)	만족도	만족도 순위	치료내용
W1161	고강표	2022-05-10	1진료실	허리	75,000	85	(1)	(2)
N2262	송현미	2022-05-02	2진료실	목	150,000	90	(1)	(2)
W1251	한철수	2022-05-21	1진료실	허리	170,000	82	(1)	(2)
W3342	김윤희	2022-05-09	3진료실	허리	26,000	79	(1)	(2)
K2171	박주승	2022-05-12	2진료실	무릎	80,000	92	(1)	(2)
A1312	이은주	2022-05-17	1진료실	무릎	32,000	86	(1)	(2)
N2331	조성수	2022-05-21	3진료실	목	28,000	98	(1)	(2)
K1362	김수연	2022-05-07	1진료실	무릎	35,000	80	(1)	(2)
허리치료 진료 건수			(3)		최대 진료비(단위:원)			(5)
1진료실 진료비(단위:원) 평균			(4)		진료코드	W1161	진료실	(6)

상단 우측: 확인 / 담당 / 대리 / 과장

《조건》

○ 모든 데이터의 서식에는 글꼴(굴림, 11pt), 정렬은 숫자 및 회계 서식은 오른쪽 정렬, 나머지 서식은 가운데 정렬로 작성하며 예외적인 것은 《출력형태》를 참조하시오.

○ 제 목 ⇒ 도형(배지)과 그림자(오프셋 오른쪽)를 이용하여 작성하고 "튼튼정형외과 5월 진료 현황"을 입력한 후 다음 서식을 적용하시오
    (글꼴-굴림, 24pt, 검정, 굵게, 채우기-노랑).

○ 임의의 셀에 결재란을 작성하여 그림으로 복사 기능을 이용하여 붙이기 하시오(단, 원본 삭제).

○ 「B4:J4, G14, I14」 영역은 '주황'으로 채우기 하시오.

○ 유효성 검사를 이용하여 「H14」 셀에 진료코드(「B5:B12」 영역)가 선택 표시되도록 하시오.

○ 셀 서식 ⇒ 「H5:H12」 영역에 셀 서식을 이용하여 숫자 뒤에 '점'을 표시하시오(예 : 85점).

○ 「F5:F12」 영역에 대해 '치료부위'로 이름정의를 하시오.

☞ (1)~(6) 셀은 반드시 **주어진 함수를 이용**하여 값을 구하시오(결과값을 직접 입력하면 해당 셀은 0점 처리됨).

(1) 만족도 순위 ⇒ 만족도의 내림차순 순위를 1~3까지 구하고, 그 외에는 공백으로 표시하시오(IF, RANK.EQ 함수).

(2) 치료내용 ⇒ 진료코드의 세 번째 값이 1이면 '충격파', 2이면 '도수치료', 3이면 '물리치료'로 표시하시오 (CHOOSE, MID 함수).

(3) 허리치료 진료 건수 ⇒ 결과값에 '건'을 붙이시오. 단, 정의된 이름(치료부위)을 이용하여 구하시오 (COUNTIF 함수, & 연산자)(예 : 1건).

(4) 1진료실 진료비(단위:원) 평균 ⇒ 단, 조건은 입력데이터를 이용하시오(DAVERAGE 함수).

(5) 최대 진료비(단위:원) ⇒ (MAX 함수)

(6) 진료실 ⇒ 「H14」 셀에서 선택한 진료코드에 대한 진료실을 구하시오(VLOOKUP 함수).

(7) 조건부 서식의 수식을 이용하여 진료비(단위:원)가 '80,000' 이상인 행 전체에 다음의 서식을 적용하시오
    (글꼴 : 파랑, 굵게).

☞ **"제1작업"** 시트의 「B4:H12」 영역을 복사하여 **"제2작업"** 시트의 「B2」 셀부터 모두 붙여넣기를 한 후 다음의 조건과 같이 작업하시오.

《조건》

(1) 고급 필터 – 진료코드가 'W'로 시작하거나, 진료비(단위:원)가 '100,000' 이상인 자료의 진료코드, 환자명, 치료부위, 진료비(단위:원) 데이터만 추출하시오.
- 조건 범위 : 「B14」 셀부터 입력하시오.
- 복사 위치 : 「B18」 셀부터 나타나도록 하시오.

(2) 표 서식 – 고급필터의 결과셀을 채우기 없음으로 설정한 후 '파랑, 표 스타일 보통 6'의 서식을 적용하시오.
- 머리글 행, 줄무늬 행을 적용하시오.

☞ **"제1작업"** 시트를 이용하여 **"제3작업"** 시트에 조건에 따라 《출력형태》와 같이 작업하시오.

《조건》

(1) 진료날짜 및 치료부위별 환자명의 개수와 진료비(단위:원)의 평균을 구하시오.
(2) 진료날짜를 그룹화하고, 치료부위를 《출력형태》와 같이 정렬하시오.
(3) 레이블이 있는 셀 병합 및 가운데 맞춤 적용 및 빈 셀은 '**'로 표시하시오.
(4) 행의 총합계는 지우고, 나머지 사항은 《출력형태》에 맞게 작성하시오.

《출력형태》

진료날짜	치료부위	허리		무릎		목	
		개수 : 환자명	평균 : 진료비(단위:원)	개수 : 환자명	평균 : 진료비(단위:원)	개수 : 환자명	평균 : 진료비(단위:원)
2022-05-02 - 2022-05-08		**	**	1	35,000	1	150,000
2022-05-09 - 2022-05-15		2	50,500	1	80,000	**	**
2022-05-16 - 2022-05-22		1	170,000	1	32,000	1	28,000
총합계		3	90,333	3	49,000	2	89,000

☞ **"제1작업"** 시트를 이용하여 조건에 따라 《출력형태》와 같이 작업하시오.

《조건》

(1) 차트 종류 ⇒ <묶은 세로 막대형>으로 작업하시오.

(2) 데이터 범위 ⇒ "제1작업" 시트의 내용을 이용하여 작업하시오.

(3) 위치 ⇒ "새 시트"로 이동하고, "제4작업"으로 시트 이름을 바꾸시오.

(4) 차트 디자인 도구 ⇒ 레이아웃 3, 스타일 1을 선택하여 《출력형태》에 맞게 작업하시오.

(5) 영역 서식 ⇒ 차트 : 글꼴(굴림, 11pt), 채우기 효과(질감-파랑 박엽지)

                  그림 : 채우기(흰색, 배경 1)

(6) 제목 서식 ⇒ 차트 제목 : 글꼴(굴림, 굵게, 20pt), 채우기(흰색, 배경 1), 테두리

(7) 서식 ⇒ 진료비(단위:원) 계열의 차트 종류를 <표식이 있는 꺾은선형>으로 변경한 후 보조 축으로 지정하시오.

        계열 :《출력형태》를 참조하여 표식(세모, 크기 10)과 레이블 값을 표시하시오.

        눈금선 : 선 스타일-파선

        축 :《출력형태》를 참조하시오.

(8) 범례 ⇒ 범례명을 변경하고《출력형태》를 참조하시오.

(9) 도형 ⇒ '말풍선: 모서리가 둥근 사각형 설명선'을 삽입한 후《출력형태》와 같이 내용을 입력하시오.

(10) 나머지 사항은《출력형태》에 맞게 작성하시오.

《출력형태》

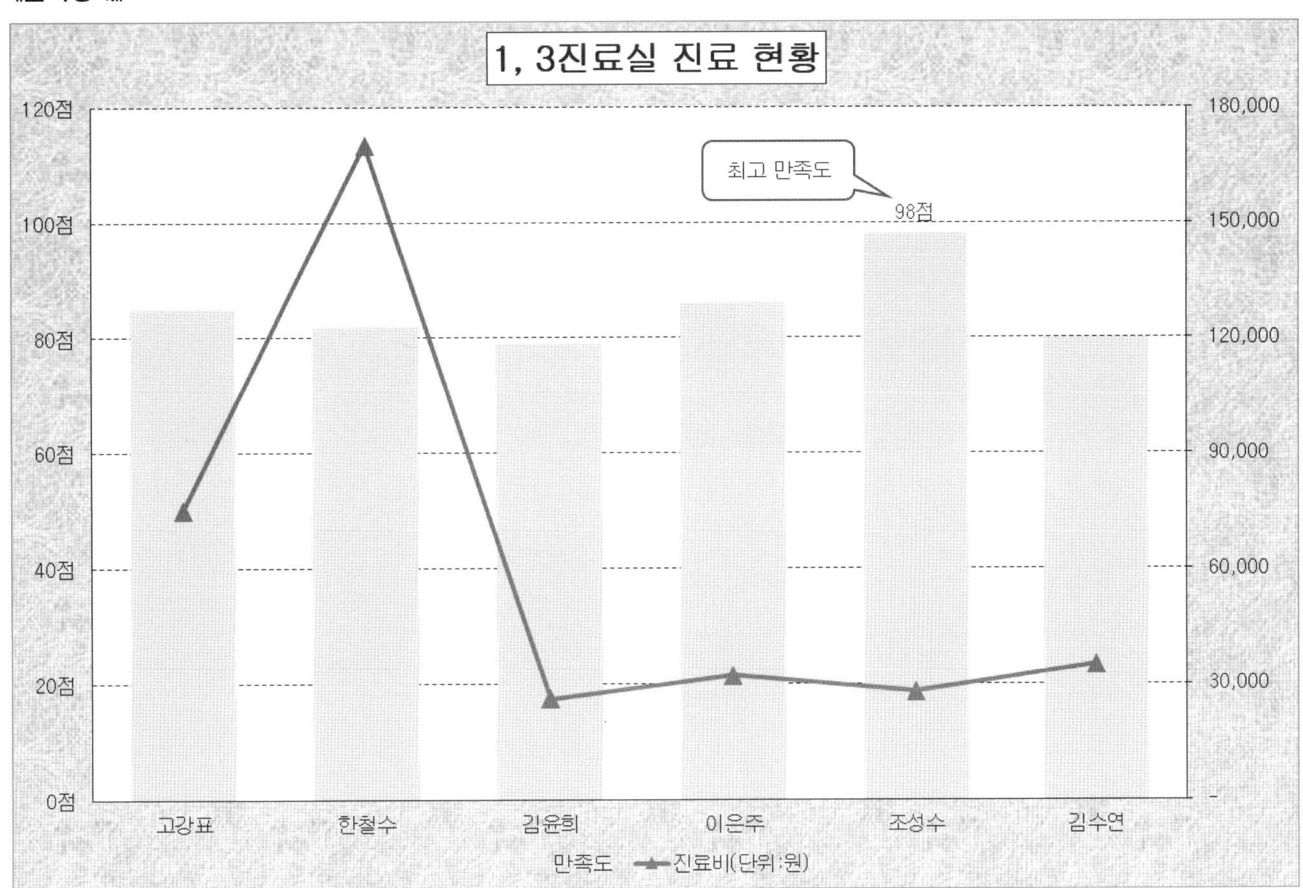

주의 ☞ 시트명 순서가 차례대로 "제1작업", "제2작업", "제3작업", "제4작업"이 되도록 할 것.

정보기술자격(ITQ) 최신기출문제

과 목	코 드	문제유형	시험시간	수험번호	성 명
한글엑셀	1122	A	60분		

수험자 유의사항

◎ 수험자는 문제지를 받는 즉시 문제지와 **수험표상의 시험과목(프로그램)이 동일한지 반드시 확인**하여야 합니다.

◎ 파일명은 본인의 "수험번호-성명"으로 입력하여 답안폴더(내 PC₩문서₩ITQ)에 하나의 파일로 저장해야 하며, 답안문서 파일명이 "수험번호-성명"과 일치하지 않거나, 답안파일을 전송하지 않아 미제출로 처리될 경우 실격 처리합니다 (예:12345678-홍길동.xlsx).

◎ 답안 작성을 마치면 파일을 저장하고, '답안 전송' 버튼을 선택하여 감독위원 PC로 답안을 전송하십시오. 수험생 정보와 저장한 파일명이 다를 경우 전송되지 않으므로 주의하시기 바랍니다.

◎ 답안 작성 중에도 **주기적으로 저장하고, '답안 전송'**하여야 문제 발생을 줄일 수 있습니다. 작업한 내용을 저장하지 않고 전송할 경우 이전에 저장된 내용이 전송되오니 이점 유의하시기 바랍니다.

◎ 답안문서는 지정된 경로 외의 다른 보조기억장치에 저장하는 경우, 지정된 시험 시간 외에 작성된 파일을 활용할 경우, 기타 통신수단(이메일, 메신저, 네트워크 등)을 이용하여 타인에게 전달 또는 외부 반출하는 경우는 부정 처리합니다.

◎ 시험 중 부주의 또는 고의로 시스템을 파손한 경우는 수험자가 변상해야 하며, <수험자 유의사항>에 기재된 방법대로 이행하지 않아 생기는 불이익은 수험생 당사자의 책임임을 알려 드립니다.

◎ 문제의 조건은 MS오피스 2021 버전으로 설정되어 있으니 유의하시기 바랍니다.

◎ 시험을 완료한 수험자는 답안파일이 전송되었는지 확인한 후 감독위원의 지시에 따라 문제지를 제출하고 퇴실합니다.

답안 작성요령

◎ 온라인 답안 작성 절차

  수험자 등록 ⇒ 시험 시작 ⇒ 답안파일 저장 ⇒ 답안 전송 ⇒ 시험 종료

◎ 문제는 총 4단계, 즉 제1작업부터 제4작업까지 구성되어 있으며 반드시 제1작업부터 순서대로 작성하고 조건대로 작업하시오.

◎ 모든 작업시트의 A열은 열 너비 '1'로, 나머지 열은 적당하게 조절하시오.

◎ 모든 작업시트의 테두리(굵은선, 가는선 등)는 《출력형태》와 같이 작업하시오.

◎ 해당 작업란에서는 각각 제시된 조건에 따라 《출력형태》와 같이 작업하시오.

◎ 답안 시트 이름은 "제1작업", "제2작업", "제3작업", "제4작업"이어야 하며 답안 시트 이외의 것은 감점 처리됩니다.

◎ 각 시트를 파일로 나누어 작업해서 저장할 경우 실격 처리됩니다.

kpc 한국생산성본부

☞ 다음은 '**경기지역 요양원 현황**'에 대한 자료이다. 자료를 입력하고 조건에 맞도록 작업하시오.

《출력형태》

	관리번호	지역	요양원	설립일	본인부담금	현재인원(명)	요양보호사수(명)	등급	시설구분
							결재 / 팀장 / 과장 / 대표		
S1-001	수원	행복나라	2013-01-02	731,400	210	101	(1)	(2)
N2-001	남양주	늘봄실버	2010-07-10	791,400	70	37	(1)	(2)
S3-002	수원	중앙실버케어	2014-02-20	678,300	25	12	(1)	(2)
Y1-001	용인	민들레	2015-07-10	728,400	130	62	(1)	(2)
N1-002	남양주	하나케어	2009-02-10	731,400	200	103	(1)	(2)
N3-003	남양주	행복한집	2008-06-20	648,300	27	15	(1)	(2)
Y3-002	용인	온누리	2019-02-10	783,900	20	9	(1)	(2)
S2-003	수원	봄날실버	2016-12-20	737,400	62	29	(1)	(2)
수원 지역 본인부담금 평균			(3)			최저 본인부담금			(5)
현재인원(명) 100 미만인 요양원 수			(4)			요양원	행복나라	본인부담금	(6)

《조건》

○ 모든 데이터의 서식에는 글꼴(굴림, 11pt), 정렬은 숫자 및 회계 서식은 오른쪽 정렬, 나머지 서식은 가운데 정렬로 작성하며 예외적인 것은 《출력형태》를 참조하시오.

○ 제 목 ⇒ 도형(사다리꼴)과 그림자(오프셋 오른쪽)를 이용하여 작성하고 "경기지역 요양원 현황"을 입력한 후 다음 서식을 적용하시오
　　　　　(글꼴-굴림, 24pt, 검정, 굵게, 채우기-노랑).

○ 임의의 셀에 결재란을 작성하여 그림으로 복사 기능을 이용하여 붙이기 하시오(단, 원본 삭제).

○ 「B4:J4, G14, I14」 영역은 '주황'으로 채우기 하시오.

○ 유효성 검사를 이용하여 「H14」 셀에 요양원(「D5:D12」 영역)이 선택 표시되도록 하시오.

○ 셀 서식 ⇒ 「F5:F12」 영역에 셀 서식을 이용하여 숫자 뒤에 '원'을 표시하시오(예 : 731,400원).

○ 「F5:F12」 영역에 대해 '본인부담금'으로 이름정의를 하시오.

☞ (1)~(6) 셀은 반드시 **주어진 함수를 이용**하여 값을 구하시오(결과값을 직접 입력하면 해당 셀은 0점 처리됨).

(1) 등급 ⇒ 현재인원(명)을 2로 나눈 값이 요양보호사수(명) 보다 작으면 'A', 그 외에는 'B'로 구하시오(IF 함수).

(2) 시설구분 ⇒ 관리번호의 두 번째 글자가 1이면 '대형', 2이면 '중형', 3이면 '소형'으로 구하시오(CHOOSE, MID 함수).

(3) 수원 지역 본인부담금 평균 ⇒ 반올림하여 천원 단위까지 구하고, 조건은 입력데이터를 이용하시오
　　　　　　　　　　　(ROUND, DAVERAGE 함수)(예 : 624,700 → 625,000).

(4) 현재인원(명) 100 미만인 요양원 수 ⇒ 결과값에 '개'를 붙이시오(COUNTIF 함수, & 연산자)(예 : 2개).

(5) 최저 본인부담금 ⇒ 정의된 이름(본인부담금)을 이용하여 구하시오(MIN 함수).

(6) 본인부담금 ⇒ 「H14」 셀에서 선택한 요양원에 대한 본인부담금을 구하시오(VLOOKUP 함수).

(7) 조건부 서식의 수식을 이용하여 요양보호사수(명)가 '100' 이상인 행 전체에 다음의 서식을 적용하시오
　　(글꼴 : 파랑, 굵게).

☞ **"제1작업"** 시트의 「B4:H12」 영역을 복사하여 **"제2작업"** 시트의 「B2」 셀부터 모두 붙여넣기를 한 후 다음의 조건과 같이 작업하시오.

《조건》

(1) 목표값 찾기 - 「B11:G11」 셀을 병합하여 "본인부담금 전체 평균"을 입력한 후 「H11」 셀에 본인부담금의 전체 평균을 구하시오(AVERAGE 함수, 테두리).

　　　　　　- '본인부담금 전체 평균'이 '725,000'이 되려면 행복나라의 본인부담금이 얼마가 되어야 하는지 목표값을 구하시오.

(2) 고급필터 - 지역이 '수원'이 아니면서 현재인원(명)이 '50' 이상인 자료의 데이터만 추출하시오.

　　　　　　- 조건 범위 : 「B14」 셀부터 입력하시오.

　　　　　　- 복사 위치 : 「B18」 셀부터 나타나도록 하시오.

☞ **"제1작업"** 시트의 「B4:H12」 영역을 복사하여 **"제3작업"** 시트의 「B2」 셀부터 모두 붙여넣기를 한 후 다음의 조건과 같이 작업하시오.

《조건》

(1) 부분합 - 《출력형태》처럼 정렬하고, 요양원의 개수와 본인부담금의 평균을 구하시오.

(2) 개요 - 지우시오.

(3) 나머지 사항은 《출력형태》에 맞게 작성하시오.

《출력형태》

	A	B	C	D	E	F	G	H
1								
2		관리번호	지역	요양원	설립일	본인부담금	현재인원 (명)	요양보호사수 (명)
3		Y1-001	용인	민들레	2015-07-10	728,400원	130	62
4		Y3-002	용인	온누리	2019-02-10	783,900원	20	9
5			용인 평균			756,150원		
6			용인 개수	2				
7		S1-001	수원	행복나라	2013-01-02	731,400원	210	101
8		S3-002	수원	중앙실버케어	2014-02-20	678,300원	25	12
9		S2-003	수원	봄날실버	2016-12-20	737,400원	62	29
10			수원 평균			715,700원		
11			수원 개수	3				
12		N2-001	남양주	늘봄실버	2010-07-10	791,400원	70	37
13		N1-002	남양주	하나케어	2009-02-10	731,400원	200	103
14		N3-003	남양주	행복한집	2008-06-20	648,300원	27	15
15			남양주 평균			723,700원		
16			남양주 개수	3				
17			전체 평균			728,813원		
18			전체 개수	8				

☞ **"제1작업"** 시트를 이용하여 조건에 따라 《출력형태》와 같이 작업하시오.

《조건》

(1) 차트 종류 ⇒ <묶은 세로 막대형>으로 작업하시오.

(2) 데이터 범위 ⇒ "제1작업" 시트의 내용을 이용하여 작업하시오.

(3) 위치 ⇒ "새 시트"로 이동하고, "제4작업"으로 시트 이름을 바꾸시오.

(4) 차트 디자인 도구 ⇒ 레이아웃 3, 스타일 1을 선택하여 《출력형태》에 맞게 작업하시오.

(5) 영역 서식 ⇒ 차트 : 글꼴(굴림, 11pt), 채우기 효과(질감-파랑 박엽지)

　　　　　　　　그림 : 채우기(흰색, 배경 1)

(6) 제목 서식 ⇒ 차트 제목 : 글꼴(굴림, 굵게, 20pt), 채우기(흰색, 배경 1), 테두리

(7) 서식 ⇒ 현재인원(명) 계열의 차트 종류를 <표식이 있는 꺾은선형>으로 변경한 후 보조 축으로 지정하시오.

　　　　계열 : 《출력형태》를 참조하여 표식(마름모, 크기 10)과 레이블 값을 표시하시오.

　　　　눈금선 : 선 스타일-파선

　　　　축 : 《출력형태》를 참조하시오.

(8) 범례 ⇒ 범례명을 변경하고 《출력형태》를 참조하시오.

(9) 도형 ⇒ '말풍선: 타원형 설명선'을 삽입한 후 《출력형태》와 같이 내용을 입력하시오.

(10) 나머지 사항은 《출력형태》에 맞게 작성하시오.

《출력형태》

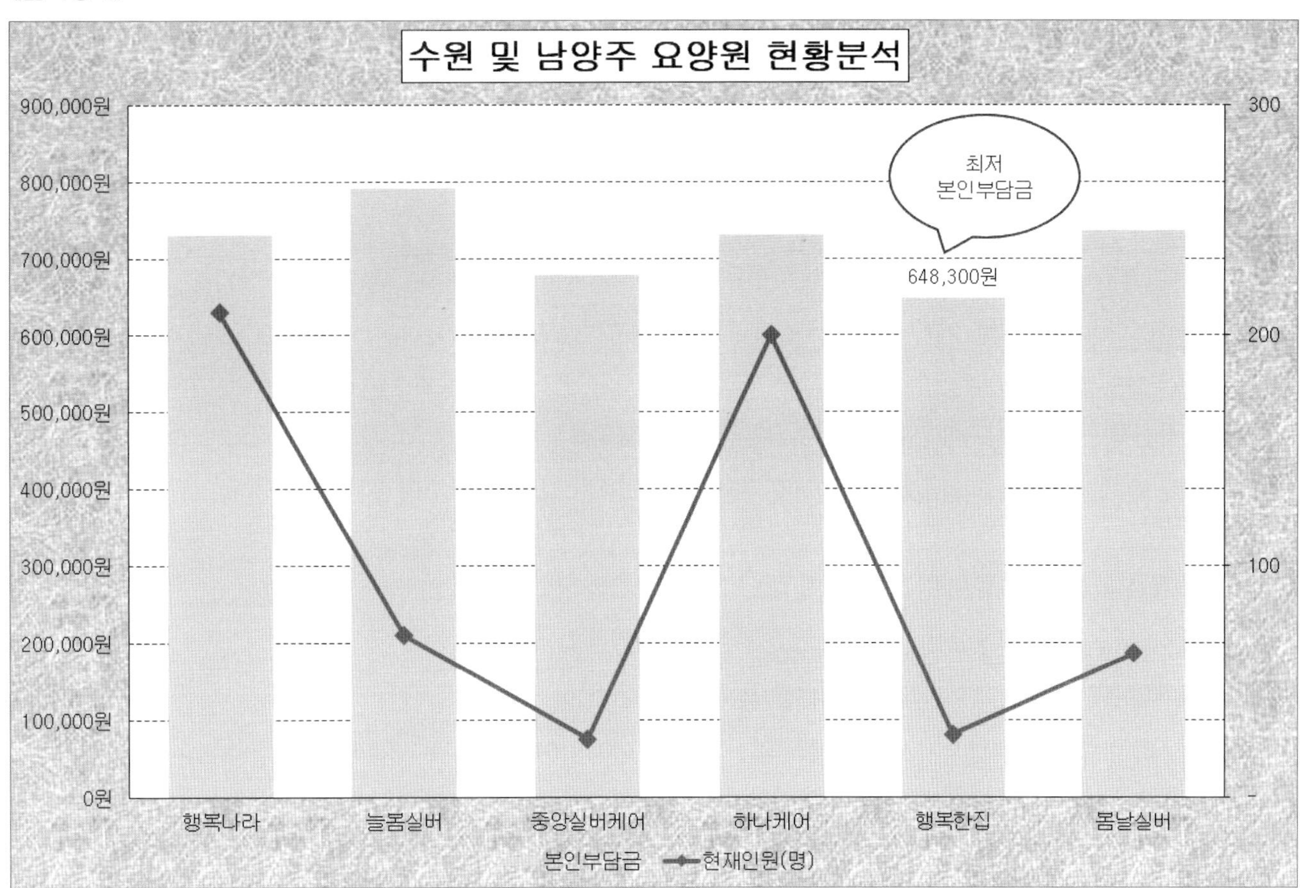

주의 ☞ 시트명 순서가 차례대로 "제1작업", "제2작업", "제3작업", "제4작업"이 되도록 할 것.

정보기술자격(ITQ) 최신기출문제

과 목	코 드	문제유형	시험시간	수험번호	성 명
한글엑셀	1122	A	60분		

수험자 유의사항

◎ 수험자는 문제지를 받는 즉시 문제지와 **수험표상의 시험과목(프로그램)이 동일한지 반드시 확인**하여야 합니다.

◎ 파일명은 본인의 "수험번호–성명"으로 입력하여 답안폴더(내 PC\문서\ITQ)에 하나의 파일로 저장해야 하며, 답안문서 파일명이 "수험번호–성명"과 일치하지 않거나, 답안파일을 전송하지 않아 미제출로 처리될 경우 실격 처리합니다 (예:12345678–홍길동.xlsx).

◎ 답안 작성을 마치면 파일을 저장하고, '답안 전송' 버튼을 선택하여 감독위원 PC로 답안을 전송하십시오. 수험생 정보와 저장한 파일명이 다를 경우 전송되지 않으므로 주의하시기 바랍니다.

◎ 답안 작성 중에도 **주기적으로 저장하고, '답안 전송'**하여야 문제 발생을 줄일 수 있습니다. 작업한 내용을 저장하지 않고 전송할 경우 이전에 저장된 내용이 전송되오니 이점 유의하시기 바랍니다.

◎ 답안문서는 지정된 경로 외의 다른 보조기억장치에 저장하는 경우, 지정된 시험 시간 외에 작성된 파일을 활용할 경우, 기타 통신수단(이메일, 메신저, 네트워크 등)을 이용하여 타인에게 전달 또는 외부 반출하는 경우는 부정 처리합니다.

◎ 시험 중 부주의 또는 고의로 시스템을 파손한 경우는 수험자가 변상해야 하며, <수험자 유의사항>에 기재된 방법대로 이행하지 않아 생기는 불이익은 수험생 당사자의 책임임을 알려 드립니다.

◎ 문제의 조건은 MS오피스 2021 버전으로 설정되어 있으니 유의하시기 바랍니다.

◎ 시험을 완료한 수험자는 답안파일이 전송되었는지 확인한 후 감독위원의 지시에 따라 문제지를 제출하고 퇴실합니다.

답안 작성요령

◎ 온라인 답안 작성 절차

　　수험자 등록 ⇒ 시험 시작 ⇒ 답안파일 저장 ⇒ 답안 전송 ⇒ 시험 종료

◎ 문제는 총 4단계, 즉 제1작업부터 제4작업까지 구성되어 있으며 반드시 제1작업부터 순서대로 작성하고 조건대로 작업하시오.

◎ 모든 작업시트의 A열은 열 너비 '1'로, 나머지 열은 적당하게 조절하시오.

◎ 모든 작업시트의 테두리(굵은선, 가는선 등)는 《출력형태》와 같이 작업하시오.

◎ 해당 작업란에서는 각각 제시된 조건에 따라 《출력형태》와 같이 작업하시오.

◎ 답안 시트 이름은 "제1작업", "제2작업", "제3작업", "제4작업"이어야 하며 답안 시트 이외의 것은 감점 처리됩니다.

◎ 각 시트를 파일로 나누어 작업해서 저장할 경우 실격 처리됩니다.

kpc 한국생산성본부

☞ 다음은 '**음식물 쓰레기통 비교**'에 대한 자료이다. 자료를 입력하고 조건에 맞도록 작업하시오.

《출력형태》

	제품코드	제품명	등록일	유통사	최저가 (단위:원)	소비전력	무게 감소량	음식물 처리 방식	비고
							담당	팀장	본부장
확인									
PC1002	모던그레이	2020-06-01	스마트홈	625,150	500	90%	(1)	(2)
CA2020	클린바이오	2022-03-10	웰빙케어	704,970	92	95%	(1)	(2)
PR2014	린클	2021-10-03	현대케어	663,100	130	98%	(1)	(2)
EJ3003	락앤락	2021-09-15	웰빙케어	94,050	48	0%	(1)	(2)
HD1002	휴렉히어로	2021-06-25	스마트홈	790,000	700	90%	(1)	(2)
GL2020	지엘플러스	2022-01-02	웰빙케어	521,940	92	95%	(1)	(2)
HE3005	쿨키퍼	2022-04-07	스마트홈	129,000	48	0%	(1)	(2)
H71003	사하라홈	2022-03-22	현대케어	1,102,900	600	92%	(1)	(2)
스마트홈 제품 개수			(3)			최대 소비전력			(5)
웰빙케어 최저가(단위:원) 평균			(4)			제품코드	PC1002	무게 감소량	(6)

《조건》

○ 모든 데이터의 서식에는 글꼴(굴림, 11pt), 정렬은 숫자 및 회계 서식은 오른쪽 정렬, 나머지 서식은 가운데 정렬로 작성하며 예외적인 것은 《출력형태》를 참조하시오.

○ 제 목 ⇒ 도형(평행 사변형)과 그림자(오프셋 오른쪽)를 이용하여 작성하고 "음식물 쓰레기통 비교"를 입력한 후 다음 서식을 적용하시오

　　　　(글꼴-굴림, 24pt, 검정, 굵게, 채우기-노랑).

○ 임의의 셀에 결재란을 작성하여 그림으로 복사 기능을 이용하여 붙이기 하시오(단, 원본 삭제).

○ 「B4:J4, G14, I14」 영역은 '주황'으로 채우기 하시오.

○ 유효성 검사를 이용하여 「H14」 셀에 제품코드(「B5:B12」 영역)가 선택 표시되도록 하시오.

○ 셀 서식 ⇒ 「G5:G12」 영역에 셀 서식을 이용하여 숫자 뒤에 'W/h'를 표시하시오(예 : 500W/h).

○ 「E5:E12」 영역에 대해 '유통사'로 이름정의를 하시오.

☞ (1)~(6) 셀은 반드시 **주어진 함수를 이용**하여 값을 구하시오(결과값을 직접 입력하면 해당 셀은 0점 처리됨).

(1) 음식물 처리 방식 ⇒ 제품코드의 세 번째 값이 1이면 '건조분쇄', 2이면 '미생물발효', 3이면 '냉장형'으로 구하시오 (CHOOSE, MID 함수).

(2) 비고 ⇒ 무게 감소량의 내림차순 순위를 구하시오(RANK.EQ 함수).

(3) 스마트홈 제품 개수 ⇒ 결과값에 '개'를 붙이시오. 단, 조건은 입력데이터를 이용하시오(DCOUNTA 함수, & 연산자) (예 : 1개).

(4) 웰빙케어 최저가(단위:원) 평균 ⇒ 정의된 이름(유통사)을 이용하여 구하시오(SUMIF, COUNTIF 함수).

(5) 최대 소비전력 ⇒ (MAX 함수)

(6) 무게 감소량 ⇒ 「H14」 셀에서 선택한 제품코드에 대한 무게 감소량을 구하시오(VLOOKUP 함수).

(7) 조건부 서식의 수식을 이용하여 무게 감소량이 '95%' 이상인 행 전체에 다음의 서식을 적용하시오(글꼴 : 파랑, 굵게).

☞ **"제1작업"** 시트의 「B4:H12」 영역을 복사하여 **"제2작업"** 시트의 「B2」 셀부터 모두 붙여넣기를 한 후 다음의 조건과 같이 작업하시오.

《조건》

(1) 고급 필터 – 제품코드가 'H'로 시작하거나, 소비전력이 '50'이하인 자료의 제품코드, 제품명, 최저가(단위:원), 무게 감소량 데이터만 추출하시오.
　　　　　　 – 조건 범위 : 「B14」 셀부터 입력하시오.
　　　　　　 – 복사 위치 : 「B18」 셀부터 나타나도록 하시오.

(2) 표 서식 – 고급필터의 결과셀을 채우기 없음으로 설정한 후 '파랑, 표 스타일 보통 6'의 서식을 적용하시오.
　　　　　　 – 머리글 행, 줄무늬 행을 적용하시오.

제3작업 **피벗 테이블** (80점)

☞ **"제1작업"** 시트를 이용하여 **"제3작업"** 시트에 조건에 따라 《출력형태》와 같이 작업하시오.

《조건》

(1) 소비전력 및 유통사별 제품명의 개수와 최저가(단위:원)의 평균을 구하시오.
(2) 소비전력은 그룹화하고, 유통사를《출력형태》와 같이 정렬하시오.
(3) 레이블이 있는 셀 병합 및 가운데 맞춤 적용 및 빈 셀은 '**'로 표시하시오.
(4) 행의 총합계는 지우고, 나머지 사항은《출력형태》에 맞게 작성하시오.

《출력형태》

A	B	C	D	E	F	G	H
1							
2		유통사 ↲					
3			현대케어		웰빙케어		스마트홈
4	소비전력 ▼	개수 : 제품명	평균 : 최저가(단위:원)	개수 : 제품명	평균 : 최저가(단위:원)	개수 : 제품명	평균 : 최저가(단위:원)
5	1-300	1	663,100	3	440,320	1	129,000
6	301-600	1	1,102,900	**	**	1	625,150
7	601-900	**	**	**	**	1	790,000
8	총합계	2	883,000	3	440,320	3	514,717

☞ **"제1작업"** 시트를 이용하여 조건에 따라 《출력형태》와 같이 작업하시오.

《조건》

(1) 차트 종류 ⇒ <묶은 세로 막대형>으로 작업하시오.

(2) 데이터 범위 ⇒ "제1작업" 시트의 내용을 이용하여 작업하시오.

(3) 위치 ⇒ "새 시트"로 이동하고, "제4작업"으로 시트 이름을 바꾸시오.

(4) 차트 디자인 도구 ⇒ 레이아웃 3, 스타일 1을 선택하여 《출력형태》에 맞게 작업하시오.

(5) 영역 서식 ⇒ 차트 : 글꼴(굴림, 11pt), 채우기 효과(질감-파랑 박엽지)

　　　　　　　 그림 : 채우기(흰색, 배경 1)

(6) 제목 서식 ⇒ 차트 제목 : 글꼴(굴림, 굵게, 20pt), 채우기(흰색, 배경 1), 테두리

(7) 서식 ⇒ 최저가(단위:원) 계열의 차트 종류를 <표식이 있는 꺾은선형>으로 변경한 후 보조 축으로 지정하시오.

　　　　 계열 : 《출력형태》를 참조하여 표식(세모, 크기 10)과 레이블 값을 표시하시오.

　　　　 눈금선 : 선 스타일-파선

　　　　 축 : 《출력형태》를 참조하시오.

(8) 범례 ⇒ 범례명을 변경하고 《출력형태》를 참조하시오.

(9) 도형 ⇒ '말풍선: 모서리가 둥근 사각형 설명선'을 삽입한 후 《출력형태》와 같이 내용을 입력하시오.

(10) 나머지 사항은 《출력형태》에 맞게 작성하시오.

《출력형태》

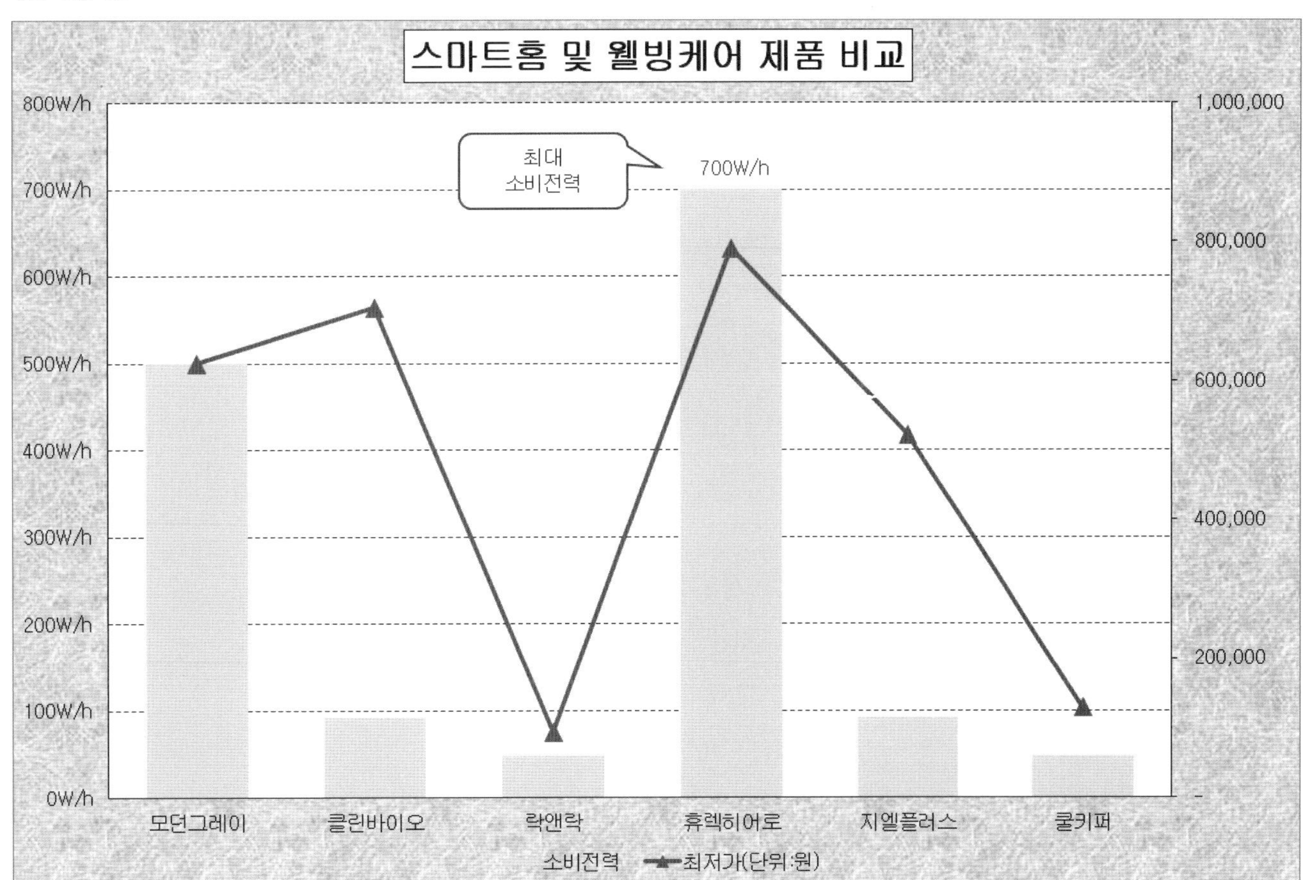

주의 ☞ 시트명 순서가 차례대로 "제1작업", "제2작업", "제3작업", "제4작업"이 되도록 할 것.

정보기술자격(ITQ) 최신기출문제

과 목	코 드	문제유형	시험시간	수험번호	성 명
한글엑셀	1122	A	60분		

수험자 유의사항

◎ 수험자는 문제지를 받는 즉시 문제지와 **수험표상의 시험과목(프로그램)이 동일한지 반드시 확인**하여야 합니다.

◎ 파일명은 본인의 "수험번호-성명"으로 입력하여 답안폴더(내 PC\문서\ITQ)에 하나의 파일로 저장해야 하며, 답안문서 파일명이 "수험번호-성명"과 일치하지 않거나, 답안파일을 전송하지 않아 미제출로 처리될 경우 실격 처리합니다 (예:12345678-홍길동.xlsx).

◎ 답안 작성을 마치면 파일을 저장하고, '답안 전송' 버튼을 선택하여 감독위원 PC로 답안을 전송하십시오. 수험생 정보와 저장한 파일명이 다를 경우 전송되지 않으므로 주의하시기 바랍니다.

◎ 답안 작성 중에도 **주기적으로 저장하고, '답안 전송'**하여야 문제 발생을 줄일 수 있습니다. 작업한 내용을 저장하지 않고 전송할 경우 이전에 저장된 내용이 전송되오니 이점 유의하시기 바랍니다.

◎ 답안문서는 지정된 경로 외의 다른 보조기억장치에 저장하는 경우, 지정된 시험 시간 외에 작성된 파일을 활용할 경우, 기타 통신수단(이메일, 메신저, 네트워크 등)을 이용하여 타인에게 전달 또는 외부 반출하는 경우는 부정 처리합니다.

◎ 시험 중 부주의 또는 고의로 시스템을 파손한 경우는 수험자가 변상해야 하며, <수험자 유의사항>에 기재된 방법대로 이행하지 않아 생기는 불이익은 수험생 당사자의 책임임을 알려 드립니다.

◎ 문제의 조건은 MS오피스 2021 버전으로 설정되어 있으니 유의하시기 바랍니다.

◎ 시험을 완료한 수험자는 답안파일이 전송되었는지 확인한 후 감독위원의 지시에 따라 문제지를 제출하고 퇴실합니다.

답안 작성요령

◎ 온라인 답안 작성 절차

수험자 등록 ⇒ 시험 시작 ⇒ 답안파일 저장 ⇒ 답안 전송 ⇒ 시험 종료

◎ 문제는 총 4단계, 즉 제1작업부터 제4작업까지 구성되어 있으며 반드시 제1작업부터 순서대로 작성하고 조건대로 작업 하시오.

◎ 모든 작업시트의 A열은 열 너비 '1'로, 나머지 열은 적당하게 조절하시오.

◎ 모든 작업시트의 테두리(굵은선, 가는선 등)는 《출력형태》와 같이 작업하시오.

◎ 해당 작업란에서는 각각 제시된 조건에 따라 《출력형태》와 같이 작업하시오.

◎ 답안 시트 이름은 "제1작업", "제2작업", "제3작업", "제4작업"이어야 하며 답안 시트 이외의 것은 감점 처리됩니다.

◎ 각 시트를 파일로 나누어 작업해서 저장할 경우 실격 처리됩니다.

☞ 다음은 '**미래 배달앱 등록업체 관리 현황**'에 대한 자료이다. 자료를 입력하고 조건에 맞도록 작업하시오.

《출력형태》

	코드번호	업체명	분류	등록일	메뉴수	최소주문금액 (단위:원)	전월배달건수	최소 배달비	등급
결재			팀장		부장		사장		
	KA1-001	한옥마을	한식	2022-03-10	25	15,000	295	(1)	(2)
	CH2-001	초이반점	중식	2020-12-20	20	16,000	422	(1)	(2)
	WE2-001	영파스타	서양식	2021-10-10	15	15,000	198	(1)	(2)
	KA3-002	오늘된장	한식	2022-05-20	12	9,000	343	(1)	(2)
	CH3-002	사천성	중식	2021-08-10	17	11,000	385	(1)	(2)
	CH1-003	북경	중식	2021-11-20	22	15,000	225	(1)	(2)
	WE1-002	버텍스	서양식	2022-02-10	9	9,900	398	(1)	(2)
	KA2-003	장수본가	한식	2022-01-20	16	13,000	415	(1)	(2)
한식 업체 개수				(3)			최소 메뉴수		(5)
한식 전월배달건수 합계				(4)		코드번호	KA1-001	전월배달건수	(6)

《조건》

○ 모든 데이터의 서식에는 글꼴(굴림, 11pt), 정렬은 숫자 및 회계 서식은 오른쪽 정렬, 나머지 서식은 가운데 정렬로 작성하며 예외적인 것은 ≪출력형태≫를 참조하시오.

○ 제 목 ⇒ 도형(십자형)과 그림자(오프셋 오른쪽)를 이용하여 작성하고 "미래 배달앱 등록업체 관리 현황"을 입력한 후 다음 서식을 적용하시오
　　　　　(글꼴-굴림, 24pt, 검정, 굵게, 채우기-노랑).

○ 임의의 셀에 결재란을 작성하여 그림으로 복사 기능을 이용하여 붙이기 하시오(단, 원본 삭제).

○「B4:J4, G14, I14」영역은 '주황'으로 채우기 하시오.

○ 유효성 검사를 이용하여「H14」셀에 코드번호(「B5:B12」영역)가 선택 표시되도록 하시오.

○ 셀 서식 ⇒「F5:F12」영역에 셀 서식을 이용하여 숫자 뒤에 '개'를 표시하시오(예 : 25개).

○「F5:F12」영역에 대해 '메뉴수'로 이름정의를 하시오.

☞ (1)~(6) 셀은 반드시 **주어진 함수를 이용**하여 값을 구하시오(결과값을 직접 입력하면 해당 셀은 0점 처리됨).

(1) 최소배달비 ⇒ 코드번호 세 번째 값이 1이면 '2,000', 2이면 '1,000', 3이면 '0'으로 구하시오
　　　　　　　(CHOOSE, MID 함수).

(2) 등급 ⇒ 메뉴수가 15 이상이고, 전월배달건수가 300 이상이면 'A', 그 외에는 'B'로 구하시오(IF, AND 함수).

(3) 한식 업체 개수 ⇒ 결과값에 '개'를 붙이시오(COUNTIF 함수, & 연산자)(예 : 1개).

(4) 한식 전월배달건수 합계 ⇒ 조건은 입력 데이터를 이용하시오(DSUM 함수).

(5) 최소 메뉴수 ⇒ 정의된 이름(메뉴수)을 이용하여 구하시오(MIN 함수).

(6) 전월배달건수 ⇒「H14」셀에서 선택한 코드번호에 대한 전월배달건수를 구하시오(VLOOKUP 함수).

(7) 조건부 서식의 수식을 이용하여 전월배달건수가 '300' 미만인 행 전체에 다음의 서식을 적용하시오(글꼴 : 파랑, 굵게).

☞ **"제1작업"** 시트의 「B4:H12」 영역을 복사하여 **"제2작업"** 시트의 「B2」 셀부터 모두 붙여넣기를 한 후 다음의 조건과 같이 작업하시오.

《조건》

(1) 고급 필터 - 분류가 '서양식'이거나 등록일이 '2021-09-01' 전인(해당일 미포함) 자료의 코드번호, 업체명, 메뉴수, 전월배달건수 데이터만 추출하시오.
- 조건 범위 : 「B14」 셀부터 입력하시오.
- 복사 위치 : 「B18」 셀부터 나타나도록 하시오.

(2) 표 서식 - 고급필터의 결과셀을 채우기 없음으로 설정한 후 '녹색, 표 스타일 보통 7'의 서식을 적용하시오.
- 머리글 행, 줄무늬 행을 적용하시오.

☞ **"제1작업"** 시트를 이용하여 **"제3작업"** 시트에 조건에 따라 《출력형태》와 같이 작업하시오.

《조건》

(1) 메뉴수 및 분류별 업체명의 개수와 최소주문금액(단위:원)의 평균을 구하시오.
(2) 메뉴수를 그룹화하고, 분류를 《출력형태》와 같이 정렬하시오.
(3) 레이블이 있는 셀 병합 및 가운데 맞춤 적용 및 빈 셀은 '***'로 표시하시오.
(4) 행의 총합계는 지우고, 나머지 사항은 《출력형태》에 맞게 작성하시오.

《출력형태》

A	B	C	D	E	F	G	H
1							
2		분류					
3		한식			중식		서양식
4	메뉴수	개수 : 업체명	평균 : 최소주문금액(단위:원)	개수 : 업체명	평균 : 최소주문금액(단위:원)	개수 : 업체명	평균 : 최소주문금액(단위:원)
5	1-10	***	***	***	***	1	9,900
6	11-20	2	11,000	2	13,500	1	15,000
7	21-30	1	15,000	1	15,000	***	***
8	총합계	3	12,333	3	14,000	2	12,450

☞ **"제1작업"** 시트를 이용하여 조건에 따라 《출력형태》와 같이 작업하시오.

《조건》

(1) 차트 종류 ⇒ <묶은 세로 막대형>으로 작업하시오.

(2) 데이터 범위 ⇒ "제1작업" 시트의 내용을 이용하여 작업하시오.

(3) 위치 ⇒ "새 시트"로 이동하고, "제4작업"으로 시트 이름을 바꾸시오.

(4) 차트 디자인 도구 ⇒ 레이아웃 3, 스타일 1을 선택하여 ≪출력형태≫에 맞게 작업하시오.

(5) 영역 서식 ⇒ 차트 : 글꼴(굴림, 11pt), 채우기 효과(질감-분홍 박엽지)

　　　　　　　　　그림 : 채우기(흰색, 배경1)

(6) 제목 서식 ⇒ 차트 제목 : 글꼴(굴림, 굵게, 20pt), 채우기(흰색, 배경1), 테두리

(7) 서식 ⇒ 메뉴수 계열의 차트 종류를 <표식이 있는 꺾은선형>으로 변경한 후 보조 축으로 지정하시오.

　　　　계열 : ≪출력형태≫를 참조하여 표식(세모, 크기 10)과 레이블 값을 표시하시오.

　　　　눈금선 : 선 스타일-파선

　　　　축 : ≪출력형태≫를 참조하시오.

(8) 범례 ⇒ 범례명을 변경하고 ≪출력형태≫를 참조하시오.

(9) 도형 ⇒ '말풍선: 모서리가 둥근 사각형 설명선'을 삽입한 후 ≪출력형태≫와 같이 내용을 입력하시오.

(10) 나머지 사항은 ≪출력형태≫에 맞게 작성하시오.

《출력형태》

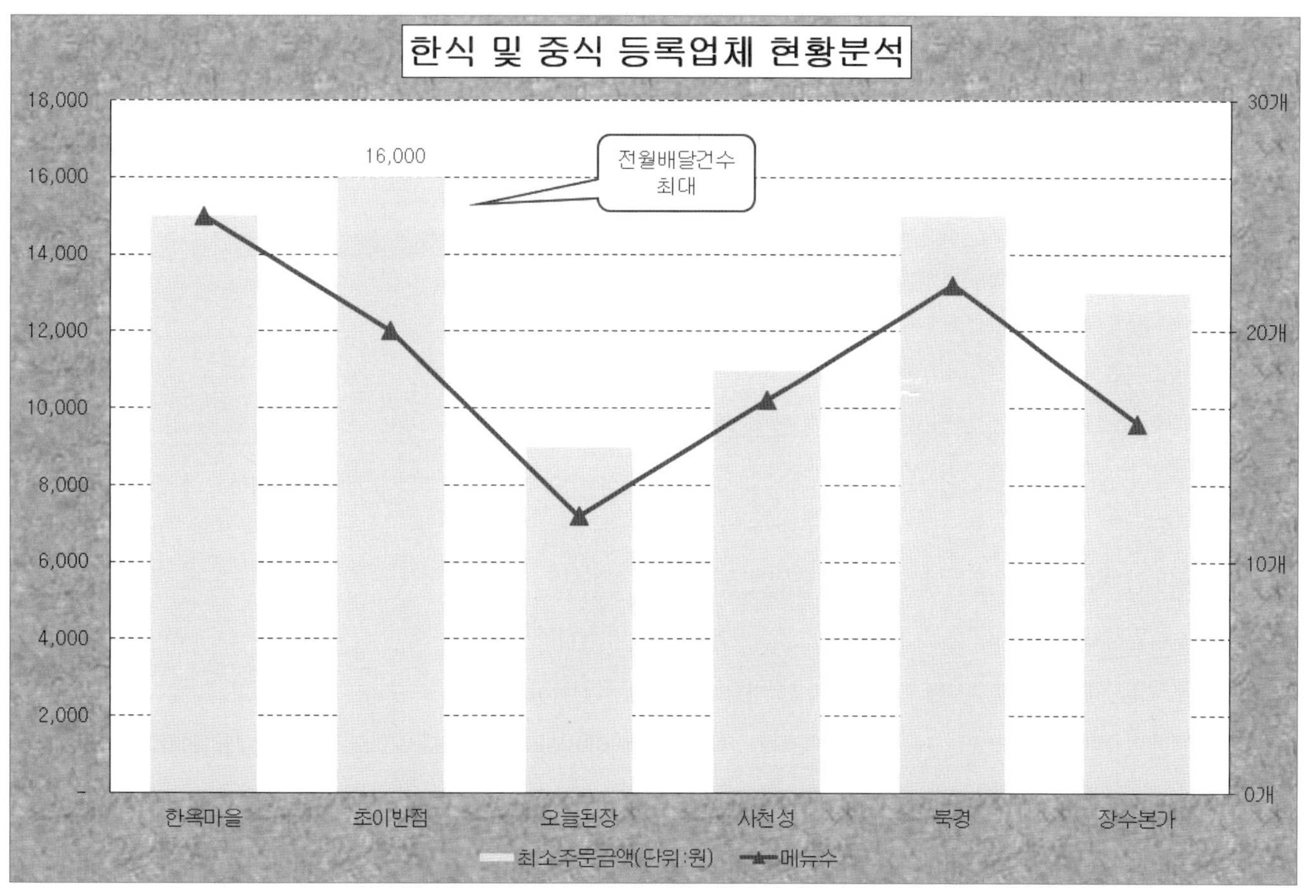

주의 ☞ 시트명 순서가 차례대로 "제1작업", "제2작업", "제3작업", "제4작업"이 되도록 할 것.

정보기술자격(ITQ) 최신기출문제

과　목	코　드	문제유형	시험시간	수험번호	성　명
한글엑셀	1122	A	60분		

수험자 유의사항

◎ 수험자는 문제지를 받는 즉시 문제지와 **수험표상의 시험과목(프로그램)이 동일한지 반드시 확인**하여야 합니다.

◎ 파일명은 본인의 "수험번호–성명"으로 입력하여 답안폴더(내 PC\문서\ITQ)에 하나의 파일로 저장해야 하며, 답안문서 파일명이 "수험번호–성명"과 일치하지 않거나, 답안파일을 전송하지 않아 미제출로 처리될 경우 실격 처리합니다 (예:12345678–홍길동.xlsx).

◎ 답안 작성을 마치면 파일을 저장하고, '답안 전송' 버튼을 선택하여 감독위원 PC로 답안을 전송하십시오. 수험생 정보와 저장한 파일명이 다를 경우 전송되지 않으므로 주의하시기 바랍니다.

◎ 답안 작성 중에도 **주기적으로 저장하고, '답안 전송'**하여야 문제 발생을 줄일 수 있습니다. 작업한 내용을 저장하지 않고 전송할 경우 이전에 저장된 내용이 전송되오니 이점 유의하시기 바랍니다.

◎ 답안문서는 지정된 경로 외의 다른 보조기억장치에 저장하는 경우, 지정된 시험 시간 외에 작성된 파일을 활용할 경우, 기타 통신수단(이메일, 메신저, 네트워크 등)을 이용하여 타인에게 전달 또는 외부 반출하는 경우는 부정 처리합니다.

◎ 시험 중 부주의 또는 고의로 시스템을 파손한 경우는 수험자가 변상해야 하며, <수험자 유의사항>에 기재된 방법대로 이행하지 않아 생기는 불이익은 수험생 당사자의 책임임을 알려 드립니다.

◎ 문제의 조건은 MS오피스 2021 버전으로 설정되어 있으니 유의하시기 바랍니다.

◎ 시험을 완료한 수험자는 답안파일이 전송되었는지 확인한 후 감독위원의 지시에 따라 문제지를 제출하고 퇴실합니다.

답안 작성요령

◎ 온라인 답안 작성 절차

　수험자 등록 ⇒ 시험 시작 ⇒ 답안파일 저장 ⇒ 답안 전송 ⇒ 시험 종료

◎ 문제는 총 4단계, 즉 제1작업부터 제4작업까지 구성되어 있으며 반드시 제1작업부터 순서대로 작성하고 조건대로 작업하시오.

◎ 모든 작업시트의 A열은 열 너비 '1'로, 나머지 열은 적당하게 조절하시오.

◎ 모든 작업시트의 테두리(굵은선, 가는선 등)는 《출력형태》와 같이 작업하시오.

◎ 해당 작업란에서는 각각 제시된 조건에 따라 《출력형태》와 같이 작업하시오.

◎ 답안 시트 이름은 "제1작업", "제2작업", "제3작업", "제4작업"이어야 하며 답안 시트 이외의 것은 감점 처리됩니다.

◎ 각 시트를 파일로 나누어 작업해서 저장할 경우 실격 처리됩니다.

kpc 한국생산성본부

☞ 다음은 '**패션 쥬얼리 구매 현황**'에 대한 자료이다. 자료를 입력하고 조건에 맞도록 작업하시오.

《출력형태》

	A	B	C	D	E	F	G	H	I	J
1								확	담당	팀장	부장
2			패션 쥬얼리 구매 현황					인			
3											
4		코드	상품명	품목	컬러	리뷰(개)	판매가격(원)	연령	회원구분	순위
5		EW150	크리스탈드롭	귀걸이	화이트	346	27,000	40	(1)	(2)
6		BR147	트위스트	팔찌	로즈	10	41,000	20	(1)	(2)
7		RR251	심플투라인	반지	로즈	40	39,000	20	(1)	(2)
8		NY239	볼드체인	목걸이	옐로우	131	98,000	50	(1)	(2)
9		EY145	미니하트	귀걸이	옐로우	79	55,000	30	(1)	(2)
10		NR236	이니셜스틱	목걸이	로즈	73	63,000	40	(1)	(2)
11		RW143	행운물고기	반지	화이트	98	71,000	20	(1)	(2)
12		ER128	블랙플라워	귀걸이	로즈	150	34,000	60	(1)	(2)
13		로즈 컬러 개수			(3)		최대 판매가격(원)			(5)
14		귀걸이 품목의 판매가격(원) 평균			(4)		상품명	크리스탈드롭	리뷰(개)	(6)

《조건》

○ 모든 데이터의 서식에는 글꼴(굴림, 11pt), 정렬은 숫자 및 회계 서식은 오른쪽 정렬, 나머지 서식은 가운데 정렬로 작성하며 예외적인 것은 ≪출력형태≫를 참조하시오.
○ 제 목 ⇒ 도형(사다리꼴)과 그림자(오프셋 오른쪽)를 이용하여 작성하고 "패션 쥬얼리 구매 현황"을 입력한 후 다음 서식을 적용하시오
　　　　　(글꼴-굴림, 24pt, 검정, 굵게, 채우기-노랑).
○ 임의의 셀에 결재란을 작성하여 그림으로 복사 기능을 이용하여 붙이기 하시오(단, 원본 삭제).
○ 「B4:J4, G14, I14」 영역은 '주황'으로 채우기 하시오.
○ 유효성 검사를 이용하여 「H14」셀에 상품명(「C5:C12」영역)이 선택 표시되도록 하시오.
○ 셀 서식 ⇒ 「H5:H12」영역에 셀 서식을 이용하여 숫자 뒤에 '대'를 표시하시오(예 : 40대).
○ 「E5:E12」영역에 대해 '컬러'로 이름정의를 하시오.

☞ (1)~(6) 셀은 반드시 **주어진 함수를 이용**하여 값을 구하시오(결과값을 직접 입력하면 해당 셀은 0점 처리됨).

(1) 회원구분 ⇒ 코드의 세 번째 값이 1이면 '회원', 그 외에는 '비회원'으로 표시하시오(IF, MID 함수).

(2) 순위 ⇒ 리뷰(개)의 내림차순 순위를 구한 결과값에 '위'를 붙이시오(RANK.EQ 함수, & 연산자)(예 : 1위).

(3) 로즈 컬러 개수 ⇒ 정의된 이름(컬러)을 이용하여 구하시오(COUNTIF 함수).

(4) 귀걸이 품목의 판매가격(원) 평균 ⇒ 반올림하여 천원 단위까지 구하고, 조건은 입력데이터를 이용하시오
　　　　　　　　　　　(ROUND, DAVERAGE 함수)(예 : 37,657 →38,000).

(5) 최대 판매가격(원) ⇒ (MAX 함수)

(6) 리뷰(개) ⇒ 「H14」 셀에서 선택한 상품명에 대한 리뷰(개)를 구하시오(VLOOKUP 함수).

(7) 조건부 서식의 수식을 이용하여 판매가격(원)이 '60,000' 이상인 행 전체에 다음의 서식을 적용하시오(글꼴 : 파랑, 굵게).

☞ **"제1작업"** 시트의 「B4:H12」 영역을 복사하여 **"제2작업"** 시트의 「B2」 셀부터 모두 붙여넣기를 한 후 다음의 조건과 같이 작업하시오.

《조건》

(1) 목표값 찾기 - 「B11:G11」 셀을 병합하고 가운데 맞춤한 후 "판매가격(원) 전체평균"을 입력하고,
　　　　　　　「H11」 셀에 판매가격(원)의 전체평균을 구하시오(AVERAGE 함수, 테두리).
　　　　　　　　- '판매가격(원) 전체평균'이 '54,000'이 되려면 크리스탈드롭의 판매가격(원)이 얼마가 되어야 하는지 목표값을 구하시오.

(2) 고급필터 - 코드가 'R'로 시작하거나 리뷰(개)가 '50' 이하인 자료의 상품명, 컬러, 판매가격(원), 연령 데이터만 추출하시오.
　　　　　　　- 조건 범위 : 「B14」 셀부터 입력하시오.
　　　　　　　- 복사 위치 : 「B18」 셀부터 나타나도록 하시오.

☞ **"제1작업"** 시트의 「B4:H12」영역을 복사하여 **"제3작업"** 시트의 「B2」셀부터 모두 붙여넣기를 한 후 다음의 조건과 같이 작업하시오.

《조건》

(1) 부분합 - ≪출력형태≫처럼 정렬하고, 상품명의 개수와 판매가격(원)의 평균을 구하시오.
(2) 개요 - 지우시오.
(3) 나머지 사항은 ≪출력형태≫에 맞게 작성하시오.

《출력형태》

	A	B	C	D	E	F	G	H
1								
2		코드	상품명	품목	컬러	리뷰 (개)	판매가격 (원)	연령
3		EW150	크리스탈드롭	귀걸이	화이트	346	27,000	40대
4		RW143	행운물고기	반지	화이트	98	71,000	20대
5					화이트 평균		49,000	
6			2		화이트 개수			
7		NY239	볼드체인	목걸이	옐로우	131	98,000	50대
8		EY145	미니하트	귀걸이	옐로우	79	55,000	30대
9					옐로우 평균		76,500	
10			2		옐로우 개수			
11		BR147	트위스트	팔찌	로즈	10	41,000	20대
12		RR251	심플투라인	반지	로즈	40	39,000	20대
13		NR236	이니셜스틱	목걸이	로즈	73	63,000	40대
14		ER128	블랙플라워	귀걸이	로즈	150	34,000	60대
15					로즈 평균		44,250	
16			4		로즈 개수			
17					전체 평균		53,500	
18			8		전체 개수			

☞ **"제1작업"** 시트를 이용하여 조건에 따라 《출력형태》와 같이 작업하시오.

《조건》

(1) 차트 종류 ⇒ <묶은 세로 막대형>으로 작업하시오.

(2) 데이터 범위 ⇒ "제1작업" 시트의 내용을 이용하여 작업하시오.

(3) 위치 ⇒ "새 시트"로 이동하고, "제4작업"으로 시트 이름을 바꾸시오.

(4) 차트 디자인 도구 ⇒ 레이아웃 3, 스타일 1을 선택하여 ≪출력형태≫에 맞게 작업하시오.

(5) 영역 서식 ⇒ 차트 : 글꼴(굴림, 11pt), 채우기 효과(질감-파랑 박엽지)

　　　　　　　그림 : 채우기(흰색, 배경1)

(6) 제목 서식 ⇒ 차트 제목 : 글꼴(굴림, 굵게, 20pt), 채우기(흰색, 배경1), 테두리

(7) 서식 ⇒ 판매가격(원) 계열의 차트 종류를 <표식이 있는 꺾은선형>으로 변경한 후 보조 축으로 지정하시오.

　　　계열 : ≪출력형태≫를 참조하여 표식(마름모, 크기 10)과 레이블 값을 표시하시오.

　　　눈금선 : 선 스타일-파선

　　　축 : ≪출력형태≫를 참조하시오.

(8) 범례 ⇒ 범례명을 변경하고 ≪출력형태≫를 참조하시오.

(9) 도형 ⇒ '말풍선: 모서리가 둥근 사각형 설명선'을 삽입한 후 ≪출력형태≫와 같이 내용을 입력하시오.

(10) 나머지 사항은 ≪출력형태≫에 맞게 작성하시오.

《출력형태》

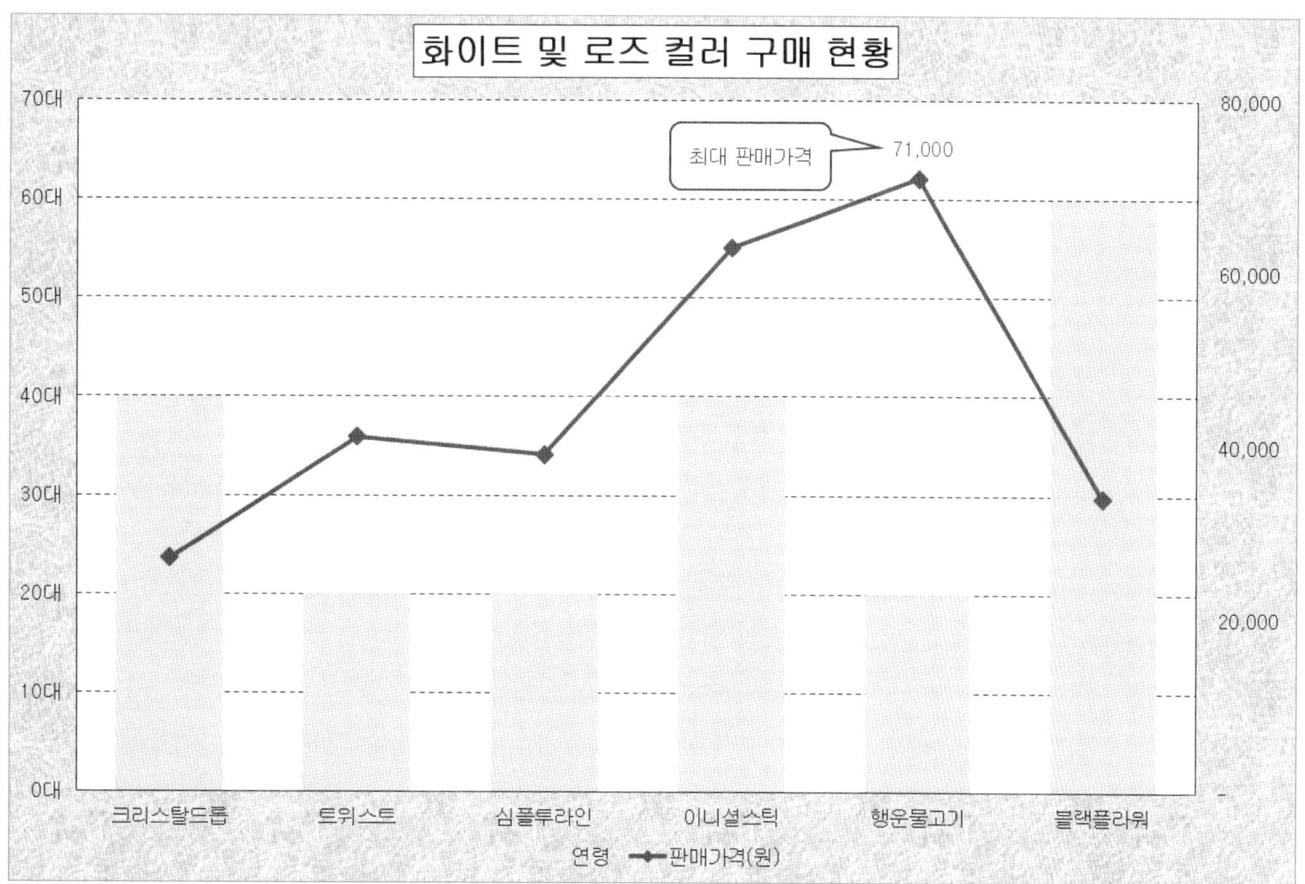

주의 ☞ 시트명 순서가 차례대로 "제1작업", "제2작업", "제3작업", "제4작업"이 되도록 할 것.

정보기술자격(ITQ) 최신기출문제

과 목	코 드	문제유형	시험시간	수험번호	성 명
한글엑셀	1122	A	60분		

수험자 유의사항

◎ 수험자는 문제지를 받는 즉시 문제지와 **수험표상의 시험과목(프로그램)이 동일한지 반드시 확인**하여야 합니다.

◎ 파일명은 본인의 "수험번호−성명"으로 입력하여 답안폴더(내 PC₩문서₩ITQ)에 하나의 파일로 저장해야 하며, 답안문서 파일명이 "수험번호−성명"과 일치하지 않거나, 답안파일을 전송하지 않아 미제출로 처리될 경우 실격 처리합니다 (예:12345678-홍길동.xlsx).

◎ 답안 작성을 마치면 파일을 저장하고, '답안 전송' 버튼을 선택하여 감독위원 PC로 답안을 전송하십시오. 수험생 정보와 저장한 파일명이 다를 경우 전송되지 않으므로 주의하시기 바랍니다.

◎ 답안 작성 중에도 **주기적으로 저장하고, '답안 전송'**하여야 문제 발생을 줄일 수 있습니다. 작업한 내용을 저장하지 않고 전송할 경우 이전에 저장된 내용이 전송되오니 이점 유의하시기 바랍니다.

◎ 답안문서는 지정된 경로 외의 다른 보조기억장치에 저장하는 경우, 지정된 시험 시간 외에 작성된 파일을 활용할 경우, 기타 통신수단(이메일, 메신저, 네트워크 등)을 이용하여 타인에게 전달 또는 외부 반출하는 경우는 부정 처리합니다.

◎ 시험 중 부주의 또는 고의로 시스템을 파손한 경우는 수험자가 변상해야 하며, <수험자 유의사항>에 기재된 방법대로 이행하지 않아 생기는 불이익은 수험생 당사자의 책임임을 알려 드립니다.

◎ 문제의 조건은 MS오피스 2021 버전으로 설정되어 있으니 유의하시기 바랍니다.

◎ 시험을 완료한 수험자는 답안파일이 전송되었는지 확인한 후 감독위원의 지시에 따라 문제지를 제출하고 퇴실합니다.

답안 작성요령

◎ 온라인 답안 작성 절차

　수험자 등록 ⇒ 시험 시작 ⇒ 답안파일 저장 ⇒ 답안 전송 ⇒ 시험 종료

◎ 문제는 총 4단계, 즉 제1작업부터 제4작업까지 구성되어 있으며 반드시 제1작업부터 순서대로 작성하고 조건대로 작업하시오.

◎ 모든 작업시트의 A열은 열 너비 '1'로, 나머지 열은 적당하게 조절하시오.

◎ 모든 작업시트의 테두리(굵은선, 가는선 등)는 《출력형태》와 같이 작업하시오.

◎ 해당 작업란에서는 각각 제시된 조건에 따라 《출력형태》와 같이 작업하시오.

◎ 답안 시트 이름은 "제1작업", "제2작업", "제3작업", "제4작업"이어야 하며 답안 시트 이외의 것은 감점 처리됩니다.

◎ 각 시트를 파일로 나누어 작업해서 저장할 경우 실격 처리됩니다.

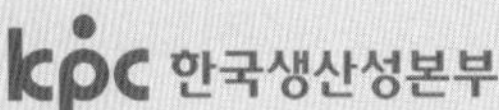

☞ 다음은 '**웨어러블 디바이스 판매 현황**'에 대한 자료이다. 자료를 입력하고 조건에 맞도록 작업하시오.

《출력형태》

	확인	담당	팀장	부장

웨어러블 디바이스 판매 현황

코드	상품명	분류	원산지	판매수량(단위:개)	재고수량(단위:개)	판매가격	판매수량 순위	배송기간
JN-323	스마트 링	주얼리	국내	2,450	550	84,320	(1)	(2)
WE-131	에어엑스워치	시계	국외	1,325	675	48,000	(1)	(2)
SN-212	교정밸런스	신발용품	국내	763	1,235	109,000	(1)	(2)
JN-312	멘탈플러스	주얼리	국내	3,250	750	107,800	(1)	(2)
WN-132	미 밴드5	시계	국외	1,089	911	51,000	(1)	(2)
SA-213	깔창 핏가이더	신발용품	국내	567	433	112,970	(1)	(2)
WE-134	애플워치 SE	시계	국외	987	1,013	309,000	(1)	(2)
WN-231	갤럭시 워치5	시계	국내	1,830	1,166	439,000	(1)	(2)
시계 판매수량(단위:개) 평균			(3)		최소 재고수량(단위:개)			(5)
멘탈플러스의 판매가격			(4)		상품명	스마트 링	판매가격	(6)

《조건》

○ 모든 데이터의 서식에는 글꼴(굴림, 11pt), 정렬은 숫자 및 회계 서식은 오른쪽 정렬, 나머지 서식은 가운데 정렬로 작성하며 예외적인 것은 《출력형태》를 참조하시오.

○ 제 목 ⇒ 도형(사다리꼴)과 그림자(오프셋 오른쪽)를 이용하여 작성하고 "웨어러블 디바이스 판매 현황"을 입력한 후 다음 서식을 적용하시오
　　　　　(글꼴-굴림, 24pt, 검정, 굵게, 채우기-노랑).

○ 임의의 셀에 결재란을 작성하여 그림으로 복사 기능을 이용하여 붙이기 하시오(단, 원본 삭제).

○ 「B4:J4, G14, I14」 영역은 '주황'으로 채우기 하시오.

○ 유효성 검사를 이용하여 「H14」셀에 상품명(「C5:C12」 영역)이 선택 표시되도록 하시오.

○ 셀 서식 ⇒ 「H5:H12」영역에 셀 서식을 이용하여 숫자 뒤에 '원'을 표시하시오(예 : 84,320원).

○ 「G5:G12」영역에 대해 '재고수량'으로 이름정의를 하시오.

☞ (1)~(6) 셀은 반드시 **주어진 함수를 이용**하여 값을 구하시오(결과값을 직접 입력하면 해당 셀은 0점 처리됨).

(1) 순위 ⇒ 판매수량(단위:개)의 내림차순 순위를 구한 결과에 '위'를 붙이시오
　　　　(RANK.EQ 함수, & 연산자)(예 : 1위).

(2) 배송기간 ⇒ 원산지가 국내이면 '4일', 그 외에는 '14일'로 구하시오(IF 함수).

(3) 시계 판매수량(단위:개) 평균 ⇒ 시계 상품의 판매수량(단위:개) 평균을 구하시오(SUMIF, COUNTIF 함수).

(4) 멘탈플러스의 판매가격 ⇒ (INDEX, MATCH 함수)

(5) 최소 재고수량(단위:개) ⇒ 정의된 이름(재고수량)을 이용하여 구하시오(SMALL 함수).

(6) 판매가격 ⇒ 「H14」셀에서 선택한 상품명에 대한 판매가격을 구하시오(VLOOKUP 함수).

(7) 조건부 서식의 수식을 이용하여 판매수량(단위:개)이 '1,500' 이상인 행 전체에 다음의 서식을 적용하시오
　　(글꼴 : 파랑, 굵게).

☞ **"제1작업"** 시트의 「B4:H12」 영역을 복사하여 **"제2작업"** 시트의 「B2」 셀부터 모두 붙여넣기를 한 후 다음의 조건과 같이 작업하시오.

《조건》

(1) 목표값 찾기 - 「B11:G11」 셀을 병합하고 가운데 맞춤한 후 "국내 원산지 상품의 판매수량(단위:개) 평균"을 입력하고, 「H11」 셀에 국내 원산지 상품의 판매수량(단위:개) 평균을 구하시오. 단, 조건은 입력데이터를 이용하시오(DAVERAGE 함수, 테두리).
　　　 - '국내 원산지 상품의 판매수량(단위:개) 평균'이 '1,800'이 되려면 교정밸런스의 판매수량 (단위:개)이 얼마가 되어야 하는지 목표값을 구하시오.

(2) 고급필터 - 원산지가 '국내'이면서 재고수량(단위:개)이 '500' 이상인 자료의 상품명, 분류, 판매수량(단위:개), 판매가격 데이터만 추출하시오.
　　　 - 조건 범위 : 「B14」 셀부터 입력하시오.
　　　 - 복사 위치 : 「B18」 셀부터 나타나도록 하시오.

☞ **"제1작업"** 시트의 「B4:H12」영역을 복사하여 **"제3작업"** 시트의 「B2」셀부터 모두 붙여넣기를 한 후 다음의 조건과 같이 작업하시오.

《조건》

(1) 부분합 - ≪출력형태≫처럼 정렬하고, 상품명의 개수와 판매가격의 평균을 구하시오.
(2) 개요 - 지우시오.
(3) 나머지 사항은 ≪출력형태≫에 맞게 작성하시오.

《출력형태》

A	B	C	D	E	F	G	H
1							
2	코드	상품명	분류	원산지	판매수량 (단위:개)	재고수량 (단위:개)	판매가격
3	WE-131	에어엑스워치	시계	국외	1,325	675	48,000원
4	WN-132	미 밴드5	시계	국외	1,089	911	51,000원
5	WE-134	애플워치 SE	시계	국외	987	1,013	309,000원
6	WN-231	갤럭시 워치5	시계	국내	1,830	1,166	439,000원
7			시계 평균				211,750원
8		4	시계 개수				
9	SN-212	교정밸런스	신발용품	국내	763	1,235	109,000원
10	SA-213	깔창 핏가이더	신발용품	국내	567	433	112,970원
11			신발용품 평균				110,985원
12		2	신발용품 개수				
13	JN-323	스마트 링	주얼리	국내	2,450	550	84,320원
14	JN-312	멘탈플러스	주얼리	국내	3,250	750	107,800원
15			주얼리 평균				96,060원
16		2	주얼리 개수				
17			전체 평균				157,636원
18		8	전체 개수				

☞ **"제1작업"** 시트를 이용하여 조건에 따라 《출력형태》와 같이 작업하시오.

《조건》

(1) 차트 종류 ⇒ <묶은 세로 막대형>으로 작업하시오.

(2) 데이터 범위 ⇒ "제1작업" 시트의 내용을 이용하여 작업하시오.

(3) 위치 ⇒ "새 시트"로 이동하고, "제4작업"으로 시트 이름을 바꾸시오.

(4) 차트 디자인 도구 ⇒ 레이아웃 3, 스타일 1을 선택하여 《출력형태》에 맞게 작업하시오.

(5) 영역 서식 ⇒ 차트 : 글꼴(굴림, 11pt), 채우기 효과(질감-파랑 박엽지)

　　　　　　　그림 : 채우기(흰색, 배경1)

(6) 제목 서식 ⇒ 차트 제목 : 글꼴(굴림, 굵게, 20pt), 채우기(흰색, 배경1), 테두리

(7) 서식 ⇒ 판매가격 계열의 차트 종류를 <표식이 있는 꺾은선형>으로 변경한 후 보조 축으로 지정하시오.

　　　　계열 : 《출력형태》를 참조하여 표식(세모, 크기 10)과 레이블 값을 표시하시오.

　　　　눈금선 : 선 스타일-파선

　　　　축 : 《출력형태》를 참조하시오.

(8) 범례 ⇒ 범례명을 변경하고 《출력형태》를 참조하시오.

(9) 도형 ⇒ '말풍선: 모서리가 둥근 사각형 설명선'을 삽입한 후 《출력형태》와 같이 내용을 입력하시오.

(10) 나머지 사항은 《출력형태》에 맞게 작성하시오.

《출력형태》

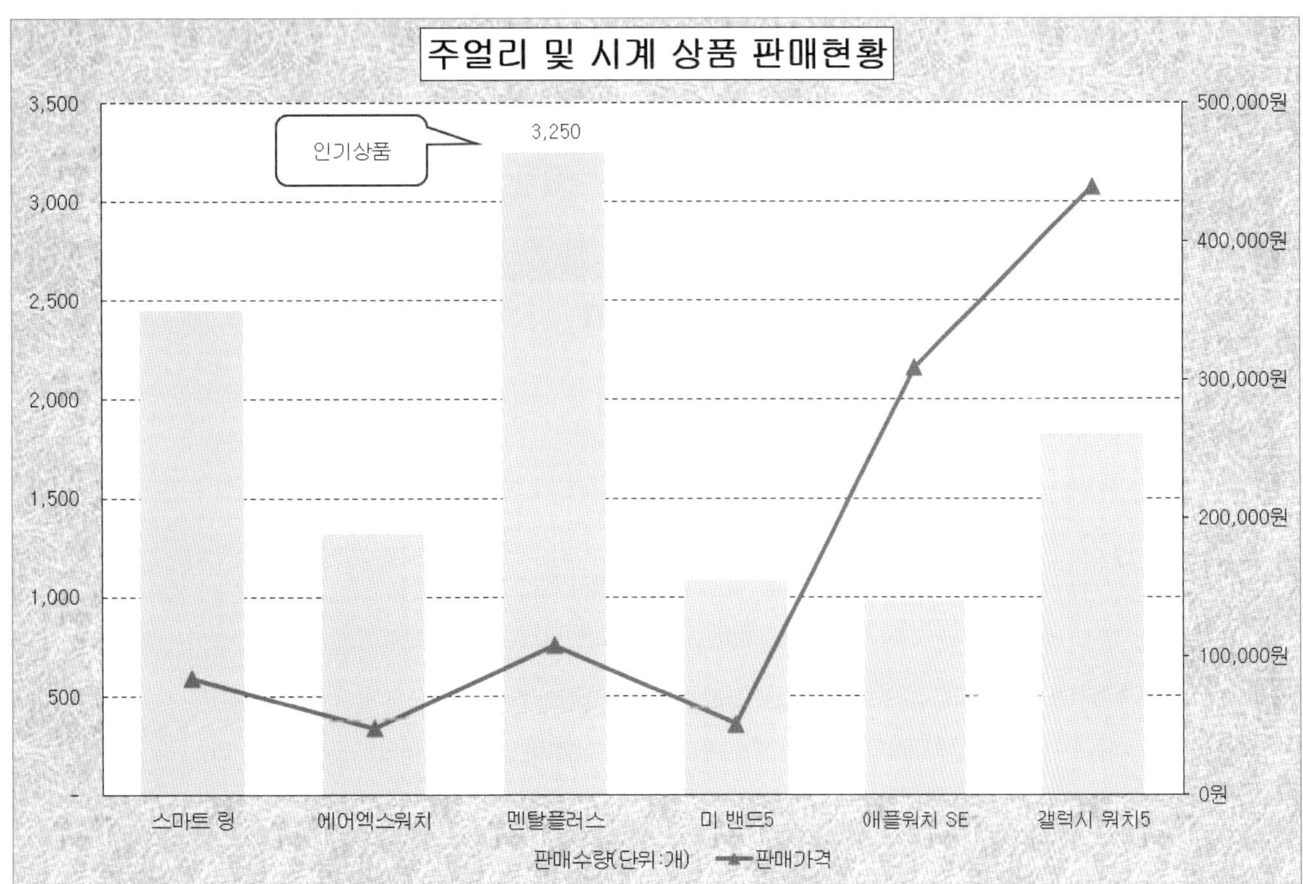

주의 ☞ 시트명 순서가 차례대로 "제1작업", "제2작업", "제3작업", "제4작업"이 되도록 할 것.

정보기술자격(ITQ) 최신기출문제

과 목	코 드	문제유형	시험시간	수험번호	성 명
한글엑셀	1122	A	60분		

수험자 유의사항

◎ 수험자는 문제지를 받는 즉시 문제지와 **수험표상의 시험과목(프로그램)이 동일한지 반드시 확인**하여야 합니다.

◎ 파일명은 본인의 "수험번호–성명"으로 입력하여 답안폴더(내 PC₩문서₩ITQ)에 하나의 파일로 저장해야 하며, 답안문서 파일명이 "수험번호–성명"과 일치하지 않거나, 답안파일을 전송하지 않아 미제출로 처리될 경우 실격 처리합니다 (예:12345678–홍길동.xlsx).

◎ 답안 작성을 마치면 파일을 저장하고, '답안 전송' 버튼을 선택하여 감독위원 PC로 답안을 전송하십시오. 수험생 정보와 저장한 파일명이 다를 경우 전송되지 않으므로 주의하시기 바랍니다.

◎ 답안 작성 중에도 **주기적으로 저장하고, '답안 전송'**하여야 문제 발생을 줄일 수 있습니다. 작업한 내용을 저장하지 않고 전송할 경우 이전에 저장된 내용이 전송되오니 이점 유의하시기 바랍니다.

◎ 답안문서는 지정된 경로 외의 다른 보조기억장치에 저장하는 경우, 지정된 시험 시간 외에 작성된 파일을 활용할 경우, 기타 통신수단(이메일, 메신저, 네트워크 등)을 이용하여 타인에게 전달 또는 외부 반출하는 경우는 부정 처리합니다.

◎ 시험 중 부주의 또는 고의로 시스템을 파손한 경우는 수험자가 변상해야 하며, <수험자 유의사항>에 기재된 방법대로 이행하지 않아 생기는 불이익은 수험생 당사자의 책임임을 알려 드립니다.

◎ 문제의 조건은 MS오피스 2021 버전으로 설정되어 있으니 유의하시기 바랍니다.

◎ 시험을 완료한 수험자는 답안파일이 전송되었는지 확인한 후 감독위원의 지시에 따라 문제지를 제출하고 퇴실합니다.

답안 작성요령

◎ 온라인 답안 작성 절차

　수험자 등록 ⇒ 시험 시작 ⇒ 답안파일 저장 ⇒ 답안 전송 ⇒ 시험 종료

◎ 문제는 총 4단계, 즉 제1작업부터 제4작업까지 구성되어 있으며 반드시 제1작업부터 순서대로 작성하고 조건대로 작업하시오.

◎ 모든 작업시트의 A열은 열 너비 '1'로, 나머지 열은 적당하게 조절하시오.

◎ 모든 작업시트의 테두리(굵은선, 가는선 등)는 《출력형태》와 같이 작업하시오.

◎ 해당 작업란에서는 각각 제시된 조건에 따라 《출력형태》와 같이 작업하시오.

◎ 답안 시트 이름은 "제1작업", "제2작업", "제3작업", "제4작업"이어야 하며 답안 시트 이외의 것은 감점 처리됩니다.

◎ 각 시트를 파일로 나누어 작업해서 저장할 경우 실격 처리됩니다.

☞ 다음은 '**부산 하나로 렌트카 대여안내**'에 대한 자료이다. 자료를 입력하고 조건에 맞도록 작업하시오.

《출력형태》

	관리번호	차종	차량	연식	1일 렌탈료	일렌탈료 (5일이상)	전월예약건수	주말렌탈료	대여지역
	CP-001	승용차	신형K5	2022년	50,000	42,000	8	(1)	(2)
	SK-001	SUV	쏘렌토	2020년	85,000	75,000	6	(1)	(2)
	CK-002	승용차	신형소나타	2022년	60,000	50,000	11	(1)	(2)
	VH-001	승합차	카니발	2020년	100,000	85,000	8	(1)	(2)
	SP-002	SUV	SM-QM6	2022년	110,000	95,000	10	(1)	(2)
	SH-003	SUV	싼타페	2021년	90,000	83,000	7	(1)	(2)
	VP-002	승합차	스타리아	2022년	105,000	90,000	5	(1)	(2)
	CK-003	승용차	그랜져	2021년	90,000	80,000	7	(1)	(2)
	1일 렌탈료 전체평균			(3)		SUV 차량의 개수			(5)
	승용차 전월예약건수 합계			(4)		차량	신형K5	1일 렌탈료	(6)

결재 / 담당 / 점장 / 대표

《조건》

○ 모든 데이터의 서식에는 글꼴(굴림, 11pt), 정렬은 숫자 및 회계 서식은 오른쪽 정렬, 나머지 서식은 가운데 정렬로 작성하며 예외적인 것은 ≪출력형태≫를 참조하시오.

○ 제 목 ⇒ 도형(평행 사변형)과 그림자(오프셋 오른쪽)를 이용하여 작성하고 "부산 하나로 렌트카 대여안내"를 입력한 후 다음 서식을 적용하시오
　　　　　(글꼴-굴림, 24pt, 검정, 굵게, 채우기-노랑).

○ 임의의 셀에 결재란을 작성하여 그림으로 복사 기능을 이용하여 붙이기 하시오(단, 원본 삭제).

○ 「B4:J4, G14, I14」 영역은 '주황'으로 채우기 하시오.

○ 유효성 검사를 이용하여 「H14」셀에 차량(「D5:D12」 영역)이 선택 표시되도록 하시오.

○ 셀 서식 ⇒ 「F5:G12」 영역에 셀 서식을 이용하여 숫자 뒤에 '원'을 표시하시오(예 : 50,000원).

○ 「H5:H12」 영역에 대해 '전월예약'으로 이름정의를 하시오.

☞ (1)~(6) 셀은 반드시 **주어진 함수를 이용**하여 값을 구하시오(결과값을 직접 입력하면 해당 셀은 0점 처리됨).

(1) 주말렌탈료 ⇒ 「1일 렌탈료 × 115%」를 계산하고, 반올림하여 천원 단위까지 구하시오
　　　　　　　(ROUND 함수)(예 : 55,850 → 56,000).

(2) 대여지역 ⇒ 관리번호 두 번째 글자가 P이면 '부산역', K이면 '김해공항', 그 외에는 '해운대구'로 구하시오(IF, MID 함수).

(3) 1일 렌탈료 전체평균 ⇒ 내림하여 백원 단위까지 구하시오(ROUNDDOWN, AVERAGE 함수)(예 : 82,350 → 82,300).

(4) 승용차 전월예약건수 합계 ⇒ 정의된 이름(전월예약)을 이용하여 구한 결과값에 '건'을 붙이시오
　　　　　　　(SUMIF 함수, & 연산자)(예 : 1건).

(5) SUV 차량의 개수 ⇒ (COUNTIF 함수)

(6) 1일 렌탈료 ⇒ 「H14」 셀에서 선택한 차량에 대한 1일 렌탈료를 구하시오(VLOOKUP 함수).

(7) 조건부 서식의 수식을 이용하여 전월예약건수가 '10' 이상인 행 전체에 다음의 서식을 적용하시오(글꼴 : 파랑, 굵게).

☞ **"제1작업"** 시트의 「B4:H12」 영역을 복사하여 **"제2작업"** 시트의 「B2」 셀부터 모두 붙여넣기를 한 후 다음의 조건과 같이 작업하시오.

《조건》

(1) 목표값 찾기 - 「B11:G11」 셀을 병합하고, 가운데 맞춤한 후 "승용차 1일 렌탈료 평균"을 입력하고, 「H11」 셀에 승용차 1일 렌탈료 평균을 구하시오. 단, 조건은 입력데이터를 이용하시오(DAVERAGE 함수, 테두리).
　　　　　 - '승용차 1일 렌탈료 평균'이 '67,000'이 되려면 신형K5의 1일 렌탈료가 얼마가 되어야 하는지 목표값을 구하시오.
(2) 고급필터 - 차종이 '승합차'가 아니면서 일렌탈료(5일이상)가 '80,000' 이상인 자료의 관리번호, 차량, 1일 렌탈료, 전월예약건수 데이터만 추출하시오.
　　　　 - 조건 범위 : 「B14」 셀부터 입력하시오.
　　　　 - 복사 위치 : 「B18」 셀부터 나타나도록 하시오.

☞ **"제1작업"** 시트의 「B4:H12」 영역을 복사하여 **"제3작업"** 시트의 「B2」 셀부터 모두 붙여넣기를 한 후 다음의 조건과 같이 작업하시오.

《조건》

(1) 부분합 - ≪출력형태≫처럼 정렬하고, 차량의 개수와 1일 렌탈료의 평균을 구하시오.
(2) 개요 - 지우시오.
(3) 나머지 사항은 ≪출력형태≫에 맞게 작성하시오.

《출력형태》

▲	A	B	C	D	E	F	G	H
1								
2		관리번호	차종	차량	연식	1일 렌탈료	일렌탈료 (5일이상)	전월예약건수
3		VH-001	승합차	카니발	2020년	100,000원	85,000원	8
4		VP-002	승합차	스타리아	2022년	105,000원	90,000원	5
5			승합차 평균			102,500원		
6			승합차 개수	2				
7		CP-001	승용차	신형K5	2022년	50,000원	42,000원	8
8		CK-002	승용차	신형소나타	2022년	60,000원	50,000원	11
9		CK-003	승용차	그랜져	2021년	90,000원	80,000원	7
10			승용차 평균			66,667원		
11			승용차 개수	3				
12		SK-001	SUV	쏘렌토	2020년	85,000원	75,000원	6
13		SP-002	SUV	SM-QM6	2022년	110,000원	95,000원	10
14		SH-003	SUV	싼타페	2021년	90,000원	83,000원	7
15			SUV 평균			95,000원		
16			SUV 개수	3				
17			전체 평균			86,250원		
18			전체 개수	8				

☞ **"제1작업"** 시트를 이용하여 조건에 따라 《출력형태》와 같이 작업하시오.

《조건》

(1) 차트 종류 ⇒ <묶은 세로 막대형>으로 작업하시오.

(2) 데이터 범위 ⇒ "제1작업" 시트의 내용을 이용하여 작업하시오.

(3) 위치 ⇒ "새 시트"로 이동하고, "제4작업"으로 시트 이름을 바꾸시오.

(4) 차트 디자인 도구 ⇒ 레이아웃 3, 스타일 1을 선택하여 《출력형태》에 맞게 작업하시오.

(5) 영역 서식 ⇒ 차트 : 글꼴(굴림, 11pt), 채우기 효과(질감-파랑 박엽지)

　　　　　　　　　그림 : 채우기(흰색, 배경1)

(6) 제목 서식 ⇒ 차트 제목 : 글꼴(굴림, 굵게, 20pt), 채우기(흰색, 배경1), 테두리

(7) 서식 ⇒ 전월예약건수 계열의 차트 종류를 <표식이 있는 꺾은선형>으로 변경한 후 보조 축으로 지정하시오.

　　　　　계열 : 《출력형태》를 참조하여 표식(마름모, 크기 10)과 레이블 값을 표시하시오.

　　　　　눈금선 : 선 스타일-파선

　　　　　축 : 《출력형태》를 참조하시오.

(8) 범례 ⇒ 범례명을 변경하고 《출력형태》를 참조하시오.

(9) 도형 ⇒ '말풍선: 모서리가 둥근 사각형 설명선'을 삽입한 후 《출력형태》와 같이 내용을 입력하시오.

(10) 나머지 사항은 《출력형태》에 맞게 작성하시오.

《출력형태》

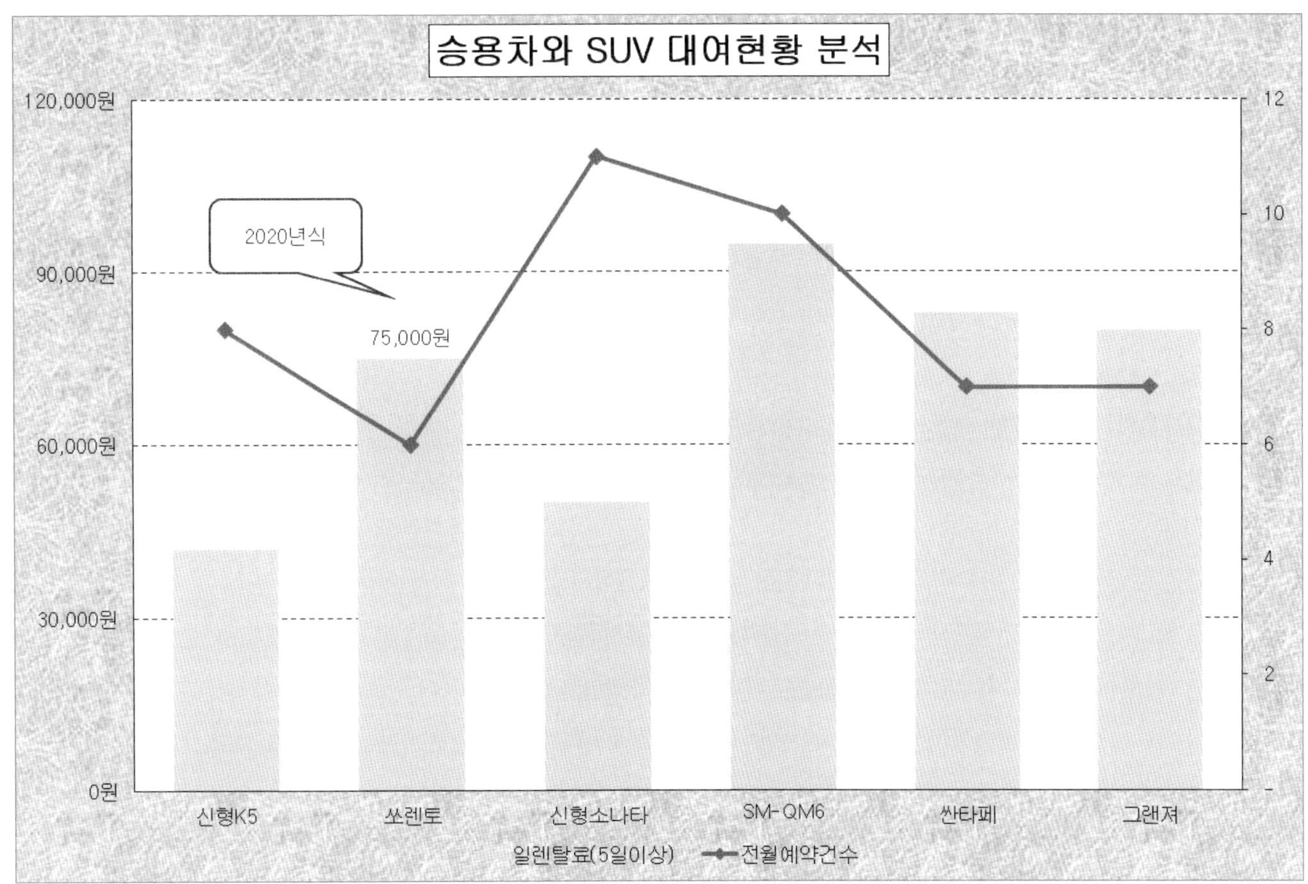

주의 ☞ 시트명 순서가 차례대로 "제1작업", "제2작업", "제3작업", "제4작업"이 되도록 할 것.

정보기술자격(ITQ) 최신기출문제

과 목	코 드	문제유형	시험시간	수험번호	성 명
한글엑셀	1122	A	60분		

수험자 유의사항

◎ 수험자는 문제지를 받는 즉시 문제지와 **수험표상의 시험과목(프로그램)이 동일한지 반드시 확인**하여야 합니다.

◎ 파일명은 본인의 "수험번호-성명"으로 입력하여 답안폴더(내 PC₩문서₩ITQ)에 하나의 파일로 저장해야 하며, 답안문서 파일명이 "수험번호-성명"과 일치하지 않거나, 답안파일을 전송하지 않아 미제출로 처리될 경우 실격 처리합니다 (예:12345678-홍길동.xlsx).

◎ 답안 작성을 마치면 파일을 저장하고, '답안 전송' 버튼을 선택하여 감독위원 PC로 답안을 전송하십시오. 수험생 정보와 저장한 파일명이 다를 경우 전송되지 않으므로 주의하시기 바랍니다.

◎ 답안 작성 중에도 **주기적으로 저장하고, '답안 전송'**하여야 문제 발생을 줄일 수 있습니다. 작업한 내용을 저장하지 않고 전송할 경우 이전에 저장된 내용이 전송되오니 이점 유의하시기 바랍니다.

◎ 답안문서는 지정된 경로 외의 다른 보조기억장치에 저장하는 경우, 지정된 시험 시간 외에 작성된 파일을 활용할 경우, 기타 통신수단(이메일, 메신저, 네트워크 등)을 이용하여 타인에게 전달 또는 외부 반출하는 경우는 부정 처리합니다.

◎ 시험 중 부주의 또는 고의로 시스템을 파손한 경우는 수험자가 변상해야 하며, <수험자 유의사항>에 기재된 방법대로 이행하지 않아 생기는 불이익은 수험생 당사자의 책임임을 알려 드립니다.

◎ 문제의 조건은 MS오피스 2021 버전으로 설정되어 있으니 유의하시기 바랍니다.

◎ 시험을 완료한 수험자는 답안파일이 전송되었는지 확인한 후 감독위원의 지시에 따라 문제지를 제출하고 퇴실합니다.

답안 작성요령

◎ 온라인 답안 작성 절차

　수험자 등록 ⇒ 시험 시작 ⇒ 답안파일 저장 ⇒ 답안 전송 ⇒ 시험 종료

◎ 문제는 총 4단계, 즉 제1작업부터 제4작업까지 구성되어 있으며 반드시 제1작업부터 순서대로 작성하고 조건대로 작업하시오.

◎ 모든 작업시트의 A열은 열 너비 '1'로, 나머지 열은 적당하게 조절하시오.

◎ 모든 작업시트의 테두리(굵은선, 가는선 등)는 《출력형태》와 같이 작업하시오.

◎ 해당 작업란에서는 각각 제시된 조건에 따라 《출력형태》와 같이 작업하시오.

◎ 답안 시트 이름은 "제1작업", "제2작업", "제3작업", "제4작업"이어야 하며 답안 시트 이외의 것은 감점 처리됩니다.

◎ 각 시트를 파일로 나누어 작업해서 저장할 경우 실격 처리됩니다.

kpc 한국생산성본부

☞ 다음은 **'우리제주로 숙소 예약 현황'**에 대한 자료이다. 자료를 입력하고 조건에 맞도록 작업하시오.

《출력형태》

							결 재	사원	과장	부장

예약번호	종류	숙소명	입실일	1박요금 (원)	예약인원	숙박일수	숙박비 (원)	위치
HA1-01	호텔	엠스테이	2023-08-03	120,000	4	2	(1)	(2)
RE3-01	리조트	스완지노	2023-07-25	135,000	2	3	(1)	(2)
HA2-02	호텔	더비치	2023-07-20	98,000	3	3	(1)	(2)
PE4-01	펜션	화이트캐슬	2023-08-10	115,000	5	4	(1)	(2)
RE1-02	리조트	베스트뷰	2023-08-01	125,000	3	2	(1)	(2)
RE4-03	리조트	그린에코	2023-09-01	88,000	4	3	(1)	(2)
HA2-03	호텔	크라운유니	2023-07-27	105,000	2	4	(1)	(2)
PE4-03	펜션	푸른바다	2023-09-10	75,000	6	2	(1)	(2)
호텔 1박요금(원) 평균			(3)			가장 빠른 입실일		(5)
숙박일수 4 이상인 예약건수			(4)		숙소명	엠스테이	예약인원	(6)

《조건》

○ 모든 데이터의 서식에는 글꼴(굴림, 11pt), 정렬은 숫자 및 회계 서식은 오른쪽 정렬, 나머지 서식은 가운데 정렬로 작성하며 예외적인 것은 《출력형태》를 참조하시오.

○ 제 목 ⇒ 도형(사다리꼴)과 그림자(오프셋 오른쪽)를 이용하여 작성하고 "우리제주로 숙소 예약 현황"을 입력한 후 다음 서식을 적용하시오
　　　　(글꼴-굴림, 24pt, 검정, 굵게, 채우기-노랑).

○ 임의의 셀에 결재란을 작성하여 그림으로 복사 기능을 이용하여 붙이기 하시오(단, 원본 삭제).

○ 「B4:J4, G14, I14」 영역은 '주황'으로 채우기 하시오.

○ 유효성 검사를 이용하여 「H14」 셀에 숙소명(「D5:D12」 영역)이 선택 표시되도록 하시오.

○ 셀 서식 ⇒ 「G5:G12」 영역에 셀 서식을 이용하여 숫자 뒤에 '명'을 표시하시오(예 : 4명).

○ 「E5:E12」 영역에 대해 '입실일'로 이름정의를 하시오.

☞ (1)~(6) 셀은 반드시 **주어진 함수를 이용**하여 값을 구하시오(결과값을 직접 입력하면 해당 셀은 0점 처리됨).

(1) 숙박비(원) ⇒ 「1박요금(원)×숙박일수×할인율」로 구하시오. 단, 할인율은 숙박일수가 3 이상이면 '0.8', 그 외에는 '0.9'로 계산하시오(IF 함수).

(2) 위치 ⇒ 예약번호 세 번째 값이 1이면 '서귀포', 2이면 '제주', 3이면 '동부권', 4이면 '서부권'으로 구하시오 (CHOOSE, MID 함수).

(3) 호텔 1박요금(원) 평균 ⇒ 반올림하여 천원 단위까지 구하고, 조건은 입력 데이터를 이용하시오 (ROUND, DAVERAGE 함수)(예 : 123,567 → 124,000).

(4) 숙박일수 4 이상인 예약건수 ⇒ 결과값에 '건'을 붙이시오(COUNTIF 함수, & 연산자)(예 : 1건).

(5) 가장 빠른 입실일 ⇒ 정의된 이름(입실일)을 이용하여 날짜로 표시하시오(MIN 함수)(예 : 2023-08-03).

(6) 예약인원 ⇒ 「H14」 셀에서 선택한 숙소명에 대한 예약인원을 구하시오(VLOOKUP 함수).

(7) 조건부 서식의 수식을 이용하여 예약인원이 '3' 이하인 행 전체에 다음의 서식을 적용하시오(글꼴 : 파랑, 굵게).

☞ **"제1작업"** 시트의 「B4:H12」 영역을 복사하여 **"제2작업"** 시트의 「B2」 셀부터 모두 붙여넣기를 한 후 다음의 조건과 같이 작업하시오.

《조건》

(1) 고급 필터 – 종류가 '리조트'이거나 입실일이 '2023-09-01' 이후인(해당일 포함) 자료의 예약번호, 숙소명, 예약인원, 숙박일수 데이터만 추출하시오.
　　　　　　 – 조건 범위 : 「B13」 셀부터 입력하시오.
　　　　　　 – 복사 위치 : 「B18」 셀부터 나타나도록 하시오.
(2) 표 서식 – 고급필터의 결과셀을 채우기 없음으로 설정한 후 '파랑, 표 스타일 보통 6'의 서식을 적용하시오.
　　　　　 – 머리글 행, 줄무늬 행을 적용하시오.

☞ **"제1작업"** 시트를 이용하여 **"제3작업"** 시트에 조건에 따라 ≪출력형태≫와 같이 작업하시오.

《조건》

(1) 1박요금(원) 및 종류별 숙소명의 개수와 예약인원의 평균을 구하시오.
(2) 1박요금(원)을 그룹화하고, 종류를 ≪출력형태≫와 같이 정렬하시오.
(3) 레이블이 있는 셀 병합 및 가운데 맞춤 적용과 빈 셀은 '***'로 표시하시오.
(4) 행의 총합계는 지우고, 나머지 사항은 ≪출력형태≫에 맞게 작성하시오.

《출력형태》

	A	B	C	D	E	F	G	H
1								
2			종류 ↵					
3			호텔		펜션		리조트	
4		1박요금(원) ▼	개수 : 숙소명	평균 : 예약인원	개수 : 숙소명	평균 : 예약인원	개수 : 숙소명	평균 : 예약인원
5		70001-95000	***	***	1	6	1	4
6		95001-120000	3	3	1	5	***	***
7		120001-145000	***	***	***	***	2	3
8		총합계	3	3	2	6	3	3

☞ **"제1작업"** 시트를 이용하여 조건에 따라《출력형태》와 같이 작업하시오.

《조건》

(1) 차트 종류 ⇒ <묶은 세로 막대형>으로 작업하시오.

(2) 데이터 범위 ⇒ "제1작업" 시트의 내용을 이용하여 작업하시오.

(3) 위치 ⇒ "새 시트"로 이동하고, "제4작업"으로 시트 이름을 바꾸시오.

(4) 차트 디자인 도구 ⇒ 레이아웃 3, 스타일 1을 선택하여 ≪출력형태≫에 맞게 작업하시오.

(5) 영역 서식 ⇒ 차트 : 글꼴(굴림, 11pt), 채우기 효과(질감-파랑 박엽지)

　　　　　　　　 그림 : 채우기(흰색, 배경1)

(6) 제목 서식 ⇒ 차트 제목 : 글꼴(굴림, 굵게, 20pt), 채우기(흰색, 배경1), 테두리

(7) 서식 ⇒ 예약인원 계열의 차트 종류를 <표식이 있는 꺾은선형>으로 변경한 후 보조 축으로 지정하시오.

　　　　 계열 : ≪출력형태≫를 참조하여 표식(세모, 크기 10)과 레이블 값을 표시하시오.

　　　　 눈금선 : 선 스타일-파선

　　　　 축 : ≪출력형태≫를 참조하시오.

(8) 범례 ⇒ 범례명을 변경하고 ≪출력형태≫를 참조하시오.

(9) 도형 ⇒ '말풍선: 모서리가 둥근 사각형 설명선'을 삽입한 후 ≪출력형태≫와 같이 내용을 입력하시오.

(10) 나머지 사항은 ≪출력형태≫에 맞게 작성하시오.

《출력형태》

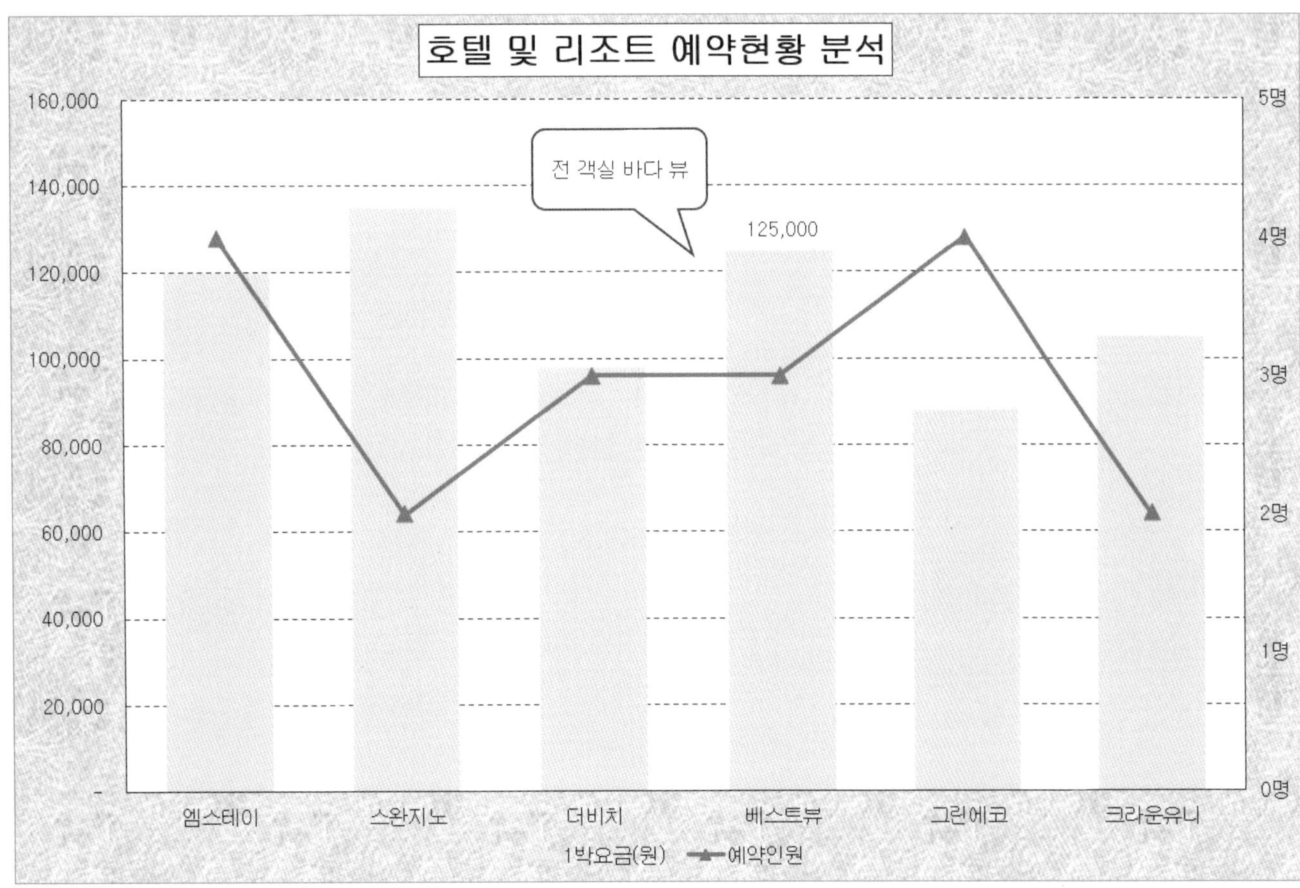

주의 ☞ 시트명 순서가 차례대로 "제1작업", "제2작업", "제3작업", "제4작업"이 되도록 할 것.

MEMO